Matthias Sellmann

Geistliche Klugheit als Lebenskompetenz

Matthias Sellmann

Geistliche Klugheit als Lebenskompetenz

Fundierungen einer Kurzformel des christlichen Glaubens

echter

In Dankbarkeit für Chiara Lubich (1920–2008) und ‚ihre Leute.'

Bibliografische Information der Deutschen Nationalbibliothek

Die Deutsche Nationalbibliothek verzeichnet diese Publikation in der Deutschen Nationalbibliografie; detaillierte bibliografische Daten sind im Internet über ‹http://dnb.d-nb.de› abrufbar.

1. Auflage 2023

www.echter.de

Covergestaltung: www.wunderlichundweigand.de
Coverbild: © sot/gettyimages
Innengestaltung: Crossmediabureau
Druck und Bindung: Booksfactory

ISBN 978-3-429-05558-5

Inhalt

Statt eines Vorwortes: Die Ambition des Buches in 15 Minuten 11

Vom Lesen und vom Leben 11
Erst ein kleines, dann ein großes Buch zum selben Thema? 12
Worum es geht: Lebensleistung 16
Christsein – die Einfachheit ist verschwunden 18
Christsein kann was, will was, wird was, oder:
Das Werben um neue Aufmerksamkeit 20
Die Kurzformel 22
Dank 24

Teil I: Hinführungen 25

1. Um- und Eingrenzungen des Projekts 27

1.1. Auslösende Krisendiagnose 27
Auf dem Weg in die Minderheit 27
Wo sind die starken inneren Bilder? 29
Die große Sprachlosigkeit über das, was innerlich prägt 31
An wen sich dieses Buch richtet 33

1.2. Gewinnerwartung 34
›Geistlich leben‹ als theologischer Erkenntnisort 35
Die Frage nach Lebenskunst als Bewährungshorizont geistlichen Lebens 36
Lebenskunst als Lebensleistung 38
Drei brisante Biografien, drei spezielle Profile geistlichen Lebens 39
Geistliches Leben als ›Kompetenzen‹ 40
Geistliche Klugheit als moderne ›Weisheit‹ 42

1.3. Die Entdeckung eines Dreierschemas geistlicher Lebensklugheit im Christentum 44
Eine empirische Entdeckung: ›One size fits all‹ 45
Das Leben Jesu nachahmen? Zum Zusammenhang von Soteriologie und Lebensethik 49
Zurück zum Vortrag in Münster 56
Eine analytische Entdeckung: Die Christ:innen und die Zahl ›drei‹ 58
Die Dreierstruktur in wichtigen liturgischen Texten 58
Die Dreierstruktur als basale liturgische Selbstorganisation 61
Das Resultat: Eine Kurzformel des christlichen Glaubens 62

1.4. Abgrenzungen und Aufbau 64
Face limits 64
Zum Aufbau des Buches 65
Stilistisches 67
Und noch ein Letztes... 68

2. Das Projekt: Eine (praktische) Kurzformel ›des‹ Glaubens .. 69
2.1. Die Suche nach Kurzformeln 69
2.2. Drei Beispiele von Kurzformeln 71
2.3. Kriterien einer ›guten‹ Kurzformel – außer, dass sie kurz ist 73
2.4. Ein bestimmter Typ Kurzformel fehlt... 78
Kleiner Exkurs: Was ist überhaupt eine ›religiöse Erfahrung‹? 80
2.5. Fazit 83

3. Was ist: geistlich? 85
3.1. Widerstand gegen einige Klischees 86
Missverständnis 1: Das Geistliche ist das Fromme 87
Missverständnis 2: Das Geistliche ist das Körperfeindliche 87
Missverständnis 3: Das Geistliche ist das Gebildete 89
Missverständnis 4: Das Geistliche ist das Unpolitische 90
Missverständnis 5: Das Geistliche ist das Ethische, Moralische, das Brave, das Kirchenangepasste 93
Missverständnis 6: Das Geistliche ist das Unorganisierte 96
3.2. Kurzes Break: Überblick auf den folgenden Gedankengang 100
3.3. Der ›Löwe im Stein‹, oder: Der erzählende Zugang 102
3.4. Das ›hermeneutische Organisationszentrum‹, oder: Der lexikalische Zugang 105
3.5. Ein griechischer Übersetzungsbegriff für das ›Geistliche‹: PHRONESIS 109
Das griechische Wort *phronesis* – ein überraschend kantiger, vielschichtiger Begriff 110
»Seid untereinander so gesinnt, wie es dem Leben in Christus Jesus entspricht.« (Phil 2,1–5) 114
PHRONESIS als Demut – Demut als praktische Kompetenz der Lebensklugheit 117
3.6. Ergebnissicherung: Das Geistliche ist das Kluge 122

4. Was ist eine Lebenskompetenz? 125
4.1. Zum Begriff der ›Kompetenz‹ und seinen wichtigsten Sinnfeldern 125
4.2. Zum Verständnis von ›Lebenskompetenz‹ 128
4.3. ›Elementarer Lebensglaube‹ (Christoph Theobald) 129

Anthropologischer Startpunkt ... 129
Die Weiterführung einer ›Theologie des Glaubens‹ ... 130
Die Kompetenz: Das Leben ›lesen können‹ ... 132
4.4. Fazit ... 134

Teil II: Durchführungen ... 137

5. Geistliche Klugheit biblisch: Der Philipper-Hymnus ... 139
5.1. Einige wichtige exegetische Informationen zum Philipperbrief .. 139
Ein Brief im ›langen Schatten‹ der Forschung ... 139
Der ›lange Schatten‹ als Gütesiegel für dieses Buch ... 140
Einige exegetische *facts* ... 142
Inhalt und *plot* ... 143
Einige Paradestellen ... 145
Der Christushymnus – eine unübersehbare Textmarke ... 147
5.2. Einige wichtige exegetische Informationen zum Christuslied ... 148
Wichtige umstrittene Fragen – aber nicht weiterführend ... 148
Die leitende These der folgenden Auslegung ... 150
Der strophische Gesamtaufbau ... 152
Der *kenosis*-Teil (V. 6a-7b) ... 158
Der *physis*-Teil (V. 7cd-8b) ... 162
Der *dynamis*-Teil (V. 9–11) ... 167
Fazit der Auslegung ... 170
Einordnung in den Gesamtgedanken des Buches ... 172
5.3. Zur Aufbaulogik der drei Kompetenzkapitel ... 174

6. PHYSIS als Kompetenz, oder: Immer weniger wegrennen müssen ... 179
6.1. Startpunkt aus dem Alltag ... 179
Hinführung ... 179
Nüchterne Erkenntnis: Die Welt hält nicht, was sie verspricht ... 181
PHYSIS als Dimension von Lebensklugheit – auch für die Anderen ... 184
6.2. Physis: Ein bedeutungsreicher griechischer Begriff ... 187
6.3. Ein Experte für PHYSIS-Kompetenz: Dietrich Bonhoeffer ... 190
6.3.1. Gefangen und geblieben: Biografische Notizen zu Dietrich Bonhoeffer ... 191
Paulus und Bonhoeffer: Schriften aus dem Gefängnis ... 191
Ein seltsam unreligiöser Pfarrer als Gefangener ... 191
Jenseits der Klischees ... 193
Bonhoeffer – der Coach ... 195
Bonhoeffer: Einer, der nicht wegrennen musste ... 196

6.3.2. Praktische Entfaltungen der PHYSIS-Kompetenz 200
PHYSIS als Lebenskompetenz: Fünf *Workouts*, fünf Trainingsziele 200
Trainingsziel 1) Erwachsen werden, erwachsen leben 202
Trainingsziel 2) Niemanden religiös erpressen 205
Trainingsziel 3) Vor und mit Gott ohne Gott leben – ein vierfaches *Boot-Camp* 209
a) Anerkennung des wissenschaftlichen Weltbildes 210
b) Qualitätsgefühl entwickeln = eigene und andere Erfolge schätzen .. 211
c) Dem Leben eine Ordnung geben 212
d) Für andere leben 216
Trainingsziel 4) Sich selbst anerkennen 218
Trainingsziel 5) Glauben als: Gott beistehen 221
Feierabend 225

7. KENOSIS als Kompetenz, oder: Immer mehr aus sich herauskommen können 227
7.1. Startpunkt aus dem Alltag 227
Großzügigkeit als ›Freiheit von sich selbst‹ 227
Das Problem: Das Hemd sitzt näher als der Rock 229
7.2. KENOSIS: Ein bedeutungsreicher griechischer Begriff 231
KENOSIS– ein Wort aus der Gosse 231
KENOSIS als: Nächstenliebe 234
7.3. Eine Expertin für KENOSIS-Kompetenz: Chiara Lubich 236
7.3.1. »Wir haben an die Liebe geglaubt.« Biografische Notizen zu Chiara Lubich 236
Eine Nacht der Sterne und der Tränen – und einer Entscheidung 237
Wer war und wer ist Chiara Lubich? 238
Präsidentin der Fokolar-Bewegung 241
Chiara Lubich als spirituelle Lehrerin 243
Übergang ins Trainingslager 248
7.3.2. Praktische Entfaltungen der KENOSIS-Kompetenz 250
Raus aus dem Altruismus: Die ›Kunst der Liebe‹ in vier Trainingseinheiten 250
Exkurs: Leben nach dem ›Modell der Dreifaltigkeit‹ 253
Die Entfaltung der Grundeinsicht in sieben Lebensdimensionen 257
a) Rot = KENOSIS-Kompetenz in der Welt meiner Güter und meiner Arbeit 260
b) Orange = KENOSIS-Kompetenz in der Welt meiner Beziehungen und Netzwerke 262
c) Gelb = KENOSIS-Kompetenz in der Welt meines mentalen und spirituellen Lebens 263

d) Grün = KENOSIS-Kompetenz in der Welt meiner Körperlichkeit und Lebendigkeit 266
e) Blau = KENOSIS-Kompetenz in der Welt meiner Ausdrucksformen und Räume 271
f) Indigo = KENOSIS-Kompetenz in der Welt meines Denkens und Erkennens 275
g) Violett = KENOSIS-Kompetenz in der Welt meiner Kommunikationen 279
Trainingsabschluss 285

8. DYNAMIS als Kompetenz, oder: Kraft von außen aufnehmen können 287

8.1. Startpunkt aus dem Alltag 287
Kristina Vogel und die Unlust, sich schlecht zu fühlen 287
Der Zugang auf ›Mächte‹ und Ressourcen 288

8.2. Dynamis: Ein bedeutungsreicher griechischer Begriff 291
Der philologische Befund 291
»Mächte und Gewalten« im Neuen Testament 293
Kräfte des Bösen? Kräfte des Guten? Erste Übersetzungshilfen 298
›Mentalität‹ als Zugang auf Kraft 301

8.3. Eine Expertin für DYNAMIS-Kompetenz: Madeleine Delbrêl 304
8.3.1. »Fliegende Blätter«: Biografische Notizen zu Madeleine Delbrêl 308
8.3.2. Eine »gewalttätige Konversion«: Madeleines Dauerbeziehung zu ihrem biografischen Wendepunkt 313
Die Bekehrung im eigenen Bericht 314
Die Bekehrung in der Sprache von Metaphern 315
Die passivische Struktur der Bekehrungserfahrung 320
Fazit 322
8.3.3. Aktive Lebensführung im Passiv? Kurze sozialphilosophische Einordnung der Passiv-Struktur der DYNAMIS-Erfahrung bei Madeleine Delbrêl 322
›Mediopassiv‹ bei Hartmut Rosa 324
›Selbsttranszendenz‹ bei Hans Joas 327
Fazit 331
Ein theologisches Deutungsangebot: »Sazienz« 332
8.3.4. Praktische Entfaltungen der DYNAMIS-Kompetenz 334
Kraft aufnehmen in der *Sach*dimension: Kompromisslosigkeit und Respekt 338
Kraft aufnehmen in der *Sozial*dimension: Einsamkeit und Güte 347
Kraft aufnehmen in der *Zeit*dimension: Präsenz und Ewigkeit 358
Drei Dimensionen: Kurze Zusammenfassung des Ertrages 369

Teil III: Verführungen ... 375

9. Die Lebenskompetenzen in der Zusammenschau ... 377

9.1. Der Kreislauf von PHYSIS, KENOSIS und DYNAMIS ... 378
Lineares und zyklisches Leben – allgemein ... 378
Lineares und zyklisches Leben – religiös ... 379
Die Kurzformel – linear und zyklisch ... 384

9.2. Zugänge in Bild, Duft, Ton und mehr ... 387
Die Kurzformel als Late-Night-Show ... 388
Die Kurzformel als Bilderzyklus ... 390
Die Kurzformel als Chormusik ... 391
Die Kurzformel als Duftpaket ... 392

Literatur ... 395

Statt eines Vorwortes: Die Ambition des Buches in 15 Minuten

Vom Lesen und vom Leben

Keine Autorin und kein Autor kann angesichts der unübersehbaren Fülle an Büchern ernsthaft hoffen, dass außer dem persönlichen Bekanntenkreis jemand ein fertig verfasstes Buch von Anfang bis Ende durchliest. Bei manchen Werken ist das sehr schade, denn sie heben den intellektuellen Grundwasserspiegel nur dann (dann aber wirklich!), wenn man sie richtiggehend studiert. Aber man kann eben nur, was man kann.

Bei diesem Buch liegt die Sache etwas anders. Natürlich will auch ich sofort dafür werben, es lesend an sich heranzulassen, am liebsten von der ersten bis zur letzten Seite. Und ich kann beteuern, dass die intellektuelle Reise, die hier bezeugt wird, sich zur Nachahmung empfiehlt. Mich jedenfalls hat sie in Gegenden geführt, die sich gelohnt haben. Aber im präzisen und auch im ambitionierten Sinn will dieses Buch doch mehr als ›nur‹ intellektuellen Gewinn generieren. Denn es wirbt um praktische, um existenzielle Nachahmung. Und das heißt auch: Man muss das hier nicht lesen, um es zu begreifen – man muss es ausprobieren.

Darum lautet mein Tipp: Erst mal nur diese ersten Seiten lesen, um zu wissen, wohin es gehen soll. Und dann, eventuell, einfach schon los*gehen* statt weiter*lesen*.

Das Buch wird von einem praktischen Theologen geschrieben; und dieser Spezies geht es am Ende des beruflichen Tages immer darum, nicht einfach den Sinn, sondern vor allem die Bedeutung und die Erfahrbarkeit dessen erschlossen zu haben, was christliche Religion konzeptionell behauptet und was sie zu leben empfiehlt.

Auf dem Cover steht eine Behauptung: »Geistliche Klugheit als Lebenskompetenz. Fundierungen einer Kurzformel des christlichen Glaubens«. Darum soll es hier gehen: um geistliches, spirituelles Leben; und dies nicht allgemein, sondern als kluges Leben. Und diese Klugheit ist nicht ein Ausschnitt des Christseins, sondern sein Zentrum. Diese Zentralität wird über eine ›Kurzformel‹ versprachlicht. Und diese Formel hat schon eine kleine Geschichte.

Erst ein kleines, dann ein großes Buch zum selben Thema?

Im Herbst 2020 habe ich bereits ein kleines Buch mit ähnlichem Titel publiziert. Es heißt: »Was fehlt, wenn die Christen fehlen? Eine Kurzformel ihres Glaubens«. Dieses Buch stieß auf große Resonanz, was mich natürlich sehr gefreut, aber auch überrascht hat. Es erschienen Rezensionen mit großem innerkirchlichem Radius;[1] das Buch wurde vom Borromäusverein und dem St. Michaelsbund als »Religiöses Buch des Monats April 2021« ausgezeichnet;[2] ich wurde um viele Studientage und Workshops zum Inhalt gebeten; auf dem Katholikentag in Stuttgart musste ein Saal wegen Überfüllung für etwas zu späte Interessierte geschlossen werden. Offenbar ist das Thema ›dran‹. Das Büchlein erlebte in guter Zusammenarbeit mit dem Würzburger Echter-Verlag rasch eine zweite und sogar eine dritte Auflage.

Schaue ich genauer auf die Reaktionen der Leserinnen und Leser, komme ich ins selbstironische Schmunzeln. Denn angekündigt war ein flottes Buch, leicht verständlich für alle, sogar angeblich auch für Menschen ohne religiöse Bindungsabsicht. Das war für einen Akademiker eventuell dann doch etwas vollmundig. Denn viele bescheinigen dem Buch doch eine leichte bis mittelschwere ›Verkopfung‹. Die komplette Leichtfüßigkeit wurde wohl nicht erreicht. Schön bringt das eine spezielle Re-

---

1 Vgl. nur Fuchs 2020; Haverkamp 2021b und Haverkamp 2021c; Mieves 2021.

2 Das »Religiöse Buch des Monats« wird seit dem Jahr 2000 von den beiden katholischen Büchereiverbänden in Deutschland, dem Sankt Michaelsbund (für Bayern) und dem Borromäusverein (außerhalb Bayerns) ausgewählt. Vgl. zum April 2021 die Videorezension https://www.youtube.com/watch?v=-ulzdOIsc8U&t=19s (Zugriff Mai 2021) von Alois Bier und die Printfassung von Christoph Holzapfel unter https://www.michaelsbund.de/product/9783429055592-was-fehlt-wenn-die-christen-fehlen.html (Zugriff Mai 2021).

zension auf den Punkt: Eine junge Frau von 19 Jahren wird um ihre kritische Lektüre gebeten und findet das wohlwollende Fazit: Gute Ansätze, aber eventuell will der Autor doch ein bisschen viel zugleich.[3]

Denn mit dem Buch wurde eine ganze Palette anderer Zugangswege angeboten: die Kurzformel als Talk-Film, als Comedy, als Bilderzyklus, als Duft und als Konzertfilm.[4] Das war einen Versuch wert. Denn Theologie muss, jedenfalls meiner Meinung nach, populärer werden, medialer, zugänglicher.

So kann man feststellen: Die Ausformulierung einer Kurzformel des Glaubens liegt schon vor. Ob ›verkopft‹ oder ›zuviel gewollt‹ oder nicht: Es steht jedenfalls eine klare Antwort darauf im Raum, was fehlt, wenn die Christ:innen fehlen. Und diese ist mit gut 100 Seiten im Taschenbuchformat auch entsprechend kurz.

Nun lesen Sie gerade in einem weiteren Buch zum Thema, das sich ebenfalls auf dieselbe Kurzformel bezieht, allerdings erheblich dicker daherkommt. Und da ist das Gelächter sicher groß: Denn schon die Idee einer *Kurz*formel kann doch wohl kaum beinhalten, dass man mit ihrem Studium viele Lesestunden verbringen muss. So ganz kann das mit der Kürze wohl nicht geklappt haben, wenn man beinahe 400 Seiten vollschreiben muss, um eine ›Kurzformel‹ des Christseins gut zu entwickeln!

Der Einwand stimmt völlig. Daher sei zum einen der Hinweis gegeben, dass das Substrat dessen, was hier gesagt werden soll, schon in der erwähnten Erstfassung vorliegt. Man kann also zur kleinen Fassung greifen. Man kann aber auch in diesem Buch Kapitel 1 und 2 lesen. Ich verspreche: Mehr wird man tatsächlich nicht benötigen, um den substanziellen Inhalt des Buches intellektuell zu begreifen. Es wäre ja auch Anlass zur Satire, wenn man ein *Fachbuch* lesen müsste, um zu wissen, was fehlt, wenn die Christ:innen fehlen. Ist das Geheimnis des Christseins denn abhängig vom Schulabschluss? Hatte Jesus Abitur? Ist geistliches Leben nur etwas für Gebildete; für Leute, die Zeit zum Lesen haben; in deren Wohnung ein Lesesessel herumsteht; die

---

3 Vgl. Haverkamp 2021a.

4 Siehe die QR-Codes in Sellmann 2021:11.

sich konzentrieren können usw.? Also wieder mal: Christsein als Projekt mittelständischer Bürgerlichkeit; erwartbar, harmlos, rationalistisch, eurozentrisch, blutleer? Das kann es ja wohl kaum sein.

Sollte es hier überhaupt eine Pointe geben, so muss sie doch wohl darin liegen, dass man das, was fehlt, wenn Christsein fehlt, in kurzer Zeit, kostenlos und ohne viel Mühe *verstehen* kann. Die Antwort muss doch wohl für schlichte Leute genauso zugänglich sein wie für komplizierte; für einkommensschwache genauso wie für reiche; für zynische genauso wie für versöhnte; für introvertierte genauso wie für extrovertierte. Das wäre eine schlechte Religion, wenn sie sich einer einfachen Zugänglichkeit verwehrte!

Dazu kommt das Zweite: Es lag von Anfang des Christseins an sozusagen in der DNA dieser neuen Religion, dass es sich denen gegenüber verständlich machen wollte, die sie gerade *nicht* teilten. So grandios die Behauptungen der Christ:innen auch daherkommen –, Auferstehung der Toten, Heilung von Krankheit, Gütergemeinschaft, Anleitung zum Friedlichsein usw. – so ebenso grandios ist die Selbstverweigerung von Esoterik. Da das Christsein wie wenige andere Lehren das allgemeine Menschsein so ernst nimmt, dass es ja sogar seinen Gott als Menschen verehrt, begehrt es gegen sich selbst auf, wenn es sich nicht darum bemüht, vom allgemeinen Menschsein her verständlich zu sein. Vom evangelischen Theologen Eberhard Jüngel stammt die faszinierende Behauptung, die Unähnlichkeit zwischen Mensch und Gott sei weniger so zu verstehen, dass Gott *als Gott* so weit vom Menschen entfernt sei, als vielmehr, dass er dem Menschen *als Mensch* näher sei als jeder andere Mensch. Als Mensch kann Gott dem Menschen näherkommen als er (oder sie) sich selbst.[5]

Wenn das so ist, dann sollten Kurzformeln dieses Glaubens nicht nur nicht kompliziert sein und nicht nur nicht nur den Glaubenden einleuchten. Sie sollten, guten Willen vorausge-

---

5 Vgl. die bekannten Analysen zur analogen Rede der Theologie bei Jüngel 1992:§17.18.

setzt, von jeder und jedem nachvollzogen werden können. Und dies gilt aufgrund von Kriterien, die auch nicht-religiöse Geltung beanspruchen können. Fundamentaltheologisch spricht man von der modernen Wende der Glaubensbegründung: nicht die Andemonstration einer wahren Katholizität ist das Ziel, sondern der Aufweis einer Plausibilität des Glaubens aus allgemein nachvollziehbaren Gründen. Mir scheint, dass diese allgemeine Nachvollziehbarkeit gerade heute so wichtig ist, wo religiöse Selbstbestimmung in weltanschaulicher Pluralität doch mehr und mehr zum normalen Freiheitsstil moderner Lebensführung dazugehört. Wer es jetzt nicht schafft, eigene religiöse Entdeckungen in nicht-religiöser Sprache mindestens plausibel zu machen, der koppelt sich ab von den weltanschaulichen Entdeckungen der anderen und tut seiner Religionsgemeinschaft keinen guten Dienst.

Daher wendet sich auch dieses Buch wie schon das erste gerne an die, die das Christsein von außen betrachten und sich fragen, was es im Kern behauptet. Dies allerdings wird hier, anders als im kleinen Buch, theologisch-wissenschaftlich durchgeführt. Zwar war das Ziel, akademische Kapriolen zu vermeiden und da, wo es sich anbot, in einen mehr populären Jargon zu wechseln. Aber trotzdem ist dieses Buch sicherlich anstrengender und fordert mehr Konzentration als das dünne.

Trotzdem bleiben auch diese theologischen Fundierungen der Kurzformel einem einfachen, aber in der Durchführung anspruchsvollen Projekt verpflichtet. Die Antwort auf die Frage, was fehlt, wenn die Christ:innen fehlen, muss sich auf eine Größe beziehen – und zwar relevant, nachahmungsaktiv –, die Menschen alleine deswegen zukommt, weil sie *Menschen* sind. Das, was fehlt, wenn Christsein fehlt, muss etwas so Allgemeines sein, dass man es versteht, weil man sein Leben nicht nur verstoffwechselt, sondern: *führt*.

Die hier vorgelegte Theologie rekurriert auf anthropologische Analysen; genauer: auf Erfahrungen. Damit sind wir bei einem ersten und wohl schon sperrigen Begriff angelangt, der den Herausforderungshorizont der vorgelegten Studien bildet: Lebensleistung.

Worum es geht: Lebensleistung

Das anthropologisch ›Allgemeine‹, das Menschen miteinander teilen und erstreben, wird in diesem Buch verstanden und benannt als: *Lebensleistung.* Ganz simpel im Verstehen, in der Übung aber schwer: Menschen, wer und wo immer sie sind, müssen und wollen ihre Lebensleistung bringen. Ob wir aktiv zustimmen oder nicht: Leben heißt performen. Je erwachsener Menschen werden, desto mehr geht ihnen auf, dass ihr ureigenes Leben auf zwei Dimensionen eine Antwort geben muss: erstens auf die Belange anderer, ihnen zugeordneter Menschen, Situationen und Aufgaben (sei diese Zuordnung freiwillig und erfreulich oder nicht); und zweitens auf die in ihnen als Subjekte spürbaren Impulse, seien es Träume, Ängste, Grenzen oder Ideen. Menschen leben in dieser Doppel-Grammatik von ›Widerstand‹ und ›Impuls‹.[6] Unsere biografischen Situationen und Konstellationen sind das Material, das in dieser Grammatik durchzudeklinieren ist. Und die Wortfelder, durch die das Leben uns führt – mit Vokabeln wie ›Schönheit‹, ›Krankheit‹, ›Glück‹, ›Liebe‹, ›Versagen‹, ›Armut‹, ›Pflicht‹ usw. –, bilden manchmal Sätze mit Sinn; manchmal sogar stimmige Reime und ganze Gedichte; oft, sehr oft aber auch versickerndes Geschwätz. Dann steht man vor den eigenen Lebenssätzen, sieht weder Satzbau, Punkt noch Komma,

---

6 Ich entnehme diese verblüffend einfache Präzisierung von ›Leben‹ als dem geschichtlichen Zustand in ›Impulsen‹ und ›Widerständen‹ dem amerikanischen Pragmatismus. Beachte aber auch die ähnlich gelagerte Theorie Freuds zu den beiden Haupttrieben des *eros* (hier: Impuls) und *thanatos* (hier: Widerstand). Der Pragmatismus entwirft aus diesem einfachen Grundschema sowohl die Nötigung des Wesens Mensch zur Symbolbildung wie die dauernde Inspiration und Abhängigkeit (beides!) des Symbolwesens Mensch von seiner konkreten Umwelt; vgl. nur Jung 2009:148–158 u.ö. Damit ist auch schon Wichtiges zur Einordnung dieses Buches gesagt. Es entstammt der Faszination des pragmatistischen Denkens, in dem sich ausspricht, was ich diesem Buch gerne als Ethos mitgeben würde: eine nüchterne Liebe zum Leben; der Glaube an wirkungsvolles Handeln; die Hochachtung vor Alltag und Normalität; das schlichte Ideal, gut durchs Leben kommen zu wollen und dies erstens gerne mit der Kraft der Religion, und zweitens ebenso gerne zusammen mit den Nachbarn und dem ganzen Viertel.

und wünscht sich sehnlichst, dass keine Deutschlehrerin oder ein Deutschlehrer um die Ecke kommt.

Man kann Bücher über Bücher darüber schreiben und Film über Film darüber drehen – es ändert doch nichts daran: Ein Leben lebt sich nicht von selbst. Man muss Entscheidungen treffen, Antworten geben, Mitstreiter:innen finden, es mit sich aushalten und im Ganzen sein Glück versuchen. Und je mehr man sich dem stellt, desto mehr steht man in seiner Lebensleistung.[7]

Soll erstens heißen: Am Ende ist das Allgemeinste, was uns als Menschen verbindet, der Bedarf an Hilfen für die Lebensleistung. Und darum ist auch das, was wirklich fehlt, wenn Christsein (oder sonst eine Religion oder Lehre) fehlt, ein Beitrag zu diesem kulturellen Material. Und zweitens: Alle kulturellen Player sind gebeten, diesen ihren Beitrag so vorzulegen, dass man weder Abitur, noch Geld, noch Tugend, noch Freunde, ja: nicht einmal denselben Glauben benötigt, um ihn prüfen und eventuell übernehmen zu können.

Dies gilt auch für die Leute, die sich Christ:innen nennen. Auch ihnen geht es am Ende des Tages darum, ihre Lebensleistung so zu bringen, dass man dabei anständig bleibt, aus den gegebenen Chancen im Leben etwas macht und an den ungenutzten oder unnutzbaren eigenen Potenzialen nicht irregeht. Ein Unterschied zu nicht-religiös gebundenen Personen ist insofern gegeben, als Christ:innen der Meinung sind, dass die aktive und gepflegte Beziehung zu spirituellen Quellen diesem Erbringen der Lebensleistung in sogar enormer Weise zuarbeiten kann. Aber: Dies ist eben kein prinzipieller Unterschied, sondern ein gradueller.

---

7 Auch diese Passage verdankt sich einer Faszination, die zu diesem Buch geführt hat. So ehrlich wie Rahner hat noch selten ein Theologe gezeigt, dass das tiefe ›Zu sich selber kommen‹ nicht von Gott entfernt, sondern ihn aktiviert. Mit den Begriffen der hier später präsentierten Kurzformel: Rahner ist ein PHYSIS-Theologe, auch wenn im Folgenden Bonhoeffer als Kronzeuge angerufen wird. Vgl. nur den nach wie vor so überzeugenden Text über die Erfahrung von Geist im Alltag bei Rahner 1977.

Hier stoßen wir nun an ein Problem: Genau den vorletzten Satz glauben die meisten Leute nicht mehr. Das Christsein hat genau diese Einfachheit und Allgemeinheit verloren, mindestens im Erleben sehr vieler Leute. Christsein steht heute und hierzulande unter mannigfachem Verdacht: der Moralisierung, der Infantilisierung, der Pädagogisierung, der Kriminalisierung, der Therapeutisierung, der Komplizierung, der Kirchenpolitisierung, der Rekrutierung usw.

Dass man mit dem Christsein im Alltag funktional und nützlich nicht nur etwas, sondern das Ganze anfangen kann; ja, das Christsein nützlich ist, eine Ressource sowohl für das Leben der Einzelnen wie des Gemeinwohls – dieses Vertrauen ist verschwunden. Je klarer wir Profis von den Kirchen und den Theologien das sehen, desto weniger Energie verschwenden wir in kulturpessimistischen Attitüden.

Man muss es an sich heranlassen: Das Christsein hierzulande wirkt hüftsteif, hochmütig, abgehoben. Es spricht unverständlich. Es ist hochgradig institutionell verflochten und dadurch oft kompromittiert. Es verweist auf seine große Vergangenheit und fordert dafür Dankbarkeit. Es inszeniert sich als ethische Elite, die die unhintergehbaren Prinzipien moderner Vergesellschaftung noch philosophiegeschichtlich korrekt herleiten und in Normen überführen kann – was beeindruckend ist, was zu denken gibt, und was doch auch schnell diesen unsympathischen postmateriellen Rechthaber-Habitus erzeugt. Zudem befördert dies den Eindruck, das Christentum sei vor allem als Morallehre nützlich, als konservatives Widerlager gegen angeblich zu hippe, leichtfüßig-unbeschwerte Experimente des Zusammenlebens. Es kommt oft belehrend daher; immer wieder auch beleidigt. Die Christ:innen wirken auf die meisten in ihrer Umwelt eben nicht erleichtert, elastisch, gelöst oder inspiriert. Sie scheinen angestrengt, lauernd, enttäuscht, abgewendet, mit sich beschäftigt und auffällig gerne unter ihresgleichen, kraftlos und unmutig im Wortsinn.

Dieselbe Imagezuschreibung trifft auch die Kirche, die sie bilden, und die gerade in den letzten Jahren so hochgradig verstörend und missverständlich agiert hat – und darum auch von so vielen als Mitglieder verlassen wurde. Die Rede ist von den verstörenden und nicht abreißenden Dauermeldungen seit dem Jahr 2010 rund um den Missbrauch von geistlicher und finanzieller Macht sowie von sexueller Gewalt durch Kleriker. Der Synodale Weg zur Reform der Kirche ist im vollen Gange; und er wird nicht die letzte Bearbeitungsstruktur sein, die die an vielen Stellen marode und diskriminierende Kirchenstruktur nötig hat.[8]

Als der in den letzten Jahren verstorbene bekannte Autor Roger Willemsen ein Bild suchte, wie er die deutsche Kirche seiner Meinung nach treffend zu fassen kriegt, formulierte er in aller Schärfe:

> »Nur die Witwen schleppen sich noch eigenmächtig in die Kirche, die alten schwarzen mit den alten schwarzen Nylonkniestrümpfen, in denen sie seit Jahren in die Kirche humpeln, begleitet von Schwiegertöchtern, dem Sohn, der einer der Honoratioren wurde, den Enkeln, die unter dem Bannfluch ihrer Kommunion stöhnen.«[9]

Solche Rede ist schmerzhaft und auch ärgerlich. Denn natürlich sind das alles nur Behauptungen, vielleicht auch überzogene und vor allem nie den Einzelfall als Ausnahme betreffende. Viele kennen und schätzen Christ:innen in ihrem Nahbereich, die beeindruckende Leben führen. Zudem darf man von einem Fachbuch verlangen, dass Behauptungen empirisch belegt werden.[10] Trotzdem steht ein Verdacht im Raum, den Willemsen akzentuieren will: Das Christsein hierzulande ist ein altes Mütterchen, das sich durch die Zeiten schleppt, aus denen es schon vor langen Jahren herausfiel. Es hat zur Bewährung im Leben nichts mehr beizu-

8 Vgl. statt vieler Einzelbelege jetzt die umfassende historische Studie von Großbölting 2022.

9 Willemsen 2002:109.

10 Zu Willemsen vgl. Sellmann 2015. Im Hintergrund dieses Buches stehen die zahlreichen empirischen Studien zur Lage der Kirchen in Deutschland, die zu zitieren ein Vorwort dann doch sprengt. Stichworte mögen genügen: Jugendstudien wie die von SHELL; Milieustudien wie die von SINUS; Kirchenzufriedenheitsstudien wie die des Bistums Münster; Kirchenbindungsstudien wie die des Bistums Essen; Medientrendstudien wie die der MDG u.a.

tragen. Es ist sogar ein Ärgernis und irritiert in enormem Maß die Rechts- und Moralstandards einer freiheitlich-bürgerlichen Gesellschaft. Es spielt sicher an sehr vielen Orten eine wichtige Rolle – Bildungssystem, Gesundheitssystem, Politiksystem –, die man nur herunterspielen kann, indem man naiv wird. Aber der Zusammenhang, dass das Christentum wie viele andere Lehren und Weisheiten und im Verbund mit ihnen eine kulturelle Ressource darstellen kann, aus der heraus die Menschen und die Kommunitäten um sie herum ihre Lebensleistung besser und humaner performen können – der ist verlorengegangen.

Christsein kann was, will was, wird was, oder: Das Werben um neue Aufmerksamkeit

Ich habe diesen zeitgenössischen Hintergrund so schmerzhaft profilscharf gemalt, weil ich keine Zeit mit Ausflüchten verlieren will. Man muss diesen verschwundenen Alltagsnutzen selbstkritisch zugestehen, meine ich. Und man kann getrost hinzufügen, dass es doch auch für loyale Insider schon lange prekär geworden ist, sprachlich zu benennen, was man davon hat, Christ:in zu sein. Was auch einem selbst fehlt, wenn Firmung fehlt, Gottesdienste fehlen, Kirchengebäude, theologische Fakultäten oder Orgelkonzerte – das kann kaum noch jemand von uns so ausdrücken, dass man es als externe Hörerin versteht und/oder dass man den Rückbezug auf das Problem der gelingenden Lebensleistung erkennt.[11]

Gerade weil dies so zugegeben werden muss, sollten sich aber die zu Wort melden, die diesen Bezug nach wie vor sehen. Wir brauchen heute nicht weitere Diagnosen der Krise, sondern Vorschläge zur Lösung. Und wir brauchen die Werbung um die zweite Chance auf kulturelle Aufmerksamkeit.

Dieses Buch will solch einen Vorschlag machen. Es lebt aus einem bestimmten Pathos, der hier einmal ganz unverbraucht angestimmt werden soll und der sich an unsere Nachbarinnen und

11 Die enorme Verbreitung des bekannten Buches von Erik Flügge (2016) ist wohl nur der Gipfel der Problemwahrnehmung namens Sprachlosigkeit.

Nachbarn, Kolleginnen und Kollegen, Mitbewohnerinnen und -bewohner usw. richtet: Wir Christ:innen wissen, dass durch uns und mit uns vieles schiefläuft. Aber wir wollen definitiv nicht Eure Besserwisser und Vorbilder, Tugendbolde, Lehrmeister und Alarmisten sein. Das sind Karikaturen dessen, was wir sein können. Denn auch wir wissen eigentlich, dass das Leben schwer ist; dass man oft weder Zusammenhänge noch Sinnmuster kennt; dass Gott oft fern ist, wie wir sagen würden; dass es eine Menge Grauzonen zwischen Schwarz und Weiß gibt; dass das Beten oft nichts auszurichten scheint; dass der Gute oft der Dumme ist und dass es schwer ist, auch beim nächsten Mal wieder der Dumme zu sein; dass man oft das Gute will und das Schlechte tut; dass man sich immer zweimal im Leben begegnet; und dass jeder Jeck anders ist. Auch wir haben mit unserer Religiosität kein Narkotikum gegen den Schmerz des Daseins, keine allumfassende Welterklärung, keinen moralischen Kompass für jedes und alles, was passiert. Keine Versicherung gegen das eigene Versagen. Wir wollen von Euch keine automatischen Privilegien, die wir zu verdienen glauben, einfach nur aufgrund der Tatsache, dass es uns schon so lange gibt. Auch wir erkennen inzwischen, wie lahm uns Komfortzonen machen. Und schon gar nicht wollen wir eine Degradierung derer vornehmen, die nach anderen Wertvorgaben leben, die nicht an einen Gott glauben können oder wollen oder die einen anderen Sinnhorizont begehen.

Als Christ:innen sind wir schlicht der Meinung und haben auch immer wieder die Erfahrung gemacht, dass es einen bestimmten Gott gibt, dass er sich zu erkennen gibt und dass ein Leben in bestimmte nützliche Schichten vordringt, wenn man vor und mit diesem Gott lebt. Nicht mehr, nicht weniger.

Es ist wohl so: Christsein braucht eine zweite Chance. Die muss man sich verdienen. Man muss Christ:innen wieder ansehen und glauben können, dass auch sie auf fundamentaler Wahrheitssuche sind; dass auch sie nichts finden, wenn sie es nicht mit ihren Zeitgenossen suchen; dass auch sie bis ins Mark in ihrer Sinngewissheit erschüttert werden durch die neue Gewalt unter den Religionen, durch die neuen Paradoxien der Wissenschaft (vom Genom bis zum Kosmos) und durch die dauernden, je neu tief beschämenden Erkenntnisse über die Zusammenhänge von falscher Spiritualität und vielfachem Machtmissbrauch in unserer Kirche.

Ein wesentliches Ziel dieses Buches liegt daher schon darin, sich als Christ:in überhaupt wieder in die aktive Erwartung der Zeitgenossen hineinzuarbeiten; diskutabel zu werden; als Ressource für freie und gelingende Lebensgestaltung neu in den Blick zu kommen.

Hierzu reichen Selbstkritik und werbendes Pathos allein nicht aus. Man muss auch eine Konzeption anbieten.

Die Kurzformel

Eine solche Konzeption wird im kleinen wie in diesem Buch als Kurzformel des christlichen Glaubens entwickelt. Sie lautet:

> Christsein ist die Klugheit (PHRONESIS) eines je neuen Kreislaufs aus: PHYSIS, KENOSIS und DYNAMIS.

Genauer:

> Christsein ist eine Form von Klugheit (PHRONESIS), und zwar als ein sich wechselseitig verstärkendes Kompetenzbündel aus drei Fähigkeiten: immer weniger wegrennen müssen (PHYSIS); immer mehr aus sich herauskommen (KENOSIS); und immer mehr Kraft von außen aufnehmen (DYNAMIS).

Inhalt der Kapitel wird sein, die einzelnen Bestandteile der Kurzformel zu erläutern und zu begründen. In alle Vorannahmen und architektonischen Entscheidungen des Argumentationsaufbaus führt das Kapitel 1 ein.

Trotzdem stimmt, dass das Lesen dieses Vorwortes ausreichen kann. Denn die wichtigsten Stichwörter sind gefallen: Christsein will Konstruktives zur Herausforderung der Lebensleistung beitragen; Christsein bittet um eine zweite Chance; Christsein hat mit der Klugheit von drei Kompetenzfeldern zu tun: nicht wegrennen; aus sich herauskommen; Kraft aufnehmen.

Das ist das Wesentliche. Und um das nicht intellektuell, sondern existenziell zu verstehen, braucht man kein Buch. Denn das ist der Punkt, um den man auch mit 1000 Seiten Text nicht herumkäme: Das, was fehlt, wenn die Christ:innen fehlen, ist keine Lehre, sondern ein Weg. Das ist es, was uns abhandengekommen ist: Christsein ist eine klar fassbare Praxis. Eine Methode. Eine Lebensführungsweisheit. Eine Kompetenz.

Das ist es eigentlich, wofür man wirbt: So wie man Lebensleistung nicht theoretisch, sondern nur existenziell performt, so kann auch eine kulturelle Ressource für Lebensleistung nicht irgendwie theoretisch genutzt werden. Keiner ist Christ:in im Lehnsessel. Man kann Wege schnell verstehen, und doch dauert es lange, sie zu gehen. Die Kenntnis des Weges hat die, die ihn gegangen ist, nicht der, der ihn auf irgendwelchen Landkarten nachschreibt.

Christsein, so die These hier, ist eine bestimmte Form von Klugheit, die man hervorragend dafür benutzen kann, wenn man seine individuelle Lebensleistung bringen und damit auch für das Gemeinwohl etwas beitragen will. Christsein ist weder die weiseste all solcher Klugheiten; es ist kein direkter Weg ins Glück; und es wird auch nicht für jede:n sofort die beste zu wählende Option sein.

Immer aber wird es um einen Anfang gehen, den man selbst setzen muss. Wer wenig Zeit hat, die Tragfähigkeit dieser Klugheit aber erproben will, sollte jetzt das Buch weglegen und eine der drei Kompetenzen zu leben versuchen. Die Erfahrung ist dieselbe wie beim asiatischen Kampfsport: Man kommt durchs Üben von Gürtelfarbe zu Gürtelfarbe. Um im Bild zu bleiben: Als geistliche Trainer:innen werden hier drei Personen mit starkem Glauben und eindrücklicher Biografie präsentiert, nämlich Dietrich Bonhoeffer, Chiara Lubich und Madeleine Delbrêl. Ihrer geistlichen Klugheit kann man sich mit Gewinn anvertrauen. Aber auch hier gilt: Gehen muss man selbst. Christsein ist kein Buch, sondern ein *Court*. Auch nach fast 400 Seiten Lektüre wird man keinen Zentimeter weitergekommen sein, wenn man es nicht ausprobiert. Geistliche Klugheit kann man sich nicht anlesen. Mehr als dieses Anfangen zu bewerben, soll und wird hier nicht passieren.

Dank

Das waren die versprochenen 15 Minuten. Das Buch bringt Theorie ein, also: Begründung, Ausführung, Illustration, Einordnung. Theologisches Handwerk. Das folgende Kapitel 1 startet sofort damit.

Hier soll noch ein herzlicher Dank ausgesprochen werden. Er geht an vier Personen, die die Arbeit an meinem Lehrstuhl zu einem hellen Ort machen: Frau Hannah Wahlers und Herrn Björn Szymanowski für ihre überaus konzisen Nachfragen und gründlichen Überprüfungen und Frau Manja Kleffmann und Stefanie Nüsken für die logistischen Hilfen aller Art.

Gewidmet ist das Buch Chiara Lubich, die bestimmte Leute geistlich so tief inspiriert hat, dass sie mich zum Christsein bringen konnten.

Das Buch hat sein Ziel erreicht, wenn Christgläubige ihr Leben wiedererkennen und wieder mögen können; und wenn Christ*un*gläubige besser verstehen und respektieren können, was fehlt, wenn Christ:innen fehlen.

Bochum/Hamm, Dezember 2022

Teil I: Hinführungen

1. Um- und Eingrenzungen des Projekts

Wenn jemand es für nötig hält, eine Kurzformel des Christseins zu entwickeln und ausführlich zu begründen, ist er leicht durchschaubar. Und das gleich dreifach: Offenbar hält er (oder sie) es erstens für nötig, weil der Blick aufs Ganze in der Vielzahl der Kleinigkeiten verloren gegangen ist. Zweitens hält er das, was da zu gewinnen ist, wenn man auf das Ganze blickt, für relevant und wertvoll. Und drittens hat er eine Methode gefunden, wie man das anstellen könnte: auf das Ganze schauen.

Alle drei ›Durchschaubarkeiten‹ treffen auf dieses Buch zu. Es erwächst aus einer Krisendiagnose (1.1.), aus einer Gewinnerwartung (1.2.) und einer Entdeckung (1.3.).

1.1. Auslösende Krisendiagnose

Auf dem Weg in die Minderheit

Eine wichtige Impulsquelle der Suche nach einer Kurzformel waren die Schlagzeilen nicht nur der kirchlichen Presse im Jahr 2019. Die Deutsche Bischofskonferenz hatte zusammen mit dem Freiburger Forschungszentrum Generationenverträge (FZG) eine Studie zur erwarteten Mitgliederentwicklung der beiden großen christlichen Kirchen vorgelegt. Diesen Zahlen nach werde das Jahr 2033 zum Signaljahr: denn dann seien weniger als 50% der Deutschen noch Mitglied der evangelischen oder katholischen Kirche. Schon 2060 schrumpfe der Anteil auf ein Drittel.[1] Christsein wird also zum Minderheitenphänomen. Die Wahrheit ist: Wer Mitglied dieser Kirchen ist, gehört zu den Verlierern einer kulturellen Entwicklung. Das gilt mindestens quantitativ.

Seit 2019 sind drei Jahre vergangen. Die Freiburger haben ihre Studienergebnisse inzwischen auch praktisch-theologisch weitergedacht und markieren unter anderem, dass dieser Rückgang

1 Vgl. als Quelle von 2019 nur Drobinski 2019.

in großen Teilen keineswegs rein demografisch bedingt ist: Von 49% erwartetem Rückgang an Mitgliedern sind nur 21% auf demografiebedingte Ursachen rückführbar. Ein großer Anteil von Austrittsneigungen wäre also durch kluges, entschlossenes, vor allem aber glaubwürdiges pastorales Handeln mindestens potenziell beeinflussbar.[2]

Von dieser Glaubwürdigkeit aber scheint man weit entfernt: Mehr als eine halbe Millionen Deutsche vollzogen noch im Jahr 2019 ihren Kirchenaustritt. Sehr wahrscheinlich wird sich der Gang in die zahlenmäßige Minderheit schneller vollziehen als noch 2019 prognostiziert. Die Kette von verstörenden Gutachten, Studien und Skandalen rund um sexuelle Gewalt reißt nicht ab. Und das Vertrauen in die organisationale Selbstregulierung durch die Deutsche Bischofskonferenz kann sich nicht verfestigen. Der Synodale Weg mit seinen Versammlungen und seiner klaren und politisch ausgewogenen Reformagenda gibt zwar generell Anlass zur Hoffnung, dass im Katholizismus der deutschen Kirche weiterhin die Intelligenz und die Loyalität vorhanden ist, um das Ruder wirksam herumzureißen. Ob die Bischöfe dies erkennen und als ausgestreckte Hand auch annehmen werden, bleibt ungewiss.[3]

Neben den zahlreichen Reformanliegen wie neuen Zugängen auf das Priesteramt, Frauen in Entscheiderinnenpositionen oder einem respektvolleren Miteinander mit homosexuellen Partnerschaftsformen ist allerdings der Ruf überlaut, dass sich all diese Umbauten von organisierter Kirchlichkeit besser anhören und -fühlen würden, wenn sie von attraktiven, besser noch: von attrahierenden, also anziehenden, inneren Bildern getragen würden. Wenn man nur wüsste, so höre ich sehr oft, wohin wir eigentlich vom Sinn her unterwegs sind; und wenn man nur er-

2 Vgl. Gutmann/Peters 2021:176 sowie ebd.:175–206; sekundär Sellmann 2022.

3 Angesichts der Überfülle an einer diese Krise beschreibenden Literatur verzichte ich auf einzelne Nennungen und verweise auf die Texte des Synodalen Weges auf der Homepage www.synodalerweg.de. Hier wird klar beim Namen genannt, was zu ändern ist; aber eben auch, wie man vorgehen kann und sollte.

kennen würde, wie die vielen organisatorischen Umbauten auch zu diesem Sinn hinführen – dann wäre alles größer: unser Mut, unsere Motivation, unsere Risikobereitschaft.

Wo sind die starken inneren Bilder?

Dieser Ruf nach inneren, mobilisierungsstarken Bildern ist nicht abstrakt. Er fragt vierfach in die Tiefe. Erstens nach den Konkretionen: also etwa, wie die Pfarrei und Gemeinde der Zukunft aussehen; das katholische oder evangelische Krankenhaus; die Ausbildungsstätte für alle priesterlichen Dienste; die Firmung; das Pfarrbüro; das Bildungswerk; der Religionsunterricht usw. Und die Antwort auf diese Frage ist nicht die nach den Maßnahmen, sondern die nach dem Sinn. Das ist die zweite Tiefenschicht. Präziser noch: nach der Funktion. Im Grunde geht es nämlich darum, dass uns die vitale Einsicht abhandengekommen ist, wozu wir uns für diese Sichtbarkeiten von Kirche engagieren. Und hierunter liegt als nächste Schicht: wozu überhaupt Kirche selbst da ist, wenn um sie herum gesellschaftlich immer weniger nach ihr zu verlangen scheint. Und, letzte Tiefe, wenn wir nicht hinter die theologischen Fortschritte des Zweiten Vatikanischen Konzils zurückgehen, das eindrücklich den Werkzeugcharakter der Kirche für das Reich Gottes und die Gottesfrage selbst markiert hat – dann lautet die eigentliche Frage: Wozu braucht es eigentlich Christ:innen? Es gibt sie ja nicht, um eine schöne Kirche zu bilden; sondern wenn Kirche schön ist, dann deswegen, weil sie ein Raum christlich geprägter Humanität ist. Wer vermisst was genau, wenn sie nicht mehr da sind? Und wie führt der Weg von der Antwort auf diese letzte Tiefenfrage wieder hoch zu Gemeinde, Priesterseminar, Caritas, Firmung, Lebensform des Priesters und, und, und …

Christsein hat das eigene und das gesellschaftliche Grundvertrauen verloren. Es geht in die Minderheitenposition. Und wer dies als Ressentiment gegen die Bürgerinnen und Bürger dieses Landes wendet, der zeigt auf sich selbst. Bevor man über den Unglauben der vorgeblich durchsäkularisierten Massen klagt, sich über den Respektverlust gegenüber der Kirche empört, eine komplette abendländische Gotteskrise vermutet oder gar darauf hinweist, den Christ:innen sei nie eine machtvolle Kirche versprochen worden und die kleinere Herde der Willigen sei allemal evangeliumsgemäßer als der Status quo, wären erst einmal die Hausaufgaben zu erledigen. Dazu gehört definitiv der Umbau diskriminierender Strukturen. Dazu gehört aber auch die Arbeit an der eigenen Kommunikation. Es ist wie in jeder einvernehmlichen Partnerschaft: Wer sich chronisch missverstanden fühlt, sollte nachprüfen, ob man überhaupt verständlich gesprochen hat.

Das Buch steht im Dienst einer solchen Kommunikation. Es tut dies im vollen Bewusstsein des kulturellen Abschwunges. Als Autor bekenne ich, dass mir dieser Auszug aus mich prägenden Gegebenheiten schwerfällt. Wenn ich als Professor der Theologie sehe, dass die Anmeldezahlen zum Studium derselben der Null-Linie entgegenstreben wie die der Priesterweihen oder der Sendungen in andere seelsorgliche Berufe; wenn mir hochintelligente junge Leute, vor allem Frauen, gegenübersitzen, die die Kirche nicht mehr als Sprungbrett für ihre ausgeprägte Engagementbereitschaft für eine bessere Gesellschaft verstehen können; wenn ich als 56-Jähriger im Gottesdienst zu den Jüngsten gehöre; und wenn ich um mich herum bemerke, wie das intuitive Wissen um Ostern, Weihnachten oder den Sonntag ohne Verlusterleben versickert – dann zieht mich das runter. Ich bedauere das. Ich sehe etwas gehen, was wichtig ist. Und das treibt mich an, wenigstens jetzt zum Wesentlichen zu kommen. Nicht Schuldzuweisungen an ›die Leute‹ oder ›die Gesellschaft‹ sind jetzt dran, sondern ehrliche kulturelle Arbeit.

Damit war die Ausgangsfrage geboren, und sie ist konstruktiv gemeint: »Was fehlt, wenn die Christ:innen fehlen?« Der Gestus hinter dem Projekt ist derselbe, wie der von Biolog:innen, die artengefährdetes Saatgut in sorgfältig ausgesuchte Speicher einlagern, bevor es ausstirbt. Man schafft damit die Zugänglichkeit zu einer Ressource, die man eventuell noch einmal gut brauchen kann. Ganz ähnlich gelagert ist die Idee eines Kollegen von mir, der Geld dafür sammelt, dass er alte Ordensmänner und -frauen über ihr Leben und ihre spezifische Spiritualität interviewen darf.

Diese O-Töne will er aufbereiten und in einem Bild-Tonarchiv veröffentlichen, damit man nicht vergisst, was einmal so viele Leben bereichern konnte.

Korrekt: Das sind museale Reflexe. Schaut man auf die ja immer noch imponierenden Zahlen der kulturellen Präsenz der christlichen Kirchen, mag der Gang in die Konservierung verfrüht erscheinen. In solchen Speicherprojekten erkenne ich trotzdem die Energie, Wertvolles nicht einfach verlorengehen zu lassen, auch wenn es im Moment den meisten nicht vorrangig zu sein scheint. Was fehlt, wenn die Christ:innen fehlen, zielt als Frage darauf, eine Antwort zu erhalten, die auch denen respektabel erscheint, die mit dieser Antwort nichts Existenzielles verbinden.

Wenn man so will, lautet damit der durchaus auch trotzige Unterton: Wenn das mit den Christ:innen hierzulande schon zu Ende gehen wird, dann soll man erstens exakt wissen können, welche kulturelle Ressource da verblasst (auch, um Ausschau nach plausibler scheinenden Äquivalenten zu halten). Und zweitens sollen die, denen dieses Christsein viel bedeutet, Kriterien an die Hand bekommen, um im gegenwärtigen kulturellen Auftritt das Unwichtige vom Wesentlichen unterscheiden zu können. Wer weiß: Vielleicht kann ein zu sich selbst neu fokussiertes Christsein ein attraktiveres Zeugnis abgeben und in neue nachbarschaftliche Zaungespräche mit mindestens den Wohlwollenden unter den Nicht-Religiösen hineinkommen.

Die große Sprachlosigkeit über das, was innerlich prägt

Denn das ist der kurzen Krisendiagnose hinzuzufügen: Sie betrifft bei Weitem nicht nur äußerliche, kirchenorganisatorische Strukturen. Auch wieder ohne lamentieren oder Defizite verteilen zu wollen, scheint mir auch eine mehr innerliche Krise offensichtlich: Wir können als Christ:innen kaum verständlich benennen, was unser Lebenskonzept ausmacht. Die ersten Christen werden in der Apostelgeschichte ja als »Angehörige des neuen Weges« (Apg 9,2 u.ö.) gelobt. Und das ist ein echtes Kompliment. Aber können wir mitteilen, welcher Weg das ist – was daran ›neu‹

ist – und für wen überhaupt? Man kann einschneidend erleben, dass wir zu dieser Mitteilung so gut wie gar nicht in der Lage sind. Da war die Versammlung aller Novizenmeister:innen der deutschen Ordensoberenkonferenz, die auf die Frage ›Warum genau soll jemand genau in Ihren Orden eintreten?‹ mit langem Schweigen (nicht) antworteten. Da war die mit sechsstelliger Quote geschaute Predigt zu Beginn eines Katholikentages, die an Banalität nicht zu übertreffen war. Da war das Gespräch mit einer Theologiestudierenden, die im zehnten Semester (!) das erste Mal auf ihre Gottesvorstellung hin angesprochen wurde. Da war die Serie über das Glück in der ZEIT, für die alle möglichen wissenschaftlichen Expert:innen gefunden wurden: aus Germanistik, Biologie, Soziologie, Islamwissenschaft – aber niemand aus der Theologie. Da war unser Interviewprojekt mit ehrenamtlich Engagierten und der Nachfrage, was sie motiviert, und jede:r konnte das existenziell, ohne Textbausteine beantworten – jede:r außerhalb von Gemeinde und Verband. Da ist alljährlich die Erfahrung, dass die Gründonnerstags-Liturgie dazu motiviert, mit Jesus im Gebet zu bleiben – und der Küster dazu drängt, die Kirche zu schließen.

Da sind aber auch die überraschend hohen Zahlen junger Leute, die das ›Gebetshaus Augsburg‹ oder ›Heilig Kreuz‹ in der Nähe von Wien besuchen.[4] Da sind die Pilger:innen und Wallfahrer:innen, die in wachsender Zahl Kraftwege und Kraftorte finden wollen. Da erzählt mir ein Priester, dass er im ICE-Abteil nur seinen Kolar tragen muss, und schon führt er ein tiefes biografisches Seelsorgegespräch nach dem anderen. Und um nicht nur andere zu kritisieren: Da schreibe ich selbst ein kleines Buch über das, was fehlt, wenn die Christ:innen fehlen, und die meisten finden das zwar recht interessant, meine Sprache aber doch zu kompliziert. Natürlich ist Theologie eine Wissenschaft, und man verlangt von Atomphysiker:innen ja auch nicht zuerst,

---

4 Ich nenne diese Orte beschreibend, ohne Bewertung. Man muss schlicht feststellen und sorgfältig erkunden, dass die Verantwortlichen dort etwas anbieten, was viele überzeugt. Man muss dabei aber auch darauf achten, wie an diesen Orten Autorität beansprucht und inszeniert wird und welche Rolle Ressentiments gegen weltanschaulich andere Positionen spielen.

dass sie einen Automotor reparieren können. Wenn aber nicht in Theologie, Gemeinde, Orden, Verband: Wo bitte lernt man, wie man das verständlich versprachlicht, was einen als Mensch überzeugt?[5]

Diese und weitere Erlebnisse haben meiner Meinung nach eine gemeinsame Überschrift: Wir wissen noch um eine DNA unserer Religiosität; unser üblicher Betrieb führt uns aber nicht zu ihr hin; erst recht schaffen wir es kaum, sie für Andere zu versprachlichen; ja, je weiter man von unserem Kirchenbetrieb entfernt ist, desto klarer vermisst man die Auskunftsfähigkeit zu diesem Kern. Und da, wo er angeboten wird, wo man sich erkennbar bemüht, ihn zu finden, scheint das attraktiv – gerade für Leute, die nicht den Stallgeruch derer tragen, die schon lange dabei sind.

An wen sich dieses Buch richtet

Das Bemühen um eine Kurzformel des christlichen Glaubens hat also eine doppelte Impulsgeschichte: Es will sichern, was verlorengeht; und es will klären helfen, worum es überhaupt ging. Eine mehr äußere und eine mehr innere Schubkraft.

Insofern will das Buch aber tatsächlich nicht nur das Museum vorbereiten, sondern in die Gegenwart hineinwirken. Es wendet sich, wie das kleine Buch, an drei Gruppen von Personen:

- Denen, die gerne wüssten, was diese Christ:innen so ausgemacht hat, möchte es Informationen geben, was fehlen wird, wenn diese Leute fehlen.
- Denen, die sich sicher sind, dass Christsein in ›Moral‹ aufgeht, in ›Dogma‹, ›Kirche‹ oder ›Gehorsam‹ oder dass man den Anspruch erhebt, mit einem bestimmten ›Glauben‹ den ›Weg‹ aus allen Schwierigkeiten gefunden zu haben, möchte es sagen: weit gefehlt.
- Und denen, die selbst Christ:innen sind und die in den letzten Jahren durch so viele verwirrende Prozesse (Skandale um Missbräuche, Zusammenlegung von Gemeinden, Schließung von

5 In der Tat vertrete ich die These, dass die Sprachkrise der Kulminationspunkt der aktuellen Kirchenkrise darstellt; vgl. dazu Sellmann 2019.

> Kirchen, Fehlen von Priestern usw.) unsicher geworden sind, warum man überhaupt noch dabeibleibt, möchte es zurufen: vielleicht darum.[6]

Anders als im kleinen Buch wird die erwünschte Zielgruppe dieses Bandes aber in einer kleineren Auswahl der drei Gruppen bestehen müssen: Denn hier geht es akademisch zu, und das mutet sich nicht jede:r zu. Im Folgenden wird wissenschaftlich begründet, was dort meistens nur behauptet werden konnte.

1.2. Gewinnerwartung

Mit dem Hinweis auf eine Relevanz für die zeitgenössische Gegenwart ist der zweite Horizont angesprochen, auf den hin man durchschaubar wird, wenn man die Kurzformel einer ganzen Religion entwickelt. Dies ist die Hoffnung, die Gewinnerwartung, von der das Buch getragen wird. Es wird die schlichte Überzeugung vorgetragen, dass das Christentum tatsächlich eine Ressource für eine bestimmte und wünschenswerte Art menschlichen Zusammenlebens darstellen kann. Und zwar eine unverwechselbare. Das bedeutet keine Abwertung anderer kultureller Impulse. Im Gegenteil: Eine hohe Nicht-Exklusivität gehört bereits zum typischen ›Stil‹ des Christseins, wie Christoph Theobald das nennt.[7] Hinzu treten aber weitere Attribute. Im Weiteren soll belegt werden, dass diese Christseins-DNA, von der eben die Rede war, im persönlichen wie im gesellschaftlichen Leben für eine Zufuhr an Mut und Engagement sorgen kann, für Großzügigkeit und Hingabe sowie für Kreativität, Humor und eine ganz bestimmte Form der Gelassenheit. Ein Ort, an dem Christ:innen mit anderen zusammen die Atmosphäre prägen, sollte dieser DNA gemäß nicht einfach nur sozialer und gerechter werden, um die Klassiker zu nennen, die man von Christentum erwartet und die natürlich bereits große und erstrebenswerte

---

6 Sellmann 2021:14.

7 Vgl. Theobald 2018. Zum Stilbegriff ebd.:51–57 u.ö.

Vorzüge wären. Es wird noch mehr: ein transformativer Ort, hin zu je mehr Freiheit, Partizipation und Intelligenz.

Wie kann man so etwas behaupten, ohne dass es eine dann doch wieder lahme und willkürliche Zusammenstellung von Idealen ist? Und ohne dass man eine moralische Fallhöhe aufbaut, die später umso leichter nachzuweisen hilft, dass man das gebotene Niveau chronisch unterbietet? Die Antwort hierauf liegt im Hinweis auf eine Typik christlichen Lebens, die erstaunlich oft im Dunkel bleibt, die aber die unterste der vierfachen Tiefe halten kann, von der im vorherigen Abschnitt die Rede war: Christsein verweist darauf, dass man aus geistlichen Quellen leben kann. Christsein, so dann auch der Titel dieses Buches, ist konzipiert als geistliche Klugheit.

Was mit ›geistlich leben‹ gemeint ist; warum es als ›Klugheit‹ zusammengefasst wird; und mit welchen theologischen Argumenten das plausibel werden kann – das sind eigene Thesen, die in den einzelnen Kapiteln geklärt werden.

›Geistlich leben‹ als theologischer Erkenntnisort

Wichtig ist mir an dieser Stelle ein anderer Hinweis zur Einordnung des ganzen Buchprojektes, nämlich dass man überhaupt ›Spiritualität‹ als theologischen Erkenntnisort in den Blick bekommt. Dies scheint alles andere als selbstverständlich. Im normalen Curriculum eines Theologiestudiums kommen solche Analysen so gut wie gar nicht vor. Wenn man so will: Man durchmustert die großen geschriebenen Werke eines Karl Rahner oder Karl Barth – die großen gelebten Werke einer Anjeze Gonxhe Bojaxhiu (Mutter Teresa von Kalkutta) oder einer Simon Weil gelten als weit weniger wichtig. Zwar ist ›Heiligkeit‹ im umfassenden, nicht nur im Sinne kirchenamtlicher ›Ehre der Altäre‹ im Gefolge von Melchior Cano ein anerkannter ›locus theologicus‹[8]; und zwar fordert das Zweite Vatikanische Konzil

8 Vgl. zum Modell der theologischen Erkenntnisorte nur Seckler 1987; aktuell Sander 2006:37–41. Die Einsicht in verschiedene und einander wie ein Netzwerk zugeordnete ›Bezeugungsorte des Glaubens‹ ist auch leitende

explizit zur aufmerksamen Begehung dieses Ortes auf.[9] Trotzdem kann nicht davon die Rede sein, dass die Auskunftskraft speziell dieses Erkenntnisortes schon ausreichend konsultiert worden ist. Es stimmt ja auch: Da liest man vor allem Gelegenheitsschriften; die Genres sind Vorträge, Meditationen, Gebete, Auslegungen; da ist meist wenig bis gar keine Systematik zu finden; da mischen sich biografische Subjektivität mit hochoriginellen spirituellen Erkenntnissen; da steht man auch immer mal wieder vor steilen, skurrilen und auch pathologischen Texten; und überhaupt ist wenig so wenig nachprüfbar wie publizierte Frömmigkeit.

Trotzdem, so soll hier pointiert werden: Gerade für die Frage, was fehlt, wenn Christ:innen fehlen, muss man genau in diese Kontingenz und in diese Diffusion hinein. Denn, so die Antwort und so die Überleitung in die nächste Profilierung dieses Buches: Das Anliegen bewusster selbstbestimmter Lebensführung hat es mit diesen Kontingenzen und Diffusionen zu tun.

Die Frage nach Lebenskunst als Bewährungshorizont geistlichen Lebens

Damit ist der nicht-religiöse Bewährungshorizont benannt, auf den hin die Argumentation des Buches im Speziellen abzielt. Mit dem Salzburger Dogmatiker Hans-Joachim Sander formuliert: Der aktuelle Diskurs um gutes Leben, um Lebenskunst, ist das ›Außen‹, an dem das ›Innen‹ geistlichen Lebens sich bewähren und neu entdecken kann.[10]

Theologie der Texte zum Synodalen Weg; vgl. nur den sog. ›Orientierungstext‹ (Kapitel II), der theologisch in alle Beiträge des Synodalen Weges einführt: https://www.synodalerweg.de/fileadmin/Synodalerweg/Dokumente_Reden_Beitraege/SV-III-Praesidium-Orientierungstext-Lesung2.pdf (Zugriff Juli 2022).

9 Vgl. nur LG 42 – ein Text, der allerdings ›Heiligkeit‹ gegen ›Welt‹ versteht. Ausführlich vgl. Holotik 1985; besonders Gotthard Fuchs kommt das Verdienst zu, im deutschsprachigen Raum für Zugänge in Mystik und geistliche Biografien zu sorgen; vgl. nur Fuchs 2017 sowie jetzt die Festschrift zu seinem 70. Geburtstag von Pröpper 2008.

10 Vgl. aus den zahlreichen Schriften Sanders, in der er seine Denkmethode vorstellt, nur Sander 2016.

Eine ausgedehnte Präsentation des aktuellen vielfältigen Nachdenkens über Lebenskunst muss hier nicht erfolgen. Es ist überdeutlich, wie hoch das Interesse an diesen Themen ist. Auch im theologischen Raum sorgt die Frage für Sammelbände, DFG-Anträge oder Kongresse.[11] Sie bekommt sogar noch mehr Schub durch die Verbindung zu den Themenkomplexen ›Psychische Gesundheit‹, ›Interreligiöser Dialog‹ oder ›Digitale Kulturtechniken‹. Autoren wie Wilhelm Schmid, der als Initiator des neueren Lebenskunst-Diskurses gelten kann, sehen sich einer überfordernden Nachfrage gegenüber, die den akademischen Betrieb weit in den Feuilleton, die Seminarszene oder die Lebensberatung hinein erweitert.[12]

Gerade in Wohlstandsgesellschaften, die inzwischen auch im Lebensgefühl der Individuen an die ›Grenzen des Wachstums‹ kommen, ist das Thema einer kohärenten und nachhaltigen Lebensführung beides: eine große Frage und ein großes Rätsel. Wie man gesund lebt, ohne dass es bieder wird; wie man seine Optionen realisiert, ohne dass man andere unterwirft; wie man bei sich, aber bitte nicht allein bleibt – wer hierzu etwas beizutragen hat, wird gerne gehört. Das Nachdenken über das Ideal selbstbestimmter Lebensführung hat längst den Bereich wilder Esoterik, kruder Selbstoptimierung und schnöder Kulturschelte verlassen und ist je mehr zur Intelligenzfrage geworden, desto prekärer das Projekt der globalen Postmoderne sich darstellt.

Das Buch wird argumentieren, dass geistliche Klugheit aus den Ressourcen des Christseins diese Höhe halten kann. Es kann einen Beitrag liefern – wie andere Traditionen auch – zum Diskurs über Lebenskunst. Es gehört genau dahin, in diese Arena. Denn das alte und hochmissverständliche biblische Wort vom ›Heil‹ zielt nicht auf etwas Abstraktes, Feinsinniges, Frommes oder Blutleeres. Es zielt auf das Ganze menschlicher Existenz, auf Lebenswissen und Lebensmaß.

---

11 Vgl. nur Karle 2011 sowie jetzt Bubmann 2022.

12 Vgl. nur Schmid 1998.

Lebenskunst als Lebensleistung

Um den ganzen Befund noch etwas anzupfeffern, wird die Argumentation in den folgenden Kapiteln unter einem noch zugespitzteren Begriff geführt: Lebensleistung. Ich gehe damit bewusst in ein Vokabular nahe zum Bereich der Ökonomie. Denn das Christsein und vor allem seine Rede von der ›Gnade vor allem Verdienst‹ ist unterschätzt, wenn es nicht auch als eine Ressource für eine unternehmerisch verstandene Biografie eingebracht wird.

Der Begriff ist ganz alltagssprachlich zu verwenden: Es kommt eine Ebene in den Blick, die uns alle schon dann verbindet, bevor wir religiös wurden. Ob man religiös ist oder nicht; ob man es eher hedonistisch angeht oder skrupulös-pflichtbewusst; ob allein oder zu mehreren; ob als Stadtaffe oder als Landei; ob mit fettem SUV oder mit geschmeidigem E-Scooter – am Ende des Tages gibt es so etwas wie ein Leben, das gelebt werden will. Dieses Leben stellt Aufgaben und gibt Chancen; es teilt zu und es teilt aus; es hat diese und jene Phasen. Vor allem aber stellt es den Horizont dar, in dem wir alle uns bewegen, egal, wer wir sind. Und so diffus das hier ausgedrückt wird, so klar scheint mir doch, dass diese schlichte Küchenphilosophie uns fundamental verbindet – und dies lange bevor wir uns kennen, mögen oder gar helfen.

Im Grunde ist die einfachste Straßenfrage, die wir uns vieltausendmal in unseren Jahren stellen, auch die verbindendste: Wie geht *es* Ihnen / Wie geht *es* Dir? Dieses ›es‹ ist geheimnisumwittert und bedeutet für die eine ›Schicksal‹, den anderen ›Gott‹, dem Dritten ›irgendwas‹, der Vierten ›das Leben‹. Genau das aber – dass wir alle irgendetwas meinen, wenn wir ›es‹ dazu sagen, schafft eine Basis, auf der man miteinander in Kontakt kommen kann. Wenn man so will: Im Kern scannen wir das, was wir kulturelle Qualität nennen, daraufhin ab, wie ›es‹ uns damit geht; ob wir damit weiterkommen – wohin auch immer wir unterwegs sind; ob ›es‹ einen Unterschied macht. Hier liegt der eigentliche Qualitäts-Check für Ratschläge, Weisheiten oder Lebenshilfen: ob man damit seine Lebensleistung besser bringen kann. Auch diese müssen sich vor diesem ›es‹ bewähren.

Das Buch wird erstens behaupten, dass Christ:innen sich auf den für alle basalen Horizont der Lebensleistung beziehen können, weil sie bestimmte Kompetenzen kennen und trainieren, die ihnen dabei helfen, sich ihrer eigenen Lebensleistung zu stellen, sich in ihr zu bewegen und aus ihr mehr herauszubekommen, als man hineingesteckt hat – so dass ›das‹ Leben mehr wird als Leistung. Es wird Zusammenhang. Zusammenhalt. Sinn. Bedeutung. Erfahrung.

Und es wird zweitens zeigen wollen, dass diese Kompetenz keineswegs das Monopol der religiösen Leute ist. Das Lebenswissen der Christ:innen kann auch zur Kompetenz für Menschen werden, die die säkulare Option ziehen. Diese werden dann aus anderen Antrieben heraus trainieren. Das Ziel der Wege kann aber sehr ähnlich und verbindend sein. Denn geht es ums Leben, geht es ums Ganze. Für alle.

›Geistliche Klugheit‹ ist das, was Christ:innen können und immer mehr können wollen. Es ist das, was sie geben und wohin man mit ihnen kommen kann. Es ist das, was ihnen ihr Glaube, ihre Religiosität gezeigt hat. Und es ist das, was fehlt, wenn sie fehlen.

Drei brisante Biografien, drei spezielle Profile geistlichen Lebens

Eingehend werden in den Kapiteln 6, 7 und 8 drei spirituelle Profile, drei Persönlichkeiten, drei spezielle Typen von christlich-geistlichem Leben gezeigt. Sie kommen aus drei europäischen Ländern, und sie kombinieren auch drei typische kirchliche Sozialformen: Da ist Dietrich Bonhoeffer, der evangelische Pfarrer aus Deutschland, amtlicher Repräsentant seiner Kirche. Dann folgt Chiara Lubich als typische Vertreterin des italienischen, genauer: trientischen Katholizismus, verwurzelt in Pfarrei und volkskirchlichem Leben. Sie ist Gründerin einer weltweiten geistlichen Bewegung. Drittens ist die Rede von Madeleine Delbrêl, der französischen *Freelancerin*, Sozialarbeiterin, Atheistin und Bekehrten, zeit ihres Lebens ohne stabile Anbindung an die kirchlichen Strukturen.

Warum die Wahl auf genau diese drei fiel, wird sich zeigen. Es sei aber sofort zugestanden, dass man zum selben Fokus auch andere Gestalten hätte finden können. Auf jeden Fall trifft man einen Mann und zwei Frauen, die herausfordern und ›es‹ in sich haben. Sie berechtigen eine Gewinnerwartung, die weit darüber hinausgeht, was man üblicherweise mit Lebenskunst-Schriften verbindet: gute Gedanken; weise Aphorismen; Hinweis auf förderliche Haltungen und Bewusstseinszustände. Mit Bonhoeffer, Lubich und Delbrêl kommt man zu veritablen Kompetenzen und zu ausgetüftelten Trainings dieser Kompetenzen.

Geistliches Leben als ›Kompetenzen‹

So wie der Rekurs auf ›Lebensleistung‹ die Bewährungslage zuspitzt, soll auch die Fahndung nach Lebenskunst-Erkenntnissen bei den drei ausgewählten *Role Models* nicht im Harmlosen stehenbleiben. Wenn Leben, dann auch Leben; dann auch konkret, dann auch bitte erprob- und widerlegbar. Die Analysen in den drei genannten Kapiteln werden die Biografien und Schriften der drei nicht allgemein befragen, was sie Wertvolles denken oder fühlen. Sie werden wissen wollen, wie man ›es‹ genau macht und wie man ›es‹ lernen kann. Diese zupackendere Fragerichtung versteht sich als Service an lebensleistungsinteressierte Leser:innen.

Der Fokus ist damit enger als der einer reinen Darstellung. Schon jetzt muss man selbstschützend darauf hinweisen, dass es natürlich nicht möglich ist, das ganze Panorama solcher Großgestalten wie Bonhoeffer, Lubich und Delbrêl zwischen zwei Buchdeckel zu packen und ihren Radar auch nur annähernd ausgeflogen zu haben. Die drei werden in ein Schema gepresst, um etwas Bestimmtes zu erfahren. Dazu unter der folgenden Nummer 1.3. mehr. Ob man ihrer geistigen Leistung damit Unrecht getan hat, muss der einschlägige theologische Diskurs erbringen.

Der Gewinn der Vorgehensweise kann aber enorm sein. Denn Kompetenz ist der Ausdruck der Klugheit. Das Ziel ist das, was man landläufig als ›patente Persönlichkeit‹ bezeichnet, als ›Kapazität‹. All diese Wörter gehen auf Fähigkeit, Können, Tun – und können damit im Bewährungsraum von Lebensleistung reüssieren. Außerdem wird über den Kompetenztest auch der inhaltliche Zugang für alle leichter, die das hier nicht aus religiöser Überzeugung lesen. Kompetenzen kann man schätzen und erwerben, auch wenn man nicht alles mitkauft, was dahintersteht. Wie viele Menschen trainieren Yoga, ohne den Buddhismus als Lehre dahinter näher zu kennen? Und es klappt: Die Übungen erlauben einen Zugang in den konkreten Benefit einer Lebensklugheit, und sie verhaften doch nicht gleich auf die volle Gefolgschaft. Bestenfalls wird man durch die Stimmigkeit des Gelernten zu den eigenen Lebensplänen neugierig, was hinter den Kompetenzen steckt und was noch mehr an konzeptioneller Kraft zu holen ist.

Umgekehrt gilt das Gleiche: Von dem, was jemand lebt, sollte man klarer und fairer erschließen können, was er oder sie ›glaubt‹, als von dem, was jemand behauptet. Das Neue Testament hat dafür Sätze, die an Klarheit wenig zu wünschen übriglassen. Die Erzählung von den beiden Brüdern etwa, von denen der eine eine Leistung zusagt, sie aber nicht erbringt; und dem anderen, der sich verbal verweigert, sie aber dennoch tut (Mt 21,28–32). In der Erzählung vom ›Barmherzigen Samariter‹ lobt Jesus die Tat, nicht das Bekenntnis (Lk 10,25–37). Und geradezu sprichwörtlich ist sein Satz: »An ihren Früchten werdet ihr sie erkennen.« (Mt 7,20).[13]

---

13 Nur am Rande sei notiert, dass dieser Satz auch ein Leitmotto des amerikanischen Pragmatizismus ist, den Charles S. Peirce in die Formulierung der ›Pragmatischen Maxime‹ gegossen hat; das argumentative Vorgehen in diesem Buch ist diesem Theorieprogramm verpflichtet. Dies näher auszuführen, würde hier den Rahmen sprengen. Am ausführlichsten hat der Salzburger Dogmatiker Hans-Joachim Sander den Pragmatizismus für die Theologie erschlossen; vgl. nur Sander 1996:1–138 (leider unveröffentlicht). Der Grundgedanke ist der: Zwischen einer Überzeugung (einem ›Glauben‹) und einer aus ihr folgenden Praxis gibt es keine eindeutige, sondern nur eine mehrdeutige Beziehung. Es gibt ein ganzes Möglichkeitsspektrum, wie eine Überzeugung auf eine Praxis wirkt und wie eine Praxis umgekehrt eine Überzeugung ausdrücken kann. So führen Interpretationswege von einem Pol zum anderen, ohne den anderen jeweils festzulegen. Dieser Grundgedanke erlaubt es, weltanschauliche Lerndialoge über Überzeugungsgrenzen hinweg auch auf ähnliche Praxen auszuweiten; und umgekehrt auch verschiedene Praxen als Ausdruck von ähnlichen Überzeugungen anzuerkennen.

Lebenskunstliteratur ist moderne Weisheitsliteratur. Diese Wendung erlaubt eine weitere theologische Einordnung dieses Buches. Bonhoeffer, Lubich und Delbrêl können als moderne Gestalten ausgewiesen werden, die einen uralten biblischen Impuls aufleben lassen: Weisheit als Kunst der Lebensführung zu erlangen.

Mit der obigen Wendung hin zu allgemein kultureller Gültigkeit kann ein Bezug zu einem Strang alttestamentlicher Literatur hergestellt werden, der schon sehr lange genau deswegen theologische Irritationen auslöst, weil er – im deutlichen Gegensatz zu anderen Schriften – keine exklusiven Heilsaussagen produziert, sondern allgemeine Lebensweisheiten. Tatsächlich finden sich in der hebräischen Bibel ausführliche Passagen, die vordersinnig betrachtet ziemlich unreligiös daherkommen. Von Gott ist da, jedenfalls auf den ersten Blick, eher am Rande die Rede. Gemeint sind Bücher wie »Sprüche«, »Kohelet« oder »Hiob«, das Buch der »Weisheit«, »Jesus Sirach« oder bestimmte Novellen wie »Tobit« oder »Esther«. Diese Literatur hebt sich von den anderen Großtypen des AT wie der Prophetie oder den Rechtstexten ab – und das so stark, dass es nicht nur vereinzelte Stimmen gab, die die Zuordnung dieser irgendwie profanen Bücher zum Kanon der Heiligen Schrift bezweifelten.[14]

Pluralität und Ambivalenz, mitten in der Bibel; schnöde Lebensweisheiten, die auch andere so formulieren könnten; eher abstraktere Berufung auf den Gott Israels und dicke Konzentration auf den schnöden Alltag: Bis in die Sprache aktueller Kommentare kann man diese Irritation verfolgen. So heißt es vom Buch ›Kohelet‹:

14 Vgl. Saur 2012:125.133.153–156 u.ö.; plastisch Zenger 1992:37: »Nach Meinung nicht weniger christlicher Alttestamentler erweist die Weisheitsliteratur ihre theologisch legitime Funktion gerade in ihrem Scheitern, weil sie das, was sie geben möchte, nicht geben kann: Lebenskunst!«; vgl. die ganze Passage ebd:34–38.

»Es fällt zunächst schwer, sich auf diesen abenteuerlichen Weg des Predigerbuches einzulassen, denn die Spannungen und Paradoxien, die es (...) zumutet, sind nur schwer auszuhalten und scheinen notwendigerweise in die Krise zu führen.«[15]

Dass das Buch ›Hiob‹ das Problem des ungerechten Leidens nicht löst, ist landläufig bekannt. Dass man gemäß dieses Buches aber von einer Art »Satanisierung« in Gott selbst zu sprechen hat, der Hiob zur Marionette seiner Souveränität zu unterwerfen scheint, das schmeckt orthodoxer Gläubigkeit noch weniger.[16] Und dass bestimmte Sprichwörter der jüdischen Bibel teils bis in den Wortlaut hinein ägyptische Spruchsammlungen kopieren, stellt ebenfalls Identitätsfragen.[17] Umgekehrt: Ein Spruch wie »Hochmut kommt vor dem Fall« (Spr 16,18b) kann kaum für sich beanspruchen, exklusiv religiöse Weisheit zu kondensieren – er gilt schlicht, weil er sich im Alltag bewährt. Und zwar millionenfach.

Man darf es so sehen: Die Aufnahme der Weisheitsliteratur in den Kanon der ›Heiligen Schriften‹ ist ein Statement dafür, was weiter oben selbstkritisch zum Christsein gesagt wurde. Hier bekennt die Bibel sozusagen höchstlehramtlich, dass auch sie keine klaren Antworten auf alles hat und auch nicht haben will; dass in Gott selbst Ambivalenz herrscht; dass niemand sich einen Zacken aus der Krone bricht, wenn er die Klugheit anderer Kulturen nutzt; dass an einem immer ambivalenten Alltag schon so manche *cleane* Dogmatik zerbröselt ist; und dass an der Anstrengung gelebten Lebens auch kein religiöser Weg vorbeiführt.

Vielleicht wird nirgendwo in der Bibel das in diesem Buch mit ›Lebensleistung‹ Gemeinte kreativer und respektvoller erzählt und reflektiert als in der Weisheitsliteratur. Wahrscheinlich ist sie deswegen auch heute, in den sogenannten postmodernen und post-volkskirchlichen Zeiten, enorm populär. Diesen Respekt verdient sie, weil sie die diffusen Zonen zueinander widerspruchsvoller Theologien sogar bei Kernfragen (wie bei Hiob)

---

15 Saur 2012:121. Zum ganzen auch Müllner 2006. Zur bewegten Deutungsgeschichte der Weisheitsliteratur vgl. Saur 2012:31–42.

16 Vgl. ebd.:89.

17 Die Rede ist von Spr 22,17–24,22; dazu ebd.:61–65.

nicht in ›Schwarz‹ und ›Weiß‹ auflöst und der Versuchung einfacher Formeln widersteht.[18]

Was hat das alles nun mit dem bis hierher erarbeiteten Begriff der Klugheit zu tun? Nun, da wo das Griechische entsprechende hebräische Vokabeln übersetzt, fällt oft dieses Wort. Es heißt griechisch: *phronesis*. Und damit ist schon das erste der vier griechischen Wörter unserer ›Kurzformel‹ genannt. Der folgende Abschnitt führt weiter. Hier ist wichtig, dass das Wort für Weisheit direkt mit *phronesis* gefasst wird.[19] Auf jeden Fall korrespondiert das Bemühen um *phronesis* mit diesem robusten Gestus, das Leben zu nehmen, wie es kommt; seinen Ungerechtigkeiten gegenüber zu rebellieren (Hiob) oder diese zu dekonstruieren (Kohelet); die Zumutungen des Alltags mit Humor, Geduld und Gottesfurcht zu tragen und in ihnen manche Nischen des Glücks zu gestalten.

1.3. Die Entdeckung eines Dreierschemas geistlicher Lebensklugheit im Christentum

Die dritte ›Durchschaubarkeit‹ eines Kurzformel-Projekts ist vielleicht die angreifbarste. Wer ein Ganzes komprimieren will, ohne das Wesentliche zu verlieren, beansprucht erkennbar zum einen, dieses Wesentliche zu kennen, und zum anderen, es nicht zu verfehlen, wenn er es auf den Punkt bringt. Die Rezeption des Gedankens muss zeigen, ob das gelingt.

Tatsächlich ist aber zu berichten, dass der Gliederungsstruktur dieses Buches in *eine* Klugheit von *drei* Kompetenzen eine zweifache Entdeckung zugrunde liegt. Die erste ist empirischer Natur, die zweite analytischer.

---

18 Dies macht natürlich den Blick dafür frei, dass ›die‹ Bibel ohnehin missverstanden ist, wenn man sie als eine Botschaft ›aus einem Guss‹ lesen will; vgl. nur Ebner 2020 für das NT und Frevel 2015 für das AT.

19 Vgl. ausführlich unten unter 3.5.

Eine empirische Entdeckung: ›One size fits all‹

Der erste Entdeckungspunkt für das hier verwendete Schema und seine Durchführung war eine Tagung. Gemeint ist das ›Forum Jugendpastoral‹ des Jahres 2015. Dieses ›Forum‹ wird in losen Abständen immer wieder einmal von der Kommission XII ›Jugend‹ der Deutschen Bischofskonferenz einberufen. Diese Kommission besteht nicht nur aus Bischöfen, sondern auch aus Vertreterinnen und Vertretern des Sekretariates der Bischofskonferenz, der Arbeitsstelle für Jugendseelsorge in Düsseldorf und aus Einzelpersönlichkeiten des jugendpastoralen Feldes, den sogenannten Beraterinnen und Beratern. Das ›Forum‹ ist ein Treffen möglichst aller Beteiligten der vielfältigen Felder und Bereiche der Jugendpastoral, um sich über den aktuellen Stand und die avisierten Herausforderungen zu verständigen. Im Jahr 2015 kamen erstmals Vertreterinnen und Vertreter aus wirklich allen Funktionsfeldern der kirchlichen Jugendarbeit zusammen: von der politischen Freiwilligenarbeit zu den Messdienern; von der Jugendsozialarbeit zu den geistlichen Gemeinschaften; von den Verbänden zu den Orden.[20] Eine starke, begeisternde Vielfalt war im Raum! Man freute sich im Vorfeld über die zu erwartende Heterogenität der Versammlung. Man sah seitens der Veranstalter aber auch voraus, dass es einen sammelnden Gedanken geben müsse, der es im Idealfall schafft, diesen so verschiedenen Arbeitsbereichen einen Orientierungspunkt zu geben, in dem sie sich gemeinsam finden könnten, ohne ihre Verschiedenheit verlieren zu müssen.

Diese Aufgabe fiel mir zu, als einem dieser oben erwähnten Berater. Der Vortrag hieß »*One size fits all.* Kriterien zur Orientierung in der Jugendpastoral.« Wenn man so will, ging es genau um dieselbe Frage, die über dieser ganzen Hinführung steht, nur jetzt zielgruppenpräziser: Wem fehlt was genau, wenn die Jugendpastoral fehlt – und zwar in allen ihren Schattierungen: von ganz politisch bis ganz fromm, von ganz liturgisch bis ganz

20 Vgl. dazu die seitdem übliche Sortierung der vielfältigen Arenen der Jugendpastoral in 15 Felder unter: https://www.afj.de/ueber-uns/handlungsfelder (Zugriff Juli 2022).

jugendkulturell, von ganz reformerisch bis ganz bewahrend? Ich habe in diesem Vortrag erstmals die Überlegungen vorgestellt, aus denen dieses Buch besteht.

Um die Kontinuität der aktuellen Jugendpastoral mit ihren eigenen Wurzeln zu betonen, lag es nahe, den Beschluss zur Jugendpastoral (»Ziele und Aufgaben kirchlicher Jugendarbeit«) der Würzburger Synode theologisch zu erschließen.[21] Dessen inspirierender Grundtext ist der Christushymnus des Philipperbriefes (Phil, 2,5–11). Viele kennen dieses Lied, das uralt ist, das wohl schon die ersten Christ:innen im Gottesdienst gesungen haben und das von Paulus zitiert wird. Das Jugendpapier der Würzburger Synode nimmt diesen Hymnus, um eine Spitzenaussage zu treffen, die bis heute gilt, auch weit über das seelsorgliche Feld der Jugendpastoral hinaus:

> »Die Kirche dient dem jungen Menschen, indem sie ihm hilft, sich in einer Weise selbst zu verwirklichen, die an Jesus Christus Maß nimmt (Phil 2,6–11). Darin unterscheidet sich kirchliche Jugendarbeit von jeder anderen Jugendarbeit.«[22]

Die Synode empfiehlt also, in Bezug auf das Christuslied an Christus Maß zu nehmen – und nicht trotzdem, sondern gerade deswegen pluralitätsfähig zu werden. Wie konnte das gemeint sein? Für den erwähnten Vortrag war ein exegetischer Blick in den Philipperbrief nötig. Und der brachte eine Überraschung: Denn wenn man seiner Dramaturgie folgt, stößt man auf *eine* Klugheit in *drei* Konkretionen.

Nun erzählt ja das ganze Neue Testament mit all seinen Schriften vom Leben dieses berühmten Galiläers. Und immer ist das verbunden mit der Einladung, an seinem Leben und Wirken ›Maß zu nehmen‹. Trotzdem gibt es Verdichtungen, die wie ein Brennglas kurz und bündig einfangen, warum Jesus so bedeutend sein soll. Ganz klar: Schon die ersten Christ:innen brauchten und produzierten ›Kurzformeln‹ ihres Glaubens. Und sie adressierten

---

21 Vgl. Gemeinsame Synode 1976:288–311.

22 Ebd.:295.

diese nicht nur an ihresgleichen, sondern hielten sie generell für lebenswichtig.

Eine der zentralsten dieser Mikroskizzen wird mit diesem Text aus dem Philipperbrief greifbar. Dieser hat es in gleich vielfacher Hinsicht in sich. Es ist einer der ältesten und auch umrätselten Texte der Theologiegeschichte. Und es ist auch *der* biblische Referenztext dieses Buches. Die vier griechischen Wörter der Kurzformel PHRONESIS, PHYSIS, KENOSIS und DYNAMIS werden von hier ableitbar. Man nennt es exegetisch den ›Christus-Hymnus‹, das ›Christus-Lied‹ oder den ›Christus-Psalm‹. Man steht hier vor einem uralten Lied, das schon die ersten Christ:innen der Urkirche im 1. Jahrhundert gedichtet und gesungen haben. Paulus überliefert es in folgender Form:[23]

(6) Er war Gott gleich, / hielt aber nicht daran fest, Gott gleich zu sein,
(7) sondern er entäußerte (***ekeinosin*** **= Bedeutungsfeld *KENOSIS***) sich / und wurde wie ein Sklave / und den Menschen gleich. / Sein Leben (**Bedeutungsfeld *PHYSIS***) war das eines Menschen;
(8) er erniedrigte sich / und war gehorsam bis zum Tod, / bis zum Tod am Kreuz.
(9) Darum hat ihn Gott über alle erhöht (**Bedeutungsfeld *DYNAMIS***) / und ihm den Namen verliehen, / der größer ist als alle Namen,
(10) damit alle im Himmel, auf der Erde und unter der Erde ihr Knie beugen / vor dem Namen Jesu
(11) und jeder Mund bekennt: / Jesus Christus ist der Herr / zur Ehre Gottes, des Vaters.

Gerade weil dieses Lied auf wenigen Zeilen diese kosmische Horizontale und epochale Vertikale aufmacht, lädt der Text zu mannigfachen Deutungen ein. Es handelt sich schlicht »um den meistkommentierten Abschnitt des Philipperbriefes und einen der meistkommentierten des Neuen Testaments.«[24] Diese Fülle an möglichen Interpretationen soll und kann hier natürlich nicht

23 Zitiert wird nach der neuen Einheitsübersetzung von 2016. Beachte: Die griechischen Begriffe *physis* und *dynamis* stehen hier nicht wörtlich, wohl aber als Bedeutungsfeld. Zur Erklärung siehe die Kapitel 6.1. und 8.1.

24 Wojtkowiak 2012:79; ähnlich und früher vgl. Hengel 2006:256: »Über kaum einen neutestamentlichen Text ist in den letzten 50 Jahren so viel geschrieben worden wie über diese sieben Verse.« (zit. bei Frey 2015:13).

im Entferntesten ausgelotet werden – schon gar nicht in dieser Hinführung.[25]

Worauf es ankommt, ist dies: Das Leben Jesu wird auf engstem Raum und mit großer Intensität in genau drei Etappen gegliedert. Die schlichte Nacherzählung des *plots* ergibt, dass (1) Jesus das Leben eines Menschen lebte, obwohl er das nicht gemusst hätte, da er Gott gleich war. (2) Doch er entäußerte sich. Dies führte dazu, dass er (3) erhöht wurde, also eine Krafterfahrung von außen machte.

Nimmt man diese Dreierstruktur als das, woran man ›Maß nehmen‹ soll, kommt man auf drei erste grobe Bausteine des Wesentlichen. Die nachfolgenden Kapitel werden eingehend zeigen, dass der Hymnus und daran anschließende theologische Interpretationen diese drei Bausteine mit drei griechischen Wortfeldern zu erschließen erlaubt. Man kann dann am Beispiel Jesu lernen: Jesus lebte eine erste Kompetenz, die man kurz PHYSIS nennen kann und die beinhaltet, dass er nicht weglief vor der Herausforderung, ein Mensch zu sein. Er lebte eine zweite Kompetenz, die man kurz KENOSIS nennen kann und die beinhaltet, dass er über seine Grenzen hinausging. Und er erlebte eine Krafterfahrung von außen, eine ›Erhöhung‹, wie das ab V. 9 genannt wird: dies zuzulassen, kann man als Kompetenz kurz DYNAMIS nennen.

Am Modell des Jesus von Nazareth kann man also eine Dreierbewegung erkennen und erlernen, die sich erkennbar auf Lebensleistung bezieht und die sich für den Protagonisten gelohnt hat. Jesu Lebensleistung war die Einwilligung in einen Positionswechsel[26], der ihn die Realität der Welt immer stärker ohne spirituellen Puffer oder sonstige Privilegien hat erleben und erleiden lassen. Dies gereichte ihm nicht zum Nachteil, sondern er erfuhr gerade durch diese Bereitschaft eine Dynamisierung und Bereicherung seines Lebens. Das Lied über ihn kann in viele

---

25 Beachte ausführlich Kapitel 5 mit den wichtigen Belegen der aktuellen exegetischen Debatte zum Christushymnus.

26 Diesen wichtigen Begriff des ›Positionswechsels‹ bringt Theißen 2000:112–120.

Richtungen gedeutet werden – doch man wird im Kern immer bei diesen drei Grundmotiven landen.

Man muss nun dieser Dreierbewegung nicht diese Bedeutung geben, wie das in diesem Buch geschieht. Das Einzige, worauf es mir hier ankommt, ist der Nachweis,

- dass man mit diesem kurzen Lied durchaus eine bestimmte Lebenskunst rekonstruieren kann;
- dass diese Lebenskunst über die drei genannten griechischen Begriffe gefasst werden kann;
- dass die junge Überzeugungsgemeinschaft der Urkirche diese Dreierlogik zentral am Leben Jesu abliest;
- und dass sie sie für so aussagestark hält, dass dieses Lied über die Jahrhunderte tradiert und immer wieder neu durchreflektiert wird – zum Beispiel bis hin zur Würzburger Synode und sogar bis in die neueste Fassung der jugendpastoralen Leitlinien in Deutschland.[27]

PHYSIS, KENOSIS, DYNAMIS – mit diesen drei Worten konnte man damals und kann man heute offenbar rekonstruieren, welche Logik Jesus seinem Leben gegeben hat. Und wie man ›Maß an ihm nimmt‹.

Das Leben Jesu nachahmen? Zum Zusammenhang von Soteriologie und Lebensethik

Nun könnte der Gedankengang allerdings hier bereits zu Ende sein. Der Hinweis auf Jesus ist sicher für alle zentral, für die die Gestalt Jesu zentral ist. Und für wen Jesus ein Vorbild ist, der wird ihm auch in dieser Dreierbewegung nacheifern wollen. Sie wird für ihn Nachahmungskraft haben, weil die Person Jesu für ihn Nachahmungskraft hat.

Allerdings liegt hier auch eine Sollbruchstelle – jedenfalls wenn man auch für jene etwas anbieten will, die nicht an Gott glauben. Denn solange alles an diesem einen Vorbild Jesu hängt und man

27 Vgl. nur das 2021 verabschiedete Papier »Wirklichkeit wahrnehmen – Chancen finden – Berufung wählen« (= DBK 2021).

diese christologisch-soteriologisch fasst, ist die Aussagekraft des Ganzen auch auf dieses Vorbild begrenzt. Diejenigen, die sich aus der historischen und dann auch aus der religiösen Figur des Jesus Christus nichts machen, werden den Christushymnus aus Philipper 2 achselzuckend als antiken Fan-Gesang zur Seite legen.

An dieser Stelle (und natürlich auch sonst) kann man dankbar dafür sein, dass es Exegetinnen und Exegeten gibt. Die neuere Debatte hat nämlich Erkenntnisse zusammengetragen, die auch für ein in bestimmter Weise unreligiöses Verständnis dieses Textes Raum gibt. So bleibt der Ball im Spiel der Weltanschauungen. Was ist gemeint?

Man muss auf den Kontext achten, in den Paulus das Christuslied einbettet. Ab Phil 1,27 und bis 2,18 gibt Paulus Ratschläge und Mahnungen zum Gemeindeleben. Die Überschrift im Anfangsvers und damit das Leitthema lautet:

> »Lebt als Gemeinde so, wie es dem Evangelium Christi entspricht!«
> (Phil 1,27)

Diese Mahnungen sind vielfältig, gehen aber auffällig stark in Richtung Konfliktkultur. Die Philipper sollen vor allem einmütig sein, meint Paulus. Dann heißt es in den Versen 1–4 des zweiten Kapitels:

> (1) Wenn es also eine Ermahnung in Christus gibt, einen Zuspruch aus Liebe, eine Gemeinschaft des Geistes, ein Erbarmen und Mitgefühl,
> (2) dann macht meine Freude vollkommen, dass ihr eines Sinnes seid (*phronete*), einander in Liebe verbunden, einmütig, einträchtig (*phrounentes*),
> (3) dass ihr nichts aus Streitsucht und nichts aus Prahlerei tut. Sondern in Demut (*tapeinophrosuné*) schätze einer den anderen höher ein als sich selbst.
> (4) Jeder achte nicht nur auf das eigene Wohl, sondern auch auf das der anderen.
> (5) Seid untereinander so gesinnt (*phroneite*), wie es dem Leben in Christus Jesus entspricht:
> (6) Er war Gott gleich,... (Forts. s.o.)

Dieser letztgenannte Vers 5 »Seid untereinander so gesinnt...« fungiert erkennbar als Überleitung zwischen den Mahnungen V. 1–4 und dem Christuslied ab V. 6. Er nimmt also Motivik auf und bereitet neue vor. Dieser Transfer wird mit dem Wortfeld rund um den Begriff *phrònesis* geleistet, welcher bereits vorher in V. 2 und 3 begegnet und welcher also labelt, worum es im Christuslied offenbar geht.

Lange hat die Exegese angenommen, dass man personalisiert, also etwa so übersetzen sollte: »Seid untereinander so gesinnt, wie auch Jesus Christus gesinnt war«. So steht etwa bei Martin Luther, der damit eine enorme Wirkungsgeschichte ausgelöst hat: »ein jeder sei gesinnt, wie Jesus Christus auch war.«[28] So übersetzt sollten die Philipper – und natürlich alle Leser nach ihnen – dieselbe Gesinnung annehmen wie ihr Gründer Jesus. Sie sollten sein wie er, denken wie er, handeln wie er. Seine Lebenslogik sollte normativ sein, weil sie von ihm kam und von ihm autorisiert wurde. Mit dieser Deutungsvariante wird Jesus Christus zu einem Urbild, und nur in diesem Urbild ist der Inspirationsraum geöffnet, in dem man sein Leben neu verstehen und leben kann. Es ist dann die heilsgeschichtliche Einzigartigkeit Christi, die man nicht profanethisch imitieren kann. So gesehen tappte der Hymnus in die oben genannte Falle: Es wird nur dem etwas bedeuten, der auch die religiöse Autorität Jesu anerkennt.

So naheliegend diese Deutung war – es erhob sich Widerstand. Die exegetische Debatte kreist bis heute um diese Frage unter der Überschrift, ob der Bezug auf Jesus hier im Sinne von soteriologischem Urbild oder ethischem Vorbild zu lesen ist.[29]

---

28 Zitiert bei Wick 1994:65.

29 Vgl. ausführlich ebd.:64–66; Gnilka 1976:108–110. Diese Frage nach der Bedeutung des Christusereignisses muss zu Beginn dieses Buches in einer Fußnote ausführlich besprochen werden. Denn sie führt zur Einlösung einer entscheidenden theologischen Bringschuld dieses Buches. Die erwähnte exegetische Kontroverse beginnt bereits mit dem wichtigen Aufsatz von Ernst Lohmeyer aus dem Jahr 1928, der im Christuslied den Hinweis auf ein paradigmatisches Beispiel sieht, ein Muster vorbildlicher Moral, ein Zeugnis mit höchster Ausstrahlungskraft (vgl. nur Lohmeyer 1928:11–13.85; sekundär zu Lohmeyer vgl. Becker 2015:211–216). Hiergegen erhob sich Ernst Käsemann (1950) in einem einflussreichen Aufsatz, der Lohmeyers Entwurf kritisch zu überwinden suchte, indem er der ethischen ›Vorbild-These‹ die soteriologische ›Urbild-These‹ entgegenhält. Diese frühe Kontroverse wird auch in der aktuellen Diskussion weitergeführt. Dass es hier um

keine akademische Petitesse geht, ist sicher sofort klar. Wenn man so will, steht auf dem Spiel, wem dieser so populäre und so vielsagende Hymnus ›gehört‹: nur denen, die sich explizit zu Christus bekennen und sozusagen ontologisch ›in ihm leben‹; oder auch denen, die seine im Hymnus anschaulich werdenden Lebenswegerfahrung bestaunen und gemäß seines Vor-Gehens aktiv nachvollziehen wollen? Dieses Buch optiert für Letzteres und damit für eine handlungstheoretisch gewendete Christologie. Dieser Entscheidung wird kraftvoll sekundiert mit der Habilitationsschrift von Ansgar Kreutzer (2010): Kenopraxis. Kreutzer sieht, ähnlich wie das hier vorgelegte Buch, in dem kurzen griechischen Wort ›kenosis‹ eine »Kurzformel des Glaubens« (Kreutzer 2010:179 im zitierenden Anschluss an den Exegeten Franz Zeilinger; ähnlich ebd.:182 u. ö.). Auch er plädiert explizit dafür, dass erst die Lebenspraxis (bei ihm die Lebenspraxis der ›Solidarität‹) die Bewährung der Christologie sein kann und muss (vgl. nur ebd.:70–75.81–171): »Das Materialobjekt der folgenden material-dogmatischen Auseinandersetzungen ist das christologische Motiv der *kenosis*; die dabei zugrunde gelegte Perspektive, das Formalobjekt, *ist deren Bedeutung für die Lebenspraxis* und Ethik unter besonderer Berücksichtigung der Solidarität.« (ebd.:170 [Hervorhebung MS]; vgl. ähnlich ebd:193.196 u. ö.). Kreutzer entwickelt diese These unter Rekonstruktion, aber steter Erweiterung der Ansätze von Rahner, Metz, Peukert und Arens. Ebenfalls ähnlich wie dieses Buch erweitert er aber den fokussierten Handlungsbegriff und befreit ihn unter Bezug auf die Kulturtheorie von Clifford Geertz (ebd.:148–163) aus einer kommunikations- und sprechaktzentrierten »Engführung« (ebd.:146). Es wird nun konzeptionell möglich, Aszendenz- und Deszendenz-Christologie zusammenzubinden; methodisch kommen auch kulturelle Praxen in den Blick, die nicht-religiös intendiert waren und trotzdem als ›Glauben‹ erkannt werden können. Es gehen also nicht nur inspirierende Impulse von der Christologie in die gelebte Praxis; auch umgekehrt ist die Praxis hermeneutische Herausforderung der Christologie (vgl. ebd.:170). In all dem kann sich die praktische Theologie dieses Buches anschließen – auch wenn sie die Kurzformel über *kenosis* hinaus in zwei weitere Begriffe, nämlich *physis* und *dynamis*, hinein entwickelt und alles als *phronesis* fasst. Auch für Kreutzer ist aber damit der Christushymnus der zentrale Referenztext, den er intensiv zu besprechen hat (vgl. ebd.:173–236). Und die oben kurz skizierte Debatte rund um Christus als Ur- oder als Vorbild ist auch für seine These grundlegend. Seine Lösung im Gefolge des amerikanischen Neutestamentlers S. Fowl (vgl. ebd.:188–198) ist eine wechselseitige Integration von soteriologischer (›Urbild‹) und ethischer (›Vorbild‹) Aussage im Hymnus. Beide Diskursarten »plausibilisieren und interpretieren sich (...) gegenseitig.« (ebd.:197). Zum einen dürfe die Einmaligkeit des Christusereignisses nicht relativiert werden; zum anderen könne erst die kreative, und eben nicht passiv-repetative Nachahmung der Lebenspraxis Jesu als Nachfolge bewertet werden. – Die hier vorgelegte Kurzformel kann diese

Der Einwand aus soteriologischer Sicht geht u. a. dahin, dass höchstens die erste Hälfte des Christusliedes ethisch gemeint sein kann, da doch in der zweiten Hälfte Gott das Subjekt des Handelns ist. Demgegenüber wird darauf verwiesen, dass Vers 5 nur dieses eine Verb *phroneite* aufweist und man sich ein anderes Verb bezogen auf das »in Christus Jesus« hinzudenken muss. Christen sollen natürlich dem Vorbild Jesu nachfolgen, das ohnehin. Hier aber, wo es um die Intelligenz des Zusammenlebens gehe, sei weniger die Person als der Weg Jesu im Blick. Jesus ist Vorbild, nicht bewirkendes Urbild.

Dieses Buch folgt der Vorbild-These.[30] Der Hymnus kann als Weg-Erfahrung gelesen werden, die jeder und jedem zur Erfahrung offensteht. Diese Deutung wird gestützt von der Beobachtung, dass der Hymnus von den Traditionen alttestamentlicher Weisheit beeinflusst ist: Diese aber fokussieren das Ziel allgemeiner Lebensorientierung. Man kann sagen: Wenn Paulus die Philipper zu einer bestimmten *phronesis* aufruft, wenn er diese *phronesis* als Lied redigiert, und wenn diese *phronesis* drei bestimmte Kompetenzen bündelt, dann finden wir hier Weisheitslehre ganz im Sinne der Alten. Man kann sogar zeigen, dass

---

Lösung in einem anderen Sprachspiel deutlich machen: Die immer risikohaften lebenspraktischen Kompetenzen PHYSIS und KENOSIS liegen auf der Vorbild- und Ethikebene. Hier kann sich jede:r vom Hymnus zu diesen Risiken motivieren lassen, egal wie man zu Jesus als dem Christus steht. Das ›*dio kai*‹ aus V. 9 des Hymnus signalisiert aber den Überschlag in die DYNAMIS. Dieser muss christologisch als von Christi Stellvertretung her als ermöglicht gelesen werden. Dass dem Risiko der Lebenspraxis eine Verheißung (hier als Kraft, dynamis, benannt) gegenübersteht, ist eine Verbindung aus Schöpfungstheologie und Christologie. Dieser Umschlag, diese Transformation, diese Wandlung wird von denen als Erlösungsgnade aus Kreuz und Auferstehung erfahren, liturgisch gefeiert und bezeugt werden, die sich zu Christus explizit bekennen. Für die anderen aber wird es die DYNAMIS-Wirkung ebenso geben, inklusive der Heilsrelevanz all ihrer Taten aus echter Nächstenliebe (gemäß Rahners These von der Identität von Nächsten- und Gottesliebe). Sie werden sie aber anders versprachlichen. Vgl. zum Ganzen auch Kapitel 3.5. wie das ganze Kapitel 5.2.

30 Vgl. zur Begründung die vorangehende Fußnote.

Paulus antike Staatslehre rezipiert,[31] in der weniger Moral als Klugheit pointiert wird.

Dieser Forschungsfortschritt öffnet eine neue Deutung, die den Text deutlich erweitert. Wenn die Argumente stimmen, dann richtet sich der Hymnus auch an wohlwollende Nicht-Religiöse. Dann sind heute nicht nur die Philipper von gestern oder die expliziten Christ:innen von heute adressiert, sondern alle, die Angebote von Lebensklugheit suchen, prüfen und schätzen – wo auch immer sie weltanschaulich verortet sind. Die Aussage ist dann: Diesen gewiesenen dreifachen Weg – diese Trias der Kompetenzen – kann man auch dann gehen, wenn man ›nur‹ auf seine inhärente Logik vertraut und nicht auf einen bestimmten Vorweggeher. Die Weglogik gilt auch ohne Jesu Autorität. Hier ist nicht nur etwas über Christus ausgesagt, sondern auch und sogar wesentlich über das Sein. Auch unabhängig von Jesus und seiner religiösen Autorität wird ein Modell gewiesen, wie Menschen ihr Glück finden, wie sie ihre Lebensleistung bringen können. Was Jesus erfahren hat – nämlich die DYNAMIS im Zusammenhang mit PHYSIS und KENOSIS –, das kann jede und jeder erfahren.[32]

---

31 Vgl. das wichtige Buch von Becker 2015. Sie übersetzt die von Paulus anempfohlene *phronesis* mit dem Wort ›Niedrig-Gesinnung‹/Demut. Und sie kann zeigen, dass das Wort eine verhängnisvolle Rezeptionsgeschichte nimmt (schon ab den Deuteropaulinen), weil es moralisiert und individualisiert wird. Eigentlich rezipiert hier Paulus, so Becker, antike Staatslehre und wird anschlussfähig an den modernen Diskurs um Kommunitarismus versus Liberalismus, also dem Mesobereich des Zusammenlebens zwischen den Regeln für alle und den Lebensidealen des Einzelnen. Das Buch von Becker ist für den hier präsentierten Gedankengang auch wichtig wegen des Bezugs auf Dietrich Bonhoeffer; ebd:151–179.

32 Natürlich stellen sich hier weitere soteriologische Grundfragen, zum Beispiel die zum Zusammenhang von Jesus-Kerygma und anthropologischer Existenz. Sie können hier nur erinnert, nicht aber entwickelt werden. Die jedenfalls soteriologisch zu sichernde Grundthese bleibt aber: ›Erlösung‹ kann nicht fix an explizites Bekenntnis gebunden werden, jedenfalls dann nicht, wenn man – wie hier – von Schöpfung her argumentiert. Erlösung muss pragmatistisch gefasst werden als das, wozu man sich disponiert, wenn man sich für bestimmte, zum Beispiel jesuanische, Existenzformen öffnet, und handelnd riskiert, dass sie tragen müssen.

Diesen sowohl grammatischen wie inhaltlichen Erkenntnissen gemäß wird darum heute von bestimmten Theolog:innen etwas abstrakter übersetzt:

> »Seid untereinander so gesinnt (*phroneite*), wie es dem Leben in Christus Jesus entspricht.«

Oder:

> »Das sinnet untereinander, was auch in Christus Jesus (zu sinnen sich schickt)!«[33]

Oder noch freier:

> »Nehmt genau die Haltung oder Einstellung ein, die eure Verbindung mit Christus fordert.«[34]

Immer gilt: Dieses »in« bzw. dieses »mit« hat keine exklusive Note.

Damit ist der Weg für eine pragmatische Deutung frei. Und das vierte griechische Wort ist gefunden. Der Akzent verschiebt sich von Christus Jesus auf eine bestimmte PHRONESIS. Es geht darum, eine bestimmte Gesinnung auszubilden, eine bestimmte Ausrichtung zu vollziehen. Und diese Ausrichtung hängt weniger an Religiosität als an dem Willen, dem eigenen Leben eine bestimmte Kultur zu geben. Weiter unten wird es ausführlich um dieses wichtige Wort *phronesis* gehen.[35] Aber zur Vorschau hier gehört elementar, dass der Begriff aus dem antiken Griechisch am besten mit jener ›Klugheit‹ übersetzt wird, die zu einer ganzen Lebensgestalt heranwächst. Man *hat* dann nicht nur eine bestimmte Klugheit – man *lebt* sie; man will sie *sein*.

So fromm sich also der Christushymnus anhört und so religiös er konnotiert ist – er kann in bestimmter Weise herausgelöst werden und zu einem Modell von Lebensklugheit *an sich* heranwachsen. Theologisch gesprochen: So christologisch er sich

33 Gnilka 1976:108.

34 Baumert 2009:421; vgl. den ganzen Exkurs ebd.:414–421.

35 Vgl. unter 3.5.

von den Worten her zeigt, so schöpfungstheologisch kann er von Inhalt und Kontext her gelesen werden. Er ist dann eine Klugheitsregel, natürlich eine mit explizit religiöser Herkunft. Aber sie sagt genauso viel über das Dasein aus wie über Jesus. Sie sagt: Wer so und so lebt, kann dies und das erfahren. Das heißt: Die Geltung dieser Klugheitsregel hängt nicht an religiösen Bekenntnissen oder gar an kirchlichen Zugehörigkeiten. Ihre Logik erweist sich dem und der, der und die sie biografisch ausprobiert.[36]

Zurück zum Vortrag in Münster

All diese Ausführungen kann man schriftlich machen; in einem Vortrag sollte man die Dinge anders präsentieren. Die Aussage aber blieb dieselbe. Meine These war die: Tatsächlich kann man *eine* Orientierung für die Jugendpastoral finden, die trotzdem keine Vielfalt abwürgt. ›One size fits all‹ – man kann an Jesus Maß nehmen, aber jeder und jedem passt dieser Anzug anders. Redet man über Klugheit und über die drei großen Grunderfahrungen des Weges Jesu, kann man Angebote an ganz verschiedene Felder der Jugendpastoral machen, die trotzdem alle in eine gemeinsame Bewegung bringen. Es wird dabei Zuordnungen geben – das eine jugendpastorale Feld wird mit ›ihren‹ jungen Leuten PHYSIS-Kompetenzen benötigen; andere trainieren eher KENOSIS, wieder andere üben ein, wie DYNAMIS geht. Alle aber arbeiten an dieser Lebensklugheit, die darin besteht, von einer Kompetenz zur nächsten zu kommen und sich permanent herausfordern zu lassen von der je nächsten Etappe. Keiner kann alles, keiner kann nichts, alle brauchen die Erfahrung der anderen und niemand ist am Ziel, weil die Erfahrung von DYNAMIS wieder in die Bereitschaft zur PHYSIS katapultiert.

---

36 Hier wäre auch ein Rückbezug auf den eben erwähnten Vers 1,27 aus dem Philipperbrief möglich. Auch hier schreibt Paulus nicht: »Lebt als Gemeinde Christi so wie Christus«; sondern: »... wie es dem Evangelium Christi entspricht.« Dieses ›Evangelium‹ aber ist bekanntlich allen als Lebensmuster versprochen, nicht nur den Christusgläubigen. Evangelium ist ein primär schöpfungstheologischer, anthropologischer und nicht ekklesiologischer Begriff.

Soweit das Denkangebot. Die Wirkung war enorm. Tatsächlich kann ich sagen, dass ich als Vortragender bis dahin und auch seitdem nie wieder eine solche Resonanz auf eine Rede hin erlebt habe.[37] Gerade die oben skizzierte außergewöhnliche Vielfalt der Typen im Saal und das enorme Portfolio ihrer kirchlichen Funktionen sorgte für ein starkes Panorama an Reaktionen. Ich kam ins Gespräch mit Sozialarbeiterinnen genauso wie mit Bischöfen, bei Letzteren aus wirklich allen kirchenpolitischen Richtungen; mit politischen Verbandsfunktionärinnen genauso wie mit Novizinnen; mit alten erfahrenen Jugendseelsorgern wie mit jungen Berufsanfängerinnen. Noch Jahre später konnte ich Akteure aus der Jugendpastoral treffen, die mir von der Wirkung dieser Gedanken auf ihre Arbeit und ihre pastorale Berufsmotivation berichteten. Offenbar war hier etwas geglückt, was man selten erlebt: dass ein gemeinsamer Sinn erkennbar werden konnte, den sehr viele aus ihrer je subjektiven Freiheit heraus dosieren, ansteuern und bejahen konnten. Die Frage, was mindestens mit der kirchlichen Jugendseelsorge fehlt, wenn sie fehlt, konnte offenbar aufgehellt werden – und das, ohne das breite Feld der Akteure in einen Sektor hineinzuverpflichten (Moral, Frömmigkeit, Politik, Diakonie usw.), in den sie nicht hineinwollten.

So etwas macht etwas mit dem, der geredet hat. Er denkt darüber nach, dass eventuell ein Schalter gedrückt wurde, der wichtig sein kann; der Bedeutung vermittelt; der Vollmacht verteilt. Natürlich motiviert ein solches Erlebnis dazu, den Gedanken zugänglich zu machen. Die Arbeit daran war jahrelang durch andere Verpflichtungen verstellt. Zum nächsten ›Jugendforum‹ 2020 in Fulda konnte immerhin das kleine Buch vorgelegt werden. Doch die Motivation war da, den Gedanken breiter auszulegen und genauer zu begründen.

---

37 Ich kann das hier so freimütig erzählen, weil ich mich schlicht so darüber gefreut habe. Denn es ist meine große Ausnahme. Normalerweise erlebe auch ich dasselbe wie viele Rednerinnen und Redner: dass man eben *nicht* genau weiß, ob sich durch die Kombination aus Reden, Hören und gemeinsamem (!) Begreifen wirklich etwas ereignet hat. Hier aber war es ganz anders.

Eine analytische Entdeckung: Die Christ:innen und die Zahl ›drei‹

Die Fährte, auf die der Vortrag setzte, war klar gespurt: Wenn das Neue Testament für das Christsein diese Kurzformel als passend ansieht, und wenn es mit ihr nicht um akademische Randnotizen, sondern um das Wesentliche geht – und das ist ja definitiv der Anspruch des Paulus im Brief an die Philipper –, dann muss sich diese Dreierzahl in vielen und in wichtigen Äußerungen christlichen Lebens finden lassen. Das muss jedenfalls dann gelten, wenn man die ganze Geschichte des Christseins nicht als große Verfallsgeschichte weg von ihrem Ursprungsimpuls lesen will – wozu es meiner Meinung nach keinen Anlass gibt.

Nun ist es ja so mit Optiken und Rahmungen: Hat man erstmal eine bestimmte Brille auf, sieht man nur noch Entsprechungen. Von schwangeren Frauen heißt es, dass sie in der Fußgängerzone plötzlich überraschend viele andere schwangere Frauen erkennen – was vor ihrer Schwangerschaft nicht der Fall war. Der Aphorismus ist alt, aber wohlfundiert: Wer nur einen Hammer hat, für den haben alle Probleme die Form von Nägeln.

Man muss also auf der Hut sein. Trotzdem scheint mir die These schlagend begründbar, dass die entdeckte Trias von Kompetenzen tatsächlich eine dominante Grundstruktur christlicher Mentalität bildet. Um dies zu belegen, möchte ich Beispiele aus dem Bereich anbieten, aus dem auch der Christushymnus stammt und der vielleicht am emotionalsten und intensivsten ausdrückt, was die Überzeugung von Christ:innen ausmacht: der Liturgie.

Die Dreierstruktur in wichtigen liturgischen Texten

Schaut man auf bestimmte Grundgebete, ist kaum zu übersehen, wie stark die ermittelte Dreierlogik greift. Ein erstes Beispiel ist bereits sehr prominent. Was beten Christ:innen auf die Aufforderung hin, ihr ›Geheimnis des Glaubens‹ auszudrücken? Folgendes:

> »Deinen Tod, oh Herr, verkünden wir; und deine Auferstehung preisen wir; bis du kommst in Herrlichkeit.«

Die Dreierstruktur kann schon an den Satzzeichen abgelesen werden:

(1) »Deinen Tod, oh Herr, verkünden wir;
(2) und deine Auferstehung preisen wir;
(3) bis du kommst in Herrlichkeit.«

Inhaltlich ist man klar in der Dreierbewegung des Christushymnus. Zeile (1) spricht von einem ›Tod‹, den man anerkennt; Zeile (2) von einer neuen Möglichkeit (»Auferstehung«), dic in den Raum tritt und auf die hin man offenbar seine Grenzen übersteigen kann; Zeile (3) bietet eine Krafterfahrung von außen, ein »Kommen«, eine »Herrlichkeit«. Nicht nur die Zahl, auch die oben so eingeführten Gehalte von PHYSIS, KENOSIS und DYNAMIS sind klar rekonstruierbar.

Dieser Befund setzt sich über weitere Gebete hin fort. Hier eine Übersicht, die die zu zeigende Struktur direkt mit abbildet:

»Deinen Tod, oh Herr, verkünden wir …	»Ich bin nicht würdig, dass du eingehst unter mein Dach …	»… du nimmst hinweg die Sünde der Welt … / erbarme dich unser	»Gegrüßet seist Du, Maria, voll der Gnade, der Herr ist mit Dir … … jetzt und in der Stunde unseres Todes.«	**Dimension des Ist-Zustandes = PHYSIS**
… und deine Auferstehung preisen wir …	… aber sprich nur ein Wort …	Lamm Gottes …	Du bist gebendeit und gebendeit ist die Frucht deines Leibes, Jesus.	**Dimension der neuen Möglichkeit = KENOSIS**
… bis du kommst in Herrlichkeit.«	… dann wird meine Seele gesund.«	Erbarme dich unser. Gib uns deinen Frieden.«	Heilige Maria, bitte für uns Sünder …	**Dimension der Kraft von außen = DYNAMIS**

Bei dem Gebet »Ich bin nicht würdig...« ist die grammatische Struktur ähnlich klar wie beim »Geheimnis des Glaubens«. Aber auch beim »Lamm Gottes« und dem »Ave Maria« lässt sie sich zeigen. Man muss mitunter die Reihenfolge leicht umstellen. Dann aber zeigt sich in allen Beispielen eine charakteristische Abfolge von drei Dimensionen:

- Immer wird ein Ist-Zustand markiert, der auf eine Herausforderung geht: auf ›Tod‹, ›Mangel an Würde‹, ›Sünde‹, aber auch ›Gnade‹. Diese Daseins-Bestimmung fordert eine Kompetenz: solche Ist-Zustände wahr-zu-nehmen, sie zu akzeptieren, vor unbequemen oder befremdenden Wahrheiten des Gegenwärtigen nicht fortzulaufen. Das Buch nennt diesen Komplex in Anknüpfung an das Wort- und Bedeutungsfeld des Christushymnus: PHYSIS.
- Zweitens kommt eine Möglichkeit in den Blick, eine neue Dimension tut sich auf. Weiter unten in Kapitel 3 wird ›glauben‹ als ›Leidenschaft für das Mögliche‹ identifiziert. Mit dem Glauben kommt ein neuer Horizont in den Ist-Zustand, auf den hin man sich orientieren und organisieren kann. Dieses ›aus sich herauskommen‹ ist die korrespondierende Kompetenz. In den Gebeten wird der Horizont versprachlicht mit Worten wie ›Auferstehung‹, das ›zugesprochene Wort‹, das ›Lamm‹ oder den ›Segen‹. Das Buch nennt diesen Komplex in Anknüpfung an das Wort- und Bedeutungsfeld des Christushymnus: KENOSIS.
- Drittens ist immer ein Umschlagmoment markiert. Eine Kraft von außen wird bemerkt und begrüßt. Kleine Präpositionen wie ›bis‹ oder ›dann‹ oder direkte Anrede wie ›gib‹, ›bitte für uns‹ machen es leicht, dies grammatisch zu greifen. Die Kompetenz ist die, diesen Umschlag zu erlauben, ihn zu nutzen, in dieser Kraft zu bleiben. Worte für diese Krafterfahrung lauten ›Herrlichkeit‹, ›seelische Gesundheit‹, ›Frieden‹, ›Erbarmen‹ oder ›die stellvertretende Bitte‹. Das Buch nennt diesen Komplex in Anknüpfung an das Wort- und Bedeutungsfeld des Christushymnus: DYNAMIS.

Die Musterwiederholung ist frappierend.[38]

Und das Muster zieht sich durch. Auch bekannte Jesus- oder Paulus-Sätze können so verortet werden. Dafür nur zwei Beispiele:

»Suchet zuerst…	»Sorgt euch um nichts, sondern bringt in jeder Lage betend und flehend eure Bitten mit Dank vor Gott.	**Dimension des Ist-Zustandes = PHYSIS**
… das Reich Gottes…	… Und der Friede Gottes, der alles Verstehen übersteigt…	**Dimension der neuen Möglichkeit = KENOSIS**
dann wird euch alles dazugegeben werden.« (Mt 6,33)	… wird eure Herzen und eure Gedanken in Christus Jesus bewahren.« (Phil 4,6f)	**Dimension der Kraft von außen = DYNAMIS**

Diese erste Sondierung in bekannten Bekenntnistexten des Christseins bestätigt den Befund: Christsein hat elementar mit diesen drei gefundenen Dimensionen zu tun. Eine Musterwiederholung an so elementaren Stellen kann kein Zufall sein. Die Neugier ist geweckt, ob man das Schema auch an weiteren Phänomen zeigen kann.

Die Dreierstruktur als basale liturgische Selbstorganisation

Und das ist der Fall. Ja: Die Dreierdimensionalität ist sogar so bestimmend, dass man es fast als redundant empfinden kann, auf sie hinzuweisen. Sie umschreibt die Grundstruktur des Christseins so basal, dass sie selbstverständlich und alternativlos zu sein scheint. Das ist aber keineswegs so.

Die folgende Grafik sortiert weitere und sehr weichenstellende Grundphänomene des Christseins auf. Sie alle müssten gerade wegen ihrer Bedeutsamkeit theologisch näher erläutert werden.

---

38 Nur am Rand sei bemerkt, dass im Prinzip auch das Grundgebet des ›Vater unser‹ von diesem Muster her wiedererkannt werden kann – allerdings mit etwas mehr Schachtelung.

Das würde aber den Rahmen sprengen. Es geht hier auch gar nicht um Details, sondern um den Aufweis eines basalen Schemas. Und dieses wird sichtbar, etwa im Kirchenjahr, dem Aufbau der Eucharistiefeier, der Raumordnung einer Kirche oder natürlich auch in der trinitarischen Gottestheorie. Überall zeigt sich dieselbe Dynamik der Dreierbewegung, die der Christushymnus auf den Punkt und in die Sprache bringt.[39]

Kirchbau	*Kirchenjahr und Christusfeste*	*Dramaturgie einer Eucharistiefeier*	*Trinitarische Gotteslehre*	
Narthex, Weihwasser, Schuldbekenntnis	Weihnachten als Christusfest der Geburt, der Menschwerdung	Schuldbekenntnis, Kyrie, Aussendung in die ›Welt‹ (am Ende)	Vater als Schöpfer	**Dimension des Ist-Zustandes = PHYSIS**
Kirchenschiff, Raum des Hörens auf das Wort	Ostern als Christusfest des Übergangs, der Hingabe, der Erlösung	Wortgottesdienst: Lesungen, Auslegung	Christus als Sohn, gezeugt, nicht geschaffen	**Dimension der neuen Möglichkeit = KENOSIS**
Chorraum, Altarbezirk, Raum der Wandlungsfeier	Pfingsten als Christusfest der Geistsendung und der Kirchwerdung	Mahlfeier: Gabenbereitung, Hochgebet, Wandlung, Kommunion	Geist als Paraklet, Beistand, Tröster	**Dimension der Kraft von außen = DYNAMIS**

Das Resultat: Eine Kurzformel des christlichen Glaubens

Der Punkt 1.3. steht unter dem Titel einer ›Entdeckung‹. Es mag für andere längst klar gewesen sein, aber für mich war die ge-

39 Es sei noch einmal abgesichert: Die Abbildung erhebt keinen Anspruch auf Fachsprachlichkeit. Es soll schlicht gezeigt werden, dass die gefundenen drei Dimensionen basal eine Elementarlogik des Christlichen bestimmen. Was genau worauf zutrifft und wo man andere Zuordnungen als fachgerechter bewerten wird, kann und sollte an anderer Stelle diskutiert werden.

fundene Dreierlogik tatsächlich neu. Angeleitet durch den faszinierenden Hymnus im Philipperbrief hat sich die Optik auf die Tradition des christlichen Glaubens verändert; und der nachforschende Blick konnte ein Phänomen nach dem nächsten in diese Sortierung ordnen. Insofern ist Christsein einfach. Und es ist präzise. Es geht ganz offenbar um drei Dimensionen. Und diese sind Teil der einen Klugheit. Damit war klar, dass die gesuchte Kurzformel des christlichen Glaubens aus genau diesen drei Klugheitsmodulen bestehen muss. Es ist diese Dreier-Klugheit, die fehlt, wenn die Christ:innen fehlen.

Das ganze Buch wird diese Kurzformel erklären und fundieren. Der Vorschlag lautet kurz:

> Christsein ist die Klugheit (PHRONESIS) eines je neuen Kreislaufs aus: PHYSIS, KENOSIS und DYNAMIS.

Genauer:

> Christsein ist eine Form von Klugheit (PHRONESIS), und zwar als ein sich wechselseitig verstärkendes Kompetenzbündel aus drei Fähigkeiten: immer weniger wegrennen müssen (PHYSIS); immer mehr aus sich herauskommen (KENOSIS); und immer mehr Kraft von außen aufnehmen (DYNAMIS).

Die Sperrigkeit der vier Hauptwörter der Kurzformel muss zugegeben werden. Aber vielleicht kann aus dieser Befremdung positives Kapital geschlagen werden. Denn erstens passen die vier Wörter auf jeden Bierdeckel – was bekanntlich das Kriterium für jede gute Steuererklärung sein soll. Warum soll das nicht für religiöse Kurzformeln gelten? Zweitens wären die eingebürgerten deutschen Übersetzungen dieser vier Wörter hochgradig missverständlich. Sie hießen etwa ›Gesinnung‹ für *phronesis*, ›Leben‹ für *physis*, ›Hingabe‹ für *kenosis* oder ›Kraft‹ für *dynamis*. Man wäre schnell drin im klassischen christlichen Missverständnis, das Christsein sei defensive, altruistische Gesinnungsethik, deren Scheitern an den realen Tatsachen vorprogrammiert ist. Drittens kann man sich ja Fremdes oft gerade deswegen auch ganz gut merken. Man sagt ja auch nicht im Kreise von Weinkennerinnen: Ich trinke gerne spanischen Rotwein, sondern: Ich bin als Weingenießerin ein Rioja-Typ. Oder eben Ribera del Duero. Genauso könnte man sagen: Ich bin spirituell mehr der PHYSIS-Typ. Oder eben: Ich habe meine größten Wachstumsherausforderungen in der DYNAMIS-Kompetenz.

Fremdwörter müssen noch kein Grund sein, einem Vorschlag keine Chance zu geben.

1.4. Abgrenzungen und Aufbau

Face limits

Zuletzt sind deutliche Abgrenzungen einzuräumen. Sehr schnell fällt auf: Wer das Ganze in den Blick nehmen will, kann nicht alles sagen. Das ist in diesem Buch erkennbar der Fall. Gerade wenn es an die Werke und Deutungen von Bonhoeffer, Lubich und Delbrêl geht, muss man – sozusagen ganz im Sinne der PHYSIS-Kompetenz – den eigenen Ist-Zustand anerkennen. Es konnten wegen Mangel an Sprachkenntnissen nur die ins Deutsche übersetzten Publikationen studiert und verarbeitet werden. Die teilweise überbordende Sekundärliteratur (v. a. bei Bonhoeffer) musste man deutlich eingrenzen. Besonders wichtig waren natürlich Biografien. Ob diese aber jeweils jedem wissenschaftlich-kritischem Anspruch gerecht werden, war kaum zu überprüfen. Es ging auch oft darum, die sprachliche Typik der drei spirituellen Ansätze zu präsentieren, so dass die Kapitel sechs bis acht viele Zitate aufweisen.

Umgekehrt existieren im Diskurs um christliche Spiritualität prominente Werke, die ähnliche Akzente setzen, diese aber anders begründen; oder Anderes betonen, was kontrovers zum hier Gesagten steht. So wäre es etwa sehr lohnend gewesen, das ›prudentia-Konzept‹ bei Thomas von Aquin mit dem hier vertretenen PHRONESIS-Denken ins Gespräch zu bringen.[40] Wichtige systematisch-theologische Bestärkung erfährt der hier gebotene Gedankengang von der handlungstheoretisch gewen-

---

40 Ich danke Gotthard Fuchs für diese Anregung.

deten Christologie bei Ansgar Kreutzer.[41] Mit Sicherheit gibt es weitere Konzeptionen aus dem dezidiert christologischen Diskurs. Aber auch dies fällt unter die Begrenzungen, die vorzunehmen waren.

Das Bemühen um eine gendergerechte Sprache wird mit dem eingerückten Doppelpunkt nachgewiesen. Geht es um das griechische Wort im biblischen Sinn, wird es kleingeschrieben und steht dann etwa so im Text: *phronesis*. Soll die eigene Bezeichnung der Kompetenz markiert werden, liest man in Großbuchstaben: PHRONESIS.

Zum Aufbau des Buches

Die Architektur des Buches ist nun vorgestellt und in ihrer Seriosität (hoffentlich) gut begründet. Es wird eine Kurzformel für eine bestimmte Form von Lebensführung präsentiert, die Christ:innen für sich entdeckt haben. Diese Kurzformel richtet sich auf das Ziel von Lebensbewährung im Alltag. Sie ist inspiriert von einem zentralen Text des Neuen Testamentes und von einem zentralen Literaturstrang des Alten Testaments, der Weisheitsliteratur. Gerade darum, weil sie sich biblisch fundiert, will diese Kurzformel säkular funktionieren. Gesucht wird die Tauglichkeit für einen normalen Alltag, nicht für einen exklusiv religiösen. Gesucht wird eine Klugheit, die dazu inspiriert und befähigt, die eigene Lebensleistung zu bringen.

Der Aufbau des Buches erschließt sich aus dieser Zielsetzung.

Teil I bietet eine ›Hinführung‹. Vier Kapitel präsentieren alle Rahmeninformationen, um die Kurzformel einzuordnen. Kapitel 1 bietet die wichtigsten Gründe und Leitentdeckungen, die der Argumentationsgang entfalten wird. In Zeiten durchbrechender weltanschaulicher Pluralität soll eine ganz bestimmte, originelle ›geistliche Klugheit‹ das fokussieren, was die Christen zu einer kreativen Gesellschaft beitragen können. Kapitel 2 erklärt das Genre der ›Kurzformel‹ und ordnet das Buch damit

41 Vgl. Kreutzer 2010 sowie Kapitel 1.4, Fußnote 40.

in eine bestimmte theologische Tradition ein. Kapitel 3 nimmt sich das schwierige Adjektiv ›geistlich‹ vor und schützt es auf der einen Seite vor einer gleich sechsfachen Karikierung. Positiv wird das Wörtchen dann unter Nutzung des Begriffes *phronesis* in Richtung ›Klugheit‹ gewendet. Dieses Kapitel ist das ausführlichste des ersten Teils. Abschnitt 4 pointiert dann, eher kurz, was eigentlich genau als ›Kompetenz‹ verstanden werden will.

Das Sprungbrett in den Teil II ist damit aufgestellt. Da dieser Teil die Auslegung der drei PHRONESIS-Kompetenzen bietet und damit den Text aus dem Philipperbrief ergiebig auslotet, versorgt Kapitel 5 mit den wichtigsten exegetischen Informationen zum Christuslied. Der Gedanke federt dann in seine Hauptaussagen ab und erklärt die drei griechischen Kompetenzwörter PHYSIS, KENOSIS und DYNAMIS (Kapitel 6–8). Dies geschieht in einer bei allen drei Kapiteln gleichen Aufbaulogik. Diese wird eigens zum Abschluss des ersten Teils veranschaulicht. Ziel von Teil II ist nicht nur die Information über die drei Kompetenzen geistlicher Klugheit. Wenn es denn gelingt, soll richtig Farbe ins Spiel kommen. Es soll Lust auf diese PHRONESIS entstehen – Lust, geistlich klug zu leben. Darum werden Begriffe erklärt, Kompetenzprofis besucht, viele Beispiele erzählt und Weiteres mehr.

Teil III schließt das Buch ab. Es ist wichtig zu erklären, wie die drei Kompetenzen sich zueinander verhalten und wie sie keine Stufenabfolge, sondern eine einzige Klugheit bilden, einen Zyklus, der sich wie eine Serpentine um einen Berg windet und bei jeder Wiederholung einen größeren Ausblick in Tiefe und Ferne bietet (Kapitel 9).

Denn das wird man ja erwarten dürfen, wenn in sechs Zeilen vom Leben Jesu die Rede ist (wie im Christuslied) und in vier Worten vom Leben der Christ:innen (wie in diesem Buch): dass man zu einem Lava-Kern kommt, der nicht nur Lebensenergie auswirft, sondern selbst einer ist. Und der zur eigenen Lebensleistung inspiriert.

Stilistisches

Dieses Buch wendet sich an Menschen, die zur Qualitätssteigerung ihrer Lebensführung Bücher lesen. Es geht also am Ende um Praxis und damit um etwas anderes als um Bildung im klassischen Sinn, um anderes als um wissenschaftliche Information. Da das Buch klar ein Sachbuch ist, geht es eigentlich um den hohen Anspruch von Populärwissenschaft. Das Ziel hier ist Populärtheologie, also eine Theologie, die populäre (also für viele relevante) Themen in populärer (also verständlicher) Sprache bearbeitet.

Mit diesem Anspruch sitzt man zwischen den Stühlen. Denn den einen wird immer wieder mal das Entertainment fehlen, den anderen immer wieder mal die Gründlichkeit. Und es wäre übertrieben zu sagen, es gäbe viele gute Vorlagen für eine solchermaßen populäre Theologie.

Trotzdem gebietet das Anliegen diesen Stil. Es kann nicht sein, dass eine Kurzformel glaubenden Lebens nur für wissenschaftliche *High Potentials* geschrieben werden kann. Und es kann auch nicht sein, dass man eine solche Kurzformel als intellektuelles *Fast Food* anbietet, also nicht wissenschaftlich robust verankert.

Diese Zauberformel zwischen Theotainment und Theoseriosität muss noch gefunden werden. Das Buch geht den schmalen Pfad so, dass der Haupttext in allgemeiner, manchmal auch salopper Sprache daherkommt. Die Fußnoten diskutieren wissenschaftliche Anschlüsse, vernetzen in den Diskurs und bringen Beispiele und Belege für das oben Behauptete. Der Fußnotentext ist vor allem für die interessant, die die wissenschaftliche Fundierung verlangen und einsehen wollen.

Für die Lektüre heißt das: Die *message* steht im Haupttext; niemand verpasst etwas vom zentralen Gedankengang, der die Anmerkungen Anmerkungen sein lässt und den wissenschaftlichen Apparat einfach überliest. Da die einzelnen Kapitel jeweils geschlossene eigene Diskursräume aufmachen, wird die Literatur am Ende des Buches nach Kapiteln aufgeführt. Daraus ergeben sich zwar einige Dopplungen. Trotzdem ist so das Auffinden der Quellen erleichtert.

Und noch ein Letztes ...

Theologisch aufmerksamen Leser:innen könnte auffallen, dass es bereits einmal einen Aufriss des hier entwickelten Gedankens gab, der sich wie seine frühe Programmskizze liest. Gemeint ist ein Beitrag aus der Feder von Dorothea Steinebach. Für die ›Pastoraltheologischen Informationen‹ verfasste die Paderborner Pastoraltheologin im Jahr 2012 einen kleinen Aufsatz, in dem ebenfalls der Hymnus aus dem Philipperbrief ausgelegt wird. Es ist ebenfalls von Kompetenzen die Rede, ebenfalls von dreien, ebenfalls unter Bezug auf KENOSIS und Inkarnation, und ebenfalls wird für die dritte, die Sendungskompetenz, auf Madeleine Delbrêl verwiesen.

Vielleicht kann man auch als jemand, der keine längeren Texte schreibt, ahnen, was solch eine Entdeckung in einem Autor auslösen kann. Man ist erst ziemlich verunsichert. Dann klagt man sich an, nicht umfassender zu lesen und mitzukriegen, was andere so schreiben. Dann will man, selbstmitleidig, nicht mehr weitermachen. Es nützt aber alles nichts. Denn mehr als es sagen, kann und will ich hier nicht: Ich hatte keine Kenntnis von diesem Beitrag, als ich 2015 zum ersten Mal den oben erwähnten Vortrag über dieses Thema ausarbeitete; und auch nicht, als ab Frühjahr 2020 das Manuskript entstand.

Trotzdem muss man natürlich anerkennen, dass Dorothea Steinebach zum ersten Mal diese Entdeckungen notiert hat. Sie ist die Entdeckerin. Und wenn man es richtig bedenkt, untermauert es die Substanz eines Entwurfs ja noch, wenn auch jemand Anderes auf genau diese Linien kam. Wenn man jetzt noch hinzunimmt, dass Dorothea Steinebach eine sehr kompetente und nette Kollegin ist, gibt es eigentlich auch kein Problem mehr.[42]

42 Vgl. Steinebach 2012.

2. Das Projekt: Eine (praktische) Kurzformel ›des‹ Glaubens

Nimmt man die Impulsquellen und die Abgrenzungen zusammen, ergibt sich das Projekt dieses Buches. Es will einen Zugang eröffnen, wie man mit biografischem und kommunialem Gewinn Christsein als Lebenskompetenz verstehen (Erkläraufgabe der Pastoraltheologie) und trainieren (Interventionsaufgabe der Pastoraltheologie) kann. Verortet wird dies, wie gesehen, in der grassierenden Sprachlosigkeit über christliche Glaubenserfahrungen, in der allgemeinen und keineswegs exklusiv christlichen Bedarfslage nach vollmächtigen motivierenden mentalen Bildern, in vollem Respekt zur großartigen Errungenschaft weltanschaulicher Pluralität und unter Berücksichtigung wichtiger gebotener Grenzziehungen.

Hieraus folgt eine letzte, inhaltliche Abgrenzung. Es muss eingestanden werden, dass das ganze Buch natürlich nicht beanspruchen darf, alles über ›die‹ Christ:innen und schon gar nicht alles über ihren Glauben sagen zu können. Auch wenn ich nicht sehe, dass irgendein Abschnitt exklusiv nur katholisch, evangelisch oder orthodox verständlich wäre, so ist alles natürlich eine Interpretation. Genau eine solche ›mittlere Subjektivität‹ zwischen kompletter Einzelmeinung und scheinobjektivem Glaubenskatalog ist im weltanschaulichen Plural ohnehin das Gebot der Stunde.

2.1. Die Suche nach Kurzformeln

Was das Buch will, steht in der Tradition einer bestimmten Fingerübung der systematischen Theologie, nämlich für das Christsein sogenannte ›Kurzformeln‹ zu finden. Viele große Denker:innen haben sich an diesem Projekt versucht, das, was das Christsein ausmacht, kurz und bündig auf den Begriff zu bringen. Die letzte große Konjunktur hatte dies in der hiesigen systematischen Theologie in den 1970er und 80-er Jahren.[1] Das Projekt ist aber viel älter und gehört gewissermaßen zum Urimpuls der Christenheit. Schon bestimmte Credo-Formeln des Alten und Neuen Testaments sind Versuche, das Ganze des jüdischen oder christlichen Glaubens über ein besonders aussagestarkes Fragment zugänglich zu machen. Das Bundesprogramm der 10 Gebote, die Aussage »Jahwe, der Israel aus Ägypten herausgeführt hat« (Ex 20,2 u.ö.), die Formel »Jesus ist der Messias« (Apg 9,22; Joh 20,31) oder das paulinische »Jesus ist der auferstandene Herr« (Röm 10,9) werden genannt.[2] Die Geschichte der Kurzformeln ist eine Geschichte der expliziten Glaubensbekenntnisse[3], Kurztheologien[4], dogmatischen Grundprinzipien[5] und elementarisierenden Katechismen[6] hin zu konzentrierenden lehramtlichen Texten[7] oder auch Ordensregeln.[8]

1 Vgl. nur als Auswahl: Rahner 1967; Rahner 1984; Lehmann 1970 (mit Lit.); Semmelroth 1971 (mit Lit.); Hemmerle 1978; Küng 1993. Charakteristisch ist die Bewerbung von Küngs Credo-Buch: »Das Apostolische Glaubensbekenntnis – Zeitgenossen erklärt«. Es wurde 1999 zur Jahrtausendwende als Publik-Forum-Dossier neu zusammengefasst. Eine neueste Variante liegt vor mit dem Buch des früheren Jugendbischofs Stefan Oster 2019, der seine Darlegung des ›Credo‹ untertitelt mit: »Eine Gebrauchsanweisung für das Leben«.

2 Vgl. Rahner 1967:156f sowie Lehmann 1970:278–286.

3 So etwa Kasper 1974:203: »Das trinitarische Bekenntnis ist darum *die* Kurzformel des christlichen Glaubens und die entscheidende Aussage des christlichen Gottesverständnisses.« (H.i.T.)

4 Vgl. etwa den »Exkurs: Strukturen des Christlichen«, in dem Ratzinger 1968 das »Wesen des Christentums« (220) in sechs Prinzipien komprimiert, so dass ihm deren nochmalige Zusammenfassung wie eine »Bauformel der christlichen Existenz« (ebd.) erscheint; vgl. insgesamt ebd.:197–221.

5 Etwa bei Irenäus von Lyon (Adv haer. III; 20,2): Die Ehre Gottes ist der lebendige Mensch; zit. bei Beinert 1987:256.

6 Vgl. nur den sprachmächtigen »Kleinen Katechismus« von Martin Luther.

7 Besonders bedeutend ist die Erkenntnis einer »Hierarchie der Wahrheiten«, die das Ökumenismusdekret des Zweiten Vatikanischen Konzils (UR 11 .12) herausarbeitet; dazu näher Beinert 1987.

8 Lehmann 1970:287 nennt etwa explizit die Regel der Brüder von Taizé.

2.2. Drei Beispiele von Kurzformeln

Es gibt daher eine Menge Beispiele solcher Kurzformeln. Um nicht allzu abstrakt zu bleiben, seien drei kurze Beispiele aus den letzten drei Jahrhunderten benannt.

19. Jahrhundert: In seinen ›Pastoraltheologischen Vorlesungen‹ fordert der begnadete und vielleicht darum so heftig angefeindete Ingolstädter/Landshuter Ordinarius Johann Michael Sailer (1751–1832), der Prediger müsse ein bestimmtes »Erfordernis aller Erfordernisse«[9] beachten. Er werde sonst trotz sicher besten Willens nichts ausrichten. Worum geht es? »Er muss einen Zentralblick in das Wesen des Christentums haben.« Dies ist der Blick, »der von den Radien des Christenthums in den Mittelpunkt desselben hinein, und von dem Mittelpunkt heraus in alle Radien sieht«. Sailer ist Seelsorger und Romantiker genug, sofort zu markieren, dass es nicht einfach nur um eine »Grund*lehre*« geht, sondern dass es auch gelte, einen »Centralsinn des *Gemüthes*« zu aktivieren. Der einzelne Seelsorger solle sich sowohl diese »Centralidee« erarbeiten wie seine eigenen Akzente und situativen Herausforderungen von diesem Zentralblick her und auf ihn hin organisieren. Natürlich geht es hier eigentlich darum, den Blick und das »Gemüth« *Christi* zu lernen. Auch er selbst, Sailer, bekennt, dass er diesen Blick »immer und immer wieder aufgefrischt« habe – ein sympathischer Ausdruck für eine angewandte Dogmatik! Seine Kurzformel ist rekordverdächtig; sie benötigt nur acht Worte, in denen der »Centralblick« zusammengefasst ist:

> »Gott in Christus – das Heil der sündigen Welt!«

20. Jahrhundert: Sehr bekannt und populär wurden die Kurzformeln von Karl Rahner (1904–1984). Er hat gleich mehrere verfasst. Eine frühe Fassung trägt den Titel »Kurzer Inbegriff des christlichen Glaubens für ›Ungläubige‹« und stammt aus dem

---

9 Sailer 1820:10–11. Alle folgenden Zitate ebd. Vgl. als Einführung zu Sailer allgemein: Zottl/Schneider 1987:105–115. Zum ›Zentralblick‹ und dem (nur kurz aufflackernden) materialkerygmatischen Ansatz vgl. historisch Arnold 1948:35–39.

Jahr 1964.[10] Augenzwinkernd nimmt man zur Kenntnis, dass ein Schüler und Mitarbeiter Rahners, der spätere bekannte Kardinal Karl Lehmann, zu den *Kurz*formeln notiert: »Rahner setzt mit einer *längeren* Hinführung zum Geheimnis Gottes ein.«[11] Und er kommt zu dem Schluss: »Karl Rahners Entwurf ist sicher in manchem begrifflich schwierig und für den Durchschnittsleser nicht leicht nachvollziehbar.« Ob sein Mentor die leise Kritik vernommen hat? Jedenfalls fasst er sich später kürzer und bietet 1984 in seinem bekannten Werk »Grundkurs des Glaubens« drei weitere Formeln an. Eine, die sogenannte »anthropologische« Kurzformel, kommt dem in diesem Buch vertretenen Vorschlag sehr nahe (oder umgekehrt) und soll daher komplett zitiert werden:

> »Der Mensch kommt nur wirklich in echtem Selbstvollzug zu sich, wenn er sich radikal an den anderen wegwagt. Tut er dies, ergreift er (unthematisch oder explizit) das, was mit Gott als Horizont, Garant und Radikalität solcher Liebe gemeint ist, der sich in Selbstmitteilung (existenziell und geschichtlich) zum Raum der Möglichkeit solcher Liebe macht. Diese Liebe ist intim und gesellschaftlich gemeint und ist in der radikalen Einheit dieser beiden Momente Grund und Wesen der Kirche.«[12]

21. Jahrhundert: Erst vor Kurzem hat der aktuelle Tübinger Lehrstuhlinhaber für Pastoraltheologie, Michael Schüssler, einen kurzen Text vorgelegt, »der auf dem besten Weg ist, für mich zu einer solchen Kurzformel zu werden.«[13] Der Text stammt nicht von ihm, sondern von Papst Franziskus I., und zwar aus dessen Erstenzyklika »Evangelii Gaudium« (Nr. 39). Hier ist er:

> »Das Evangelium lädt vor allem dazu ein, dem Gott zu antworten, der uns liebt und uns rettet – ihm zu antworten, indem man ihn in den anderen erkennt und aus sich selbst herausgeht, um das Wohl aller zu suchen.«

---

10 Vgl. zum Folgenden Lehmann 1970: 281–283. Sekundär und ausführlich vgl. Skeb 1992.

11 Lehmann 1970:281 (Hervorhebung MS). Das folgende Zitat ebd.:283.

12 Rahner 1984:437.

13 Schüssler 2018 (Zugriff Juli 2022).

Schüssler interpretiert diesen Satz dreifach und kommt zu der Trias:

> »Das Evangelium legt einem erstens nahe, Gott selbst im jeweils Anderen zu erkennen. (...). Es ermöglicht zweitens aus sich herauszugehen, ins Risiko des Engagements für Menschen, deren verletzbares Leben bedroht ist. Und drittens hat dieses Engagement nicht das Wohl der Katholiken oder der Christen, nicht der Deutschen oder der Europäer im Blick, sondern das auf die Fremden und Feinde entgrenzte Wohl aller.«[14]

Auch dieses Buch wird eine Trias entwerfen; wie bei Rahner wird es auch hier um das Wagnis gehen, aus sich herauszukommen. Und wie bei Sailer wird es um die Entdeckung gehen, die diesem Wagnis sowohl folgt wie vorausgeht, und die in Gott als dem kulminieren kann, der etwas heilmacht.

Man sieht: Auch wenn viele mehr als die acht Worte von Sailer brauchen, um kurz zu bleiben, so lohnt das Projekt doch sehr, mal nicht das ganze Haus zu beschreiben, sondern die Tür in es hinein.

2.3. Kriterien einer ›guten‹ Kurzformel – außer, dass sie kurz ist

Jede und jeder, die schon einmal eine komplexe Materie auf den berühmten ›Punkt‹ hin elementarisieren mussten, hat Hochachtung vor gelingenden Versuchen. Dies gilt auch für das Projekt von Kurzformeln des Glaubens.

Mein Favorit für eine solche Komprimierung ist die Geschichte einer Berufsschullehrerin, die mir bewundernd weitererzählt wurde. Im Religionsunterricht für angehende Fleischergesell:innen (nichts gegen Fleischergesell:innen, aber die Notwendigkeit zu einer Glaubenssprache ohne Schnörkel und Gefühlsduselei kann kaum herausfordernder sein als im Gespräch mit diesen, finde ich) fragte jemand die Lehrerin: »Sagen Sie mal: Wer ist

14 Ebd.

eigentlich Maria?« – Die Antwort der geschätzten Pädagogin kommt schnell, klar und ohne Zögern: »Doppelklick auf Gott.«

Das ist Projekt Kurzformel *at it's best*! Drei Worte nur – selbst Sailer wäre neidisch. Und es hat geklappt, wurde erzählt. Was zu der interessanten Frage führt, wann eine Kurzformel eigentlich geklappt hat?

Hierzu sind in der letzten Hochphase der Bemühung um Kurzformeln, also so um 1970–1980 herum, ausführliche Analysen erschienen. Folgen wir ein weiteres Mal dem Duo Rahner/Lehmann, so kommen volle zehn Kriterien in den Blick. Ganz schön viele, möchte man meinen, schließlich soll es doch um etwas Kurzes gehen. Die meisten von ihnen sind aber tatsächlich in dem Beispiel der Lehrerin erfüllt – prüfen Sie es nach![15]

(1) Das Wichtigste und Erste: Die Kurzformel muss *verständlich* sein. Das bedeutet schon einiges: Sie muss das Wesentliche vom Zweitrangigen unterscheiden helfen; die verwendete Sprache sollte die des zeitgenössischen Gebrauchs sein; es geht also um zupackende, griffige, wiederholbare Formeln; und diese sollten selbsterklärend sein. Rahner zögert nicht, Marketing-Slogans aus der Werbewirtschaft oder appellative Formeln aus politischen Parteiprogrammen als Vorbilder für eine leicht zugängliche Sprachform zu nennen (R 1:157). Es geht um die »Leuchtkraft« (L:276) von Sprache. Sehr anschaulich bringt Lehmann diesen Aspekt:

> »Eine Kurzformel des Glaubens braucht nicht zur Heckenschere zu werden, mit der man das Christentum auf ein paar dürre Abstrakte reduziert, aber sie kann den christlichen Glauben auf das Wesentliche orientieren (...)« (L:276).

(2) Das Gegenüber, also die Hörer:innen der Kurzformel sind vielbeschäftigte Menschen von heute, die – wenn überhaupt – neben religiösen Impulsen sehr viele weitere Herausforderungen der Weltbewältigung zu bestehen haben. Rahner/Lehmann betonen daher zweitens, dass die schiere

15 Vgl. zum Folgenden Rahner 1967 (= R1); Rahner 1984 (= R2); Lehmann 1970 (= L). Die Zahlen in Klammern verweisen auf diese Texte.

Menge der aufprasselnden Kulturinhalte in ihrer Wirkung auf das Subjekt beträchtlich sei. Darum ist es schon eine quantitative Leistung in sich, in der Vielzahl der Stimmen überhaupt ebenfalls hörbar zu werden. Dann aber soll die Formel auch wirken, treffen. Es kann keine Formel für alle geben, der Sprachgestus und der Habitus der Einzelnen müssen aktiviert werden (R1:155). Ohne dass das Wort fällt, würde man heute vom Kriterium der *Zielgruppengenauigkeit* und der Milieusensibilität sprechen.[16]

(3) Drittens wird einsichtig, dass keineswegs nur die ›Anderen‹ solche Kurzformeln brauchen, um den Glauben der Christ:innen kennenzulernen und – möglicherweise – Interesse an seiner Kraft zu bekommen. Auch die Christ:innen selbst sind ja Teil der weltanschaulichen Pluralität. Rahner formuliert sogar, man sei doch heute als Christ:in »einfach von der Situation her in einem weiten Umfang auch als Getaufter mehr ›Heide‹, als man es jemals seit Konstantin war.« (R1:154). Insofern brauchen auch die *Insider* solche Energiepillen und Durchlauferhitzungen. Mit einem etwas anderen Bild wieder Lehmann:

> »Zunächst aber wird die ›Kurzformel‹ eine Art modernen ›Vademecums‹ sein, das den einzelnen Christen begleitet und ihn rasch, intensiv und überzeugend in den Glauben hineinführen kann. Die Kurzformel in der ›Brieftasche‹ des Menschen von heute erfüllt auch ihren Verkündigungszweck.« (L:293)

(4) Klar: Wer so für Pointierung wirbt, kann nicht mit wenigen Worten dann doch wieder alles sagen wollen. Das ist der vierte Punkt. Kurzformeln sind im Rahmen der »Hierarchie der Wahrheiten« zu verstehen,[17] was präzise bedeutet: *Es dürfen Aspekte fehlen*, sogar substanzielle. Gesucht wird keine »Summation der katholischen Dogmatik« (L:289).

---

16 Zu Milieu vgl. Sellmann 2012. Das Wort ›Milieu‹ verwendet Rahner 1984:434 selbst; dies allerdings im Rahmen eines älteren Milieubegriffs.

17 Vgl. dazu Beinert 1987; Lehmann 1970:277; Rahner 1967:158f; Rahner 1984:434.

Kurzformeln sind gegenüber ausgearbeiteten Credos »beweglichere, eingängigere, aber vielleicht auch kurzlebigere und ärmliche Formulierungen« (L:293).

(5) Der Inhalt dieser Formeln muss auf die *Mitte* zielen. Er muss auf die Existenz des Anderen gehen, auf »die erfahrene und erlittene Wirklichkeit seines Lebens selbst« (R1:153). Die geistige Situation der Zeit soll unmittelbar an- und aufgerufen werden (R2:431). Man wird nicht alles sagen, sondern einen Punkt bieten, von dem dieses ›alles‹ in den Blick gelangt.[18] Genauer: Vom elementaren Daseinsvollzug her, von der Lebenserfahrung her muss die Kommunikation gelingen. Hier, und nur hier, liegen Voraussetzung und Ausgangspunkt der Kurzformeln, und hieraufhin sollen sie jeweils auf das Gegenüber und seine Situation je »neu« (R2:434) sein. Lehmann nennt diese induktive Anlage der Kurzformeln die »anthropologische Dimensionierung« (L:291). Diese Dimension hat enorme Konsequenzen: Denn beide Denker sehen glasklar, dass man als Autor:in von Kurzformeln mit dieser Selbstbegrenzung im Sprechakt eben nicht voraussetzen darf, was erst erschlossen sein will. Es kann daher zum Beispiel ganz irreführend sein, in der Kurzformel das Wort ›Gott‹ zu benutzen (R1:155) oder mit dem üblichen »Ich glaube/ Wir glauben« (L:277) zu beginnen. Schließlich soll genau dieser Horizont von Lebenserfahrung, diese mögliche Mittelpunktbewegung der Existenz durch die Kurzformel erst in den Blick geraten.

(6) Gerade weil es um das Subjekt der (Spät-)Moderne geht, kann die Kurzformel nicht mystizistisch sein oder in esoterische Praxis führen. Das ist der sechste Akzent. Ohne szientistisch zu werden, muss doch die Augenhöhe zur gegenwartsphilosophischen Debattenlage angezielt werden. Wozu man mit der Kurzformel einlädt, das soll auch diskutabel und mit *Vernunft* rekonstruierbar sein. Schon darum, aber natürlich

18 Hemmerle 1978:5f spricht von der Schnur, die erst die Perlen so ordnet, dass sie wirken können.

auch aus christologischen Gründen, muss die Kurzformel auf der Person, der Geschichte und der historischen Faktizität des Jesus von Nazareth aufruhen oder in sie hineinführen (können) (R2:435).[19] Dabei ist echte und dialogische Verkündigung das Ziel, nicht eine irgendwie intendierte Andemonstration des Glaubens (L:289).

(7) Diese Mitte wirkt nun – siebtens – auf das Ganze des Glaubens zurück. Spannend, wie Rahner/Lehmann betonen, dass die Kurzformel keineswegs nur aus der großen Materialmasse des statischen Credos entnommen und appliziert wird, sondern wie auch sofort die Gegenbewegung mitzudenken ist. Insofern nämlich die Kurzformel tatsächlich einen Energiepunkt bildet, der die vitale Existenzbewegung des Glaubens befördert, wirkt sie kritisch auf ihre Herkunft zurück. Nicht nur das Nicht-Christentum, sondern das ganze Christentum muss von dieser Formel her *kritisierbar* sein. Die Formel lässt ein Ideal aufleuchten, das auch das Credo und die Kirche kritisierbar macht (R2:431; L:291f). »Die einzelnen Aussagen [der Dogmatik, MS] bekommen innerhalb der Kurzformel selbst einen anderen Rang.« (L:290) Denn: Die Sendung der Kirche artikuliert nicht die Person, die *alles* sagt; sondern die, die das *Wesentliche* sagt.

(8) Es ist darum auch nicht zu beabsichtigen, besonders erfolgreiche Kurzformeln irgendwann einmal zu kanonisieren und kirchenamtlich verbindlich zu machen (L:294). Jede neue Zeit und jede neue Situation verändert den Blick in den Kern und braucht daher *frische, nicht aufgewärmte* Kurzformeln.

(9) Neuntens lenkt Lehmann den Blick darauf, dass es nicht nur um eine kognitive, intellektuelle Wirkung von Kurzformeln geht: Sie sollen »beständige *Einübung* in den Glauben werden.« (L:277; Hervorhebung MS).[20]

---

19 Beachte Kapitel 1.4, Fußnote 40.

20 Allerdings sind Lehmanns Ausführungen schon deutlich auf das Verstehen und weniger auf das Ausprobieren gerichtet.

(10) Das letzte Kriterium ist vielleicht das sympathischste. Nach lehrreichem Durchgang durch die zu sagenden Inhalte und nicht ganz ohne den Habitus des Dozierens schließt Lehmann seine Ausführungen ab mit dem Hinweis, dass diese so wichtigen Kurzformeln eigentlich nicht nur in den Verantwortungsbereich belesener Dogmatik-Spezialist:innen gehört, sondern in den Rucksack aller Christ:innen. Jede:r Christ:in hat ja ihre *eigene unverwechselbare Perspektive* auf das Ganze; jede:r lebt seinen eigenen Reim auf das Christsein und hat ureigene Existenzentdeckungen zu teilen. Lehmann ermuntert also zur eigenen Kreativität:

> »Eigentlich müsste jeder Christ seine eigene, wenigstens selbstformulierte Bekenntnis- und auch Verkündigungsformel besitzen, wie sehr diese auch von gemeinsamen Elementen durchsetzt und durchwachsen ist.« (L:294).

2.4. Ein bestimmter Typ Kurzformel fehlt...

Haben Sie den Test gemacht? Das Beispiel der Lehrerin erfüllt nur Kriterium fünf nicht – weil das Wort ›Gott‹ nun doch vorkommt. Trotzdem merkt man: Was Kriterium 5 sagen will – nämlich auf die Mitte zu zielen und dies von der Lebenserfahrung des Gegenübers her –, das gelingt eben doch. Insofern kann man ein weiteres Mal nur staunen: über diese exakte Kriteriologie bei Rahner und Lehmann; und über diese ›Kirchenlehrerin des Alltags‹, die diese prägnante Kurzformel für Maria gefunden hat: Doppelklick auf Gott.

Auffällig bleibt trotzdem etwas: Denn seit den 1980-er Jahren ist der Versuch dogmatischer Kurzformeln auffällig verebbt. Schon 1967 hat Rahner in nachahmenswerter Bescheidenheit seinen eigenen Entwurf so eingeführt: »Er ist nur dazu da, dass es viele schnell viel besser machen.« (R1:159). Nur: Diese Nachahmer:innen blieben aus. Damit soll nicht gesagt sein, dass natürlich eine Unmenge an Katechet:innen, dass aber auch Eltern, Novizenmeister:innen, Lehrer:innen, Professor:innen oder Radioverkünder:innen nahezu tagtäglich darum bemüht sind, den Kern des Christseins zu bebildern, zu betexten, zu besingen, zu betanzen, generell zu kommunizieren. Aber: Es dezidiert dogmatisch-praktisch zu versuchen; also sozusagen das Credo im Ganzen zu elementarisieren und nicht einzelne Teilbereiche, Sakramente oder Vollzüge, wie es Rahner etwa in seinen trinitarischen Kurzformeln angeht, das ist unterblieben. Ausnahmen bestätigen die Regel.

Sucht man hierfür Gründe, und geht man dann auch aus den 1980-er Jahren in die Gegenwart, wird man Folgendes zu sagen haben.

Rahner/Lehmann gestehen selbst einmütig zu, dass ihre Formeln und Erklärungen ein hohes Bildungsniveau voraussetzen (R1:158). So sehr man diesen beiden Theologen glauben kann, dass sie ihre Theologie nicht aus der Erdung einer authentisch gelebten Existenz entlassen, so sehr muss man doch feststellen, dass sie beim Projekt ihrer Kurzformeln vor allem auf eine *Erklärung* des Glaubens abheben. Man soll verstehen können; es geht ihnen um eine »prinzipielle Dimensionierung der Theologie« (L:287), um theologische Grundsatzentscheidungen. Die beiden Autoren sind Lehrer, nicht Trainer. Sie geben zu denken, weniger zu tun.

Der nachfolgende und vor allem in der Gemeindekatechese gewählte Weg spätestens ab den 1980-er Jahren war die induktive Variante. Nun galt es, die Geheimnisse des christlichen Glaubens möglichst umfassend aus den gelebten Erfahrungen abzuleiten.[21] Das war sicher ein Fortschritt gegenüber dem überkommenen deduktiven Weg mit seiner oft starren Lehrsätzlichkeit. Allerdings: Je mehr man nun alles aus dem eigenen Erlebensraum abschöpfte, desto überraschungsärmer wurde das Ganze. Es blieb ja immer im Bann des Bekannten. Die allgemeine Ambition ging weniger auf das, was situations*über*greifend gilt und das Leben an sich deutet, sondern auf das, was zur konkreten Situation zu

---

21 In der Pastoraltheologie ist das ›blaue Handbuch‹ von Haslinger u. a. ein theologischer Kronzeuge der Entwicklung. Es arbeitet strikt und programmatisch induktiv. Vgl. nur Haslinger 1999:19–36, bes. 28–32.

passen schien. Heute wird man daher eher abduktiv vorgehen: man startet weder vom dogmatischen Satz oder vom Lebens- und Lösungswissen des Subjekts, sondern von einer triadischen Konstellation aus Subjekt, Situation und Tradition.[22]

In weit durchgreifenderer Weise, als Rahner es ahnen konnte, kommt ein Weiteres in Bezug auf weltanschauliche Pluralität hinzu: Ist es überhaupt noch möglich, von *dem* Glauben (Einzahl), *dem* Evangelium (Einzahl) oder *dem* Christsein (Einzahl) zu sprechen? Ist nicht gerade die Pluralisierung weltanschaulicher Stile an sich, aber auch die in den einzelnen Konfessionen und Denominationen die eigentliche konzeptionelle Herausforderung? Gibt es noch diese eine Mitte (Lehmann), diese eine Perlenschnur (Hemmerle), auf die eine Kurzformel aufmerksam machen kann? Und wenn es sie gibt: Kann sie noch im Denken und Verstehen liegen, im gleichen Bekenntnis und ähnlichen Riten? Oder muss sie nicht viel basaler anderswo gesucht werden?

Der Vorschlag dieses Buches wird sein, dass es sehr wohl eine gemeinsame Mitte vieler Glauben geben kann. Diese liegt aber im Erleben des praktischen Weltzuganges, und gerade nicht in der Ebene der versprachlichten Bekenntnisse oder Glaubenslehren. Erleben und Deuten muss man auseinanderhalten.

Kleiner Exkurs: Was ist überhaupt eine ›religiöse Erfahrung‹?

Mit diesem letzten Satz ist ein großer Zusammenhang angesprochen. Dieser kann hier nur in Form eines kleinen Exkurses referiert, nicht aber ausgeführt werden.[23] Gleichwohl ist er

22 Vgl. Bauer 2017:23–46 u. ö. sowie Sander 2006:17–40.

23 Besonders der bekannte Sozialphilosoph Hans Joas und mit ihm der Philosoph Matthias Jung haben diese Trennung der Dimensionen ›erleben‹ und ›deuten‹ aufwändig erschlossen, begründet und als Freiheitsgewinn religiöser Rede in die aktuelle Diskussion um die Rolle expliziter Religion in weltanschaulich pluralen Gesellschaften eingebracht. Das ist ein enormes Verdienst. Der Grundgedanke wird hier nur in kurzer und populärwissenschaftlicher Form vorgestellt. Die Empfehlung, sich die Originale nicht entgehen zu lassen, sei aber vehement ausgesprochen. Die Fachbegrifflichkeit ist die ›Theorie der (religiösen) Artikulation‹ – vgl. dazu als Einstieg Joas 2004; Joas 2013; Joas 2017; Jung 2014.

essenziell zum Verstehen dieses Buches. Kurz gesagt: Im Zuge unserer allgemeinen ›Pflicht‹, das Leben nur antwortend leben zu können, *erleben* wir alle ähnliche Dinge. Mit der berühmten Eingangsformel von *Gaudium et spes* gesagt, der Pastoralkonstitution des Zweiten Vatikanischen Konzils: Wir alle erleben »Freude und Hoffnung, Trauer und Angst«. Aber: Wir *deuten* dies sehr verschieden. Und aus diesen Deutungen heraus wagen wir bestimmte weitere Erlebnisse oder unterlassen sie. So wie Erlebnisse in Deutungen drängen, ist es auch umgekehrt: Deutungen drängen in neue Erlebnisse. Sie disponieren zu ihnen. Und: Erst die Kombination aus ›erleben‹ und ›deuten‹ macht eine Erfahrung aus.

Religionen sind nun eine ›Sprache‹ unter vielen, um dieselben Erlebnisse je anders zu deuten. Dies gilt auch für die christliche Religion. Sie schlägt sozusagen eine bestimmte Grammatik vor, mit der man seine Erlebnisse deuten kann.

Wir müssen uns zu den entscheidenden Konstanten irgendwie verhalten: dass wir irgendwoher kommen; dass wir bestimmte Dinge können und andere nur wünschen; dass manche uns mögen und andere nicht; dass wir in einem Körper herumlaufen, der uns mal zu Diensten ist und mal nicht; dass uns andere Leute herausfordern, mit ihnen auszukommen, sie zu loben, sich über sie zu ärgern, von ihnen abhängig zu machen oder umgekehrt usw. Im Erleben sind wir uns alle sehr ähnlich – und darin besteht eine große kommunikative Chance der Verständigung.

Nur ein Beispiel aus aktueller Philosophie: Der amerikanische Denker Thomas Nagel nennt die Frage, auf die Religionen antworten wollen, die kosmische Frage. Ihre ausführliche Fassung lautet: »Wie lässt sich in das eigene individuelle Leben eine Anerkennung der eigenen Beziehung zum Universum als Ganzem einfügen, worin diese Beziehung auch immer bestehen mag?« Die kürzere, alltagsnähere Formulierung heißt: »*Was mache ich hier?*« Nagel betont, dass Menschen als sich entwickelnde Wesen nicht anders können, als ein Verhältnis zu ›ihrer‹ Welt aufzubauen, und zwar erstens als sie selbst, also im Vollzug ihrer selbst, und zweitens zur Welt als ganzer, also angesichts der unabweisbaren Erlebnistatsache, dass ›ihre‹ Welt nicht auf sie beschränkt ist, sondern auch immer die der Anderen ist. Nagel: »Diese Frage verlässt uns auch nicht, wenn die Wissenschaft eine religiöse Weltsicht ersetzt.«[24]

Man kann darüber viele Worte verlieren, gerade weil es sich um einen so basalen Gedanken handelt. Eine ganze Philosophie ist rund um diese schlichte Einsicht entstanden, dass man sich in dieser Welt arrangieren muss, und dass dies ganz wesentlich durch aktives Handeln geschieht. Gemeint ist die Philosophie des amerikanischen Pragmatismus, die dieses Buch hier stark beeinflusst, auch wenn ihre Vertreter kaum eigens genannt werden. Aber man findet dort, in den Schriften der ›alten‹ Pragmatisten wie Peirce, Dewey, Mead, oder den ›neuen‹ wie Joas, Jung oder Knöbel das, was auch dieses Buch auszeichnen soll: den Respekt vor dem Alltag der Leute; vor ihren gewöhnlichen Impulsen, Widerständen und Erfahrungen; ihren symbolischen Deutungen, die sie dem Leben abgetrotzt haben; den vielen Weltanschauungen, die sie daraus gebildet haben; den Handlungen, mit denen sie ihren Lebensglauben ausdrücken; der Bewunderung gelingender Existenz und der Nachsicht mit gescheiterter Risikoübernahme.

Der entscheidende Bezugspunkt für das hier Gemeinte wurde oben im ›Vorwort‹ (das keines ist) eingeführt: Es geht um die Lebensleistung, zu der Menschen sich intuitiv aufgerufen wissen, wenn ihre Lebensbedingungen nicht nur immer das Überleben nötig machen. Diese Leistung besteht darin, nicht das, sondern *sein* Leben zu führen. Und dies so, dass daraus gutes Leben für viele resultiert.

Eine religiöse Kurzformel unter den Bedingungen weltanschaulicher Pluralität kann hier ansetzen und von hierher auf Neugier hoffen. Denn alle wollen wir anständig und kreativ ins und durchs Leben kommen.

Mit einem Ausgriff auf erfolgreiche Weltnavigation wird dann auch ein Weiteres möglich, das Rahner und Lehmann vom Ansatz her verfehlen mussten: dass es nämlich einen dialogischen Zugang geben sollte auch für die, die *nach* der Prüfung der Kurzformel ein Nicht-Verhältnis zur Religion behalten wollen. In

24 Alle Zitate bei Nagel 2013:341.344. Zum Ganzen auch Sellmann 2019.

weltanschaulicher Pluralität kommt es für praktische Theologie darauf an, eine Ebene der Plausibilisierung von christlich inspiriertem und gedeutetem Glauben zu finden, für die man nicht religiös, nicht einmal religiös interessiert sein muss, um trotzdem miteinander erleben zu können, was gemeint sein könnte. Dies gelingt, wenn man zwei Ebenen auseinanderhält: die des unmittelbaren Erlebens und die der symbolischen Deutung.

2.5. Fazit

Das Fazit aus diesen Reflexionen: Das Anliegen der Ausformulierung von Kurzformeln kann nur unterstützt werden. Diese Arbeit sollte man weiterführen. Ja, je mehr weltanschauliche Pluralität und säkulare Option Kulturkraft gewinnen, desto wichtiger wird es sein, den eigenen Beitrag zu einer durch Religiosität humaner werdenden Kultur (das ist ja wohl das Ziel) immer besser, passender und sympathischer einzubringen. Aber: Kirche und Theologie sollten ausprobieren, diese Kurzformeln weniger intelligibel und mehr methodisch, praktisch auszugestalten. Nicht das Verstehen des Christseins ist dann das erste Ziel, sondern das Benennen und Ausprobieren jener Trainingseinheiten des konkreten Lebens, für das das Christsein eine Sprache (unter anderen) sein will. Es geht diesen neuen Kurzformeln also eher um *Coaching* als um *Teaching*; eher um die Diffusion des eigenen Handelns als um die Klarheit der allgemeinen Aussagbarkeit; eher um Wahrheit als Bewährung, als um Wahrheit als Richtigkeit; eher um zyklische Ellipse als um gerade Linie. Diese neuen Kurzformeln sollten markieren können, welche Erlebnisse man riskieren muss, um für sich auszuloten, was ›glauben‹ bedeuten kann – und warum man hier etwas erlebt, was man nur erlebt, wenn man bestimmten Deutungen erlaubt, sich in dieses typische Erleben hinein steuern zu lassen.

Die ›alten‹ Aufsätze von Rahner und Co. bieten selbst kleine Andockpunkte für die Kreation solcher neuer Formeln. Ratzinger etwa beendet seine Strukturanalyse des Christseins mit dem Hinweis auf die Liebe: »Nicht der konfessionelle Parteigenosse ist der wahre Christ, sondern derjenige, der durch sein Christsein wahrhaft menschlich geworden ist.«[25] Hier ist Christsein Lebenspraxis, Übung, Diffusion. Ähnlich bindet Karl Rahner seine letzten Sätze zusammen, indem er sie adressiert »für alle, die liebten« (R 1:164). Die, die liebten, und die sich diese ihre Liebe zum Risiko werden ließen, werden die sein, die rückwärts sehen, dass jemand an ihrer Seite stand – und die dafür Dankbarkeit empfinden können. Den Weg in eine pragmatistische Variante von Kurzformeln ebnet, wohl eher unfreiwillig, Karl Lehmann. Dieser bringt, ebenfalls am Schluss seiner Ausführungen, ein Zitat von Bernhard Shaw: »Der Glaube eines Menschen kann durch kein Glaubensbekenntnis, sondern nur durch Beweggründe seiner gewöhnlichen Handlungen festgestellt werden.« (L:291).

Genau: Willst Du wissen, was jemand glaubt, schau Dir an, was er tut. Und willst Du einen bestimmten fremden Glauben kennenlernen – zum Beispiel den der Christ:innen –, dann *handle* so, als würdest Du Deine Erlebnisse so deuten wie sie. Was nichts anders bedeutet als: als würdest Du glauben wie sie. Es geht um eine Art neues *Framing*, als Probe aufs Exempel, ob es mich weiterbringt. Handeln ist ohnehin riskanter als alles andere. Dieses Buch wird jedenfalls diesen Weg gehen und für ihn werben. Es wird danach fahnden, was »gewöhnliche Handlungen« (Shaw) sind, wie sie gestaltet werden können, in welche Deutung sie drängen und inwiefern dadurch Glauben als Ressource und als Kompetenz kultiviert werden kann.

---

25 Ratzinger 1968:221. Ratzinger wäre freilich nicht er selbst, wenn er nicht die seiner Meinung nach drohende Missverständlichkeit dieses so herrlich freien Satzes wieder einfangen würde durch den Zusatz: »Das Prinzip Liebe schließt freilich, wenn es wahr sein soll, den Glauben ein.« (ebd.).

3. Was ist: geistlich?

Es gibt Begriffe aus dem Wortfeld der religiösen Deutungssprache, die sind genauso missverständlich wie unausrottbar. Gerade durch häufige Bezugnahme werden sie schnell zur Karikatur. Die Aufforderung »Liebe Deinen Nächsten« gehört dazu, da man ihren Ernst spöttisch dadurch aufheben kann, dass man in ihr eine Aufforderung zum Fremdgehen heraushört. Oder das Wort von der »Auferstehung«: Es bietet bestes sprachliches Material sowohl für politische Rebellionen (›Aufstand‹), erfolgreiche Fußballclubs (›Aufstieg‹) oder müde Schläfer:innen (›aufstehen!‹). Drittes Beispiel: Das Sakrament der Eucharistie hat seit der Urkirche Rätsel über Rätsel aufgegeben: Essen die Christ:innen da wirklich einen Leib? Wenn nein: Warum sterben sie dafür? Wenn ja: Wie soll das gehen?

Es gibt viele Beispiele. Und doch: Je mehr sich Alltagssprache und auch Alltagsspott an diesen Worten bedienen und sich an ihnen abarbeiten, desto unverwüstlicher scheint doch die Substanz dahinter. Da kann die Kultur sich von den großen Glaubensbehauptungen und -festen fernhalten, wie sie will – es bleibt doch eine Faszination an der These, man könne ein liebender Mensch werden (Beispiel 1), mit dem Tod sei nicht alles vorbei (Beispiel 2) oder Gott sei sehr erfahrbar abwesend anwesend (Beispiel 3). Wichtig ist dabei natürlich, dass die religiös identifizierten Leute erstens den tieferen Sinn ihrer großen Sätze und Gesten weiter kennen und zweitens oft und gut von ihm sprechen.

Das Adjektiv ›geistlich‹ gehört auch in diese Reihe. Allerdings hat es dieses kleine Wort noch etwas schwerer als die genannten anderen, weil es auch *innerhalb* der kirchlichen Überzeugungsgemeinschaften sehr anfällig ist für Missverständnisse. Die Karikierung kann hier zum Programm werden. Es ist geradezu ein Wort unter Generalverdacht. Meint es jemand ernst damit, muss er oder sie sich erklären.

Das gilt erkennbar für die hier entwickelte Kurzformel rund um die ›geistliche Klugheit‹. Denn diesem Adjektiv wird eine sehr exponierte Zentralstellung gegeben. Behauptet wird ja: Was fehlt, wenn die Christ:innen fehlen, ist ein Kompetenzenbündel, das aus etwas ›Geistlichem‹ kommt. Behauptet wird: Dieses ›Geistliche‹ ist so konkret, das man es lernen, üben, verbessern, anwenden und sogar anderen empfehlen kann. Es kann also zu einer regelrechten Kompetenz werden; ja: zu einer *der* wichtigsten Kompetenzen im eigenen Resilienzhaushalt. Der Gedankengang behauptet weiterhin: ›Geistlich‹ leben zu können ist eine Kompetenz, der sich niemand so präzise, so qualitativ und so erprobt verschrieben hat wie die Religionen. Christ:innen wollen sogar exakt daran erkannt und erprobt werden, dass man dieses ›Geistliche‹ von ihnen erlernt. Sie wollen, dass das Beispiel und die Vermittlung ›geistlicher‹ Lebenskompetenz genau jene zentrale Dienstleistung an ihrer Umgebungskultur ist, die sie den Menschen um ihnen herum schulden. Dafür gründen sie sogar kirchliche Organisationen. Das Ziel kirchlichen Daseins ist der breite geglückte Aufbau von Infrastrukturen für ›geistliche‹ Lebenskompetenz. Ob Kirche Kirche ist, entscheidet sich hier.

Wenn das aber so klar ist: Worin besteht dann das Problem?

3.1. Widerstand gegen einige Klischees

Die Missverständlichkeit, die hier aufkommt, besteht in der Anfälligkeit des kleinen Wortes für seine Instrumentalisierung in alle möglichen Linien hinein. Ich sehe mindestens sechs solcher Richtungen, die eben *nicht* zu dem Ziel führen, eine Lebenskompetenz aufzubauen, die sich im Alltag eines normalen Lebens bewähren kann. Kürzer: Damit unsere Kurzformel richtig verstanden werden kann, muss man das Adjektiv ›geistlich‹ vor seinen zahlreichen Polarisierungen schützen. Das ›Geistliche‹ ist nämlich weder das Fromme, das Körperfeindliche oder das Gebildete noch das Unpolitische, das Brave oder das Unorganisierte.

Auf geht's, retten wir ein Adjektiv!

Missverständnis 1: Das Geistliche ist das Fromme

Das erste Missverständnis ist die Identifikation des Geistlichen mit dem Frommen. Es scheint sehr nahezuliegen, das ›Geistliche‹ als das Kontemplative einzuspielen, das Introvertierte, das Liturgische. Man assoziiert dann mit geistlicher Kompetenz Handlungsvollzüge wie häufiges Beten, stille Einkehr, vielleicht sogar eifrige Bußübungen. All' dies ist auch nicht falsch und kann sehr wohl zum Phänotyp dieser Kompetenz gehören. Es ist aber definitiv nicht ihr Grund und auch nicht ihr erstes Kennzeichen. Man könnte sagen: Man lebt nicht automatisch geistlich, wenn man sehr fromm ist; aber wer entschieden geistlich lebt, findet in Frömmigkeitsformen häufig eine passende Deutungssprache seiner oder ihrer Erlebnisse.

Das Programm, das im Folgenden aus dem Hymnus des Philipperbriefes heraus gewonnen und vertreten werden soll, zielt jedenfalls eher auf die ursprüngliche Wortherkunft von ›fromm‹ als auf die doch etwas biedere, blutleere Karikatur des ›Frömmelns‹. Das Wort heißt eigentlich ›von Vorteil‹, ›nützlich‹, ›tüchtig‹ oder auch ›rechtschaffen‹. Außerhalb des Deutschen wird es sogar noch extrovertierter verwendet und kann dann ›tapfer‹, sogar ›vorkämpfend‹ bedeuten. Der Erste, der Fürst und die Frau sind deswegen die Frommen, weil sie vorangehen.[1] Es wird zu zeigen sein, dass diese Fähigkeit zum ›ersten Schritt‹, zum Risiko und zum Engagement eher zur geistlichen Lebenskompetenz gehören als der defensive Rückzug in eine dann ohnehin falsch verstandene christliche Frömmigkeit.

Schon jetzt sei gesagt: Das Gegenteil eines geistlichen Lebens ist eben nicht das weltliche Leben, sondern das ängstliche.

Missverständnis 2: Das Geistliche ist das Körperfeindliche

Eng mit dem ersten kombiniert sich das zweite Missverständnis. Das Geistliche wird schnell zum ›Seelischen‹, zum ›Psychischen‹ und in der Drift dualistischen Denkens zum Oppositionsprin-

---

1 Vgl. Kluge 1989:233; sowie Sudbrack 1984:8f.

zip gegenüber dem Körperlichen, Leiblichen, Sexuellen und Erotischen. Das Geistliche schützt dann sozusagen vor dem Triebhaften, Naturalen; es erhebt in vorgeblich reinere Sphären und bringt das ›wahre‹ Wesen des Menschseins zum Leuchten.

Hierzu ist vieles zu sagen. Man kann auf viele gelehrte Schriften verweisen, die zeigen können, dass die christliche Anthropologie aus ihrem jüdischen Ursprung her immer von einer integralen Körper/Geist/Seele-Einheit des Menschen ausgegangen ist. Gerade im biblischen Denken des Ersten/Alten Testaments – wenn man das einmal so vereinfachend sagen darf – liegt ein enormes Widerstandspotenzial gegen dualistische Zerteilungen in Geist- und Körperteile. Das Geistliche ist biblisch eben nicht das Rein-Geistige der ewigen Ideen, der Seelenfunken oder eines irgendwie astralen Leibes.[2]

Ganz plastisch und sozusagen super-körperlich zeigt sich dies, wenn man biblisch rückfragt, woher denn eigentlich die Ursprungserfahrung kommt, die Menschen dazu gebracht hat, in ihrem Leben eine Wirksamkeit von so etwas wie einer ›Geisteskraft‹ anzunehmen. Was hier zum Vorschein kommt, hat mit einer reduzierten Körperlichkeit nichts zu tun. Es kann gezeigt werden, dass das biblische Sprechen vom Geist das Wortfeld von ›atmen‹, ›wehen‹ oder ›erfrischen‹ aktiviert. In den ältesten Belegen dieses hebräischen Wortes *›ruach‹* geht es aber nicht um das ruhige Wehen oder das bekannte linde Lüftchen. Vielmehr ist der heftige Windstoß gemeint, das keuchende Ausatmen. Und Letzteres, das kraftvolle Stöhnen, wurde lebensweltlich am elementarsten in zwei Konstellationen erlebt: im sexuellen Höhepunkt und in der Geburt. Hier stößt der Geist sich im höchsten Maße körperlich aus, schafft Leben durch Körper, baut und nutzt Raum in und durch Körper.[3]

---

2 Vgl. nur für die Seelsorgetheorie Nauer 2014:24–73; für die Bibelwissenschaft vgl. Frevel/Wischmeyer 2003.

3 Vgl. zum Ganzen Hilberath 1994:34–37. Hilberath weist darauf hin, dass die Parallele des Wortes *›ruach‹* zum fast gleichen Wort *›rewach‹* umstritten ist. Letzteres heißt: ›Raum schaffen‹, ›leicht, weit sein‹, ›erleichtern, befreien‹. Wie passend aber beide Wortfelder zu dem sind, was geistliche Lebenskompetenz heißen kann, ist unübersehbar. Nur am Rande sei bedauernd

Mindestens die jüdisch-christliche Tradition bietet also keinen semantischen Raum für ein unkörperliches Verständnis von geistlichem Leben. Feministische Theologie hat zudem mit Deutlichkeit darauf verwiesen, dass das Wort ›*ruach*‹ ein Femininum ist. Es kann nicht ohne Sinnentstellung dazu verwendet werden, speziell weibliche und allgemein menschliche Sexualität zugunsten vorgeblich höherer Sphären oder Bereiche abzuwerten.

Bleiben wir doch lieber bei diesem überaus starkem Ursprungsbild von lebensschaffendem Orgasmus und raumgebender Geburt: Geistliches Leben ist zugleich keuchendes Aus- wie erleichtertes Einatmen; und dies alles zugunsten der Entfaltung von Leben und Raum.

Missverständnis 3: Das Geistliche ist das Gebildete

Im Deutschen gibt es den Nachteil gegenüber anderen Sprachen, dass das Wort ›Geist‹ gleich mehrere Bedeutungsebenen schultern muss. Es muss das anthropologische und das kognitive Moment genauso ausdrücken wie das religiöse. Während etwa im englischen ›*mind*‹ für das Neurologische steht, wählt man ›*spirit*‹, soll es geheimnisvoll sein, mystisch, eben religiös. Das Lateinische hat gleich eine ganze Wortbatterie für anstehende Differenzierungen, wenn es sich entfaltet in ›*intellectus*‹, ›*animus*‹, ›*spiritus*‹, ›*ratio*‹ oder ›*mens*‹.[4]

Diese Hypothek führt zu charakteristischen Verwechslungen. Geisteswissenschaft etwa gilt als das Gegenteil von Naturwissenschaft – und dies, obwohl am Beginn der besser ›hermeneutisch‹ genannten Wissenschaften, etwa bei Wilhelm Dilthey, genau dieses Spaltungsinteresse gerade nicht steht.[5] Hegels dialektischer Weltgeist hat ganze Kohorten von Denker:innen mit der Idee versorgt, die erstrebenswerteste Chance menschlicher

---

vermerkt, dass auch die neueste 6. Auflage des ›Handbuch der Dogmatik‹ zwar die Pneumatologie von Hilberath bietet (Hilberath 2017), aber leider gekürzt – z.B. um diese eben zitierten Passagen. Hier wird im Folgenden aus der älteren, aber ausführlicheren Fassung zitiert.

4 Vgl. Hilberath 1994:26 (unter Bezug auf Ebeling).

5 Vgl. Jung 1996:53–73 u.ö.

Existenz bestünde in philosophischer Kontemplation. Wer geistvoll redet, hat *Esprit* und sprühenden Witz – und beweist damit Bildungsniveau. Geist steht also schnell für Bildung, und damit genauso schnell für Habitus.[6] Die ›Geistlichen‹ – also der Pastor oder die Pfarrerin – sind seit den Gründungszeiten einer universitären Wissenschaft namens Praktischer Theologie im 18. Jahrhundert immer auch die Studierten. Und so geht der Assoziationspfad schnell hin zu dem Trugschluss, geistliches Leben hätte nicht nur mit viel Lesen und Nachdenken zu tun, sondern sei auch lebensweltlich eher bei denen mit Abitur, gutem Gehalt, gewählter Sprache und distinguiertem Auftreten zu verorten. Was im Umkehrschluss bedeutet: Bist Du keiner dieser Schlaumeier; bist Du eher der bodenständige Typ; bist Du eher einkommensschwach und vor allem nicht so sprachmächtig wie die Anderen – dann ist geistliches Leben eben nichts für Dich.

Man sieht die Verarmung; und man sieht, wie viel Lernchancen wegbrechen, wenn man ›geistlich‹ synonym setzt zu ›intellektuell‹. Wer so reduziert, wer geistliches Leben für Gebildete reserviert, scheint auch davon auszugehen, dass Jesus von Nazareth Theologie studiert hat.

Missverständnis 4: Das Geistliche ist das Unpolitische

Gerne wird einem bewusst geistlichen Leben unterstellt, es narkotisiere, beruhige, zähme. Innerhalb kirchlicher Kultur mag zu diesem Missverständnis auch beigetragen haben, dass man bei den Ordensgemeinschaften gerne unterteilt in kontemplative und in apostolische Charismen. Die apostolischen sind dann die ›tätigen‹ Orden, wie es dann heißt; die kontemplativen werden dann assoziativ zu den ›untätigen‹ Gemeinschaften – womit nur gemeint ist, dass sie sich eben nicht in erster Linie diakonisch, sondern liturgisch-anbetend verstehen. Gewonnen ist für ein tie-

---

6 Eine wichtige Erkenntnis des nach wie vor lesenswerten Buchs über die ›Erlebnisgesellschaft‹ von Gerhard Schulze ist die, dass man hierzulande zwei Faktoren beim Gegenüber sofort im Alltagsverhalten dekodieren kann: das Alter und das Bildungsniveau. Vgl. nur Schulze 1992:188–192 (u. ö.).

feres Verständnis des Ordensleben damit nichts – aber es rastet eben ein, dass die, die viel beten, auch die sind, die die Straßen meiden.

Nun stimmt es geistes- und theologiegeschichtlich sicher, dass die Symbiose des westlichen Christentums mit der platonischen Philosophie ein Religionsdesign erzeugt hat, in dem die ewigen heiligen Ideen mehr zählen und als erstrebenswerter gelten als die vorläufigen säkularen Bedarfe, als das Hier und Jetzt. Sicher ist sehr lange Jahrhunderte mehr vom letzten als vom vorletzten Leben gepredigt worden, und zwar so, dass man das irdische gegenüber den Verhältnissen im himmlischen Leben abgewertet hat.[7] Aber trotzdem kann man heute wissen, dass mit diesen Schlagseiten nicht schon alles über diese Zusammenhänge gesagt ist; dass es in der östlichen Tradition des Christentums durchaus anders lief; dass im westlichen Christentum bestimmte mehr aufs Diesseits ausgerichtete spirituelle Traditionen ganz einfach offiziell nur am Rande zum Zuge kamen; dass man auch eine südliche Tradition nicht unterschätzen darf (Stichwort: Befreiungstheologie); und dass nicht einmal Westen gleich Westen ist – vergleicht man etwa den nordamerikanischen Pragmatismus in der Organisation eines unternehmerischen Christseins mit den eher bürokratischen Kirchenmodellen in Westeuropa.[8]

Soweit einige sporadische kirchengeschichtliche Notizen gegen die Unterstellung des Unpolitischen. Schaut man biblisch hin, kann man ohnehin nur erstaunt sein, wie man aus den kraftvollen, zupackenden Geist-Theologien der Evangelien die Idee einer Jenseits-Vergeistigung konstruieren konnte. Auch hierzu können nur Skizzen geliefert werden. Aber schon die Antrittsrede des Jesus von Nazareth in der Erzählung bei Lukas stimmt ein Motiv an, das sich durchhält und noch steigert. Als man Jesus in der

---

7 Vgl. dazu die eindrückliche Studie von Ebertz 2004. Ebertz zeigt ebd:338–381, dass ein Umschlag des ›traditionellen eschatologischen Codes‹ eines strafenden, exkludierenden Gottes in den neuen Code eines inkludierenden, barmherzigen Gottes frühestens Anfang der 1920er- bis 1930er-Jahre, vollends aber erst ab den 1960er- bis 1970er-Jahren erkannt werden kann.

8 Vgl. Sellmann 2011; sowie religionssoziologisch Kenneth-Nagel 2011.

heimatlichen Synagoge den Vorlesetext aus Jesaja reicht, zögert er nicht, seine Mission wie folgt zu umreißen:

> »Der Geist des Herrn ruht auf mir; denn der Herr hat mich gesalbt. Er hat mich gesandt, damit ich den Armen eine gute Nachricht bringe; damit ich den Gefangenen die Entlassung verkünde und den Blinden das Augenlicht; damit ich die Zerschlagenen in Freiheit setze und ein Gnadenjahr des Herrn ausrufe.« (Lk 4,18f).

Niemand, der sein Leben aus dem Geist als unpolitisch versteht, würde dieses Zitat auf sich selbst beziehen und schlicht verkünden: »Heute hat sich das Schriftwort, das ihr eben gehört habt, erfüllt.« (ebd., 21). Nicht einmal dieses ›Ruhen‹, von dem sowohl Jesaja wie Jesus sprechen (vgl. auch Mt 11,27–29), kann sachgerecht als privates Ausruhen und irgendwie defensiv-tatenloser Rückzug gedeutet werden. Es ist vielmehr das ruhende, flatternde Schweben des Gottesgeistes über den Wassern zu Beginn der Schöpfung (Gen 1,2). Von hier aus geht der metaphorische Weg schnell hin zum Symbol der Taube als dem Geistsymbol überhaupt: Dieses steht für engagierte Öffentlichkeit, sei es in dem Motiv der Friedenstaube in der Noah-Geschichte (Gen 8,9); sei es als Inbegriff der Lauterkeit im ›Hohenlied‹ (vgl. auch Mt 10,16), sei es als Proklamation der Sohnschaft Jesu bei dessen Taufe (Mk 1,9–11 par);[9] sei es als das kunstgeschichtlich dominante Motiv der Herabkunft des Geistes beim Pfingstfest (Apg 1,4f.8. Kap. 2.).[10]

Ohnehin müsste man schon sehr selektiv lesen, wollte man in der ersten Geschichtsschreibung der Urkirche einen irgendwie nicht-öffentlichen Zug dieser Leute des »neuen Weges« (Apg 9,2) erkennen wollen. Da werden die Apostel vom Geist in die Metropolen der Antike getrieben, sorgen für Tumulte, halten fulminante Ansprachen voller Freimut vor allem gegen die überkommenen staatlichen wie religiösen Autoritäten und bieten insgesamt das Bild großer *street-credibility*, wie man heute sagen würde. Soll heißen: Die Protagonist:innen dieser ersten

---

9 Zum Ganzen vgl. Riede 2010; außerdem Hilberath 1994:80–82.135–138.
10 Vgl. ebd.:86–91.

Gründungszeit bilden eine sofort auf größenwahnsinnige Weltweite hin angelegte Überzeugungsgemeinschaft; sie sind nahbar, streitbar, aktiv; sie agieren medial, organisational und massenpsychologisch außerordentlich geschickt; sie schimpfen, werben, sammeln, mahnen, leiden, agitieren und reüssieren. Geistgetriebene Leute, ja. Aber: unpolitisch?

Ihre Nachfahr:innen werden recht schnell den bekannten Vers 30 aus Psalm 104 zu einem der ältesten Rufe der Kirche vertonen: »Sende aus Deinen Geist, und das Antlitz der Erde wird neu.« Der Heilige Geist wirkt als »öffentliche Person«, so sagt es der evangelische Theologe Michael Welker.[11] Sehr viel politischer geht's nicht.

Missverständnis 5: Das Geistliche ist das Ethische, Moralische, das Brave, das Kirchenangepasste

Eng verwandt mit Missverständnis 4 ist Nummer 5: Die geistlichen Leute seien die Tugendbolde. Die eben zitierte Apostelgeschichte sei die Geschichte der Moralapostel. Wer geistlich lebt, werde anständig – dies aber in einem unaufgeregten Sinne des Devoten, Konfliktscheuen, Angepassten. Mach die Leute schön geistlich, und sie merken gar nicht, dass Du sie dominierst.

Auch gegen eine solche Engführung hilft nachdenken und nachlesen. Und natürlich steht auch hier wieder das offene Geständnis am Anfang, dass faktisch stimmen kann, was programmatisch eigentlich verstellt ist. Natürlich ist es möglich, die Geschichte der christlichen Spiritualität als eine Machtgeschichte zu lesen, in der man es sehr lange wirksam verstanden hat, jene Aufmüpfigkeiten zu unterbinden, die aus einer emanzipierten Selbstbedienung an den Ressourcen des ›Geistes‹ resultierten. Es ist leicht, dieses Drehbuch so zu schreiben, dass auf eine Pendelbewegung der kirchenamtlichen Kontrolle ein Durchbruch charismatischen Eigensinns erfolgte, der wieder ›von oben‹ zu domestizieren war, was wieder einen Interpretationsschub ›von unten‹ provozierte – und so fort.

11 Welker 1992:184; vgl. auch ebd.:287–290.

Theologisch hat sich die Formel von ›Amt‹ versus ›Charisma‹ gebildet – die bei näherem Hinsehen genauso einleuchtend wie irreführend ist. Hier ist nicht der Platz, darüber zu verhandeln, inwiefern auch das ›Amt‹ in der Kirche charismatisch sein kann oder wie schnell charismatische Aufbrüche ihrerseits durch notwendig werdende Organisation sklerotisieren. Beides hat noch nicht einmal viel mit Religion zu tun, sondern mit schlichten sozialwissenschaftlich klärbaren Phänomenen (Max Weber). Was gezeigt werden soll, ist nur dies: Das, was die Christ:innen als das ›Geistliche‹ erfahren und benennen, ist ihnen das ›Dynamische‹, ›Antreibende‹ und das ›Unverfügbare‹.[12] Das bekannte Wort aus dem Johannes-Evangelium »Der Geist weht, wo er will« (nach Joh 3,8) hat seit seiner Ausformulierung in der konkreten Kirchengeschichte immer auch einen Platz für Subversivität freigehalten – der für eine Religion der Freiheit ohnehin unerlässlich ist. So sehr eine an Störungsfreiheit interessierte offizielle Kirchenorganisation es auch verbieten und einhegen will – der theologische Hinweis auf den ›Geist‹ ist immer auch der, der die verfasste Kirche relativiert und den Blick auf Schöpfung und ›Welt‹ freiräumt.

Die Epiklese-Bitte der sakramentalen Gebete etwa – ohne die sakramental gar nichts läuft – verweist eine noch so rechtlich wie dogmatisch durchgeregelte Kirche auf eine Wirkkraft, die sie nur erbitten, aber nie verwalten kann.[13] Die Charismen der Gläubigen sind immer Überschüsse über das, was Pastoralpla-

---

12 Vgl. nur Karl Rahners nach wie vor lesenswerte Schrift über »Das Dynamische in der Kirche« aus dem Jahr 1958 (Rahner 1958). Schon hier fallen starke Sätze, die zu erinnern nun wirklich lohnend ist: Das Charismatische darf man nie »zum exklusiven Privileg der Kirche allein (...) erklären« (57); »Das Amt darf sich nicht wundern oder darüber unwillig sein, wenn sich ein Leben des Geistes regt, bevor es in den Ministerien der Kirche geplant ist. Und die Untergebenen (sic!) dürfen nicht meinen, sie hätten bestimmt nichts zu tun, bevor von oben ein Befehl heruntergereicht wird.« (62). Zwischen Charisma und Amt herrsche ein »gottgewollter Dualismus«, der die Kirche zum »Gegenteil eines autoritären Systems« mache, zu »so etwas wie eine Demokratie« (63).

13 Vgl. Böhnke 2013 mit seinem originellen Entwurf einer epikletischen Ekklesiologie.

nung antizipieren kann.[14] Und wer ausführt »Wer nicht für mich ist, ist gegen mich.« (Mt 12,30), dem hält der Geist entgegen: »Wer nicht gegen uns ist, ist für uns.« (Mk 9,40).[15]

Schon die erste theologische Klärung, wie man das eigentlich verbindlich fassen soll, was dieser ›Geist‹ überhaupt ist, markiert diese Charakteristik des Rahmensprengenden. Auf dem Konzil von Konstantinopel 381 wird das Credo aller Christ:innen wie folgt ergänzt:

> »(Wir glauben ...) ... an den Heiligen Geist, den Herrn und Lebensspender, der aus dem Vater hervorgeht, der mit dem Vater und dem Sohne mitangebetet und mitverherrlicht wird, der gesprochen hat durch die Propheten.«[16]

Also: In einer sehr kurzen und wirklich hart erkämpften Formel finden wir gleich viermal Hinweise auf das subversive Potenzial des Heiligen Geistes innerhalb der Trinität: Er ist kein dienender Engel (dies war diskutiert worden), sondern herrscht selbst, setzt also seine (Un-)Ordnung selbst; dieses Herrschen ist das Lebendigmachen und Lebendighalten des Geschaffenen; er ist und macht heilig, und die Standards dafür liegen in ihm selbst; und er macht sich bevorzugt prophetisch bemerkbar, also durch jene Sprechakte und Gesten, die das Gegebene auf das Mögliche verweisen. Prophet:innen sind bekanntlich selten die freundlichen Nachbarn des *Status quo*, auch nicht des kirchlichen – sie sind die Nörgler:innen, Besserwisser:innen, Träumer:innen, Utopist:innen und Alternativler:innen. Es sind die Ergriffenen. Es

---

14 Vgl. Faupel 2019.

15 Dies ist augenzwinkernd gemeint. Der offenbare Gegensatz beider Jesus-Aussprüche braucht hier nicht exegetisch harmonisiert werden. Er steht aber wie ein Symbol für das manche ärgernde Phänomen einer Viererpluralität der Jesus-Geschichte, die es sofort verbietet, irgendetwas von Jesus eindeutig wissen zu wollen und zu können. Immer ergibt das Vierer-Panorama Spielräume der Interpretation und der kontingenten wie überschüssigen Deutung. Und, wenn es erlaubt ist, bildlich zu werden: In diese Zwischenräume, Deutungsnischen und Spalten des Lehrgebäudes baut die Taube, von der wir hier im Zusammenhang mit dem Heiligen Geist sprechen, allzu gern ihr Nest.

16 DH 150.

sind die Gründer:innen. Es sind immer wieder auch die mit der großen Klappe.[17] Und auch wenn man wissen muss, dass sowohl das Alte wie das Neue Testament eine im Ganzen eher unenthusiastische Spiritualität lehren und empfehlen[18], so ist doch klar: Keiner, der sich durch diesen speziellen Geist verändern lässt, wird dadurch braver und angepasster.

Salopp gesagt: Der Heilige Geist ist der große trinitarische Streuner der Heilsgeschichte zwischen Gott und Menschen, in der die verfasste Kirche ihren äußerst wichtigen Platz hat – nicht aber die ganze Manege.[19]

Missverständnis 6: Das Geistliche ist das Unorganisierte

Eben fiel das Wörtchen ›subversiv‹. Nicht ganz ungefährlich, es zu benutzen, gerade, wenn es um Religion geht! Denn subversiver Protest wird schnell gewalttätig, vor allem, wenn er dauerfrustriert wird; und gerade wegen seiner Versuchbarkeit in Richtung Gewalt hat das Religiöse erkennbar seine Unschuld verloren – spätestens seit Nine Eleven. Darum soll mit dem Widerspruch gegen Missverständnis 5 auch nicht behauptet werden, dass geistliches Leben sozusagen programmatisch ins Chaos stürzt. Es war nötig, auf das Subversive und Verändernde des christlich entdeckten Geistes hinzuweisen, um nicht in die Karikatur des Braven und Angepassten zu gelangen. Wer hier aber die Balance verliert, gelangt in die Karikatur des rein Spontanen, Intuitiven und Chaotischen. Auch dies will gekontert werden.

Dabei scheint es so einfach: Bete um den Heiligen Geist, lass Dich inspirieren und mit seinem Rückenwind surfst Du fröhlich durch die Welt. Ähnlich wie die ›Vögel des Himmels‹ säst Du nicht und erntest Du nicht, und der Himmlische Vater ernährt Dich doch (Mt 6,26). Mut ist: sich vom Geist treiben lassen – der Rest wird sich schon ergeben.

---

17 Vgl. Sellmann 2019a.

18 Vgl. nur die Charismenlehre bei Paulus, die eher vor individualistischer Schwärmerei warnt und die Charismen in den Dienst der (gemeindlichen) Öffentlichkeit stellt; vgl. Hilberath 1994:67–79.

19 Vgl. Sellmann 2019b.

Viele evangelikale und katholikale Strömungen sowie die sogenannten ›geistlichen Gemeinschaften‹ agieren nach diesem Motto.[20] Und sie sind damit wirksame Provokateure gegen eine ja wirklich oft sehr behäbig und ideenlos daherkommende Kirchenorganisation. Die unmittelbare und eindeutige Gottesbegegnung scheint um so vieles attraktiver zu sein als die erwartbar vorgespurte Loipe einer irgendwie diffusen katholischen oder evangelischen Alltagsreligiosität. Dieser Eindruck ist längst auch im Inneren der großen Kirchenämter angekommen. Im Zeichen epochaler diözesaner Strukturreformen, Gebietsanpassungen, kirchenrechtlicher Scharmützel, XXL-Pfarreien und langsamer Dienstwege ist hierzulande der Seufzer schon fast sprichwörtlich: Wann kommen wir endlich wieder zum Eigentlichen? Wann erlaubt die Sorge um die Struktur uns wieder die Seelsorge? Wie befreien wir den Geist vom strangulierenden Buchstaben (nach 2 Kor 3,6)?[21]

Einer der wirkungsmächtigsten Theologen und Kirchenentwickler unserer Tage ist der Hildesheimer Seelsorgeamtsleiter Christian Hennecke. In vielen Büchern, Reiseberichten und methodischen Anleitungen greift er immer wieder diese genannte Spannung auf und deutet sie mit zwei eindrücklichen Bildern aus dem Alten Testament. Beide umkreisen das große Wort der ›Vision‹. »In jenen Tagen waren Visionen selten (1 Sam 3,1)«, heißt es zum einen; und anderswo: »Ohne Vision verkommt das Volk (Spr 29,18)«.[22] Henneckes zahlreiche Bücher wenden sich pro-

20 Das ist wertschätzend gesagt. Vgl. zu den geistlichen Gemeinschaften nur Hegge 2005. Dieser leitet ebd:7 ein mit: »Die Kirche tat sich nicht immer leicht, solche Aufbrüche des Heiligen Geistes als Geschenk für die ganze Kirche zu betrachten und ihr Wachstum zu fördern, zumal Vielfalt und Unterschiedlichkeit der Charismen nicht selten die Besorgnis der Unübersichtlichkeit und Unvereinbarkeit auslösten.« Ein starkes und deutschlandweit aufsehenerregendes neuestes Beispiel ist das aus den USA bezogene Programm ›Rebuilt‹ (White/Corcoran 2016) mit dem Untertitel: »Gläubige aufrütteln. Verlorene erreichen. Kirche eine Bedeutung geben«.

21 Dass der Faktor ›Organisation‹ auch die seelsorgliche Motivation ziemlich belastet, ist ein sichtbares Ergebnis der großen Seelsorgestudie; vgl. Baumann u.a. 2017:42–46.

22 Der Begriff der geistgewirkten und geistentdeckenden ›Vision‹ ist einer der

grammatisch gegen eine von ihm so genannte ›Versorgungskirche‹ mit ihren üblichen Dienstwegen der von oben angeordneten pastoralen Planungen, Konzepterstellungen und Zieldefinitionen. Hennecke propagiert dagegen Prozesse der partizipativen, lokalen und charismatischen dauernden Kirchwerdung. Zumeist speisen sich seine Vorschläge aus Beobachtungen anderer ortskirchlicher Dynamiken mit weniger Strukturvorgaben wie die Kirche Frankreichs, der Philippinen oder Südafrikas.

Mit diesen Akzenten zählt Hennecke im gegenwärtigen Kirchenentwicklungsdiskurs sicherlich zu denen, die die Polarität von ›Amt‹ und ›Charisma‹ am deutlichsten und auch am optimistischsten zugunsten des Pols des Charismas hin entwickeln. Allerdings: Dadurch wird auch er nicht zum Propagandisten des unorganisierten Chaos. Auch Hennecke entwirft seine Kirchenentwicklungskurse in Phasen und in Prozess-Schleifen; auch er fordert Evaluation; und nicht zuletzt geht es auch ihm gerade nicht um Aufbrüche, die sich aus der Ordnung des Bistums oder der gegebenen Pfarreistrukturen entfernen. Worauf Theolog:innen wie Hennecke hinweisen ist nur, dass es die Volkskirche mit Organisation übertrieben habe und hilflos geworden ist, in alternativen Szenarien zu denken. Mit seinen Worten: Wachstum braucht Geländer, aber keine Rezepte.[23]

Allerdings: Zwischen ›Geländer‹ und ›Rezept‹ ist ein weiter Raum. Es scheint daher reizvoll, Henneckes Programm mit einer Alternative zu kontrastieren, die den Pol ›Amt‹ stärker gewichtet – hier im Sinne von Organisation und Planung. Auch dies kann hier nur skizzenhaft geschehen. Die Rede ist ausgerechnet von unserem bisherigen Gewährsmann aus der systematischen Pneumatologie, Bernd Jochen Hilberath. Derselbe Autor, der die Geschichte der Sprache vom ›Heiligen Geist‹ von den Anfängen

---

Hauptbegriffe in Henneckes zahlreichen Schriften. Dies ist schon früh in seinem Werk greifbar, etwa in Hennecke 2006:129ff.135ff.230ff. Vgl. aber auch jüngst Hennecke/Viecens 2019:15–33 – Seiten, in denen die Vokabeln einer pneumatischen Kirchenentwicklung den ganzen Text dominieren. Zur Bedeutung der Schriften Henneckes vgl. jetzt aus der Sicht evangelischer praktischer Theologie die Würdigung bei Hermelink 2019:171–174.

23 Vgl. Hennecke/Viecens 2019:114.

bis zur Gegenwart als eine Geschichte der Unverfügbarkeit und der Unvereinnahmbarkeit analysiert, ist es auch, der 2002 mit Kollegen aus der Ekklesiologie und Praktischen Theologie ein Buch mit dem Titel vorgelegt hat: »Ist Kirche planbar?«[24]

Und er versteht das nicht als kokettierende rhetorische Frage. Dies zeigen Passagen, die bis heute Seltenheitswert haben. Denn Hilberath zögert nicht, Kirchenentwicklungsplanung mit betriebswirtschaftlichen Partnern zu entwickeln und auch für die Kirchenpraxis Begriffe wie ›Kunde‹, ›Effizienz‹, ›Markt‹ und ›Unternehmen‹ zu befürworten. Dies geschieht zwar als »Anknüpfung im Widerspruch«[25] – aber es geschieht. Das Buch bietet sogar mit einem sogenannten »Synoptischen Aufmerksamkeitspapier« eine Arbeitshilfe an, wie man organisationsplanerische Einsichten in Pastoralplanung übersetzen kann. Hilberath steht damit nicht allein. Später entwickelt etwa der Betriebswirtschaftler Bernd Halfar die ekklesiale ›Balance Score Card‹; und Florian Sobetzko profitiert von wirtschaftswissenschaftlicher Entrepreneurforschung für kirchliche Personalplanung.[26]

Allerdings: Wer solche Dialoge mit den strategischen Planungswissenschaften führt, braucht nach wie vor robustes theologisches Standvermögen. Schon 2002 berichten Hilberath/Nitsche, dass sie in der Vorbereitung des Buches »teilweise heftige Vorbehalte gegenüber einer betriebswirtschaftlichen Betrachtung der Realität und der Vollzüge von Kirche erlebt haben, die gerade bei ›kirchlichen Praktikern‹ z. T. vehement war.«[27] Dies ist auch knapp 20 Jahre später kaum anders.[28]

---

24 Hilberath/Nitsche 2002.

25 Ebd.:18.

26 Vgl. Halfar/Borger 2007; sowie jetzt Sobetzko 2020.

27 Hilberath/Nitsche 2002:14.

28 Vgl. nur die heftige Debatte zwischen Florian Sobetzko und Regina Polak in H. 3/2014 der Zeitschrift ›Lebendige Seelsorge‹ (Sobetzko 2014a; ders.:2014b; Polak 2014a; dies.:2014b); ähnlich, aber nicht minder deutlich die Debatte zwischen Erik Flügge und Ute Leimgruber in ›Lebendige Seelsorge‹ H. 5/2016 (Flügge 2016a; ders.:2016b; Leimgruber 2016a; dies.:2016b). Eine systematische Aufarbeitung der Rezeption des Begriffes ›Dienstleistung‹ im theologischen Forschungsdiskurs legt jetzt Szymanowski 2023:Kap. 3 vor. Sein Ergebnis ist entlarvend und ernüchternd. So re-

Man sieht: Der Geist weht, wo er will, und seine Drift ist gegenwärtig sicher stärker in Richtung der Verflüssigung von Organisation unterwegs als in die ihrer Stabilisierung. Trotzdem ist geistliches Leben aber auch falsch verstanden, wenn es die Prozesse von Dynamisierung gegen ihre Absicherung ausspielt. Der Geist, aus dem Christ:innen leben wollen, ist keineswegs nur der »›Unruheherd‹ in der christlichen Gemeinde, sondern auch ›objektiver Geist‹ in ihren Lebensäußerungen und institutionellen Elementen«.[29] Alles anders wäre auch wohl kaum erwachsen.

3.2. Kurzes Break: Überblick auf den folgenden Gedankengang

Hier soll der negative Blick nun abgebrochen werden. Hoffentlich konnte klarwerden, was ›geistliches Leben‹ alles *nicht* ist – jedenfalls nach christlichem Verständnis. Wer geistlich lebt, will damit eben nicht in erster Linie fromm sein, triebenthoben, vergeistigt, privatistisch, tugendkonzentriert oder besonders spontan. Offenbar ist die ganze Modellierung des Zusammenhangs falsch eingestellt, wenn man geistliches Leben als wenn auch besonders lobenswerte *einzelne* Eigenschaft zu fassen versucht; oder als *externen* Normkatalog von ausgewählten Geboten, den man immer besser erfüllt, je mehr und intensiver man geistlich lebt. Die in uns so tief verwurzelte Moralisierung des Christseins wirft in solchen Missverständnissen von geistlichem Leben ihre humorlosen Schatten.

Nun wäre es eine müde Vorstellung, einen existenziellen Weg negativ gehen zu sollen, indem man mehr auf das zu achten hat, was man vermeiden muss, als auf das, was man denn nun gewinnt. Eine Kompetenz ist im Kern doch etwas, was man kann, nicht etwas, was man lässt. Die Aufgabe steht also noch aus, eine

---

flexhaft man wirtschaftswissenschaftliches Denken ablehnt, so wenig Sachkenntnis hat man von der Materie, über die man urteilt.

29 Hilberath 1994:215.

gute Übersetzung des Adjektivs ›geistlich‹ zu bieten, die zum Ziel führt – auch wenn man wie beim Slalomlauf die genannten sechs Tore zu umwedeln hat.

Diese Übersetzung will ich im Folgenden, und das ist zugegeben etwas paradox, mit einem griechischen Begriff leisten. Er ist das erste von insgesamt vier griechischen Wörtern, mit denen in diesem Buch das ganze Kompetenzenbündel geistlicher Klugheit präzise beschrieben werden soll. Alle vier Wörter hole ich aus einem Spitzentext des Neuen Testaments, nämlich dem sogenannten ›Christuslied‹ oder -psalm aus dem Brief des Paulus an seine Lieblingsgemeinde in Philippi. Dazu mehr in Kapitel 5.

Dieses Wort heißt *phronesis.* Die große These hinter dem hier ausgeführten Gedankengang lautet: Geistlich leben, das heißt: klug leben. Und zwar klug in einem bestimmten Sinn, nämlich im Sinn von *phronesis.* Man hat hier ein Wort der biblischen (und der antiken) Sprache vor sich, das es auch in sich hat. Wie eine Mikrosonde verdichtet es einen ganz bestimmten und richtig raffinierten Zug biblischer Lebensweisheit in überraschender Weise. *Phronesis* heißt übersetzt so viel wie ›Gesinnung‹, ›Einstellung‹ oder auch ›Haltung‹ – vor allem aber: ›Klugheit‹. Ich belasse das Wort wie auch die anderen drei Schlüsselwörter dieses Buches (PHYSIS, KENOSIS, DYNAMIS) im griechischen Wortlaut, um den semantisch-inhaltlichen Überschuss zu behalten, der in ihnen liegt. Dieser geht bei jeder Übersetzung ersatzlos verloren. Genauso wie ›geistlich‹ meint auch *phronesis* mehr, als eine gute, edle, tapfere Gesinnung zu haben.

Die Begriffsklärung erfolgt in drei Schritten. Zunächst soll ein allgemeiner Blick auf das geworfen werden, was generell mit ›geistlichem Leben‹ bzw. dem wohl vertrauteren Wort der ›Spiritualität‹ gemeint ist. Dies geschieht zunächst erzählend (3.3.), dann analytischer (3.4.). Hierauf wird das Versprechen eingelöst, PHRONESIS als Begriff und damit als Konzept besser kennenzulernen (3.5.).

Alles dient weiter dem Zweck, eine reiche, robuste, innovative und alltagstaugliche Idee vom ›Geistlichen‹ zu gewinnen – und zwar, indem wir es als das ›Kluge‹ entdecken.

3.3. Der ›Löwe im Stein‹, oder: Der erzählende Zugang

Um zu erklären, was er mit ›geistlichem Leben‹ meint, erzählt der bekannte geistliche Autor Henri Nouwen eine schöne Geschichte. Zu einem Bildhauer kommt ein kleiner Junge. Der schaut dem Meister einen ganzen Tag lang zu, wie dieser aus einem Steinblock von morgens bis abends einen beeindruckenden Löwen gehauen hat. Stolz fragt der Meister: »Und, was sagst Du?« Darauf der Junge: »Das ist sehr schön. Aber sag' mir eines: Woher wusstest Du schon heute morgen, dass in dem Stein ein Löwe versteckt war?«[30]

Nouwen deutet diese Anekdote mit einer Begriffsfigur des Wüstenvaters Evagrius Ponticus. Dieser präzisiert Kontemplation, Spiritualität, geistliches Leben mit der Formel *theoria physicae*, auf Deutsch also etwa: Die Vision von der Natur der Dinge. Wer geistlich lebt, schaut gewissermaßen durch die Dinge hindurch auf etwas, was in ihnen steckt, was aber nur durch einen bestimmten Blick – eben den geistlichen – zum Vorschein kommt. Man muss hier genau sein, um nicht doch in die Vergeistigung abzugleiten. Der Blick des geistlichen Lebens, diese ›Vision‹, legt keinen größeren Sinn in die Dinge hinein. Und er behandelt die konkreten Gegebenheiten auch nicht nur als Anwendungsfälle höherer, reiner Prinzipien oder Urbilder. Vielmehr ist es eine Kompetenz, den gegebenen Dingen so gut zuzuhören, in sie so gut hineinzublicken, sie so großzügig zu behandeln, dass aus ihnen vernehmbar werden kann, was bereits in ihnen ist – was aber im nicht-geistlichen Kontakt auch nicht hervorgelockt wird.

Um im Beispiel zu bleiben: Das, was hier geistlicher Blick oder *theoria physicae* genannt wird, legt den Löwen nicht in den Stein und idealisiert auch nicht jeden Stein zum potenziellen Löwen. Vielmehr sieht dieser Blick, dass hier ein Löwe im Stein verborgen ist – und holt ihn hervor. Denn der Löwe ist in diesem Fall die Natur dieses Dinges, wie Evagrius das nennt. Nouwen schreibt:

---

30 Frei nacherzählt nach Nouwen 1985:96f. Nouwen verweist ebd. auf Thomas Hora, Existential Metapsychiatry. Vgl. zum Ganzen ebd.: 96–117.

»Der kontemplative Mensch sieht die Dinge so, wie sie wirklich sind, er sieht die wirklichen Zusammenhänge, er erkennt (...) den ›Clou‹«.[31]

Das ist schön gesagt. Trotzdem muss dieser Satz vor dem Missverständnis geschützt werden, Nouwen wüsste genau, was ›Wirklichkeit‹ ist oder könnte das einfach so normieren. Gemeint ist eine Kompetenz, mit der man das Mögliche im Gegebenen erkennt, stimuliert, weckt und fördert. Und typisch ›geistlich‹ ist die Behauptung, dieses Mögliche sei ebenso wahr und wirklich wie das Reale, also Hier-und-Jetzige. In unübertroffener Kürze hat das der bekannte dänische Philosoph Sören Kierkegaard einmal so auf den Punkt – auf den ›Clou‹ – gebracht: »Glauben ist die Leidenschaft für das Mögliche«.[32] Geistliches Leben ist also eine Form des Blickes, der Vision, des ganzen Verhaltens, das sich der Tatsache verschreibt, die Welt sei voller positiver Möglichkeiten. Mehr noch: Es ist ein leidenschaftlicher Blick, ein engagierter, ein risikobereiter. Und noch mehr: Dieser Blick ist aktivierend. Er schaut nicht nur hin, er *durch*schaut nicht nur – dies aber ohne Besserwisserei, ohne Überführungsabsicht – sondern er bewirkt auch. Er lockt, ködert, provoziert, motiviert, traut zu, befähigt, schafft, gründet, kreiert, beginnt. Er will, dass es wird.

Es fällt nicht schwer, eine solche Leidenschaft für das Mögliche, eine solche *theoria physicae* als typisch religiös zu erkennen. Religionen, funktional gesprochen, verdoppeln ja die Welt. Sie behaupten, es gäbe mehr als man sieht, indem sie eine transzendente Sphäre zu erschließen versprechen, deren Begehung einen Mehrwert für das innerweltliche Leben abwirft. Ob man diese transzendente Sphäre ›Gott‹ nennt oder ›Höchstes Wesen‹, ›Geist‹, ›Energie‹, ›Feld‹, ›Natur‹ oder wie auch immer: Diese

31 Ebd.:97. Das mit dem ›Clou‹ stammt vom Jesuiten Thomas Merton (1899–1965), ebenfalls geistlicher Schriftsteller, also sozusagen ebenfalls solch ein ›Bildhauer‹.

32 So paraphrasiert bei Pröpper 2015:691. Wörtlich heißt es bei Kierkegaard 1985:35f: »Dies ist der Kampf des Glaubens, welcher, wenn man so will, verrückt für Möglichkeit kämpft. Denn Möglichkeit ist das Eine, was rettet. (...) Möglichkeit ist das Einzige, was rettet (...); denn ohne Möglichkeit kann ein Mensch gleichsam keine Luft bekommen.«

Operation der Verdopplung des Gegebenen auf Transzendenz hin ist das typisch Religiöse. Und so wird behauptbar, dass Steine nicht einfach nur Steine sein müssen, sondern potenzielle Löwen – oder Elefanten, Engel, Ziegelsteine. Geistliches Leben ist die Aktivierung dieses verdoppelnden Blickes auf das, was als es selbst da ist. Und als es selbst kann entdeckt werden, dass es mehr beinhalten kann als sich selbst und auf mehr verweisen kann als auf sich selbst.

Die Pointe typisch christlichen geistlichen Lebens ist dabei, dass dem Ding an sich nicht mehr beigegeben wird als seine Möglichkeit. Es ist tiefste jüdisch-christliche Tradition, biblisch gegründet, dass der geistliche Blick dem Ding oder Mensch oder der Situation durch das Religiöse nicht mehr Wert, Würde oder Wichtigkeit gibt; sondern er deckt auf und treibt an, diesen Wert, diese Würde und Wichtigkeit in sich und als sich zu ergreifen und zu realisieren. Nicht erst im Durchgang durch das Religiöse entsteht Wert, sondern das Religiöse zeigt, was da ist. Nicht die moralische Steigerung, nicht die platonische Vergeistigung, nicht die spirituelle Veredelung ist das erhoffte Ergebnis geistlicher Kompetenz in der jüdisch-christlichen Variante. Sondern schlicht: die Entdeckung und die Förderung des Eigenseins (sowohl von mir wie des Anderen) als dynamisches Potenzial.

Hat man das verstanden, kann unschwer gezeigt werden, wie normal genau solch eine *theoria physicae* und solch eine hieraus folgende Sprache ist. Christ:innen begrüßen sich als ›Schwestern und Brüder‹ – was ja nichts anderes heißt als: In uns einander Wildfremden steckt das Potenzial zu einer geschwisterlichen Beziehung. Sie nennen die Natur ›Schöpfung‹ – was ja nichts anders heißt als: Im Gegebenen ist ein guter Geist angelegt, ein guter Wille, ein Potenzial zum Wilden als dem Schönen und zum Nützlichen als dem Geordneten. Sie sagen zu einem Verstorbenen: ›Der ist nicht für immer fort‹ – was ja nichts anderes heißt als: Selbst noch im traurigen Tod liegt das Potenzial für eine neu anbrechende Zeit, für ein Wiedersehen und ein Weitergehen.

Man kann so fortfahren. Wenn es, so meine ich, in Religionen etwas zutiefst Faszinierendes und stetig Antreibendes gibt, dann ist es diese Leidenschaft für das Mögliche. Sie drückt sich aus in dieser Sprache der Versprechen. Da hört man von Einsamkeit als von Kraft, von Glück als von Segen und von Mut als von Chance. Da ist Hingabe nicht trottelig, sondern die Tür in ein neues Level von Leben. Da ist kreative Kollegialität und diskrete Nachbarschaft nicht Sozialromantik, sondern Lebenskultur. Und da ist die Akzeptanz von Grenzen nicht schwächliche Kapitulation, sondern Versöhnung mit einer Welt, in der Perfektion schlicht nicht sein muss.

Es ist schwer, dies so zu schreiben, dass geistliches Leben nicht doch in Moral aufgelöst und dann doch wieder zur edlen Haltung oder zum angestrengten Willen wird. Denn geistliches Leben, das zeigt die kleine *Story* vom Löwen, dem Stein und dem Jungen, ist eigentlich spielerisch. Es agiert ebenso aktiv wie resonant. Es hat Lust auf Überraschung. Indem es sich mit dem versöhnt, was da ist, will es in einem bestimmten Sinn immer mehr, als schon da ist. Und indem es das so will, schafft es die Bedingung der Möglichkeit dafür, dass es wird.

3.4. Das ›hermeneutische Organisationszentrum‹, oder: Der lexikalische Zugang

Damit ist eine erste positive Erklärung von ›geistlichem Leben‹ gegeben. Es ist eine *theoria*, ein Blick, eine Leidenschaft. Diese Blickkompetenz, so konnte hoffentlich gezeigt werden, ist aber nur dann richtig verstanden, wenn man sie als geschützt erklärt vor den sechs Falltüren. Wenn man so will: Dieser Blick muss als existenzielle, integrale Organisation der ganzen Persönlichkeit in den Blick kommen. Indem die ganze Person mit diesem Blick in und durch die Welt schaut, ist sie als Ganzes in der ›Wirklichkeit‹, ist sie selbst in der ›Wirkkraft‹ der Dinge, ist sie ganz nah dran an der *physis* – und damit eben ist sie eher tüchtig als fromm, eher angetrieben als triebenthoben, eher materiell als vergeistigt, eher schöpfungs-öffentlich als privatistisch, eher offensiv-risikobereit als defensiv-tugendhaft und eher planvoll als besonders spontan.

Trotzdem, das muss man zugeben, ist die Metapher der *theoria* oder des Blicks noch sehr nah dran an der Vergeistigung. Ergänzend zu Nouwens Ausführungen soll daher kurz der theologische Fachdiskurs zum Begriff des ›geistlichen Lebens‹ und/ oder der ›Spiritualität‹ eingeholt werden. Hier bestätigt sich, dass es weder um eine vernachlässigbare Nuance noch um eine elitäre Hochform kulturellen Lebens geht. Wer geistlich lebt, geht schlicht aufs Ganze.

Dazu ein paar Stimmen aus einschlägigen Handbüchern und Lexika. Man wird nicht überrascht sein, dass der Ton gegenüber der narrativen Herangehensweise komplizierter wird. Als ›Altmeister‹ des Fachs kann der Jesuit Josef Sudbrack gelten. In einem älteren Beitrag pointiert er: »(...) Frömmigkeit durchzieht die Gesamtexistenz des Christen und ist überdies gerade deshalb untrennbar mit der jeweiligen Situation des Menschen oder der Gruppe verbunden.«[33] Schon wiederholt sich, was auch der erzählende Zugang eben herauspräpariert hat: Spiritualität ist eine Form aktiver Weltbegegnung.

Sudbrack verantwortet auch die neueren Einträge zum Thema im aktuellen Lexikon für Theologie und Kirche. Auch hier betont er: »Unabdingbare Basis (...) bleibt die gelebte, persönliche Spiritualität. Als existentielle Wahrheit verlangt Spiritualität zu ihrem Verständnis persönliches Engagement.« Soll heißen: Niemand ist im Lehnstuhl christlich-spirituell.

Ein neueres Spezial-Lexikon zitiert unter dem Begriff ›Spiritualität‹ eine Formulierung des großen Theologen Hans Urs von Balthasar. Spiritualität ist bei ihm

> »jene praktische oder existentielle Grundhaltung eines Menschen (...), die Folge und Ausdruck seines religiösen – oder allgemeiner, ethisch-engagierten Daseinsverständnisses ist: eine akthafte und zuständliche (habituelle) Durchstimmtheit seines Lebens von seinen objektiven Letzteinsichten und Letztentscheidungen her.«[34]

---

33 Sudbrack 1984:7. Das folgende Zitat Sudbrack 2009:857.

34 Balthasar, Hans Urs von: Spiritualität, in: ders., Verbum caro. Skizzen zur

Man sieht auch hier deutlich, dass die Wechselbeziehung aus ›Geist‹ und ›Welt‹ zur Definition gehört. So als integrale Ganzheit der Person bestimmt, geht es christlich-theologisch gesehen um vier Vollzüge in einem:

- sich beschenken lassen von dem, was da ist und eben als Möglichkeit zum Wachstum da ist (gnadentheologische Dimension);
- von Jesus Christus inspiriert und geradezu angeführt werden (christologische Dimension);
- in den Austausch und die Anreicherung mit der Erfahrungs- und Überzeugungsgemeinschaft von jenen gehen, die sich ebenso ganzheitlich für ein geistliches Leben entschieden haben (kirchliche Dimension);
- und selbst zur Aktivierung, zur Wirkressource für eine bessere Welt im Sinne ihrer guten Möglichkeiten zu werden (schöpfungstheologische Dimension).[35]

Anschaulich erklärt ein weiterer zeitgenössischer Experte diesen Spannungsbogen so: Geistliches Leben steht unter der

> »*Statik* der Geistbegabung, wie sie z. B. in der Vorgabe von Schöpfung, Heil, Gnade, Evangelium, Glaube, Wort Gottes, Kirche, Sakramente usw. enthalten ist, und der *Dynamik* der Gestaltung und Verantwortung, die sich der Menschwerdung des Menschen, der Humanisierung von Welt und Zukunft verpflichtet weiß.«[36]

Ähnlich, aber ungleich lyrischer schreibt der Religionspädagoge Hubert Treml, dass geistliches Leben im Umgang mit »zwei Alphabeten« geschieht: »in der Achtsamkeit auf den Lockruf der

---

Theologie I, Einsiedeln 1960:226–244; zit. (ohne Seitenzahl) bei Weismayer 2005:1231.

35 Frei nach Weismayers Vorlage ebd. Der weitere Durchgang in diesem Buch bestätigt diese Vierzahl. In loser Anbindung an Weismayer, aber deutlich handlungsorientierter und mit anderer interner Logik kann folgende Korrespondenz vorweggenommen werden: gnadentheologische Dimension = DYNAMIS; christologische Dimension = KENOSIS; kirchliche Dimension = PHRONESIS; schöpfungstheologische Dimension = PHYSIS.

36 Schütz 2009:399 (Hervorhebungen MS).

Sehnsucht und auf den Notschrei des Leidens (Solidarität), auf Hoffnungsdynamik und Mangelerfahrung.«[37]

Diese Zitate zeigen sowohl in ihrer Kontinuität wie der Vielfalt ihrer Autoren: Geistliches Leben ist eine Sache der ganzen Person sowohl im Selbst- wie im Weltverhältnis. Wer es wissenschaftlich exakt ausdrücken will, kann sagen: Spiritualität ist ein »hermeneutisches Organisationszentrum«.[38]

Man sieht: ›Geistliches Leben‹ kann narrativ (Löwe im Stein bei Henri Nouwen) oder diskursiv (Lexika) angegangen werden. Das Letztere, das wissenschaftliche, diskursive Vorgehen, ist zwar klarer und präziser, aber auch recht schwer verständlich. Es ist auch irgendwie schwergängig – wer möchte denn bitte seine zentrale, existenzielle Ressourcen- und Inspirationsquelle als ›hermeneutisches Organisationszentrum‹ verstanden wissen? Die Leichtigkeit entgleitet dem wissenschaftlichen Jargon – was nun dem widerspricht, was inhaltlich ausgesagt werden soll: dass geistliches Leben eben zugänglich, lebbar sein will. Ersteres, das erzählende anekdotische Vorgehen, ist dagegen leicht verständlich und unmittelbar motivierend (hoffentlich) – aber ohne konzeptionelles Fundament auch flüchtig, schnell schwärmerisch und anderen wenig vermittelbar. Da eignet sich die Rede vom ›hermeneutischen Organisationszentrum‹ schon besser.

Ich will darauf hinaus: Die Rede vom ›geistlichen Leben‹ braucht offenbar beides, Erzählung wie Erklärung. Und in der Mittelebene zwischen reiner *Story* und abstrakter Diktion liegen Worte, die *gleichzeitig* in einem Storykontext verwendbar sind *und* Theologie stimulieren können. Es sind Worte, die einfach zu merken sind, aber ein ganzes Programm in sich speichern. Man kann diese Worte leben, ohne dass sie subjektivieren. Sie schicken auf einen Weg, den man persönlich gehen muss, der aber nicht nur auf meiner eigenen Wanderkarte steht.

Hier sehe ich die Stärke, wenn man ein Wort wie PHRONESIS nimmt, um damit zu erobern, was mit ›geistlichem Leben‹ gemeint sein kann. PHRONESIS klingt als Wort schräg genug,

---

37 Treml 2009:858.

38 Gräb-Schmidt 2004:1594.

um es sich gut zu merken, ohne aber als Alltagswort inflationär zu werden. Und anders als das Adjektiv ›geistlich‹ fällt es, wie gesehen, auch nicht so vielen Missverständlichkeiten zum Opfer. PHRONESIS ist dann aber eben auch ein Fachwort, mit dem man absichern kann, dass es sich um ein wohlbestimmbares theologisches Konzept und nicht um die Marketinglaune eines anerkennungsbedürftigen Pastoraltheologen handelt.

PHRONESIS – für dieses Wort will ich Aufmerksamkeit wecken. Es ist ein Wort, das mich im Alltag organisieren kann. PHRONESIS, das ist sozusagen die Kurzformel der Kurzformel. Das, was fehlt, wenn die Christ:innen fehlen, ist eine bestimmte Form von Lebensklugheit: eben dieser ihrer PHRONESIS. Mit diesem Begriff findet man ein faszinierendes, überraschendes Übersetzungswort für ›geistliches Leben‹.

So what in heaven is PHRONESIS?

3.5. Ein griechischer Übersetzungsbegriff für das ›Geistliche‹: PHRONESIS

Die folgende Untersuchung wird ergeben, dass man mit dem Begriff der PHRONESIS die genannten sechs Missverständnisse gegenüber dem Adjektiv ›geistlich‹ (3.1.) genauso in die Truhe verbannt, wie man eine aktivierende Meso-Ebene der Darstellung betritt.

Der Begriff stammt aus dem antiken Griechisch und wird an ausgewählten Stellen auch im Neuen Testament verwendet. Die für dieses Buch wichtigste Stelle ist dabei ein Satz aus einem Brief. Der Apostel Paulus schreibt an seine Lieblingsgemeinde in Philippi. An entscheidender Stelle, in Kapitel zwei, fällt der Begriff *phronesis*. Paulus schreibt dort:

»Seid untereinander so gesinnt, wie es dem Leben in Christus Jesus entspricht.« (Phil 2,5).

Für dieses ›gesinnt‹ steht unser griechisches Wort. Paulus wünscht seinen Freunden, sie mögen einander und zu Christus ähnlich gesinnt sein. Halten wir fest: So wie Fans von Borussia Dortmund oder Bewohner:innen ein und derselben Stadt oder

Angehörige einer bestimmten politischen Partei zueinander ähnlich gesonnen sein werden, so zeichnet sich auch der Zusammenhang zwischen Christ:innen durch eine solche Ähnlichkeit aus. Was auch bedeutet: Was mindestens fehlt, wenn die Christ:innen fehlen, ist ein bestimmtes Muster mentaler Zusammengehörigkeit.

Damit ist aber die Frage nach dem Inhalt erst eröffnet. Während klar ist, was die Fans der Borussia zusammenbindet – nämlich: kampfbetonter, schneller, ›ehrlicher‹ Fußball –, ist das bei einer religiösen Überzeugungsgemeinschaft komplexer. Was kennzeichnet die ›Gesinnung‹ der Christ:innen? Was ist überhaupt eine ›Gesinnung‹? Warum will Paulus, dass die Philipper hierauf sehr aufmerksam sind? Und inwiefern soll man mit diesem Wort erklären können, dass ›geistliches Leben‹ mehr ist als Frömmigkeit, Bravheit, Privatheit usw.? Was also schmiedet die Christ:innen so zusammen, dass sie eine ähnliche *phronesis* haben und weitergeben wollen?

All dies klärt sich durch einen Weg in den Begriff hinein. Die Mühe wird mit Präzisionen und robusten Überraschungen belohnt.

Das griechische Wort *phronesis* – ein überraschend kantiger, vielschichtiger Begriff[39]

Das griechiche Wort *phronesis* steht für das ganze Wortfeld rund um ›Gesinnung‹, ›Verstand‹, ›Einsicht‹, ›Trachten‹, ›Bestreben‹. Die Wurzel *phren* ist dabei alt bezeugt. In seiner ursprünglichen Bedeutung hat es einen klar körperlichen Bezug und bezeichnet die psychosomatische Einheit des Menschen. Das Wort steht nämlich für das Zwerchfell und daher nach damaligem Verständnis für das Organ, das Art und Stärke des Atmens reguliert. Noch heute wird in guten Anti-Stress-Kursen das Zwerchfell-Atmen von der tiefen Bauchatmung unterschieden und geübt.

---

39 Vgl. zum Folgenden vor allem die Artikel der beiden wichtigen exegetischen Lexika: Bertram 1973 sowie Balz/Schneider 1983. Exegetisch zum Begriff vgl. auch Becker 2015 sowie Baumert 2009:414–421.

Es lohnt sich, diese somatische Verankerung im Gedächtnis zu behalten. Denn der Begriff selbst wurde in der Folgezeit und schon bei Homer zunehmend geistiger und abstrakter verstanden. Vor einer reinen Mentalisierung konnte er sich bis in die jüngste Zeit aber immer wieder erfolgreich bewahren. In ihm wohnt offenbar ein Widerstandspotenzial gegen die unkörperliche Vorstellung einer irgendwie kontextlos daherschwebenden ›Gesinnung‹. Dieser Widerstand rührt daher, dass der Begriff im Verlaufe seiner Geschichte seit der Antike immer klarer für eine bestimmte Kennzeichnung hergenommen wurde: Ging es darum, die aktive Führung des eigenen Lebens zu benennen; suchte man ein Wort für die praktische Bewährung im Alltag, dann griff man zu *phronesis*.

Diese Bedeutungsdominanz der klugen Lebensgestaltung kann mit vielen Hinweisen belegt werden. Schon Homer und die griechische Klassik akzentuieren den Begriff zwar ins Innerliche hinein. Er ist dann die ›Haltung‹, das ›Denken‹, die ›Vernunft‹, die ›Einsicht‹ – aber eben auch gekoppelt mit der ›Entscheidung‹, der ›Klugheit‹ oder der ›Denkweise‹. Bei Platon stehen *sophos* (Weisheit) und *phronesis* fast synonym beieinander; dabei geht *phronesis* aber mehr auf das Praktische, Lebensermöglichende. Für Regierende etwa sei *phronesis* die Haupttugend; dann bekommt der Begriff bestimmte Bedeutungszuwächse hinsichtlich des Gerechtigkeitsstrebens oder auch des Selbstvertrauens. In der Stoa kann die *phronesis* sogar zur Quelle aller Kardinaltugenden heranwachsen. Im weiteren geschichtlichen Verlauf wird betont, dass immer Übung und Mühe den Erwerb der *phronesis* begleiten. *Phronesis* wird also zur Alltagsweisheit, zur praktischen erfolgsorientierten Tüchtigkeit.

Geht der Blick auf die älteste griechische Übersetzung des Alten Testaments, der sogenannten Septuaginta (LXX) aus dem 3. Jahrhundert v. Chr., dickt sich der Befund weiter an. Die Schwierigkeit besteht jetzt zwar darin, dass das Hebräische gar kein Wort für ›Zwerchfell‹ hat und daher mannigfaches hebräisches Sprachmaterial mit ebenso vielen griechischen Vokabeln eingefangen werden muss. Für *phronesis* ergeben sich aber weiterhin solche Bedeutungen wie ›Regierungsweisheit‹, ›Verstand‹

oder eben ›Klugheit‹. Instruktiv ist der Blick auf die negativen Wortbildungen: Das Gegenteil des Klugen ist im AT nicht eigentlich der Dumme, sondern der Narr – also der, der in seinem Leben Irrwege geht und sich täuschen lässt.

Weitere Akzente zum genauen Wortverständnis liefert die Beobachtung, dass es vor allem Bibelstellen aus der sogenannten Weisheitsliteratur sind, die eine mögliche griechische Übersetzung mit *phronesis* nahelegen. Gemeint sind vor allem die Bücher der ›Sprüche‹, der ›Weisheit‹, ›Jesus Sirach‹, ›Kohelet‹ und ›Hiob‹ sowie Teile der ›Psalmen‹. Der Clou: Es ist genau dieses pragmatisch-unaufgeregte und teils sogar auffällig unfromme Grundinteresse an kluger Lebensführung im Alltag, die diese Literatur kennzeichnet. Diese Spur des Begriffes *phronesis* zur Weisheitsliteratur des Alten Testamentes und wieder zu ihm zurück ist für dieses Buch sehr wichtig.[40]

Über seine Bezüge zur Weisheit kommt dem Übersetzungsbegriff *phronesis* also sowohl Dignität wie Ambivalenz zu. Zu Letzterem trägt auch bei, dass eine sehr klassische Stelle des AT den Begriff scheinbar unheilbar diskreditiert: Von der Schlange in der Paradieserzählung im Buch ›Genesis‹ wird gesagt, sie sei »schlauer als alle Tiere des Feldes« (Gen 3,1). Für dieses ›schlau‹, ›listig‹ übersetzt Septuaginta *phronimos*. In den Begriff kommt also das Strategische hinein, das Berechnende und in gewisser Beziehung auch das Kluge im Sinne von Kalkül. Dies kann dann auch in eine anwaltliche Richtung gehen: klug ist der, der die Interessen eines anderen so wahrnimmt, dass sie auch durchgesetzt werden (z. B. 1 Makk 10,20).

Diese Anreicherung setzt sich fort über das hellenistische und rabbinische Judentum bis in verschiedene Schriften des Neuen Testamentes hinein. Hier taucht der Begriff an charakteristischen, geradezu berüchtigten Stellen wieder auf – und bestätigt damit, dass er zu Recht beanspruchen darf, in einer zeitgenössischen ›Kurzformel‹ des Glaubens aufzutauchen. Dazu drei Beispiele: Paulus verwendet das Wortfeld im Römerbrief (Kap. 8) zur Charakterisierung von »grundverschiedenen Ausrichtungen

40 Vgl. die Ausführungen am Ende von Kapitel 1.2.

des gesamten Lebens und Handelns«[41], von »Seinsweisen« der Existenz. Zwei Charakterisierungen können dabei profiliert werden, die sich nur auf den ersten Blick widersprechen. Auf der einen Seite sagt Paulus mit *phronesis* eine Größe aus, die auf das Ganze der Persönlichkeit geht, auf eine Grundhaltung, Grundentscheidung, Wesensausrichtung. Gemeint ist die »Zuwendung des Herzens«,[42] die Entscheidung für ein Leben der Gerechtigkeit. *Phronesis* ist auch bei Paulus nie nur situatives Sich-Verhalten, Meinung, Episode. Ganz deutlich wird diese ausgreifende Universalität, wenn er darüber reflektiert, dass nicht nur der Mensch, sondern sogar der Geist Gottes eine *phronesis* hat, ein Grundanliegen, nämlich: für die Menschen einzutreten, die sich ihm öffnen (Röm 8,27).

Auf der anderen Seite geht der Begriff klar in die Richtung konkreter Praxis, Tugend, ja genauer: von bestechender Lebensklugheit. Hier rücken zwei weitere Paradestellen in den Fokus: Sehr bekannt ist ja das Gleichnis Jesu von den zehn Jungfrauen, die auf den angekündigten rückkehrenden Bräutigam warten und von denen fünf es versäumen, genug Öl für die Lampen vorrätig zu haben (Mt 25,1.13). Die anderen fünf haben da gut lachen: Weil sie an das Öl gedacht haben, werden sie ›klug‹ genannt, griechisch: *phronimos*. *Phronimos* ist auch dieser bauernschlaue Hausverwalter, der erst schlecht wirtschaftet, dann seine schändliche Entlarvung befürchten muss und darum mit dem Geld seines Chefs die eigenen Schuldner befriedigt, damit er von denen schon einmal nichts zu befürchten hat. Man höre und staune: Jesus lobt diese raffinierte Verschlagenheit, diesen klugen Umgang mit dem ›ungerechten Mammon‹; er nennt ihn einen ›Sohn der Welt‹, von dessen Klugheit (*phronesis*) die jesuanischen ›Kinder des Lichts‹ ordentlich etwas lernen sollen (Lk 16,1–12).

Man sieht: Die Schlange aus dem Paradies grüßt weiter, und sie tut es mit diesem Wortfeld rund um *phronimos* und *phronesis*. Der Begriff hat es in sich. Und spätestens jetzt sollte der Beleg erfolgt sein, dass das neutestamentliche Griechisch mit die-

41 Balz/Schneider 1983:1051. Dort auch das folgende Zitat.

42 vgl. Lk 1,17 im Aufgriff des Motivs aus Mal 3,23a.

ser ›Gesinnung‹ des Geistlichen erheblich mehr und Robusteres aussagt als ein schlichtes, weltfremdes, defensives und blutleeres Frömmeln und Tugendeln.

Gemeint ist eben nicht nur die edle Gesinnung an sich, die tiefe Verankerung in Werten und Prinzipien. Da ist auch richtig Bodenhaftung drin. Etwas Strategisches ist konstitutiv mitgemeint, etwas planvoll Zielorientiertes. *Phronesis* ist nicht nur das moralische Streben, sondern gerade wegen seiner Moralität auch das pragmatische Wollen; der Blick geht auch auf Wirkung, Erfolg und Durchschlag. Das Neue Testament und hier sehr prominent auch Jesus nennt nicht die klug (*phronimos*), die eine Ausrichtung des Seins vollzogen haben, sondern die, die diese Ausrichtung auch in eine konkrete Lebensgestalt überführen und dies mit Erfolg belohnt sehen wollen.

Unser erster Ertrag lautet also: Im universalen Fokus einer die ganze Persönlichkeit umfassenden guten Gesinnung sorgt bauernschlaue, raffinierte und durchsetzungsstarke Klugheit für die Pointe. Geistlich klug ist der, der sich nicht ins Bockshorn jagen lässt – nicht in das des (falsch verstandenen) Frommen noch in das des Prüden, Schlaumeierischen, Feigen, Angepassten oder Chaotischen. *Phronesis* liegt zwischen all dem, sorgt für die Balance und richtet die ganze Person aus auf das, was Sinn und Verstand hat.

In sehr plastischer Weise ist dieser Begriff damit auch für nicht-religiöse Menschen ein Angebot. Denn wie sich zeigen lässt, sorgt diese *phronesis* auch dafür, überbordende religiöse Antriebe zu zügeln und zur nüchternen Besinnung zu bringen. Denn er gehört tatsächlich auch im religiösen Gebrauch eher in den allgemeinen Bereich von Lebenskunst und Philosophie als in den von arkanem spirituellem Geheimwissen.

»Seid untereinander so gesinnt, wie es dem Leben in Christus Jesus entspricht.« (Phil 2,1–5)

Diese letzte Behauptung ist wichtig. Denn gerade die intellektuelle Verstehbarkeit für Zeitgenoss:innen ohne religiöse Bindung ist ja ein Hauptziel der ›Kurzformel‹. Diese Brücke ist eigens zu begründen.

Zunächst noch einmal zum Philipperbrief. Man mag ja einwenden, so ganz säkular sei das ja wohl nicht, wenn Paulus seinen Leuten einpaukt, sie sollten dem Leben in Jesus Christus entsprechen. Ganz reflexhaft versteht man diese Eingangsworte so, als würde Paulus schreiben: »Seid untereinander so gesinnt, wie auch Jesus Christus gesinnt war.« Und in vielen frühen Exegesen wurde das auch so übersetzt.

Bei näherer Betrachtung stimmt das aber nicht.[43] Der griechische Text hat eine genau andere Pointe: Die Adressat:innen des Briefes sollen nämlich genau besehen nicht Jesus Christus entsprechen, sondern »dem Leben in ihm«. Zielpunkt der ihnen empfohlenen *phronesis* ist also die Existenzform Jesu, seine Lebenslogik, seine Werte, seine mentale Konstellation. Das aber bedeutet: Man kann dieser *phronesis* potenziell etwas auch dann abgewinnen, wenn man Jesus keine religiöse Autorität zuschreibt, sondern schlicht eine lebenskünstlerische. Man interessiert sich dann primär dafür, wie und woraus er gelebt hat, nicht verpflichtend, als was er von den Christ:innen geglaubt und verehrt wird.

Der Bezugstext, den wir in diesem Buch studieren, ist dabei keineswegs eine von vielen Stellen, die man heranziehen könnte. Schon der erste Theologe, der den Philipperbrief aus einer bestimmten Versenkung holte, tat dies wegen seiner enormen Aussagekraft, gerade in weltanschaulich pluralen Zeiten. Die Rede ist von Ernst Lohmeyer (1890–1946), der mit seiner Kommentierung des Philipperhymnus 2,5–11 neue methodische Horizonte aufriss. Für diesen Pionier war der Hymnus nichts weniger als der »Grundtext christlicher Philosophie«.[44]

Das lässt aufhorchen. Denn mit dieser Kennzeichnung würdigt Lohmeyer den Text, relativiert ihn aber auch immens. Und das ist genau das, was unser Buch braucht, wenn es auch nicht-religiös diskutabel sein will. Was der Hymnus zeigt, ist (auch) *philosophisch* brauchbar – und damit in gewisser Weise ablösbar vom

---

43 Vgl. zum Folgenden sowie das Kapitel 5.2.

44 Zit. bei Becker 2015:211 nach D. Kuhn, Metaphysik und Geschichte. Zur Theologie Ernst Lohmeyers, Berlin/New York 2005:96.

expliziten Bekenntnis. Um den obigen Exkurs zur religiösen Erfahrung in Erinnerung zu rufen: Der Fokus dieses Spitzentextes geht auf die Praxisbewährung eines Lebensvorschlags, nicht auf die Wahrheit einer Deutungsbehauptung.

Hier im Philipperbrief öffnet Paulus also die Tore für ein allgemeines Verständnis – auch wenn zuzugeben ist, dass man zweimal hinschauen muss, um das zu sehen. Die Klarheit steigt, wenn man weitere Übersetzungen für diesen Vers dokumentiert. Man sieht dann, wie die Philologen darum bemüht sind, den notierten Punkt zu treffen.

- »Das sinnet untereinander, was auch in Christus Jesus (zu sinnen sich schickt).«[45]
- »Darauf richtet den Sinn in eurer Gemeinschaft, worauf man in Christus Jesus (in dem Herrschaftsbereich, den die Botschaft von Jesus Christus eröffnet) den Sinn zu richten hat.«[46]
- »Darauf seid untereinander gesinnt, worauf man in Christus Jesus zu sinnen hat.«[47]
- »Seid so gesinnt, wie es (der Verbundenheit) in Jesus Christus (entspricht).«[48]
- »Insofern habt bei euch und unter euch die Gesinnung, die man gerade in Christus Jesus haben sollte.«[49]

Die Zitate zeigen, dass der erste Bedeutungsträger der Aussage das ›Sinnen‹ ist; erst dann wird akzentuiert, woher dieses ›Sinnen‹ seine inhaltliche Füllung bezieht. Wenn man so will: Nicht die Imitation Jesu ist Inhalt der anempfohlenen Gesinnung/Klugheit, sondern die Imitation seiner Lebensführung. Und diese wird ja in den nachfolgenden Versen 6–11 eindrücklich präzisiert.[50] Mit den Worten des evangelischen Exegeten Ernst Käsemann, der dieser Interpretation die Bahn gebrochen hat: »Aus V. 5 lässt

45 Gnilka 1976:108; vgl. ebd.: 108–110.
46 Mengel 1982:245f (Klammersetzung MS).
47 Müller 1993:89.
48 Eckey 2006:79.
49 Baumert 2009:292; vgl. den Exkurs ebd.:414–421, bes. 420f.
50 Vgl. ausführlich unten Kap. 5.

sich dann das Vorbildmotiv nicht mehr entnehmen. Nicht unwichtig ist auch, dass *phronein* zweifellos zu Recht durch ›sinnen auf‹ wiedergegeben wird. *Es meint ja nicht die Gesinnung, sondern die Ausrichtung.*«[51]

Eine Lebensausrichtung aber können auch die für sich übernehmen, die die religiöse Begründung bisher nicht überzeugt haben.

PHRONESIS als Demut – Demut als praktische Kompetenz der Lebensklugheit

Zur These

Ein zweiter Beleg für die auch säkulare Tauglichkeit des Textes aus dem Philipperbrief bringt die Exegetin Eva-Marie Becker.[52] Sie widmet dem *phronesis*-Begriff eine ganze Monografie. Schon das mag quantitativ zeigen, wie wichtig dieses Wort für das ganze Neue Testament und die Praxis der Urkirche ist; und dass es wissenschaftlich korrekt ist, hieraus Schlüsse für das Design des Christseins an sich zu ziehen.

Becker bringt aber auch einen qualitativen Gedanken ein, der unsere Überlegungen hier inspirieren kann. Denn sie zeigt, dass das Wortfeld rund um *phronesis* im Brief an die Philipper auch für Paulus selbst eine Spitzenstellung einnimmt. Hier, in unserem Referenztext erfindet Paulus nämlich selbst eine Kurzformel des Christseins, und das realisiert er, indem er ein eigenes Wort neu schafft. Dies ist das Wort *tapeinophrosyne.* Becker übersetzt es mit: ›Niedrig-Gesinnung‹ (Henophronesis / Isophronie); oder einfach kürzer: Demut (1–7.74ff u. ö.). Demut – man muss nun wirklich keine große Kennerin der abendländischen Geistesgeschichte sein, um zu wissen: Dieses spezifische Ethos, das die christliche Religion ab Paulus in die Kultur einbringt, ist eine kulturgeschichtliche Innovation mit größtem Radar. Demut – das ist ab Paulus das Faszinations- wie auch das Reizwort, über

51 Käsemann 1950:320 (Kursivierung MS).

52 Vgl. zum Folgenden Becker 2015. Die Zahlen in Klammern verweisen auf diesen Text.

das vor allem Christ:innen von ihrer Umwelt gescannt werden. Ab Paulus beginnt eine Rezeptionsgeschichte des Christseins, das mit Demut ebenso paradigmatische Errungenschaften verbindet wie es zur moralischen Fallhöhe wird, die die Christ:innen dauernd unterschreiten. Für den deutschen Sprachraum ist es Martin Luther mit seiner Bibelübersetzung, der das Wort ein zweites Mal neu erfindet (27f., 33).

Demut steht positiv für ein Ethos der Zurückhaltung, der Nächstenliebe und der Gemeinschaftsbildung wie für eine Ethik der Sozialstaatsgesetzgebung, des Gemeinwohls und der Subsidiarität. Und, umgekehrt, negativ verweist der Begriff auf eine Geisteshaltung der Selbstverdrängung, der Konfliktschwäche und des ›autoritären Charakters‹ (Fromm, Adorno) wie auf eine Kirche des verordneten Gehorsams, der opportunistischen Anpassung an die jeweilig Mächtigen und des spirituell verbrämten Missbrauchs.

Demut als Kurzformel für ein Lebenskonzept, das spaltet – für die einen ist es der richtige Weg nach innen, in die konstruktive Überwindung der Egozentriertheit; für die Anderen ist es der falsche Weg in die schwächliche Unterordnung unter den gegebenen Status quo.

Becker beschreibt diese Rezeptionsgeschichte des Begriffes ausführlich (7–14.20–28.33–61). Und sie räumt ein: Es ist eine fatale Rezeptionsgeschichte.[53] Denn alles fängt ganz anders an – im Philipperbrief. Ihre These lautet daher auch: Es ist daran zu erinnern, dass Paulus (und Luther) deshalb ein neues Wort erfinden, weil sie auch ein neues Konzept installieren wollten – beide im authentischen Anschluss an Jesus von Nazareth natürlich. Dieses Konzept hat sich bis heute zwar kaum durchsetzen können. Aber das würde sich ändern, wenn man Demut herausnähme aus dem Bedeutungsfeld des Moralischen und hinein in das Wortfeld des Klugen. Mit der Argumentationsstrategie dieses

53 »So liest sich die Rezeptions- und Deutungsgeschichte der paulinischen Demut in großen Teilen immer wieder als Geschichte des Vergessens ihrer konzeptionellen Anfänge bei Paulus und seinem Schreiben an die Philipper«; ebd.: 61.

Buches gesagt: Ähnlich wie das Adjektiv ›geistlich‹ ist auch das Substantiv ›Demut‹ in eine Karikatur hineingeraten, die es mit dem Frommen, Braven, Unpolitischen, Gelehrten, Körperlosen und Unorganisierbaren koppelt.[54] Aus dieser Karikatur kann man es befreien, wenn man es wieder an das Interpretationsfeld heranbringt, aus dem es ursprünglich kommt: und das ist das Feld der phronesis-Begrifflichkeit. Becker schreibt: »Weit über den Phil hinaus erschließt die Demut wichtige Grundzüge paulinischer Ethik, Ekklesiologie und Apostolatstheologie.« (74)

Zum Text

Ohne dass man es weiß, bringt einen die Lektüre von Phil 1 und 2 also an den Punkt einer geistesgeschichtlichen Neuschöpfung großen Ausmaßes. Paulus bringt das neue Wort in Vers 3 des zweiten Kapitels. Der Kontext lautet:

> »(1) Wenn es also eine Ermahnung in Christus gibt, einen Zuspruch aus Liebe, eine Gemeinschaft des Geistes, ein Erbarmen und Mitgefühl, (2) dann macht meine Freude vollkommen, dass Ihr eines Sinnes seid (*phronete*), einander in Liebe verbunden, einmütig, einträchtig (*phronountes*), (3) dass ihr nichts aus Streitsucht und nichts aus Prahlerei tut. Sondern in Demut (*tapeinophrosyne*) schätze einer den anderen höher ein als sich selbst. (4) Jeder achte nicht nur auf das eigene Wohl, sondern auch auf das der anderen. (5) Seid untereinander so gesinnt (*phroneite*), wie es dem Leben in Christus Jesus entspricht.«

Der ganze Kontext lässt erkennen, dass diese Worterfindung ›Demut‹ präzisiert, worin genau die Philipper eines Sinnes sein sollen und welche Lebensführung dem Leben in Christus Jesus entsprechen soll. Demut also ist nach Becker die erste Füllung der typisch christlichen *phronesis*.

Natürlich fällt dieser Begriff auch für Paulus nicht vom Himmel. Auch für ihn gibt es einen motivgeschichtlichen Kontext, aus dem heraus er die Wortneuschöpfung entwickelt. Die Einzelheiten sprengen den hier gegebenen Rahmen (vgl. 74–96).

54 Vgl. oben unter 3.1.

Bedeutsam ist aber, dass vom Ursprung her die Empfehlung der Demut- / Niedrig-Gesinnung falsch verstanden wird, wenn man sie nicht auch in die PHRONESIS-Logik einfügt, aus der heraus sie semantisch entwickelt wird.

Dann wird nämlich deutlich: Hier geht es um eine Verbindung von Anthropologie und Ethik – und eben nicht um eine von Religiosität und Ethik (vgl. 113–120). Dies wird schon deutlich an dem im Vorgängerabschnitt bereits analysierten V. 5. Der Befund ergibt sich aber auch, wenn man die griechisch-hellenistische Geisteswelt einspielt. Dann ist auch die paulinische *phronesis* nicht nur als Binnenethos einer christlichen Gemeinde und also kommunikativ, emotional, noetisch und moralisch gemeint, sondern geht darüber hinaus. Becker belegt, »dass das paulinische *phronein* noch in eine andere Richtung zu interpretieren ist. Es lässt sich nämlich einem weiteren Diskursfeld, das in der Antike selbst liegt, zuordnen: der seit *Platon* und *Aristoteles* geführten Debatte über die ›Klugheit‹ als Tugend.« (120; H. i. T.).

Demut als Klugheit

Für Platon und Aristoteles ist die Klugheit (gr. *phronesis;* lat. *prudentia*) eine klar profilierte Haltungseigenschaft; und sie gewinnt dieses Profil gerade durch ihre Gegensätzlichkeit zur Tugend und zur moralischen Güte. Stärker als in die Gravitation von individueller Moral gehört sie zum Feld der Regierungskunst und des kommunitären Wohlergehens. Für Aristoteles beschäftigt sich *phronesis* eben nicht primär mit dem Guten oder Schlechten, sondern mit dem Nützlichen oder Erfolglosen. »Bei Paulus ist die Übung der Niedrig-Gesinnung weder eine individuelle Aufgabe, noch eine moralische Pflicht.« (168) Während die Tugend auf die richtige Entscheidung fokussiert, geht die Klugheit auf die Regel der Entscheidung (152f). Weniger als um Richtigkeit geht es ihr um Billigkeit, Angemessenheit. Der Inhalt von *phronesis* ist also eher instrumentell als performativ. Klugheit hat es mit Lebensbewältigung im praktischen Sinn zu tun. Für Aristoteles gilt das, was unsere Begriffserklärung oben bereits pointiert hatte: Klugheit ist die

> »Fähigkeit zu guter Beratschlagung und vorausschauender Planung, (…) Klugheit lässt sich sogar daran messen, wieweit sie sich am eigenen Nutzen und dem der anderen orientiert (…). Nur wer den eigenen Vorteil wahrnimmt, kann letztlich auch für die anderen sorgen und Verantwortung für das Gemeinwohl tragen.« (154).

Bauernschläue, strategisches Denken, abwägendes Kalkül, Erfolgsstreben – und dies sowohl für den individuellen wie den gemeinsamen Wohlfahrtsbereich: Diese Kombination aus Ethik und Politik, diese eigentümlich stark »vertikale Interaktionsstruktur« (155), das ist antike *phronesis*.

Becker kann zeigen, dass Paulus in den ersten beiden Kapiteln des Philipperbriefs den antiken *phronesis*-Begriff in genau dieser überraschenden Profilierung fortschreibt. Wenn er den Philippern solche ›Niedrig-Gesinnung‹ anempfiehlt, geht es ihm gerade nicht primär um Moral, nicht um den Einzelnen, nicht um spirituellen Höchsteinsatz, nicht um intimes frommes Erleben, nicht um ein christliches Sonder-Ethos. Vielmehr gilt: »Im Sinne aristotelischer Ethik und platonischer Staatslehre dient die Demut als christliche *phronesis* der ›politischen‹ Organisation der ekklesialen Gemeinschaft zur Durchsetzung von Gerechtigkeit und *doxa* Gottes (Phil 2,11).« (218; H. i. T.). Auch christliche *phronesis* ist also durchsetzungsorientiert, auch sie will keinen Ausverkauf des Eigenen, sondern wohldurchdachte Wohlfahrt für möglichst viele.

So christozentrisch und eigenkulturell der Christus-Hymnus auch sein mag, den Paulus nach den Eingangsversen als Beispiel für solche ›Gesinnung‹ erzählt: Tatsächlich soll auch hier nur ein Weg beschrieben werden, keine Person.[55] Es soll gezeigt werden, wie *phronesis* geht, und auch, wie sie zum Erfolg führt: »Die exemplarisch erzählte Geschichte vom Attributverzicht und der Selbsterniedrigung Jesu ist eine *Erfolgsgeschichte.*« (162; H. i. T.) Auch wenn es seltsam anmuten mag, den Hymnus so zu lesen, so reizvoll ist es doch, die gewohnte Rezeptionsgeschichte demütigen Verhaltens einmal umzudrehen. Dann würde man sa-

55 Vgl. dazu auch unten Kapitel Nr. 5.

gen: So richtig bauernschlau ist es, sich in einer Gemeinschaft zueinander demütig zu verhalten; klug ist der, der den anderen stark macht; so richtig erfolgreich ist die, die strategisch dafür sorgt, dass es ihr so gut geht, dass es auch den anderen gut geht usw. Man merkt den Unterschied: Der ganze Fokus, die prägende Tonalität gehen weg von klassischer selbstloser Güte und heroischer Tugend hin zu der nüchternen Frage: Was nützt uns allen, auf lange Sicht betrachtet?

Dies aber ist die Blickrichtung der antiken und, wie Becker ausführt, auch der paulinischen *phronesis*. Klugheit wird damit zum Regierungskonzept, sowohl dem biografischen wie dem kommunitären. Und geistlich ist diese Klugheit dann, wenn sie neben den eigenen auch noch die spirituellen Ressourcen einkalkuliert.[56]

3.6. Ergebnissicherung: Das Geistliche ist das Kluge

Damit ist ein zweiter Beleg erbracht, warum das Angebot geistlicher Klugheit auch für jene diskutabel sein kann, die den Bezug auf dezidiert religiöse Deutungsgründe nicht teilen. Geistliches Leben und geistliche Klugheit ist kein Besitz der Religiösen. Sie ist ein Vorschlag, der auf die Logik von gedeihlichem Zusammenleben möglichst aller abzielt. Und erreicht man dieses Ziel, ist es sekundär, wie man sich dafür motivisch hergerüstet hat. So religiös das Wort ›Demut‹ klingt, und so schwächlich unangebracht es für die harten Themen der Lebensbewältigung auch scheinen

56 Zum Abschluss des Abschnittes noch ein Hinweis in eigener Sache: So überzeugend Beckers Exegesen sind, so sehr geht unsere Kurzformel an zwei Stellen über sie hinaus: Zum einen ist die inhaltliche Füllung des Demuts-Begriffes nah an dem, was wir unten in Kapitel 7 als KENOSIS-Kompetenz entfalten werden. Hier kommen wir auf Beckers Ausführungen ertragreich zurück. Das heißt aber zum anderen: Die beiden anderen Kompetenzdimensionen der geistlichen Lebensklugheit (PHYSIS und DYNAMIS) werden bei Becker nicht behandelt. Eine Kurzformel für das Christsein als ›Demut‹ oder ›Niedrig-Gesinnung‹ ist daher nicht nur von den Begriffen und ihrer (wenn auch falschen) Rezeptionsgeschichte her zu missverständlich; sie greift auch konzeptionell zu kurz.

mag: Christliche Demut ist missverstanden, wenn man sie auf eine hochmoralische elitäre Kleingruppenmoral für Altruisten reduziert. Am Anfang dieses Konzeptes, also im Philipperbrief, steht eine ganz andere und viel robustere Idee.

Unser Ergebnis hat hoffentlich zweifach überrascht. Zum einen: Das ›Geistliche‹ ist eher das Kluge als das Gütige; eher das Lebenspraktische als das Versponnene; eher das Strategische als das Selbstlose um des Selbstlosen willen. Wer geistlich lebt, flieht nicht aus der Welt – er realisiert ihr Potenzial. Er fügt ihr nichts Übersinnliches hinzu – er liest es aus ihr heraus.

Zum anderen: Das ›Geistliche‹ ist auch für Nicht-Religiöse erkennbar, prüfbar, experimentierbar. Denn es ist eine Weise, mit dem Leben und in ihm klug zu sein. Hier geht es um die Ausrichtung der ganzen Person in ihr Leben hinein; um die Nutzung einer dem Leben innewohnenden Kraft und ihrer Logik. Das Geistliche ist keine religiös-arkane Theorie für eingeweihte Insider, sondern: eine Form des existenziellen Blicks; eine Variante der Selbstorganisation; eine Habitus gewordene Leidenschaft für das Mögliche (Kierkegaard); eine (bauernschlaue) Disposition des ganzen Ich. Es ist Selbstbestimmung als Selbstführung; inspiriert von Leuten, die behaupten, dass es Ressourcen sinnhafter Lebensbewältigung gibt, die man anzapft, wenn man riskiert, sie für wahr zu halten.

An dieser Stelle wäre es reizvoll, nach nicht-religiösen Äquivalenten für solche Lebensklugheit zu suchen. Der ganze Diskurs um Lebenskunst käme in den Blick, aber auch der um Salutogenese, Kohärenzstreben oder Resilienz.[57] Das, was hier als Phänomen gemeint ist, hat viele Namen und viele Bezeugungen.

Diese Linien führen wir hier aber nicht weiter durch. Denn für die Fundierung unserer Kurzformel ist das Ziel erreicht. Es sollte nun klar sein: Was fehlt, wenn Christsein fehlt, ist eine bestimmte Variante von Lebensklugheit. Diese ist entschieden religiös motiviert. Das aber bedeutet weder, dass diese Klugheit ins

---

57 Zu Lebenskunst vgl. die diskurseröffnende Schrift Schmid 1998; ebd.:221–230 direkt zur *phronesis*; zu Salutogenese, Kohärenz, Resilienz vgl. Jacobs 2000:77–163 u. ö.

Feld von Moral, Gelehrsamkeit, Frömmigkeit, unkörperlichem Seelenheil, unprofessionellem Chaos oder unpolitischer Harmlosigkeit abdriftet und damit exklusiv wird; noch, dass Menschen ohne religiöse Entscheidung sie nicht verstehen könnten. Denn gerade weil sie geistlich ist, nutzt diese Klugheit alle Mittel des gesunden Menschenverstandes, um sich durchzusetzen.

Kurz: Mit dem Begriffsfeld rund um ›Geistliche Klugheit‹ (PHRONESIS) kann man eine Kurzformel des Christseins angehen.

Natürlich muss nun noch gefüllt werden, worin diese Klugheit genau bestehen soll. Der Philipperbrief bleibt diese Konkretion nicht schuldig, was in Kapitel 5 gezeigt wird. Zuvor wird in Kapitel 4 eine weitere Kategorie zu erklären sein. Sie steht in direkter Ableitung zu unserer Definition von geistlicher Klugheit als praktisch-existenziellem Habitus, als Regelwissen allgemein gelingender Selbstführung. Oder kürzer: als Kompetenz.

4. Was ist eine Lebenskompetenz?

Bis hierhin sind schon einige Begriffe näher definiert worden, und sicherlich macht es auch den Charakter eines Fachbuchs aus, mit klaren Begriffskonzepten zu arbeiten. Es musste ausgeleuchtet werden, was mit ›geistlich‹ gemeint ist, um das Adjektiv vor seiner Karikatur zu sichern. Und das erste Hauptwort unserer Kurzformel, das von der ›Klugheit‹, musste erst ins Griechische (*phronesis*) und dann wieder zurückübersetzt (PHRONESIS) werden.

Insofern wird man dankbar sein, wenn jetzt einmal das Alltagsverständnis ausreicht, um den nächsten wichtigen Begriff einzuführen. Das ist der Fall, wenn es um das letzte Hauptwort geht, das von der ›Kompetenz‹. Was genau meint man, wenn man sagt: Dieser Mensch ist in den und den Belangen kompetent; jener hat diese oder jene Kompetenz? Und was ist dann, draufgesattelt: *Lebens*kompetenz?

4.1. Zum Begriff der ›Kompetenz‹ und seinen wichtigsten Sinnfeldern

Von der Wortherkunft her landet man beim lateinischen *competere.*[1] Damit meinten die Alten das ganze Assoziationsfeld aus ›zusammentreffen‹, ›zusammen zu etwas fähig sein‹. Das englische *to compete* hat das Konkurrierende mit hineingebracht, also etwa so: Kompetent ist die, die etwas kann, die sich bewährt, die besser ist als andere.

Das Alltagsverständnis bestätigt diese beiden Wortwurzeln. Kompetenzen sind Fähigkeiten und Fertigkeiten, die nicht nur isoliert, privat bestechen, sondern die in einem bestimmten Sinn öffentlich wichtig sind. Kompetenzen sind also soziale Tatsachen und soziale Zuschreibungen. Sie zeigen sich im ›Zusammentreffen‹. Man sagt vielleicht von jemandem, er habe Gruppen-

1 Vgl. Kluge 1989:394.

leitungskompetenz; man sagt eher nicht, er habe eine Mit-japanischen-rosa-Koi-am-Morgen-sprechen-können-Kompetenz. Zweitens ist eine Kompetenz etwas, was man lernen kann und worin man unterschiedlich versiert sein kann. Selektionen erfolgen nach Kompetenzen; jedenfalls empfinden wir das als gerechter als nach anderen Maßstäben.

Über diese beiden Bedingungen kann (muss nicht!) der Kompetenzbegriff dann zu etwas Größerem heranwachsen als zu ›Eigenschaften‹ oder ›Begabungen‹. Es geht dann um etwas, das nicht nur fragmentarisch zu einer Persönlichkeit gehört, sondern sich sozusagen in seinen Charakter einschreibt. Dieselbe Kompetenz kann der eine so, die andere so ausführen. Das kann so weit gehen, dass man von einer Person sagt: Sie *ist* kompetent, sie ist eine Kapazität. In diesem Grenzfall wäre Kompetenz also sogar ihr Habitus.

Fachwissenschaftlich ist für den Kompetenzbegriff die Pädagogik zuständig, sei es als Pädagogische Psychologie, als Bildungsforschung oder als Organisationspädagogik. Hier ist der Begriff in den letzten Jahrzehnten zu enormer Popularität gekommen. Wer sich noch an seinen Unterricht in Sozialwissenschaften erinnern kann, wird schmunzeln: Irgendwann war alles eine Kompetenz; Lernziele waren Kompetenzen; Bildungsziel war die kompetente, kommunikative Persönlichkeit (Habermas); irgendwann wurde in Einzel-, Schlüssel- und/oder Metakompetenzen gestapelt; und wer über Kompetenzen nachdachte oder sie sogar als Label konstruieren und zuteilen durfte, der hatte sogar ›Kompetenz-Kompetenz‹.

Die einzelnen Fachrichtungen müssen hier nicht referiert werden. Zielführender dürfte es sein, einzelne Komponenten der Debatte aufzulisten.[2] In funktionaler Hinsicht bezieht sich das Kompetenzkonzept auf

- Fähigkeiten und Fertigkeiten, die die Bewältigung komplexerer Herausforderungen erlauben – es geht also nicht um isolierte Eigenschaften;

2 Zum Folgenden Zimmer/Sellmann/Hucht 2017:191–195 (mit Lit.).

- sie setzen sich zusammen aus kognitiven, emotionalen, motivationalen, ethischen, volitiven und/oder sozialen Komponenten – es geht also um einen Komponentenmix, nicht einfach um Wissen oder Geschick;
- und sie können gelehrt und gelernt werden – es geht also nicht um biografische Charisma-Zufälle oder geniale Einzelbegabungen.

Der pädagogische Zugriff ist normativer und aus nachvollziehbaren Gründen stärker auf Lehr/Lernprozesse gerichtet. Eine bekannte Definition soll hier zitiert werden, da sie einen für dieses Buch sehr wichtigen Begriff vorschlägt. Auch Eckhard Klieme und Johannes Hartig addieren die schon genannten Komponenten kognitiver, emotionaler usw. Art und betonen, dass die kompetente Persönlichkeit auch die mündige, die selbstreflexive, selbstständige, selbstregulierte und sozial-kommunikative ist. Dann aber fassen sie bündig zusammen: Kompetenzen sind »Dispositionen, die im Verlauf von Bildungs- und Erziehungsprozessen erworben (erlernt) werden und die Bewältigung von unterschiedlichen Aufgaben bzw. Lebenssituationen ermöglichen (…).«[3]

Dieser Begriff der ›Disposition‹ hat es in sich – vor allem, wenn man, wie im anschließend zu klärenden Hauptwort der ›Lebenskompetenz‹, aufs Ganze geht. Eine ebenfalls bekannte Kompetenzdefinition aus dem betriebswirtschaftlichen Raum lautet denn auch kurz und knapp: Kompetenzen sind »Selbstorganisationsdispositionen«.[4] Man muss diese Substantiv-Kaskaden nicht lieben, und sie können doch hilfreich sein. Denn der Hinweis, eine Kompetenz disponiere eine Person auch, führt auf die oft vergessene motivationale Dimension. Die Definition wird damit auch enger und anspruchsvoller. Sie sagt jetzt: Kompetent ist nur die, die auch bereit ist, gemäß ihrer Kompetenz zu agieren. Erst im Handeln, im bewussten Vollzug, zeigt sich Kompetenz. Mit einem abgewandelten Werbespruch gesagt: Kompetenz *seperates the boys from the men.* Nicht der ist kompetent, der viel weiß, fühlt, signalisiert oder deklamiert – sondern der, der es tut. An-

3 Klieme/Hartig 2008:19.

4 Erpenbeck/von Rosenstiel 2007:XIX; im Original kursiv.

ders gewendet: Kompetenz hat es mit Einsatzwillen zu tun, mit Risikobereitschaft.

Über die Dimension der ›Disposition‹ kommt Freiheit ins Spiel, Verfügungsrecht, Souveränität. Aber es ist eine gerichtete Freiheit, eine strategische, pragmatische. Denn sie geht nicht auf Kontemplation, auf Freiheit *an sich*, sondern auf Tat, Realität, Freiheit *für etwas*. Die Disposition ist die Organisation der Persönlichkeit und seinem Vermögen von einer externen Größe her, von einem Zielzustand. Man ist nie einfach so disponiert, sondern auf etwas hin. Die Disposition verwandelt die vielen Einzelfertigkeiten also in eine Grundspannung der Persönlichkeit hinein.

Diese Weitung ist für den Kompetenzbegriff entscheidend. Ein kompetenter Mensch ist auch ein Disponent, der seine Vermögen kennt, sortiert, positioniert, platziert und ausagiert.

4.2. Zum Verständnis von ›Lebenskompetenz‹

Nur über diese Erweiterungen kann dann so etwas wie ›Lebenskompetenz‹ behauptet werden. Und nur so kann ein Konzept wie (geistliche) ›Klugheit‹ als ›Lebenskompetenz‹ auf Verständnis hoffen. Wie in Kapitel 3 bereits ausführlich erarbeitet, geht es beim Geistlichen eben nicht um eine einzelne Vorzüglichkeit, sei es besondere Gelehrtheit oder besondere Feinfühligkeit. Geistliche Klugheit, oder kurz: PHRONESIS beruht auf einer umfassenden Disposition; diese richtet sich auf das Leben an sich. Die These des ganzen Buches lautet: Was fehlt, wenn die Christ:innen fehlen, ist eine spezielle Art, sich zum Leben hin zu disponieren. Christ:innen behaupten gar nicht, besonders originell zu sein; und schon gar nicht, per se besseren Konzepten zu folgen als andere. Sie wissen, dass es vielerlei Formen gibt, sich zum Dasein an sich zu verhalten; und dass sie eine davon sind. Worauf sie aber bestehen, ist, dass auch sie eine Entdeckung gemacht haben, wie man lebenskompetent wird – wie man also existenziell so disponiert sein kann, dass man im Leben bestehen und seine Lebensleistung bringen kann.

Die Einzelkompetenzen werden sein: immer weniger wegrennen zu müssen (PHYSIS); aus sich herausgehen zu können (KENOSIS); und Kraft von außen empfangen und nutzen zu können (DYNAMIS). Das wird bekanntlich später entfaltet.

Hier geht es noch um den größeren Zusammenhang. Mit den oben gefundenen definitorischen Kategorien des Kompetenzbegriffs kann man auch auf das Leben hin arbeiten. Dann wird deutlich, dass auch das ganze Leben eine (wahrlich) komplexe Herausforderung ist; dass Lebenskompetenz aus vielen Einzelkomponenten besteht; und dass man ›leben‹ durchaus lehren und lernen kann (und oft muss). Vor allem wird der Gewinn der zuletzt pointierten Dimension klar. Mit dem Begriffsungetüm von Erpenbeck/von Rosenstiel wird man mit Fug und Recht sagen können: Lebenskompetenz ist eine ganz besondere »Selbstorganisationsdisposition«. Es geht hier offenbar darum, wie man sich zu der Tatsache verhält, überhaupt da zu sein, und zwar als der, der man offenbar ist: zur gegebenen Zeit, in den gegebenen Konstellationen und mit den gegebenen Potenzialen.

4.3. ›Elementarer Lebensglaube‹ (Christoph Theobald)

Anthropologischer Startpunkt

Dieses so ermittelte Konzept einer Lebens-Kompetenz kann mit einer kurzen Skizze noch theologisch nachgeschärft werden. Der bekannte französische Theologe Christoph Theobald hat nämlich eine Überlegung eingebracht, die – obwohl mit anderen Worten arbeitend – auf Ähnliches wie das hier Vertretene hinauswill. Vor allem verbindet auch er grundlegende existenzielle Akte des Welt- und Lebensvertrauens mit dem Begriff der Kompetenz. Und er reklamiert die Disposition zu basalem Vertrauen nicht als religiöse Spezialität, sondern baut eine gemeinsame anthropologische Plattform für religiöse und nicht-religiöse Lebenskonzepte. Gemeint ist das Buch »Christentum als Stil«.[5]

5 Vgl. Theobald 2018; die folgenden Zahlen in Klammern verweisen auf dieses Werk.

Hier entwickelt Theobald eine Idee des Christseins, die dezidiert anschlussfähig sein will an säkular lebende Menschen in weltanschaulich pluralen Zeiten.

Um sein Ziel zu erreichen, muss er eine Ebene finden, von der her er eine Gemeinsamkeit mit allen Menschen fundieren kann – um dann auf diese Gemeinsamkeit aufbauend den kulturellen Beitrag des Christentums als Bereicherung für alle zeigen zu können.[6] Es ist klar, dass wenig andere Bezugspunkte für eine solche Gemeinsamkeit zur Verfügung stehen als die Anthropologie. Mit anderen Worten: Theobald muss eine anthropologische Frage stellen, diese als relevant plausibel machen und dann das Christsein als mögliche Antwort (unter anderen legitimen Antworten) präsentieren.

Dies gelingt ihm über eine verblüffend einfache Reflexion. Theobald stellt die These auf, dass jeder Mensch in einem ganz basalen Sinn ›Glaube‹ braucht. Das ist wirklich sehr allgemein gemeint, eben anthropologisch: »*Jeder* Mensch lebt dank eines *elementaren Vertrauensvorschusses*, der sich nicht auf den reinen Überlebenstrieb reduzieren lässt.« (79, H. i. T.)[7] Theobalds Konzeption nimmt hier thematisch die bekannten Studien zum Ur-/Primärvertrauen auf, die u. a. mit den Namen Freud, Erikson, Kohlberg, Piaget, Montessori oder Mead verbunden sind und die schon Wolfhart Pannenberg instruktiv in theologische Diktion übertragen hat.[8]

Die Weiterführung einer ›Theologie des Glaubens‹

So banal das klingen mag, so wichtig ist dies theologisch: Theobald kann zeigen, dass das letzte große Konzil, das Vatikanum II,

6 Insofern wählt er dasselbe Vorgehen, das oben bereits im Exkurs ›Was ist religiöse Erfahrung‹ bei Joas und Jung erkannt werden konnte. Tatsächlich ließe sich Theobalds Denken als theologische Adaption des optionalen Denkens bei Joas/Jung rekonstruieren. Dies ist insofern eindrücklich, als beide Autoren keine nähere Kenntnis der Arbeiten des/der jeweils Anderen erkennen lassen.

7 An anderer Stelle schreibt Theobald 2012:93: Dieser Glaube ist die »Art des Umgangs mit dem, was im Leben nicht von allein weitergeht.«

8 Vgl. Pannenberg 1983:25–303.

in diese Tiefendimension eines anthropologisch grundgelegten Glaubens nicht vordringt. Zwar setzen auch die meisten konziliaren Dokumente dezidiert anthropologisch an; und zwar wechselt das Konzil auch von einem überkommenen Instruktionsmodell der Gottesrede in eines der Kommunikation herüber. Die Offenbarung Gottes wird als Selbstmitteilung, also als ein kommunikativer Akt im Vollsinn verstanden, als ein gemeinsames Gespräch, ein Kolloquium,[9] keine einseitige Belehrung.

Allerdings, so Theobald, bleibt das Konzil hier stehen und kommt damit nicht auf den aktuell geforderten Status von postmoderner weltanschaulicher Pluralität. Es denkt sich den weltanschaulichen Dialog als Begegnung von Partnern mit expliziten und bewusst gewählten Wahrheitskonzepten. Hier denkt Theobald weiter und fundiert die großen Konstitutionen des letzten Konzils mit einer Theologie des Glaubens (34–50 u.ö.) – übrigens auch einer Theologie, die für wichtig hält, wie Jesus selbst geglaubt hat (49f.58–61 u.ö.).

Das Ziel der Unternehmung ist ein christlicher Humanismus, der nicht primär zwischen religiösem und nicht-religiösem Glauben unterscheidet oder sogar trennt, sondern der danach fragt, wie man wechselseitig zur kulturellen Ressource werden kann.[10] Grundlage und Startpunkt dieses gemeinwohlorientierten Austauschs ist eine bestimmte Kompetenz: Theobald nennt sie ›elementarer Lebensglaube‹, ›Jedermanns-Glaube‹ oder ›weltanschauliche Interpretationskompetenz‹. Wie oben im Kapitel 4 bereits erarbeitet, geht es um eine bestimmte Disposition der ganzen Persönlichkeit.

Diese setzt bei jenen Lebensentdeckungen an, die jeder für eben die Fälle und Situationen gefunden hat, die im Leben nicht von allein weitergehen. Hiermit können kleine Alltagsfragen gemeint sein: Wie motiviere ich mich für diesen Tag? Wie richte ich meine Wohnung ein? Welcher Arbeitnehmer-Typ will ich

9 Vgl. nur die Offenbarungskonstitution des Zweiten Vatikanum ›Dei Verbum‹, Nr. 2.

10 Vgl. Theobald 2001 zu seiner »Methode der Wechselwirkung« (2001:38), mit der er die Trinitätstheologie auf das Niveau der kulturellen/weltanschaulichen Pluralität heben will.

sein? usw. Recht schnell erkennt man aber, dass gerade diese kleinen Alltagsnavigationen Ausdruck von tiefliegenden und unthematisch-unbewussten Persönlichkeitsantrieben sind. Unter den episodalen und situativen Wahlakten liegen dispositive. Die psycho-soziale Lebensweltheorie spricht etwa von persönlichen und sozialen Gravitationen: Das sind Zentrifugalkräfte der Existenz, über die das einzelne Subjekt sein ›In-der-Welt-Sein‹ organisiert, ausrichtet und artikuliert. Diese kann man benennen und systematisieren.[11]

Die Kompetenz: Das Leben ›lesen können‹

Die spezifische Kompetenz, die Theobald anspricht, ist die Interpretationskompetenz auf diese tiefsitzenden Antriebe hin. Im Fußball würde man sagen: Ein Spieler muss ein Spiel ›lesen‹ können. Damit ist gemeint, dass man das, was gerade passiert, mit dem Ganzen des Settings zusammenbringen und die einzelnen sich ergebenden Energien synchronisieren können muss. Dies kann zeitlich gefordert sein: Was heißt es für das Spiel, dass wir kurz vor dem Halbzeitpfiff stehen? Oder sozial: Was heißt es für unser Spiel, dass unser Mittelstürmer heute stark schwächelt? Oder sachlich: Wie knacken wir den Abwehrriegel des Gegners, der sich nur hinten reinstellt?

Fußball ist ja ohnehin eine äußerst ergiebige Metapher des Lebens. Und so kann man von hierher auch verstehen, was ›weltanschauliche Interpretationskompetenz‹ bedeutet, nämlich: Das Leben lesen können. Sich zu dem verhalten, was man glaubt. Finden, was man glaubt. Erkennen, woraus man lebt. Erkennen, woraus andere leben. Achten, wie andere für andere zur Ressource werden. Und vielleicht auch: einen Weg finden, wie man

11 Vgl. nur Wippermann 2011:51–64. Man könnte auch von ›Grundwerten‹ sprechen; allerdings tendiert das Begriffsverständnis dann schnell in eine ethische und kognitive Richtung; die tiefen emotionalen und motivationalen Dimensionen des Gemeinten bleiben schnell auf der Strecke. Genau hier aber liegen die oft stärksten Triebkräfte des Handelns. Vgl. Sellmann 2012:21.144 für eine theologische Übersetzung der psychosozialen Gravitationstheorie.

den eigenen Lebensglauben zu einer bewussten Größe machen kann, wie man ihn ausbaut – schützt – vertieft – steigert – ausdrückt – teilt – nützt (für sich und für andere).

Letzteres ist natürlich das Anliegen aller expliziten Weltanschauungen, und darum auch aller Religionen. Sie stellen ganze Deutungskosmen bereit, ganze Existenz-Grammatiken, über die man den elementaren Lebensglauben zum Treiber einer eigenen gelingenden Lebensführung machen kann. Explizite Weltanschauungen sind Wege, Schulen, Trainingscenter genau für dieses Anliegen.

Die christliche Religion reiht sich hier ein. Theobald entwickelt ein eigenes Wort für diesen Zusammenhang. Und man erkennt sofort, dass sein Vorschlag mit dem dieses Buches parallel läuft. Er schlägt vor, Christentum als ›Stil‹ zu entdecken und auszubauen – sowohl persönlich wie als Kirche (44–67 u. ö.). Dabei findet er eine schöne, berührende Umschreibung dessen, was für ihn ›Stil‹ ist: »Kennzeichen einer Art und Weise, die Welt zu bewohnen.« (53).[12] Seine Vision: Christ:innen sind die, die eine bestimmte Art und Weise anbieten, ›die Welt zu bewohnen‹. Dies ist ihre PHRONESIS, ihre geistliche Klugheit, würden wir hier sagen. Denn sie lieben diese Welt, sie achten sie und sie wollen sie gestalten. Und: Sie sind interessiert an den Arten und Weisen der anderen, wie die ihre Welt bewohnen. Denn es gibt nicht *die eine* Art, auch nicht: die eine richtige, wahre Art. Was aber möglich ist, ist das gemeinsame Gespräch über diese je privaten Wohnstil-Entdeckungen. Und es gibt die Orientierung an großen, beeindruckenden und glaubwürdigen Vorlagen – wie etwa den Stil Jesu Christi, die Welt zu bewohnen; oder den des Propheten Mohammed, des Gautama Buddha, der großen politischen Ideengeber:innen oder anderer Influencer.[13]

---

12 Theobald übernimmt hier Formulierungen von Maurice Merleau-Ponty: Signe, Paris 1960:65–90.

13 Tatsächlich ist Theobald so konsequent, dass er keinen primären (etwa dogmatischen, kanonischen oder anders normierten) Vorrang der christlichen ›Wahrheiten‹ vor anders- oder auch nicht-religiösen Wahrheiten reklamiert. Zum Beispiel lädt er dazu ein, die Bibel auch als Weltliteratur lesen zu können; in: Theobald 2018:71,94f, 209 u.ö.).

Für Theobald ist diese Form der selbstbestimmten, pluralen und kreativen Religionsfreiheit eine der wegweisendsten Öffnungen des letzten Konzils. Er pointiert daher *»ein unlösbares Band zwischen dem ›Glauben‹ und Jedermanns ›Interpretationskompetenz‹«* (40, H. i. T.). Erst diese individuelle Interpretationskompetenz eines und einer jeden, und erst die Einsicht in ihre jeweilige Vorläufigkeit führt zu jener Bewegung der Humanisierung, auf die die christliche Religion hinarbeitet und als deren ko-kreative Ressource sie sich ihrer kulturellen Umwelt anbietet: Christ:innen wollen zusammen mit den Anderen, die ebenfalls ihr Leben lesen und interpretieren, jenes Maß an Wahrheit suchen, das in diesem Leben zu finden und zu teilen ist.[14] Erst diese gemeinsame Wahrheitsfindung überwindet religiöse Gewalt. Denn sie führt in einen bestimmten Spitzengestus: Ich erkenne, dass meine Wahrheit nicht ohne die Wahrheit der Anderen zu finden sein wird. Was theologisch eine auf Gott bezogene Spitzenformulierung entlässt, aus der erst ein pluralitätsaktives Christentum erwachsen kann: Auch Gott lässt sich für Christ:innen nicht (mehr) am Jedermanns-Glauben der Anderen vorbei finden.[15]

4.4. Fazit

Als Fazit des ganzen Kompetenzkapitels halten wir fest: Lebenskompetent ist nicht die, die irgendwie durchkommt; sondern die, die dies mit einer bestimmten Idee oder Strategie organisiert. Zum Leben wird man nicht von irgendwem disponiert – man tut das selbst. Und wer über seine Freiheit so verfügen will und faktisch verfügt, der braucht Vorschläge, wie das gehen kann.

---

14 Das ist die Vision des Dekretes zur Religionsfreiheit »Dignitatis humanae« in der so wichtigen Nummer 3, wo die Wahrheitssuche als gemeinsame Beratung (deliberatio) modelliert wird.

15 Vgl. erneut Sellmann 2012; dieses Buch ist eigentlich nichts anderes als eine Auslegung der wirklich steilen Nummer 44 der Pastoralkonstitution ›Gaudium et spes‹ – übrigens eine der am meisten zitierten Konzilspassagen bei Theobald.

Einen Vorschlag (unter vielen sehr berechtigten anderen) machen die Christ:innen. Oder, mit Theobald: Was fehlt, wenn die Christ:innen fehlen, ist ein bestimmter Stil, die Welt zu bewohnen.

Teil II: Durchführungen

5. Geistliche Klugheit biblisch: Der Philipper-Hymnus

Bevor der Teil II die drei Hauptbegriffe aus dem Christuslied des Philipperbriefes aufgreift und als Lebensklugheits-Kompetenzen ausleuchtet, gebietet es die fachliche Redlichkeit, mindestens die wichtigsten exegetischen Informationen so aufzubereiten, dass man auch als Nicht-Theolog:in die intellektuelle Substanz des Behaupteten rekonstruieren kann. Das Kapitel beginnt mit Informationen zum Brief als solchem (5.1.) und dann zu den einzelnen Versen des Hymnus (5.2.). Hierauf aufbauend kann die Aufbaulogik der einzelnen Kompetenzkapitel beschrieben werden (5.3.).

5.1. Einige wichtige exegetische Informationen zum Philipperbrief

Ein Brief im ›langen Schatten‹ der Forschung

Der Brief des Apostels Paulus an die Philipper ist einer von 13 Briefen, die man zum paulinischen Briefkorpus der Bibel zusammenzählt.[1] Im Gegensatz etwa zu den Briefen an die Epheser oder Kolosser gilt der Philipperbrief als ›echt‹, wird also dem historischen Paulus und nicht einer späteren Paulusschule zugeordnet.

Das heißt allerdings nicht, dass die Forschung den Text übermäßig interessant fand. Vielmehr führte der Philipperbrief lange Zeit ein echtes Schattendasein neben dem großen Römer-, dem kantigen Galater- oder dem emotionalen Zweiten Korintherbrief. Mancher empfand den Text sogar als »gedankenarm« und schlussfolgerte daraus, genau deswegen könne er gar nicht von

1 Vgl. zur ersten und guten Orientierung Schreiber 2020a:255–269 (zur Briefliteratur der Antike) und 2020b:270–280 (zur Biografie des Paulus). Sehr plastisch der kurze Text von Vorholt 2018.

Paulus selbst sein.[2] Zur (scheinbaren) theologischen Randlage kommt, dass der Brief außerordentlich komplexe exegetische Rätsel anbietet. Dies führt zwar dazu, dass man ihn sozusagen als Exempel für die exegetische Arbeit an sich wertschätzt und heranzieht; insofern er aber dann eben nur als Illustrationsmaterial für andere Fragen herhalten muss, verliert seine eigene Theologie den Eigenwert.[3] Und ein Drittes: Die Literatur betont immer wieder, dass der Brief eine besondere Eigentümlichkeit hat, die ihn profiliert: Paulus schreibt hier an seine Lieblingsgemeinde, die einzige, die ihn auch finanziell unterstützen darf. Und: Paulus schreibt aus einer Gefängnissituation heraus, rechnet mit seinem Tod. Diese dramatische Ausgangslage steigert zwar die *Story* hinter dem Brief. Leider sorgt dies aber auch dafür, dass man zwar die Beziehungsebene hervorhebt, die inhaltliche Ebene jedoch dahinter verschwindet. Der Philipperbrief kommt in den Blick als antiker Familienbrief. Hier kämpft Paulus nicht vorrangig gegen Gegner, muss also weniger argumentieren als väterlich ermahnen, und zwar als »gemütliche und freundschaftliche Unterhaltung«.[4]

Es zeigen sich also drei Gründe für eine Art Schattendasein des Briefs in der Sonne der ›großen‹ Theologie.

Der ›lange Schatten‹ als Gütesiegel für dieses Buch

Allerdings: Genau diese drei Gründe prädestinieren den Brief gerade für die Absicht dieses Buches. Denn zum einen ist ja erneut darauf hinzuweisen, dass es hier weniger um die großen theologischen Traktate gehen soll. Beabsichtigt ist eine ›Kurzformel des Glaubens‹. Und auch wenn der Christushymnus

---

2 Dies berichtet Frey 2015:1 unter Bezug auf F.C. Baur, Paulus der Apostel Jesu Christi, Stuttgart 1845, 464. Vgl. weitere Zitate dazu bei Wick 1994:17f; insgesamt zur (fehlenden) Wirkungsgeschichte des Philipperbriefes ebd.:1–12.

3 Vgl. etwa Frey 2015:2; Käsemann 1950:51; Wick 1994:19f; Mengel 1982:29f.

4 So bestätigend Wick 1994:192. de Wette, Wilhelm Martin Leberecht, Leipzig 1847.

sich nun wirklich theologisch nicht verstecken muss – auch seine ›große‹ Theologie wird hier von Paulus wie eine Art ›Kurzformel des Glaubens‹ eingesetzt. Diese paulinische Formel soll sogar im Sinne von allgemeiner Lebensklugheit ausgedeutet werden. Dies zeigt der Begriff der PHRONESIS an, der ja schon besprochen wurde und der auf die Spuren der biblischen Weisheit führt.

Mehr noch: Die Formel soll auch unreligiös plausibel und zugänglich gemacht werden. Denn Paulus schreibt diesen Brief an Adressat:innen, die wohl nur zu einem sehr geringen Anteil ehemalige Juden waren. Die Philipper sind zu Christus konvertierte Andersreligiöse, und dies in deutlich paganer Umwelt und in Pfadabhängigkeit zu ihrer eigenen paganen Primärsozialisation. Das bedeutet: Paulus wendet sich an Personen, die früher zum Beispiel den Weingott Dionysius, den sogenannten ›thrakischen Reiter‹ oder römische Gottheiten verehrt haben. Nirgends sonst in seinen Briefen muss Paulus sich einer solchen Konstellation stellen.[5] Und es verwundert wenig, dass es hier darum eher basal als virtuos zugeht.

Und dann das Dritte: Gerade weil hier jemand im Gefängnis sitzt, auf seinen Prozess wartet und in gewisser Hinsicht mit seinem Leben abschließt, ist es interessant, zu welchen Prioritäten diese biografische Lage ihn bringt. Mancher exegetische Vertreter hat im Philipperbrief sogar das testamentarische Vermächtnis des Paulus lesen wollen, seine letzten Worte.[6] Wir müssen hier nicht diskutieren, ob das historisch zutrifft, denn die Frage drängt sich auch so auf: Was schreibt jemand, der zu theologischen Höhenflügen fähig ist, aber in Fesseln liegt (Phil 1,13f; vgl. auch 2 Kor 1,8–10) und am Ende ist? Was sagt, wer schon viel gesagt hat, nun aber komplett abhängig vom Willkürspruch anderer ist? Und wir sehen: Er

5 Vgl. Wojtkowiak 2012:51–63.

6 Vgl. etwa Becker 2015:111; ähnlich Vorholt 2018, der Paulus mit Dietrich Bonhoeffers Gefängnisaufenthalt und dessen Gefängnisbriefen parallelisiert, indem er titelt: »Von guten Mächten treu und still umgeben«.

schreibt und sagt gar nichts – er zitiert ein Lied. Manche behaupten sogar: Paulus dichtet ein Lied, Paulus singt – den Christushymnus.

Wenn es stimmt – auch die Frage nach dem Urheber des Christusliedes ist umstritten – dann wird überdeutlich, wie sehr dieser kurze biblische Text sich für den Horizont eignet, der hier an Theologie herangetragen wird (und den sie nie hätte verlieren sollen): den Horizont der schlichten Lebensleistung, den jede und jeder zu begehen und sich in ihm zu bewähren hat. Die Intention dieses Buches ist ja eine praktisch-theologische, keine exegetische. Als Wortspiel gedreht: Auf diesen Seiten geht es nicht um exakte Exegese, sondern um vertrackte Existenz. Als Beitrag zur Lebensbewältigung (mit religiös-geistlichen Mitteln) aber kann man sich kaum einen besseren Gewährsmann aussuchen als einen Gefangenen, der seinen Freunden Zentrales aus seiner biografischen Ernte weitergeben will.

Es mag sein, dass die große Rechtfertigungslehre, die große Christologie und die große Auseinandersetzung mit den urkirchlichen Strömungen anderswo stattfindet – und man kann darüber froh sein, dieses theologische Material in Händen zu halten. Sucht man aber die Passage, in denen auch ein Frontmann wie Paulus am Ende ist, in die existenzielle Kurzformel drängt, genau deswegen seine Gelehrsamkeit mit Poesie vermischt, eher betet als argumentiert und genau darum den Ton trifft, der seine Formel mit Glaubwürdigkeit auflädt – dann ist man im Christuslied des Philipperbriefes an einer goldrichtigen Stelle.

Einige exegetische *facts*

Damit sind schon einige Motive genannt, die man zu diesem Brief wissen sollte. Ganz kurz sei weiterer Wissensstand referiert. Dies geschieht zur historischen Einordnung der angebotenen ›Kurzformel‹. Zu mehr ist hier nicht der Raum. Und zu mehr bräuchte man auch andere Kompetenzen. Stellvertretend für viele Problemanzeigen schreibt der Bochumer Exeget Peter Wick Mitte der 1990er-Jahre:

»Ein Überblick über die Forschungslage zeigt, dass die Exegese des Philipperbriefs in eine Sackgasse geraten ist. (...) Der Forschungsertrag wirkt verwirrend. Nach zwei Jahrhunderten literarkritischer Arbeit scheint der Philipperbrief unnahbarer und unverständlicher als zuvor.«[7]

Neuere Stimmen kommen zu demselben Ergebnis.[8] Es ist hier nicht die Aufgabe, die einzelnen Fragen entscheiden zu können. Dazu muss man in die Fachliteratur schauen. Eine neueste allgemeine Darstellung bietet folgendes Szenario:[9] Paulus sitzt etwa in den Jahren 52–55 nach Christus in Ephesus im Gefängnis und wartet auf seinen Urteilsspruch. Dieses Gefängnis ist wie ein Mietshaus anzusehen, in dem er in Form eines Hausarrestes durch Soldaten bewacht wird. Ganz unklar ist, ob der Philipperbrief aus einem Guss ist oder ob Teilungshypothesen greifen. Manche Forscher:innen gehen von zwei oder sogar drei Briefen aus, die hier zu einem kompiliert wurden.[10] Ähnliche Kontroversen betreffen den Ort der Abfassung, der auch in Rom liegen könnte. Dann wäre das Schreiben aus den frühen 60er-Jahren und der Philipperbrief – oder eben Teile davon – der späteste Brief des Paulus.[11] Von hier ist dann die oben angedeutete Hypothese nicht weit, man halte das Testament des Paulus in Händen.

Inhalt und *plot*

Die kaum entscheidbare Frage nach der Einheitlichkeit verweist schon darauf, dass der Inhalt des Philipperbriefes Spannungen

7 Wick 1994:32.

8 Vgl. etwa Vollenweider 2015:373f.392f, der den Text wie eine zerklüftete Landschaft deutet, auf die sich schon unendlich viele Kartierungsversuche richteten.

9 Ich folge hier Theobald 2020; ähnlich Wojtkowiak 2012:63–77.

10 Gute grafische tabellarische Überblicke bei Wick 1994:16–32; Theobald 2020:370–377. Eine wirklich verblüffende Argumentation pro Einheitlichkeit liefert Wick 1994.

11 So neuerdings Becker 2015:109.

birgt, Brüche und Themenwechsel. Ein Überflug aus größerer Entfernung bietet folgende Dramaturgie.

Kapitel 1 zeigt den Apostel von der persönlichen Seite. Er bekräftigt in Gruß und Anrede die gute Beziehung zu den Philippern und erläutert seine Lage im Gefängnis. Dies tut er unaufgeregt und ohne Überschwang, wenngleich der Ernst der Lage schon deutlich wird. Vor allem zeigt sich: Paulus lebt aus seiner innigen Christusbeziehung, ob die Umstände hart oder angenehm sind.

Kapitel 2 wendet sich an die Gemeinde. Paulus lobt einen schon guten Pegel an gegenseitiger Solidarität und Gottestreue; und von daher wünscht er sich, sozusagen als Steigerung, dass man dieselbe Erfahrung mache wie Christus und daher aus derselben *phronesis* schöpfe wie er. Diese Erfahrung wird mit dem Christuslied verdeutlicht. Die Mahnung ergeht, im Eifer nach dieser heilvollen Erfahrung nicht zu erlahmen. Dann offenbart Paulus seine Reisepläne.

In Kapitel 3 wechselt der Ton drastisch. Paulus rechnet mit bestimmten Gegnern ab, deren unheilvolle Einflüsse er in der Gemeinde vermutet. Paulus weist auf sein eigenes Lebenszeugnis hin und empfiehlt es zur Nachahmung.

Der Brief schließt mit Kapitel 4. Paulus ermahnt ein weiteres Mal zu Standhaftigkeit und Einheit; und er bedankt sich ausführlich für großzügige Zuwendungen der Philipper an ihn. Dann erfolgen die Abschiedsgrüße.

Vor allem die Tonwechsel in Kapitel 3 und der so späte Dank für die Gabe der Philipper – den man vom Duktus her früher erwartet hätte – erzeugt die Idee, dass hier mehrere ursprünglich separate Brief(fragmente) zu einem Ganzen vereinheitlicht worden sind. Oder aber: Paulus wurde dauernd unterbrochen und musste sozusagen bei jedem Neuansatz des Schreibens Situationen neu einpflegen, die sich in den Pausen ergaben.

Wie auch immer: Der Philipperbrief ist ein schönes und zu vielfältigen Deutungen einladendes Dokument der Urkirche. Für theologische Purist:innen mag er zu wenig linear sein; für Leute in ambivalenten Alltagslagen ist er gerade richtig: Denn hier wird mal obszön geflucht (3,8)[12] und mal hymnisch gesungen (2,6–11); hier wird mal überschwänglich gelobt und mal sehr ernst gemahnt; es wird geklagt, gebetet und gehofft. In Fesseln geht es doch um Reisepläne; Gegner werden abgekanzelt und um Weggefährten wird gekämpft; Geschenke werden nicht erwartet und dann doch dankend angenommen. Wie in einem *Trailer* des Lebens der Urkirche gibt es also von allem etwas: leidenschaftliche Debatte mit Gegnern genauso wie Einblicke in die solidarische Praxis der ersten Christ:innen; emotionale Selbstoffenbarungen des Paulus genauso wie sachliche Anweisungen; theologische Großaussagen genauso wie Alltagsweisheiten. Der Philipperbrief greift aus dem vollen Leben in das volle Leben; er ist sehr gute spirituelle Alltagskost, kombiniert mit einer 5-Sterne-Zutat – unserem Christushymnus. Darum ist dieser Text so gut geeignet für unser Vorhaben einer lebens- und alltagstauglichen Kurzformel des Glaubens.

Einige Paradestellen

Bevor der Eindruck entsteht, eigentlich rage nur der Christushymnus aus dem Allerlei des Briefes heraus, soll ein kurzer Blick in einige weitere Paradestellen des Textes erfolgen. Meistens weiß man ja nicht, woher manche Bibelsprüche so kommen, die man mal gehört hat und die sich einem eingeprägt haben. Und da hat auch der Philipperbrief ein paar *Evergreens* zu bieten.

Das Bekannteste ist sicher das Motiv der Freude. Manche Ausleger:innen sehen hier, neben der PHRONESIS im Hymnus, sogar das zweite wichtigste theologische Thema.[13] Viele haben die Worte schon mal gehört oder gelesen, zum Beispiel in wohlmeinenden Kalendern: »Freut euch im Herrn zu jeder Zeit. Noch einmal sage ich: Freut euch!« (4,4). Das Motiv der Freude begegnet im ganzen Brief über alle Kapitel gestreut mehr als zehnmal! Grund genug für die Liturgie der Kirche, aus diesem

12 Drastische Auslegung des eher galanten Wortes ›Unrat‹ in den üblichen Übersetzungen bei Müller 1993:153 mit: »Kot, Scheiße«.

13 So etwa Wick 1994:82–85; sowie Inselmann 2015 und Gemünden 2015.

Befund etwas zu machen. Manche kennt vielleicht den berühmt-berüchtigten Sonntag der Adventszeit mit dem Beinamen ›Gaudete‹ (= Freut euch!). Berühmt ist er eben wegen der Stelle aus dem Philipperbrief; berüchtigt, weil hier eine bestimmte Farbe ins Spiel kommt: Die Priester tragen ein Messgewand in Rosa. Das tun sie sonst nur in der Fastenzeit am 4. Sonntag namens ›Laetare‹ – und auch wenn diese Idee eigentlich sehr sympathisch ist, ist der Anblick doch auch oft modisch etwas gewagt...

Der nachdenkliche Satz »Für mich ist Christus das Leben und Sterben Gewinn« (1,21) ist der Primiz-Vers unzähliger Priester, auch der Trau-Spruch mancher Ehepaare. Gemeint ist damit keine Todessehnsucht, sondern eine Prioritätenbildung, ganz nach dem Motto: Ist die Hauptsache klar (Christus), kriegen auch alle anderen Angelegenheiten ihren guten Platz (Leben/Gewinn).

Eine weitere spannende Aussage ist die aus 2,13: »Gott ist es, der das Wollen und das Vollbringen bewirkt, noch über den guten Willen hinaus«. Will Paulus hier Raum für große Spekulationen eröffnen, die sich damit aufhalten, ob er die menschliche Willensfreiheit unterminiert?[14] Oder will er einfach darauf hinweisen, dass man mit Gott in eine Logik der Freiheit kommen kann, in der selbst noch das unabdingbare Zielebilden und Maßnahmen planen umfangen sein kann von etwas Anderem, Größerem – was wiederum genau dazu befähigt, sich pragmatisch den Anliegen der Lebensbewältigung zu stellen?

Sportlich wird es in Kapitel 3 – auch ein Satz, den man öfter gehört haben kann als andere. Paulus redet sowohl im Stil antiker Athleten wie postmoderner Gelassenheitskurse: »Eines aber tue ich: Ich vergesse, was hinter mir liegt und strecke mich nach dem aus, was vor mir ist.« (3,13).

Wieder ein Themenwechsel: Wer oft zu Beerdigungsfeiern geht oder in den Parks großer Friedhöfe spazieren geht, der kommt an diesen beiden Sätzen nicht vorbei, sei es in Ansprachen oder auf

14 Vgl. die Debatte in Müller 1993:115–117; sowie Baumert 2009:309–315; Frey 2015:17–20.

den Grabsteinen: »Unsere Heimat aber ist im Himmel« (3,20). Und: »Alles vermag ich durch ihn, der mir Kraft gibt.« (4,13). Wenn man es recht betrachtet und eben keine billige Vertröstung unterstellt: großartige Sätze, voller Unerschrockenheit und Gestaltungswille.

Und schließlich ist der berühmte Friedenssatz zu nennen – einer meiner Favoriten, wenn man das hier mal so bekennen darf:

> »Sorgt euch um nichts, sondern bringt in jeder Lage betend und flehend eure Bitten mit Dank vor Gott. Und der Friede Gottes, der alles Verstehen übersteigt, wird eure Herzen und eure Gedanken bewahren in der Gemeinschaft mit Christus Jesus.« (4,6f).

Prima, das macht doch neugierig, dass es da etwas geben soll, was »das Verstehen übersteigt«. Udo Lindenberg steht nun wirklich nicht im Verdacht, übermäßig religiös zu sein. Aber auch er weiß, wovon hier die Rede ist. Und er nennt das: »Hinterm Horizont geht's weiter«.[15]

Der Christushymnus – eine unübersehbare Textmarke

Ein wenigstens skizzenhaftes Bild des ganzen Briefes konnte hoffentlich gewonnen werden. So bewegend kleine Paradestellen sein mögen; so umstritten der Brief als Ganzes sein mag; und so gute Argumente für oder gegen inhaltliche Teilungen sind – in einem herrscht exegetisch größte Einigkeit: dass nämlich der Teil 1,1–3,1 ein Ganzes bildet und dass das unumstrittene Zentrum dieser Passage der Christushymnus ist.

Hierzu wären viele Belege beizubringen. Eine Stimme soll hier genügen, dafür eine wirklich eindrückliche. Der Altmeister der evangelischen Bibelwissenschaft, Samuel Vollenweider, gilt als Experte für den Philipperbrief. Er parallelisiert den ganzen Brief mit einer Insel, gelegen in einem ganzen maritimen Archipel von Inseln und Inselgruppen. Und er fährt fort:

---

15 Song aus dem Jahr 1986.

»Erkundet man dieses Eiland aus der Luftperspektive, so wird seine Topographie von einem mächtigen einzelnen Berg, dem sogenannten Christushymnus (2,5–11) dominiert. Das Recht zu diesem Gleichnis gibt uns nicht nur die schiere Masse der exegetischen Forschungsliteratur, sondern noch mehr die Wirkungsgeschichte: Wie nirgends sonst kumulieren sich die von Stellenregistern und Suchmasken gebotenen *impacts* in 2,5–11. Erlaubt man sich, noch ein Stück weiter zu imaginieren, so darf man an einen erloschenen (oder tief schlafenden) Vulkan denken, einen beredten Zeugen archaischer Tektonik.«[16]

Unser Referenztext – ein beeindruckender Berg, ein Vulkan, durchaus noch zum Ausbruch fähig. Was zeigt sich, wenn man sich zum Gipfel aufmacht?

5.2. Einige wichtige exegetische Informationen zum Christuslied

Auch zu diesem Punkt sei vorausgeschickt, dass es im Folgenden sorgsam darum gehen muss, in den vielen wichtigen Details einer ausufernden Debatte die richtigen zu finden. Die Auswahl der für den Gedankengang wichtigen Aspekte ist gar nicht so einfach, denn es ist schon klargeworden, dass der Christuspsalm aus Kapitel 2 in vielerlei Hinsicht Theologiegeschichte geschrieben hat. Zudem ist aber oben schon betont worden, dass gerade eine Kurzformel des Glaubens nicht lässig begründet werden darf, sondern tief in substanzieller Materie verankert sein sollte. Der ganze Abschnitt braucht also eine gute Balance aus Detail und Linienführung.

Wichtige umstrittene Fragen – aber nicht weiterführend

Um schon einmal vorzusortieren, kann man vier bestimmte exegetische Streitfragen an andere und berufenere Stellen delegieren.

---

16 Vollenweider 2015:373.

In keiner dieser Fragen verändern die jeweils redlichen Begründungen den Kern, um den es hier gehen soll.

(1) Die Frage der *Gattung*: Es gibt verschiedene Theorien zum Genre des Textes. Ist es ein antiker Hymnus, ein Lied, ein Psalm, eine Lobrede, ein Lehrgedicht oder gehobene Prosa?[17]
(2) Die Frage der *Verfasserschaft*: Wer hat den Text geschrieben? Hat Paulus die Passagen bereits gekannt und vorgefunden – etwa als Lied im Gottesdienst? Oder hat er es selbst geschrieben? Und wenn es den Psalm schon gab – aus welchen religionsgeschichtlichen Quellen speist er sich? Diskutiert werden hier griechische, jüdische, alttestamentliche oder orientalische Mythen.[18]
(3) Die Frage der *Verwendung*: Ein klares Bild im Kopf ergibt sich, wenn man für den Hymnus eine liturgische Verwendung annimmt. Dann wurde er als Gebetslied im Gottesdienst verwendet. Denkbar wären auch katechetische Kontexte: Dann war das Christuslied ein paränetischer Text, eine Ermahnung. Neuerdings scheinen weitere Motive plausibel: etwa die Ethosvermittlung im glasklarem Kontrast zu römischen Herrscheridealen.[19]
(4) Die Frage der *Einheitlichkeit*: Hat Paulus den Text einheitlich wiedergegeben oder selbst textlich in seine kommunikativen Zusammenhänge redigiert? Muss man die beiden großen Abschnitte V. 6–8 und V. 9–11 auseinanderreißen und getrennt voneinander verstehen? Mindestens der verdoppelnde Hinweis auf das Kreuz in V. 8 könnte paulinische Komposition sein. Andere können zeigen, dass genau dieser Vers die Achse des ganzen Briefs bildet, und dies nahezu mathematisch.[20]

---

17 Vgl. knapp Wojtkowiak 2012:116–120; ausführlich Brucker 1997.

18 Vgl. ausführlich Gnilka 1976:138–147, bes. 131–133; für eine paulinische Verfasserschaft Wick 1994:178–180.

19 So besonders Wojtkowiak 2012:83–113.

20 Vgl. Wick 1994:60. Wick will ebd.:58–63 zeigen, dass – neben anderen formalen Entsprechungen im ganzen Brief – sogar die Silbenzahl des Hymnus auf das Genaueste geplant ist.

Die leitende These der folgenden Auslegung

Was aber ist der Kern? Wer sich den Text des Hymnus noch eben einmal durchliest, und wer dann der These begegnet, gerade dieser Text könne etwas sehr Alltagstaugliches abwerfen, der kann ja nicht anders als irritiert sein.

Denn auf den ersten Blick ist das Gedicht hierfür ganz ungeeignet. Kommt noch die Steigerung hinzu, hier könne eine Kurzformel eines Glaubens auch für nicht-religiöse Menschen diskutabel gemacht werden, ist man vielleicht sogar empört. Schließlich ist die Rede von einem, der Gott gleich war, dann aber wie ein Sklave gelebt hat und hingerichtet wurde. Dies war aber nicht das Ende, sondern Gott hat diesen Gott-Sklaven-Menschen erhöht, so stark, dass alle kosmischen Mächte ihn als Herrscher anerkennen. Die Schlussszene ist befremdlich, denn sie schildert eine Art himmlisch-höfisches Zeremoniell, wo sich Knie beugen und Zungen etwas bekennen.

Was da erzählt wird, ist zunächst einmal absolut unwahrscheinlich, hochgradig paradox und schlicht auch viel zu lange her. Das Lied stellt ein Drama vor Augen, das wegen seiner kosmischen und epochalen Dimensionen so gar nicht geeignet zu sein scheint, auf eine geschichtliche Jetztsituation bezogen werden zu können. Die Heldenreise des Protagonisten ist so spektakulär, dass wohl kaum jemand sich selbst und sein überschaubares Leben damit parallelisieren könnte oder wollte.

Die folgende Auslegung wird daher ordentlich zu arbeiten haben, um zum einen die intellektuelle Seriosität für genau eine solche Parallelisierung freizulegen; und um zum anderen den Text sogar so attraktiv zu machen, damit man eine solche Adaption mindestens diskutabel findet, ihr vielleicht sogar folgen will.[21]

Jedenfalls ist das die leitende These der folgenden Auslegung: Der Hymnus aus dem Philipperbrief ist ein lyrischer Text, der aus einer Lebensentdeckung resultiert. Diese Entdeckung bezieht sich erstens darauf, dass bei einem Helden etwas überraschender-

---

21 Vgl. zum Folgenden auch die Anmerkung am Ende von Kapitel 1.2. sowie die Passagen aus 3.5.

weise anders geschieht als man es erwartet hatte. Und zweitens, dass diese Überraschung ins eigene Leben übertragbar ist und ähnliche positive Effekte abwirft wie bei dem Helden. Genauer: Das Lied freut sich über die Tatsache einer bestimmten Klugheit (PHRONESIS), die man an einem eindrücklichen Beispiel ablesen, erlernen und hervorragend zum eigenen Nutzen gebrauchen kann. Diese Klugheit ist dreischrittig. Sie wird abgelesen am Leben des Jesus von Nazareth. Theologisch und auch innerhalb einer vitalen Christusbeziehung kann interpretiert werden, dass Jesus diese Klugheit und ihre Effekte neu erschlossen hat. Trotzdem: Diese Klugheit ist gerade nicht von religiösem Wissen, heroischer Moral oder intimer Gottesbeziehung abhängig. Vielmehr zeigt das Lied: Der wird zu neuen Lebensintensitäten geführt (DYNAMIS), der sich nach bestem Wissen und Gewissen seinem Leben stellt (PHYSIS) und der das Risiko eingeht, sich in das Heil gemeinsamen Wohls zu investieren (KENOSIS).

Vier Dinge muss die Auslegung also plausibel zeigen können: dass das Lied die Übertragung in Realität und Alltag will; dass es drei *Stepps* von Lebensklugheit thematisiert; dass diese dreiteilige Klugheit positive Effekte abwirft; und dass hier eine Variante von Lebensführung angeboten wird, die keine explizite Religiosität voraussetzt.[22]

---

22 Kurz eine Einordnung des folgenden Vorgehens. Es findet eine exegetisch und bibeltheologisch verantwortete Auslegung des Textes statt. Diese kann aber keine eigene philologische, altertumswissenschaftliche oder historisch-kritische Expertise beanspruchen. Der Abschnitt ist eine Art Sekundärstudie ausgewählter exegetischer Fachliteratur in ausgeprägt praktisch-theologischem Interesse. Es geht mir um eine Form der geistlichen, existenziellen Schriftauslegung mit tropologischer, also handlungsleitender Intention. Das heißt auch, dass ich mir die Freiheit nehme, bestimmte Begriffe und Themen mehr an den Text heranzuführen als dass sie aus ihm heraus zwingend wären. Zum Beispiel, das wurde oben ja schon betont, sind die für das Ganze wichtigen Begriffe wie *physis* oder *dynamis* im Text wörtlich gar nicht zu finden. Trotzdem muss geklärt sein, dass diese Auslegungen niemals gegen grundlegende exegetische Erkenntnisse verstoßen, sondern vielmehr an diesen kritisch geprüft und geschärft wurden.

Der strophische Gesamtaufbau

Manche kennt es aus dem Deutschunterricht – und viele haben es in schlechter Erinnerung: Wenn da ein Gedicht virtuos auseinandergenommen wurde, indem man Versmaße und Reimschema erhob, Silben zählte und rhetorische Figuren zu finden meinte, dann hat irgendwer immer ausgesprochen, was ohnehin alle dachten: Das alles soll dem Dichter bewusst gewesen sein?

Ganz ähnlich ist das auch mit dem Philipper-Hymnus. Es kann gar kein Zweifel daran bestehen, dass hier ein sprachliches Kunstwerk vorliegt. Unzählige Exeget:innen haben ihre Gelehrsamkeit an diesem Text zeigen können, weil er voller rhetorischer und grammatischer Preziosen steckt; und es liegen Einzeltheorien noch und nöcher vor zu kleinteiligsten Sprachbeobachtungen. Diese unterscheiden sich so enorm, dass man als Nichtfachmann durchaus erstaunt sein darf. Der Bochumer Neutestamentler Peter Wick etwa kann mit verblüffenden Formbeobachtungen zeigen, dass der Hymnus von Paulus für den Philipperbrief eigens verfasst wird; dass er komplett exakt die Mitte des ganzen Briefes bildet; dass in ihm wiederum das Wort ›Kreuz‹ in V. 7d alles zentriert; und dass um dieses Wort herum zwei silbengleiche (!) parallele Hälften gebaut sind.[23] Dagegen steht ein eher lakonischer Beitrag, der mit derselben methodischen Akribie im Hymnus die Kombination zweier religionsgeschichtlich getrennter Vorlagen (»Trümmer«[24]) analysiert, die Paulus vorfindet, die er an bestimmten Stellen eigenmächtig verändert und die daher keinerlei durchgehendem Schema Genüge leistet. Wer da recht hat, müssen wir hier nicht entscheiden.

Was aber niemand leugnet, ist die Tatsache, dass es sich um einen komplexen poetischen Text handelt, der bestimmten dramaturgischen und stilistischen Gesetzen gehorchen will.

Auch der deutschen Übersetzung merkt man das an. Schon eine flüchtige Lektüre zeigt zwei formale Phänomene: einen strophischen Aufbau; und eine sonderbare, dauernd vorkom-

23 Vgl. Wick 1994:58–63.

24 Gnilka 1976:138; zum Folgenden ebd.:111–147.

mende Doppelung der Inhalte aufeinanderfolgender Zeilen und Sinnabschnitte.

Zu den Strophen bzw. Sinnabschnitten wurden viele Vorschläge gemacht: sechs, drei oder fünf. Klar ist bei allen Varianten: Es gibt eine Teilung in zwei Hälften. Die erste geht von V. 6–8; die zweite von V. 9–11. Diese Teilung ist sowohl sprachlich-formal wie inhaltlich auf das Deutlichste angezeigt. So bietet das erste Stück (V. 6–8) aktivische Verbformen, die ab V. 9 in passivische wechseln. Die erste Hälfte formuliert im griechischen Text mit auffällig vielen Partizipien, die zweite spricht in anderem Stil. Die zweite Hälfte bildet einen Chiasmus, also eine Art motivischer Kreuzumklammerung von V. 10a zu V 11b. Schaut man auf die Inhalte, erkennt man eine Wegdynamik: Hälfte I von ›oben‹ nach ›unten‹; Hälfte II von ›unten‹ nach ›oben‹.

All diese Beobachtungen stützen die These eines Hälftenaufbaus; man kann es aber im deutschen Text der Einheitsübersetzung wenig sichtbar machen. Hilfreich ist daher eine mehr am griechischen Wortlaut entlanggehende Übersetzung; hier die von Ulrich Müller:

I	6a	Der in Gottesgestalt war,
	b	hielt nicht fest wie einen Raub, Gott gleich zu sein,
	7a	sondern entäußerte sich selbst;
	b	Sklavengestalt annehmend.
	c	Den Menschen gleich geworden
	d	und der Erscheinung nach erfunden als ein Mensch,
	8a	erniedrigte er sich selbst,
	b	sich gehorsam zeigend bis zum Tod [ja, zum Tod am Kreuz].
II	9a	Deshalb hat ihn auch Gott so sehr erhöht
	b	und ihm den Namen, der über jedem Namen ist, geschenkt,
	10a	damit unter Anrufung des Namens Jesu
	b	sich jedes Knie beuge der Himmlischen und Irdischen und Unterirdischen
	11a	und jede Zunge bekenne:
	b	Herr ist Jesus Christus [zur Ehre Gottes des Vaters].[25]

25 Müller 2003:181.

Halten wir das erste von drei Ergebnissen unserer kurzen grammatischen Einheit fest: Der Test hat zwei klar abgegrenzte Hälften. Das Wörtchen »deshalb«, mit dem Vers 9 beginnt, setzt die Zäsur. Etwas geschieht *vor* dem ›deshalb‹; darum gibt es überhaupt ein ›darum‹.

Das zweite Ergebnis: Das, was in V. 6–8 geschildert wird, legt sich wiederum ebenfalls in zwei Hälften aus. Auch dies ist sehr gut erkennbar, wenn man Müllers Übersetzung nutzt. Man erkennt auffällige motivische Wiederholungen. Die erste Hälfte besteht bei genauerer Analyse aus zwei formal gleichrangigen Sätzen, die sich jeweils in ihren Gliedern komplett wiederholen. Wer das nachmachen will: Das ist schon poetische Kunst. Man nennt das ›*parallelismus membrorum*‹, und wir stoßen hier auf einen typisch jüdischen Stil der Poesie, der in der Bibel sehr oft begegnet: Ein Gedanke wird in zwei Zeilen gepackt, wobei die zweite Zeile das Motiv der ersten schlicht wiederholt – dies aber mit anderen Worten. Hier zwei Beispiele aus dem Buch der Sprüche:

	Vershälfte 1	*wiederholende Vershälfte 2*
Spr 1,20	Die Weisheit ruft auf der Straße,	auf den Plätzen erhebt sie ihre Stimme.
Spr 8,22	Jahwe hat mich erschaffen am Anfang seines Wegs,	vor seinen anderen Werken, vor aller Zeit.

Im Philipperhymnus ist dieses Stilmittel sehr dominant; nur wird es hier nicht direkt an die nächste Zeile gekoppelt, sondern gleich an die nächste Strophe:

Vershälfte 1	*wiederholende Vershälfte 2*
6a Der in Gottesgestalt war, 6b hielt nicht fest wie einen Raub, Gott gleich zu sein, 7a sondern entäußerte sich selbst; b Sklavengestalt annehmend.	7c Den Menschen gleich geworden d und der Erscheinung nach erfunden als ein Mensch, 8a erniedrigte er sich selbst, b sich gehorsam zeigend bis zum Tod [ja, zum Tod am Kreuz].

Nur am Rande sei bemerkt, dass dieses Stilmittel des *parallelismus membrorum* eines der charakteristischsten Merkmale der jüdischen Weisheitsliteratur ist.[26] Auch dies unterstützt die oben im ›Vorwort‹ und anderswo angekündigte These, dass man nicht am Hymnus vorbeigeht, wenn man ihn im Sinne von Lebenskunst, Lebensanweisung, Lebenshilfe ausdeutet. Weitere Argumente hierfür werden weiter unten noch gebracht.

Mit dieser Erkenntnis der geteilten ersten Hälfte ist nun eine weitere Sprachbeobachtung möglich: Man sieht, dass der Text von einer Dreierzahl leitender Motive geprägt ist. Hierauf weisen viele exegetische Arbeiten hin. In einem bekannten Kommentar hat etwa Joachim Jeremias drei eigene Strophen sehen wollen, die drei Modi des besungenen Helden zeigen: der Präexistente, der sich entäußert (V. 6–7ab); der Irdische (V. 7cd–8); der Erhöhte (V. 9–11).[27] Andere bestreiten zwar die Strophik, gehen inhaltlich aber mit, wenn sie analysieren: Verse 6–7ab schildern drei sich steigernde Stationen der Mensch*werdung*, Verse 7cd–8 vier sich steigernde Stationen des Mensch*seins* und Verse 9–11 fünf sich steigernde Erhöhungen des Menschseins.[28]

Man ahnt sicher schon, wozu diese grammatischen Ausflüge dienen sollen: Mit den bis hierher gehobenen Einsichten werden die drei griechischen Hauptwörter unseres Gedankengangs im Buch plausibel begründet. Auch hierzu eine Textdarstellung:

---

26 Vgl. Saur 2012:10–13; Zenger 2008:332.

27 Vgl. sekundär Müller 2003:181 (FN 17).

28 Vgl. Gnilka 1976:117f zu den Steigerungen in Hälfte I; hiervon angeleitet ergibt sich die eigene Beobachtung von Steigerungen in Hälfte II von selbst.

KENOSIS	**Mensch-Werdung**	6a	Der in Gottesgestalt war,
	Steigerung 1	6b	hielt nicht fest wie einen Raub, Gott gleich zu sein,
	Steigerung 2	7a	sondern entäußerte sich selbst;
	Steigerung 3	7b	Sklavengestalt annehmend.
PHYSIS	**Mensch-Sein**	7c	Den Menschen gleich geworden
	Steigerung 1	7d	und der Erscheinung nach erfunden als ein Mensch,
	Steigerung 2	8a	erniedrigte er sich selbst,
	Steigerung 3	8b	sich gehorsam zeigend bis zum Tod,
	Steigerung 4	8b	ja, zum Tod am Kreuz.
DYNAMIS	**Mensch-Erhöhung**	9a	Deshalb hat ihn auch Gott so sehr erhöht
	Steigerung 1	9b	und ihm den Namen, der über jedem Namen ist, geschenkt,
	Steigerung 2	10a 10b	damit unter Anrufung des Namens Jesu sich jedes Knie beuge (11a und jede Zunge bekenne)
	Steigerung 3	11b	der Himmlischen und Irdischen und Unterirdischen(:)
	Steigerung 4	11b	Herr ist Jesus Christus
	Steigerung 5	11b	zur Ehre Gottes des Vaters.

Es ist ganz offensichtlich: Der Text zeigt drei Sinnabschnitte an und inszeniert sie mit je eigener grammatischer Logik. Das Thema des Philipperliedes ist ein Held,

der über sich hinaus geht, sich entäußert;	Hier genannt: Kompetenz der KENOSIS
der Mensch ist, wie man nur Mensch sein kann;	Hier genannt: Kompetenz der PHYSIS
und der eine enorme Steigerung/Erhöhung erfährt.	Hier genannt: Kompetenz der DYNAMIS

Überhaupt, Steigerung: Jeder der drei Abschnitte wird in sich gesteigert, dramatisiert. So entsteht der Spracheindruck einer sich selbst dynamisierenden Logik, einer Abfolge, die den jeweils nächsten Abschnitt aus sich selbst heraus generiert, fordert, ermöglicht. Das Ganze bekommt Wegcharakter: Jemand durchläuft Stadien einer Entwicklung; jemand entscheidet sich für einen Weg, geht ihn und erlebt eine große Überraschung. Der Weg beginnt bei Gott, geht über die Erde, zum Menschen, zum Sklaven, zum Tod, zum Kreuz – und wendet sich wieder hoch zum Himmel und zu Gott. Eine kosmische Geschichte spannt im ersten Akt die Pole soweit es nur geht, vom Himmel zur Erde, von Ewigkeit zu Tod, von Gehorsam zu Kreuz; und dreht dann alles im zweiten Akt wieder zurück, dabei ohne *Happy-End*-Romantik, sondern die Erfahrung mitnehmend: Nun ist der Held wieder bei dem Gott, von dem er ausging, aber dies mitsamt seines irdischen Namens, seiner Geschichte und seiner Erde.

Keine Frage: Es stellen sich jede Menge Fragen. Und wer wissenschaftliche Theologie kennt, der weiß auch, wie geradezu programmatisch unempfindlich sie sein kann und wohl auch muss gegenüber grandiosem religiösem Pathos. Auch unser Gedankengang wird durch diese Abkühlungen gehen. Aber bei dem Ganzen sollten doch zwei Erkenntnisse leitend bleiben: Erstens geht es um ein Lied, wohl um ein sehr altes, frühes aus den ersten Gottesdiensten der Urkirche. Es geht *nicht* um einen Traktat, etwa zur Prä-Existenz (ewiges Sein Christi), zur Soteriologie (Lehre von der Erlösung durch Christi Kreuzestod) oder zur Angelologie (Lehre von den Engeln, Mächten und Gewalten). In dichterischer Sprache wird nicht argumentiert, sondern präsentiert. Es sind Affekte der Dankbarkeit, des Staunens und des Zumweitererzählen-gedrängt-seins, die sich in diesen Versen ausagieren. Da soll jemand und da soll etwas gelobt, gepriesen und erinnert werden; im Singen sucht man die performative Erfahrung, dass das Unglaubliche gewesen ist und noch weiterhin gilt.

Dies ist das Zweite – und vor allem dies muss hier noch substanzieller gezeigt werden: Das Überraschende, Unglaubliche wird zwar an Jesus Christus festgemacht. Aber es geht im Text erheblich stärker um den Weg, den dieser gewiesen hat als um seine Person, die ihn geht. Die zweite Hälfte, die mit diesem großartigen ›deshalb‹ einsetzt (V.9) und die dann jemand Anderes entscheidende Handlungen vollziehen lässt – nämlich die Erhöhung, die DYNAMIS –, lässt die Deutung zu, dass man KENOSIS und PHYSIS ebenfalls wagen und den jesuanischen Lebensweg auf diese DYNAMIS-Hoffnung hin ebenfalls einschlagen kann. Wobei unterstrichen bleibt: Niemand kann die DYNAMIS selber machen; sie kann sich nur ereignen; denn sie kommt aus einer äußeren, unverfügbaren Quelle. Wohl kann man aber die Wahrscheinlichkeit ihrer Krafteinwirkung erhöhen.

Was gezeigt werden soll: Hier wird eine Lebenslogik, eine Lebensweisheit greifbar, die an Jesus abgelesen werden kann, die aber nicht exklusiv auf ihn beschränkt ist. Genau das ist das ›Evangelium‹, die gute Information, von dem Paulus unmittelbar vor dem Hymnus in Phil 1,27 spricht. Gut ist die Information, dass es eine Kraftquelle gibt, die man sich erschließen und anzapfen kann, und die nicht danach fragt, ob man Jesus heißt, sondern ob man PHYSIS und/oder KENOSIS betreibt. Gut ist diese Information, weil sie einen Unterschied macht.

Ausführlich wird dies alles ab Kapitel 6 veranschaulicht. Vorher soll noch jeder nun gewonnene Abschnitt (jede ›Strophe‹) kurz eigens vom exegetischen Befund her gewürdigt werden.

Der *kenosis*-Teil (V. 6a-7b)

Der erste Sinnabschnitt setzt ein mit dem handelnden Subjekt der ersten Hälfte des Liedes. Erzählt wird von einem, der in ›Gottesgestalt‹ war. Diese Vershälfte 6a kann wie eine Überschrift über das ganze Lied gelesen werden, denn alles nun Geschilderte betrifft ihn und beschreibt diesen Helden. Mit der Wendung ›in

Gottesgestalt sein‹, ›Gott gleich sein‹ »ist fast nach Art einer Themenangabe angesagt, von wem das folgende handelt.«[29] Der ganze Kontext des Briefes, der Hinweis auf den Kreuzestod in V. 8b und die Namensnennung in V. 11b lassen natürlich keinen Zweifel zu, dass es hier um Jesus von Nazareth geht, der als ›Christus‹ verehrt wird. Trotzdem ist auffällig, dass das Lied keineswegs sofort darauf zusteuert, Jesus in den Mittelpunkt zu stellen. Weiß man über seinen Tod nichts, wird eigentlich erst recht spät (V. 10) klar, um wen es überhaupt geht.

Auch Nicht-Theolog:innen wird einleuchten, dass die Signalwörter der ersten Vershälfte der Forschung enorme Rätsel aufgaben und weiter aufgeben. Wie kann jemand gott-‹gleich‹ sein? Was ist mit dem griechischen Wort ›*morphe*‹ gemeint, das hier steht und das so viel bedeutet wie ›Form‹, ›Gestalt‹, ›Hülle‹. Ist eine Art Verkleidung gemeint, eine kosmische Maskerade? Geht es nun um einen, der Mensch ist, oder um einen Gott? Systematisch sind hier Fragen nach Präexistenz, frühester Christologie und Inkarnation zu bearbeiten. Das muss hier nicht vertieft werden; denn auch nach Meinung der gängigen Kommentare wird der Hymnus mit diesen Erwartungen überfordert.[30]

Seine Sinnspitze liegt woanders, nämlich in der Bewegung. Der kenotische Teil 6a–7b bringt Laufwege in den Blick. Nicht Zustände oder statische Identitäten sind ihm wichtig, sondern Veränderungen; genauer: Erniedrigungen. Dies wird dreifach gezeigt: Erstens steht da eine seltsame Verbform, die die Einheitsübersetzung mit ›hielt nicht dran fest, Gott gleich zu sein‹ weitergibt. Müller übersetzt, wie wir oben sahen: »hielt nicht fest *wie einen Raub*, Gott gleich zu sein«. Zweitens fällt das Wort ›er entäußerte sich‹ (V. 7a), drittens das Wort ›Sklave‹ (V. 7b). Man kann sagen: Erzählt (besungen!) wird die Wegstrecke einer freiwilligen ›Entäußerung‹ von ganz oben mit ›gottgleich‹ über ›Raub‹ zu ganz unten mit ›Sklave‹. Jemand tauscht das Gottgleiche mit dem Dasein als Sklave.

29 Gnilka 1976:137.

30 Vgl. nur ebd.:112–115; sowie Müller 2003:184–196.

Die ganze Bedeutung des Abschnitts trägt das Verb des ›entäußern‹. Dies ist das griechische *kenosis*, dem Inhalt von Kapitel 7. Zum Begriff des ›Sklaven‹ ist zu sagen, dass er im Verlauf des Hymnus mit dem Hinweis auf das ›erniedrigen‹ (V. 8a) und das Kreuz (8b) noch stärker präzisiert wird. Auch ist auffällig, dass die nachfolgende Strophe ab V. 7c das Motiv aufgreift und wieder auf das Bild »den Menschen gleich« rückführt. Hier ist also zunächst nicht die ganze Brutalität des Sklavendaseins im Blick, sondern der enorme Kontrast aus höchster Souveränität (›gottgleich‹) zu höchster Abhängigkeit (›Sklave‹). Müller spricht in diesem ersten Abschnitt von der »Preisgabe des göttlichen Seins in das menschliche«, das mit dem *kenosis*-Verb markiert wird. Erst im zweiten Abschnitt – den wir hier den PHYSIS-Abschnitt nennen wollen – geht es um die »Preisgabe des menschlichen Seins in den Tod«.[31]

Wenn dem so ist, bezeichnet hier der Begriff ›Sklave‹ also eine Art anthropologische Konstante. Dann wird das ganze Menschsein unter diese Charakterisierung gebracht. Dies wird Thema des nächsten Abschnittes, der PHYSIS.

Zuvor noch einige Worte zu dieser Formulierung mit dem ›Raub‹ (V. 6b). Tatsächlich ist auch dies vieldiskutiert. Ein bedeutender Forschungsstrang sieht eine Redewendung, einen »Slogan«[32] im Hintergrund, und zwar keineswegs einen aus dem hochsprachlichen Milieu. Das im NT seltene Wortfeld rund um *arpagmos* bedeutet so viel wie ›an sich raffen‹; ›etwas für einen Gewinn halten‹, ›etwas für eine (ungerechte?) Beute, für ein gefundenes Fressen erachten‹. Die Beobachtung, dass der Gottgleiche genau diesen Zustand nicht an sich rafft, wie ein großes Privileg (›gefundenes Fressen‹) beansprucht und gierig bei sich behält, bekommt jetzt doch enorme Farbe.[33]

So kann der *plot* aus dem ersten Sinnabschnitt exegetisch gut gezeigt werden: Diese Strophe staunt. Denn ihr Held verhält sich

---

31 Müller 2003:185.

32 Gnilka 1976:116.

33 Vgl. Gnilka 1976:115–117; Müller 2003:185f; Wojtkowiak 2012:86–94; eine komplette Studie dazu liegt vor mit Vollenweider 2002.

anders als gedacht: Er hätte jede Möglichkeit (und wohl auch jedes Recht), in einer ausgeprägten Komfortzone zu verweilen. Doch etwas treibt ihn an und aus ihr heraus. Er will kein ›gefundenes Fressen‹, denn es gibt anderswo Wichtiges zu tun. Also setzt er einen Willens- und Entschlussakt; er wechselt die Position, die Stellung. Und dies dramatisch: Statt Gott gleich wird er einem Sklaven gleich. Die ganze Tonalität lässt dabei drei Dinge unzweifelhaft: Es findet ein echter Positionswechsel statt, kein *fake-change*. Hier geht es um Realität, nicht um Maskerade im Stil des Doketismus. Und: Der Weg ist unumkehrbar. Die Brücke wird hinter sich abgebrochen. Es gibt sozusagen keine Rückfahrkarte in den Himmel. Und: Dieser ganze Einsatz kommt bestimmten Leuten zugute; er eröffnet ihnen einen Weg, den sie bisher nicht als Option hatten. Wer sind diese Leute? Die, die den Hymnus dichten; und die, die ihn singen.

Dieser *plot* ist schon in sich staunenswert. Der Überraschungswert steigert sich allerdings noch, wenn man die Information hinzulegt, dass die Antike genau solche Erzählmotive durchaus kennt, in denen Götter und/oder Götterähnliche auf die Erde kommen. Allerdings: dass sie ihren Status aufgeben, dass sie einen beschämenden Niedergang erleben, dass sie zu Abhängigen werden, das kommt gerade nicht vor. Diesen ganzen Gestus des Gehorsams, der Demut und des ontologischen Wandels zum Menschen durch und durch – den kennt die Antike nicht nur nicht, den verachtet sie. Das ist Schwäche, die man nicht in Hymnen preisen, sondern in Flüchen von sich weghalten würde.[34]

So esoterisch der Hymnus also auf den ersten Blick daherkommt, so eignet ihm doch enorme sozialgeschichtliche Brisanz. Er ist das Lied auf einen Gott, der es anders macht als die Herrscher und Großen jeder Gegenwart: Diese belassen es bei dem gnädigen Blick aus dem Samt in den Schlamm. Das Christuslied macht ernst mit der jesuanischen Kehre: Es blamiert seinen Helden in den Augen des antiken Establishments. Denn dieser Gottesgleiche ist offenbar zu dumm oder zu unehrenhaft, wenn

34 Vgl. hierzu die ausführliche Studie von Becker 2015. Ihre Argumentation wurde oben in Kapitel 3.5. bereits referiert.

er seine Privilegien nicht behält. Während die Antike (und allzu oft auch unsere Moderne) über jeden lacht, der das ›gefundene Fressen‹ nicht in die eigene Höhle zerrt, singt die Urkirche über den, dessen Stärke darin liegt, sich den Schwachen zur vollen Verfügung zu stellen.[35]

Der *physis*-Teil (V. 7cd–8b)

Die zweite Strophe nimmt das Sklavenmotiv auf und labelt mit ihm das ganze Menschsein. Dies wird sprachlich am Kollektivsingular *anthropos* deutlich, der in V. 7c eingesetzt wird. Die Sinnspitze: Alle Menschen sind Sklaven von irgendwem oder irgendwas; Abhängigkeit ist die bestimmende biografische Kategorie überhaupt, sogar unabwendbare Abhängigkeit. Das Leben als Knechtschaft – dies soll sicher keine Verharmlosung des expliziten Sklavenseins sein, wie der Fortgang der Strophe deutlich macht. Aber es wird anscheinend doch eine deutlich pessimistische Lesart angeschlagen, die auf den ersten Blick dem Jubel des ganzen Songs widerspricht.

Hier kann unsere Auslegung nutzen, was schon oben zur alttestamentlichen Weisheitsliteratur ausgeführt wurde.[36] Denn es gibt gute Gründe, die religionsgeschichtliche Herkunft des Hymnus auch von dort her zu vermuten. Oben wurde schon angespielt, dass etwa die Bücher ›Hiob‹ oder ›Kohelet‹, aber auch die ›Sprüche‹ ein ausgesprochen pragmatisches Weltbild empfehlen. Hier wird ganz nüchtern festgestellt, dass das Leben oft unbequem ist, auch ungerecht und undurchsichtig. Nichts Neues unter der Sonne, stellt Kohelet fest, und, bezogen auf den Menschen an sich, den *anthropos*, fährt er fort: »Alle Tage besteht sein Ge-

---

35 Vgl. zu dieser politischen Brisanz ausführlich Wojtkowiak 2012:83–94 u. ö.; in befreiungstheologischer Sicht avanciert der Hymnus sogar zum »Auferstehungslied« der Armen: »Es ist eine bombastische Sprache, mit der Christi Weltherrschaft besungen wird. Er ist der Überschwang der Hoffnung, der aus den Erfahrungen mit Gottes Gegenwart in einer brutalen Welt entsteht. Es ist das Wissen, dass eine andere Welt nicht nur möglich, sondern da ist.« (Schottroff 2004:43).

36 Vgl. oben in Kap. 1.2.

schäft nur aus Sorge und Ärger und selbst in der Nacht kommt sein Geist nicht zur Ruhe. Auch das ist Windhauch.« (Koh 2,23).

Die hier leitende alttestamentliche Weisheit versteht unter ›Knechtschaft‹ nun nicht die Knute kosmischer Mächte, blindes Schicksal oder gar willkürlich agierende Götter. Es geht auch nicht um eine dualistische Aufteilung des Menschen in eine schlechte materielle und eine gute, unsterbliche geistige Hälfte. Und drittens meint das Ganze auch keine Unterwerfung unter eine heilsgeschichtliche Erlösungsdynamik, die sich sozusagen schicksals-objektiv am Menschen abspult. Gemeint ist vielmehr eine schöpfungstheologisch inspirierte Realitätsaussage im Vollsinn. Die Formel vom ›Menschsein als Knechtschaft‹ will einen existenzialistischen Befund heben; nämlich dass der Mensch eine Erinnerung an das Paradies mit sich herumträgt und nicht loswird, sich auf dem mühsamen Acker seines Lebens aber gerade deswegen so herumschinden muss (Vgl. Gen 13,16–19). Er wird in die Existenz geworfen (Sartre) und findet sich als jemand vor, der mit seinen Freiheitsentscheidungen eine Antwort auf eine Frage geben muss, um die er nie gebeten hatte. Ist der Stein mühsamer biografischer Etappen hoch auf die Bergspitze gerollt, geht man wieder zu Tale, wohlwissend, dass das Ding uns unten wieder erwartet – und es keinen Weg daran vorbei gibt, ihn erneut zu stemmen (Camus). Oder, kürzer: Das Leben als die Krankheit zum Tode (Kierkegaard) findet auch in der Religion kein Serum, das den Schmerz wegnimmt. Leben ist Abhängigkeit, Knechtschaft.

Ulrich Müller formuliert es so: »Es wird zu fragen sein, ob der Hymnus Phil 2,6–11 nicht eine Antwort gibt auf die Frage nach Sinn oder Sinnlosigkeit in der Welt, nach blindem Zufall oder ausgleichender Gerechtigkeit.«[37] Diese Antwort wird gegeben. Sie besteht allerdings nicht in schnellem Trost, sondern in anstrengendem Training.

Wir erleben in der zweiten Strophe, dass nun das Menschsein als Weg beschrieben wird. Es ist im Menschsein des Helden gleichzeitig das Menschsein von allen, die sich ihrer Abhängig-

37 Müller 2003:192.

keit stellen. Während der ›Gottgleiche‹ sich entscheiden konnte und entschieden hat, abhängig zu werden, so haben Menschen dem Lied nach diese Wahl nicht. Trotzdem können sie die Bewegung des ›Gottgleichen‹ mitmachen.

Hier, in dieser Imitation eines Weges, jetzt aber durch die Menschen, liegt der tiefere Grund für die oben angespielte Beobachtung, dass sich die vier Zeilen der ersten Strophe motivisch komplett decken mit den vier Zeilen der zweiten. Der Deutschunterricht mit dem Erkennen von Reim- und Zeilenschemata wurde schon erinnert. Man kommt zu folgender Ansicht:

Vers	Zeilenschema Abschnitt 1	Vers	Zeilenschema Abschnitt 2	Motivähnlichkeit
6a	a	7c	a'	Gottesgestalt / Menschengestalt
6b	b	7d	b'	Gott gleich / Menschen gleich
7a	c	8a	c'	Entäußerte sich selbst / erniedrigte sich selbst
7b	d	8b	d'	Sklave / Tod (am Kreuz)

Dass der ehemals Gottgleiche nun wirklich in der Abhängigkeitssphäre des Menschseins und damit in den Bedingungen von geschichtlicher Konkretheit angekommen ist, signalisiert der zweite Abschnitt in dreifacher sprachlicher Weise. Man kann von einer dreifachen Historisierung im Text sprechen: In V. 7d wird auffälligerweise nun das Mensch-Motiv im Plural geboten; es kommt ein weiteres Aktivitätsverb, welches in Korrespondenz zu *kenosis* gesetzt ist (*etapeinosen*); und es wird das Kreuz als Konkretion des Todes benannt. Das Ziel der hier eingesetzten Chiasmen und Parallelismen ist es, »die Tatsache wirklicher Menschwerdung anschaulich zu machen.«[38]

38 Ebd.:193.

Die Verse enden mit dem Hinweis auf den Tod; dieser wird verstärkt durch den eigens bejahten Zusatz: »ja, zum Tod am Kreuz«. Man kennt diese paulinische Bekräftigung etwa aus dem ersten Korintherbrief: »Ich hatte mich entschlossen, bei euch nichts zu wissen außer Jesus Christus, *und zwar als den Gekreuzigten.*« (2,2). Dahinter steckt in der paulinischen Verkündigung natürlich, dass eigentlich bei antiken Hörer:innen mit dem Hinweis auf das Kreuz gerade *kein* Überzeugungsgewinn erhofft werden kann. Zu diskriminierend ist es, einen Gekreuzigten überhaupt zu erwähnen, geschweige denn, sich an ihm zu orientieren.[39]

Insofern ist auch die Verstärkung im Philipperhymnus auf den Kreuzestod hin sprechend: So kosmisch, gewaltig und auch unglaublich die hier erzählte Geschichte ist, so geradezu penetrant gleitet der Text eben nicht ins Pathetische und damit Sonntagshafte ab. Vielmehr flechtet er immer wieder in die Hochsprache bestimmte banale Alltagswendungen ein (›Raub als gefundenes Fressen‹; das harte Wort ›*kenosis*‹ aus der Gossensprache). Und motivisch lässt der Zusatz mit dem Kreuz eben auch keinen Zweifel daran, dass es hier um nichts anderes geht und gehen soll als um: Realität.

Wohl auch darum, weil das Menschenschicksal an sich gedeutet werden soll, fehlt hier im Hymnus jede explizite soteriologische Bestimmung. Paulus fügt normalerweise bei der Erwähnung des Kreuzestodes das »für uns« hinzu, um die Hinrichtung Jesu als Erlösungstat zu markieren. Das entfällt hier. Denn hier geht es um einen anderen primären Fokus. Der Tod ist hier die Konsequenz der Inkarnation, nicht ihr Ziel:[40]

---

39 Zur alltagssprachlichen Entrüstung über Gekreuzigte, deren ›Ruf‹ an das Obszöne grenzt, vgl. Sellmann 2006:211–218 (mit Lit.). Das Kreuz war das Symbol für Entehrung und Ausschluss überhaupt. Es war der »Tod der weltlichen Schande«, wie Hegel es ausdrückt (Beleg bei Kuhn 1975:7). Für die Römer war die Kreuzigung die »›mors turpissime crucis‹, d. h.: die schändlichste, schimpflichste, schmählichste, aber auch hässlichste, entstellendste sowie unsittlichste und unanständigste, obszönste Todesart.« (Baudler 1997:188).

40 So scharfsinnig Müller 2003:194. Ähnlich Gnilka 1976:124.

»Die urchristliche Gemeinde, die diesen Hymnus angestimmt hat, preist vielmehr ein gleichsam objektives Geschehen, das in dem Weg Jesu Christi zur tröstlichen Realität auch für sie wird. Indem Gott sich zu diesem Erniedrigten bekennt, hat er die deprimierende Normalerfahrung prinzipiell bestritten, dass der Weg der Demut ins Abseits führt.«[41]

Man sieht: Es gibt robuste exegetische Hinweise darauf, dass man diesen zweiten Sinnabschnitt mit dem Begriff PHYSIS betiteln kann – auch wenn das Wort explizit nicht vorkommt. In wenigen Worten verdichtet sich in den Versen 7cd und 8 das Menschsein als Aufgabe, Herausforderung und anspruchsvollen Weg. Der Gottgleiche, der in Strophe 1 noch den Statuswechsel von Gott zu Mensch vollzog, wird nun physisch, körperlich, irdisch, materiell. Das heißt: Er muss seinen Freiheitsentschluss aus Strophe 1 nun unter physischen Bedingungen fortsetzen und realisieren. In unüberbietbarer Klarheit formuliert das die Einheitsübersetzung: »Sein Leben war das eines Menschen.« Mehr nicht. Aber auch nicht weniger. Und für die ›normalen‹ Menschen das Beste, was ihnen passieren kann.

Präzisiert wird dieses ›das Leben eines Menschen‹ im Hymnus negativ. Der Held muss sich erniedrigen, sterben, sogar am Kreuz. Aber mit dem Hymnus über seinen Wortlaut hinaus wird man sagen dürfen: Das ›Leben eines Menschen‹ ist ja nicht nur das. Wird über Jesus gesagt, dass er Mensch wurde und nur deshalb der ›Christus‹ genannt wird, weil er vollends Mensch war, dann wird man alle, auch die positiven anthropologischen Prädikate an Jesus zu konkretisieren haben: Freude und Verdruss, Heiterkeit und Resignation, Entschlussfreude und Ängstlichkeit, Faulheit und Fleiß, Verlangen und Ruhe, Wut und Großzügigkeit usw. Inkarnation heißt ja nicht nur, dass in Jesus der ganze Gott (be)greifbar wird, sondern auch der ganze Mensch. Sagen wir dogmatisch: Keine Aussage über Gott geht an Jesu Menschwerdung vorbei; Gott teilt sich restfrei der Welt mit in seinem Sohn – dann sagen wir ebenfalls: Jesus hat sich restfrei

41 Müller 2003:205.

an die Welt verwiesen. Wer Jesus sieht, sieht nicht nur den Vater (Joh 14,9) – er sieht auch die Welt. Restfrei.

Der ganze Mensch, das volle Leben – man müsste Dichter sein, um so über solch große Themen zu sprechen, dass es sich angemessen würdig und nicht banal anhört. Ich nehme mir einen anderen Weg der didaktischen Veranschaulichung heraus, einen popkulturellen. Schließlich wird auch die Sprache des großen Philipperhymnus, wie gesehen, populär. Und schließlich wird in diesem Buch dafür geworben, das Leben von der Alltagsseite her einzuspielen, von der PHYSIS her. Dazu passt dann doch der sehr physische Fußballsport. In einer seiner legendären Pressekonferenzen brachte der damalige Trainer des FC Bayern, Giovanni Trapattoni, auf den Punkt, dass Fußball keine einfache, sondern eine komplexe Angelegenheit sei. Sein Satz: »Fußball, das ist nicht nur Ding. Das ist Ding-Dang-Dong.«[42]

Diese Weisheit kann man hier gut übertragen. Sagt das Christuslied: »Sein Leben war das eines Menschen«, dann heißt das: Der Sohn Gottes kam in eine komplexe Geschichte hinein. Inkarnation, das ist nicht nur Ding. Menschliches Leben, frei sein (dürfen und müssen), die Lebensleistung bringen: das ist Ding-Dang-Dong.

Der *dynamis*-Teil (V. 9–11)

»Mit V 9 setzt die große Wende ein.«[43] Nahezu alles ändert sich nun: Es wechselt der grammatische Stil. Aus den kurzen Teilsätzen wird jetzt ein einziger großer. Ein anderes Subjekt ergreift die Initiative: Gott (V. 9a). Der bisher so freie, aktive »er« ist ab jetzt ins Passiv gesetzt: etwas passiert an ihm und mit ihm. Die ganze Bewegungsdynamik dreht jetzt in die Erhöhung. Fünffach wird der, der alles gegeben hat, verstärkt und gesteigert:

---

42 Das war 1995. Man findet das Zitat sofort im Web, wenn man eingibt: Trapattoni – Ding.

43 Gnilka 1976:125.

- Ihm wird ein Name ›größer als alle Namen‹ geschenkt (V. 9b). Nur hier taucht im NT auf, dass Jesus einer *charis* zuteilwird, also einer Geistesgabe.[44] Und es ist kein geringes Geschenk, ganz im Gegenteil. Der Hymnus läuft hier sofort zum theologischen Superlativ auf. Denn die Kaskadierung der ›Namen‹ spielt natürlich den Gottesnamen ein, der für die Juden heilig ist.[45] Dieser Befund wird durch die assoziative Zitation zu Jes 45,23 noch enorm exponenziert. Das Motiv der ›gebeugten Knie‹ und der ›bekennenden Zungen‹ dient dort wie an nur wenigen anderen Stellen der scharfen Erklärung der monotheistischen Einzigartigkeit Jahwes. Wenn nun der Hymnus diese hochvirulenten Bilder auf Jesus als Person und als Namen bezieht – wie das in V. 10a geschieht – dann ist damit genau diese Aussage wiederholt: Der, der den Weg der Erniedrigung gegangen ist, ist der, durch den der eine Gott fortan bezeugt sein will. »Gott hat seine Gottheit an diesen Einen übertragen«, so überspitzt es Müller bewusst.[46] »Gott handelt nun nicht mehr anders als durch Christus, er hat seine Herrschaftsausübung an ihn delegiert.«[47]
- Ihm wird höchster und allseitiger Respekt zuteil: Man beugt die Knie und bekennt seine Herrschaft (V. 10). Im religionsgeschichtlichen Hintergrund steht wohl das Zeremoniell einer antiken Herrschaftsinthronisation. Auch hier findet man die Abfolge einer Präsentation (Akt I), einer Proklamation (Akt II) und einer Proskynese (Kniebeugung) und Exhomologese (Bekenntnisruf) als Rituale der Unterwerfung und der Herrschaftsanerkennung (Akt III). Dies sind alles keine Fachbegriffe, die man sich merken muss. Wichtig ist nur, dass das ganze Wortfeld des Herrschers aufgefahren wird.
- Der, der sich bewusst entäußerte und erniedrigte – er soll jetzt herrschen? Worüber? War das Vorhergehende nur Episode? Geht's doch und auch hier nur wieder um den Vorrang? Nein.

---

44 Ebd.
45 Müller 2003:199f; Wojtkowiak 2012:104–106.
46 Müller 2003:202.
47 G. Barth, zit. bei Wojtkowiak 2012:106 (FN 179). Zum Ganzen Gnilka 1976:125–131.

Der Hymnus vergisst in der dritten nicht seine erste und zweite Strophe. Als die, die den neuen Herrscher anerkennen, werden genannt: »alle im Himmel, auf der Erde und unter der Erde« (V. 10).[48] Das sind auf der einen Seite schlicht alle und alles. Alle Bereiche der damaligen Kosmos-Anschauung werden aufgezählt. Auf der anderen Seite geht es um Mächte. Hier muss die komplizierte Debatte über diese ›Mächte‹ – Geistermächte? Astralmächte? Dämonen? usw. – nicht referiert werden.[49] Aber es ist wichtig, diese ›Mächte‹ im Sinne des ganzen Hymnus wieder auf physisches Niveau zu bringen. Offenbar wird erzählt, dass die Wirkung von Mächten gedreht werden konnte. Dem Duktus der Story folgend deutete ja alles darauf hin, dass die zentripetale Kraft des Eigensinns, des Privilegs, der Gotteswürde vorhersehbar wirken wird. Dieser Gottgleiche will sicherlich gottgleich bleiben! Doch die Überraschung ereignet sich: Da ist einer, der sich nicht in den Sog des Normalen nehmen lässt. Da ist einer, der es anders macht. Obwohl starke Mächte an ihm zerren, auch an ihm!, dreht er die Kraft. Er steht über den Mächten, weil er das Heft seines Handelns so an sich nimmt, dass nicht er unter die Wirkung anonymer Mächte gerät, sondern diese ihm zur Ressource werden. Nun verfügt er über sie statt sie über ihn. Genau dieser Umschwung der Kräfte ist DYNAMIS, wie es in Kapitel 8 ausführlich vorgestellt wird.

– Die vierte und die fünfte Steigerung ist zum einen der Titel ›*Kyrios*‹, der auffälligerweise mit dem sozusagen bürgerlichen Namen ›Jesus‹ verknüpft wird. Auch dies ist eine sprachliche Kombination einer übergeschichtlich-ewigen mit einer kontingent historischen Dimension. Der Sohn des Zimmermanns, Jesus von Nazareth, ist *Kyrios* – also Herr der Welt. Und dies ist er andererseits zur Ehre Gottes, des Vaters, wie es abschließend und wohl als doxologisches Gebetsende heißt. Der Akzent ist wieder wichtig, dass Jesus mit dem Vater Herr, *Kyrios* der Welt ist, eben nicht nur der Gemeinde, die ihn kennt, achtet und besingt. Die ganze Zeit, und das ist auch die Sinnspitze unserer

48 Müller 2003:181.

49 Vgl. dazu nur Wojtkowiak 2012:108–113.

Auslegung hier, geht es um genuin irdische Gegebenheiten: um Schöpfung, Realität, Welt – um uns.

Man sieht es deutlich: Diese fünf Steigerungen sind mehr als graduell. Hier geschieht Paradigmatisches. Hier ist Qualitätsumschwung. Der Hymnus drückt auch dies sprachlich sehr sensibel aus. Denn in Vers 9, dem Beginn des Abschnitts, steht nicht einfach: »Darum hat ihn Gott über alle erhöht.« Wörtlich heißt es: Gott hat ihn ›*über*erhöht‹[50]. Wieder eine Überraschung also: Gott gibt weit mehr, als man auch hier denken konnte. Wieder wird ein Maß nicht nur überschritten; es wird ein neues Maß gefunden. Innovationstheoretisch würde man sagen: Der Hymnus präsentiert Disruptionen. Das, was man kannte, wird nicht irgendwie virtuos bedient. Vielmehr werden die Regeln neu geschrieben.

Fazit der Auslegung

Schaut man nun im Ganzen auf die exegetischen Ergebnisse, so ergibt sich ein sowohl formal wie sprachlich wie inhaltlich brillant präsentiertes Anliegen des Philipperhymnus. Hier wird die alte und zum Überdruss bekannte Geschichte des Kreislaufs aus ›Erniedrigung und Erhöhung‹ neu erzählt. Wie die Geschichte normal ausgeht, weiß man aus dem eigenen Alltag: Irgendwann kommt immer einer um die Ecke, der kann mehr, der hat mehr, der weiß mehr, der kennt mehr, der hat mehr zu sagen. Und der nimmt sich, was er kriegen kann. Warum auch nicht: ist ja ein gefundenes Fressen. (Würde man selbst es anders machen?) Ist er höflich, lässt er die Nutzung der eigenen Privilegien die Untergebutterten nicht so merken. Ist er (oder sie) zynisch, werden diese noch verlacht.

Der Alltag erzählt die Spirale aus ›Erniedrigung und Erhöhung‹ eindimensional. *The winner takes it all*. Die Klugheitsregel sagt: Sieh zu, dass Du auch mal der *winner* bist. Und dann nimm‹ Dir, was Dir zusteht. Denn naiv ist, wer glaubt, er bleibe immer oben. Noch naiver, wer hofft, es käme mal ein *winner*, der zugunsten der Gesamtlage auf seine Beute verzichtet.

---

50 Müller 2003:181.

Denn, und hier wird es grundsätzlich: Das ganze Leben ist so angelegt: wenige oben, viele unten. Wenn man so will: Die Evolution gibt das vor. So krude ist das nicht, mit Darwin den *survival of the fittest, fastest and richest* festzustellen. Man erlebt es einfach zu oft. Was auch heißt: Machst Du es anders – träumst Du es anders –, hast Du die Weltordnung gegen Dich.

Hier setzt der Hymnus an. Er bestreitet vehement die unterstellte Alternativlosigkeit dieser sogenannten Grundordnung. Und er erzählt die Geschichte von einem, der es tatsächlich anders macht, der damit – gänzlich unerwartbar! – ungeahnte Macht gewinnt, und mit dem es daher dann anders werden kann, wenn man es auch so macht.

Dieses Lied rund um Erniedrigung und Erhöhung performt einen doppelten Niedergang, der gerade nicht zur beschämenden Unterwerfung degeneriert. So kannte man es von den römischen Kaisern. Hier ist es anders: Weder der persönliche Weg des ›Einen‹ noch die Kapitulation der ›Mächte‹ führen in die Selbst- bzw. Fremdbeschädigung. Vielmehr kommt es zu einer neuen Ordnung der Kräfte. Jemand dreht das Übliche. Und es zeigt sich, dass diese Drehung eben nicht widernormal und gegen die Logik ist, sondern dass diese mit ihr stark werden kann.

Viele exegetische Stimmen sehen deswegen die Sinnspitze des Hymnus nicht im Christologischen – so sehr sich das aufdrängen mag. Es geht vielmehr um das Kosmische, Welthafte, Reale, das sich in der Betrachtung des Weges Jesu zeigt. Mit eindrücklichen Worten gibt es Dieter Georgi so wieder: Hier, in diesem unorthodoxen Weg Jesu, ereigne sich die »Weltwerdung der Welt«: die Welt werde zu sich befreit.[51] Ähnlich formuliert Ulrich Müller: »Gott setzt bei Jesus ausdrücklich in Kraft, dass, wer sich selbst erniedrigt, erhöht wird. Die Ordnung ausgleichender Gerechtigkeit kommt neu zur Geltung.«[52] Hier geht es nicht um ein Einzelschicksal, »sondern im Gegenteil [um, MS] ein Geschehen, das der deprimierenden Erfahrung von Zufall

51 Georgi, Dieter: Der vorpaulinische Hymnus, 291; zit. bei Gnilka 1976:143.
52 Müller 2003:199; die beiden folgenden Zitate ebd.: 201.205

und Willkür endgültig widerspricht.« »Entgegen menschlicher Skepsis führt diese äußerste Selbsterniedrigung nicht zum Scheitern. Gott selbst (...) demonstriert an diesem Einen, dass nicht blinder Zufall und ungerechtes Schicksal die Oberhand behalten, sondern das Gesetz gerechter, d. h. ausgleichender Weltordnung Gültigkeit hat.«

Georgi sieht wie andere, etwa Müller, Wojtkowiak oder Brucker,[53] den Hymnus in der Tradition der alttestamentlichen Weisheitsliteratur. Skeptischer ist da Gnilka. Aber auch er interpretiert den Hymnus weniger als einzelne Christus- denn als potenziell allgemeine Lebensgeschichte: Es geschieht nichts anderes »als die die Welt verändernde Tat.«[54] »Die Erniedrigung bedeutet die gehorsame Anerkennung der kontingenten menschlichen Existenz.«

Einordnung in den Gesamtgedanken des Buches

Die oben genannten vier Pflichten der Auslegung sind damit eingelöst:[55]

- Das Christuslied kann als ein Text gelesen werden, der Realität und Alltag deutet. Denn er aktualisiert an entscheidenden Stellen die kosmische Dimension, um geschichtlich zu werden. Ja, mitunter wird er sogar populärsprachlich. Der Hymnus zeigt etwas, was genau deswegen im Alltag gilt, weil es in der höchsten Ordnung der Wirklichkeit schon angelegt ist.
- Thematisiert werden drei Motive eines Weges. Der Textaufbau zeigt deutlich drei voneinander abgrenzbare Sinnabschnitte. Jedes Drittel transportiert eine eigene, in sich stehende Aussage.
- Wer diesen Weg geht, hat Anspruch auf dieselbe Überraschung wie die, die geschildert wird. Denn die ›Weisheit‹, die im religionsgeschichtlichen Hintergrund steht, behauptet eine Schöp-

53 Vgl. Brucker 1997:315; Müller 2003:190–192.196–205; Wojtkowiak 2012:100; Gnilka 1976:142f.

54 Gnilka 1976:118; das folgende Zitat ebd.:142.

55 Vgl. oben in 5.2. unter ›Die leitende These der folgenden Auslegung‹.

fungs- als Heilsordnung – die also für alle gilt. Soteriologisch wird betont: Erlöst wird nicht von der Welt, sondern in ihr.[56] Im eigenen schnöden Alltag kann man die großen Linien der Schöpfung freilegen, wenn man bestimmte zentrale Lebensklugheiten beachtet.

- Das heißt auch: Für all das geht es weniger um die religiöse Anerkennung Jesu als um den Willen, sich in den drei genannten Motiven zu trainieren. Gegen den ersten Anschein ruft der Text gerade nicht linear dazu auf, wie Jesus zu sein und ihn zu imitieren. Vielmehr wird gezeigt, dass Jesus einen Raum von Wirklichkeit erschlossen hat, in dem neue Lebensmöglichkeiten sichtbar werden. Nicht die *imitatio* Jesu ist die Sinnrichtung des Textes, so wie Paulus ihn hier bietet, sondern die *imitatio* einer bestimmten PHRONESIS.

Trotzdem bleibt es natürlich dabei: Es ist einfach ein Text. Und ob es eine große Schöpfung gibt, diese gut ist und man sich ihrer vorgeblich guten Logik anvertrauen kann, ist erst einmal nur eine große und auch vollmundige Behauptung. Mag schon sein, dass da jemand die ›Mächte‹ der Trägheit, Zerstörung und Depression so gedreht hat, dass ihr Energiepotenzial sich nicht mehr gegen unsereinen wendet – aber es gibt eine Menge Leute, die viel versprechen.

Das stimmt: Wie jeder andere ernst gemeinte Text kann auch der Philipperhymnus nur für seine Wahrheit werben, und mehr nicht. Anders als viele andere Texte aber drücken diese paar Zeilen aus dem ersten Jahrhundert etwas aus, was seitdem Millionen von Menschen inspiriert und mit Lebensgewinn versorgt hat. Ob sie den Text überhaupt kennen oder nicht, ob sie ihn mit Gott verbinden oder nicht, spielt für seine Wahrheit keine Rolle. Denn, wie gesehen, darum geht es ihm gar nicht.

Viele, aber nicht alle, die hier gemeint sind, nennen sich Christ:innen. Es ist diese Dreierdynamik, die ihre geistliche Lebensklugheit ausmacht. Es ist diese Dreierdynamik, die ihre Festkultur bestimmt, ihre Gebete, ihre Lehre, ihre Moral. Es ist

56 Ein Dank an Björn Szymanowski für diesen Hinweis.

dieser Mut, sich der Welt zu stellen *(PHYSIS)* und über die eigenen Grenzen zu gehen *(KENOSIS)*, die ihnen diese umwälzende Entdeckung eingebracht hat: dass es eine schöpferische Weltkraft gibt, die aus diesem Mut etwas Steigerndes macht (DYNAMIS).

Christ:innen beziehen sich dabei auf das Leben des Jesus von Nazareth. Ihre PHRONESIS wird zur Erkenntnis und zum Bekenntnis, dass man Gott erfahren kann, wenn man so lebt. Und sie bauen aus dem dreistufigen Weg eine ganze religiöse Kultur. Dies ist es, was fehlt, wenn sie fehlen.

Aber: Die Dynamis ist nicht ihr Besitz. Nicht-Christ:innen haben andere Inspirationsquellen. Der Weg beider kann sehr ähnlich sein. Das zeigen die nächsten drei Kapitel: Wer engagiert lebt und sich dabei so in das Heil anderer investiert, dass sich eine gute Ordnung für alle ergäbe, der kennt den Dreiklang des Philipperhymnus. Ja, der singt ihn. Und der wird mehr und mehr Motivation zeigen, sich in diesen drei Kompetenzen zu trainieren: PHYSIS, KENOSIS und DYNAMIS.

5.3. Zur Aufbaulogik der drei Kompetenzkapitel

Die folgenden drei Kapitel verlassen den Philipperhymnus wieder. Denn man lebt keine Texte; man lebt die Wahrheit, die sie bezeugen. Und ob es eine bedeutsame Wahrheit ist, kann am besten die Belastung durch das investierte Leben zeigen.

Alle Kapitel sind gleich aufgebaut, und zwar in drei Schritten. Die Intention ist dabei immer, das Lebenskluge der drei herausgearbeiteten großen Motive sichtbar werden zu lassen. Es geht darum meistens sehr anschaulich zu.

- Im jeweils ersten Schritt (6.1., 7.1. und 8.1.) wird ein Startpunkt aus dem Alltag markiert. Das, was sich als Lebensklugheit anbietet, muss auch vom Bedarf her unmittelbar verständlich sein. Die Ausführungen unter diesen Ziffern blenden alltagspraktisch ein, warum man oft davonlaufen möchte (zu PHYSIS); warum Hingabe keineswegs leicht ist (zu KENOSIS); und warum man Kraft von außen braucht (zu DYNAMIS).

- Im jeweils zweiten Schritt (6.2., 7.2. und 8.2.) wird der griechische Wortbefund geklärt. Es wird also Philologie betrieben, und das dreifach. Was weiß man zur allgemeinen Wortbedeutung von *physis*, *kenosis* und *dynamis*? Wie benutzen das Alte und das Neue Testament diese Begriffe? Und wie tauchen sie konkret im Christushymnus auf? Außerdem geht es um erste Übersetzungshilfen in unsere Gegenwartssprache.
  Manches mag hier wie ein Nachklapp zum exegetischen Kapitel Nummer 5 wirken. So ist es aber nicht gemeint. Zum einen zeigen die etymologischen Beobachtungen noch einmal recht überraschende Akzente, die die Farbigkeit des Programms erhöhen. Zum anderen ist es ja auch im Alltag so: Trifft man eine, die erklärt, dass sie jetzt immer zum Hata-Yoga geht, wird sie sicher auch gefragt, was denn der Unterschied zum ›normalen‹ Yoga sein soll. Schon muss man erklären. Ganz ähnlich wird in diesem Buch dafür geworben, die drei großen Motive als Kompetenzen zu identifizieren und zu trainieren. Und da wird man sehen: PHYSIS ist wirklich und schon vom Begriff her etwas anderes als DYNAMIS oder KENOSIS – auch wenn alles zusammengehört.
- Im jeweils dritten Schritt (6.3., 7.3. und 8.3.) kommen unsere drei Expert:innen zu Wort. Hier vor allem wird eingelöst, was am Anfang von Kapitel 1.2. mit der Entdeckung von Spiritualität als ›theologischer Ort‹ angekündigt wurde. Die Schriften dreier enorm produktiver Menschen werden auf unser Interesse an Lebensklugheit hin ausgewertet. Man wird sehen, dass jede:r der drei eine eigene und jeweils akzentuierte Lesart des Christseins für sich gefunden und für andere zugänglich gemacht hat. Es zeigt sich die Ausprägung einer markanten PHYSIS-Spiritualität bei Dietrich Bonhoeffer, einer präzisen KENOSIS-Spiritualität bei Chiara Lubich und einer virtuosen DYNAMIS-Spiritualität bei Madeleine Delbrêl.
- Diese Abschnitte sind auch die längsten der drei Kapitel. Zunächst werden relevante biografische Notizen (6.3.1., 7.3.1., 8.3.1./8.3.2.) weitergegeben, dies jeweils unter einem bezeichnenden Claim: »Gefangen und geblieben« (Dietrich Bonhoeffer); »Wir haben an die Liebe geglaubt« (Chiara Lubich);

»Fliegende Blätter« und »Gewalttätige Konversion« (Madeleine Delbrêl). Danach (6.3.2., 7.3.2., 8.3.4.) folgen praktische Entfaltungen der jeweiligen Klugheitskonzepte. Diese Entfaltungen enthalten vor allem Übungen, Tipps und handlungsmotivierende Reflexionen. Damit schließen sich die Ausführungen an die alte Einsicht religiöser Lehren an, dass man nichts lernt, wenn man es nicht tut. Das altehrwürdige Wort ›Exerzitien‹ heißt übersetzt ›geistliche Übungen‹. Dies ernstnehmend übertragen wir daher die Tipps der drei Expert:innen in das große Metaphernfeld des Trainingscenters und des Fitness-Parcours.

- Kleinere Abweichungen von der Gliederungssystematik macht das Delbrêl-Kapitel 8. Trotzdem wird man die Grundgliederung auch hier unschwer wiedererkennen. Es gibt nur einen Einschub mit einem Unterkapitel 8.3., den die anderen Kapitel nicht brauchten. Der Grund ist der, dass man erhöhten Erklärungsbedarf hat, wenn man die eigentlich passive Dimension der ›Aufnahme externer Kraft‹ als aktive Kompetenz beschreibt. Unter 8.3. werden sozialphilosophische und theologische Argumente hierfür geboten.
- Die Länge der drei Kapitel ist auch in dem Projekt begründet, möglichst oft die Originalsprache der drei erlebbar zu machen. Alle drei Trainer:innen sind Sprachkünstler:innen. Irgendwann einmal wird man den Zusammenhang von geistlicher Größe und außerordentlicher Sprachkraft systematisch erforschen müssen. Auch über die Grenzen der Fremdsprachen und der Übersetzung hinweg soll aufscheinen, wie originell, intim, konkret, ausstrahlend und einladend unser Trio sprechen und schreiben konnte.

Die drei Kompetenz-Kapitel sind vor allem Einladungen in drei Biografien und drei geistliche Landschaften. Denn es geht ums Leben; und da ist nichts überzeugender als das gelebte und erzählte Leben der Anderen. Mit dem schönen Gedicht »Gastfreundschaft« des früheren Aachener Bischofs Klaus Hemmerle – selbst ein Großer christlicher Spiritualität – kann man diese Lektüreeinladung so beschreiben:

»Tritt durch den Spalt,
atme die Ordnung,
lerne am Herd
die Würde des Gastes
Und empfang
in der Fülle der Gaben
deren königliche:
Anvertrautes Leid.«[57]

57 Hemmerle 1994. Nur am Rande: Auch in diesem Gedicht ist der Dreiklang findbar: PHYSIS = atme die Ordnung, lerne am Herd, die Würde des Gastes; KENOSIS= tritt durch den Spalt; DYNAMIS = empfange.

6. PHYSIS als Kompetenz, oder: Immer weniger wegrennen müssen

6.1. *Startpunkt aus dem Alltag*

Hinführung

Für die erste der drei Kompetenzdimensionen christlicher Klugheit sei hier der Begriff PHYSIS vorgeschlagen. Wer geistlich klug lebt, lebt PHYSIS. Dieses Wort soll das Label abgeben für alles, was wir mit der Kompetenz verbinden, sich in die Wirklichkeit zu stellen; ihr gemäß zu agieren; sich in der gegebenen Welt zu bewähren; Geschichte zu machen; kurz: für das Geschenk, im eigenen Leben immer weniger wegrennen zu müssen. Alltagssprachlich geht es um solche Ressourcen wie Realismus, Standhaftigkeit, Widerstandsfähigkeit, Beharrlichkeit, Resilienz, aber auch: Treue, Pflichtgefühl, Verlässlichkeit, Mut. Und spätestens jetzt wird der Spott nicht zu halten sein: Uff, er empfiehlt dem Leben die ›deutschen Tugenden‹, und das in Reinform – wie verstaubt ist das denn? Man mag sich das ja für das Spiel der deutschen Fußballnationalmannschaft wünschen, dass sie all das auf den Platz bringt: aber sonst?

Tja, die Attacke ist kaum abzuwehren. Zumal ich tatsächlich im Fußball besonders die Mannschaften mag, die im Verbund mit ihrer Fairness die berühmte ›englische Härte‹ aufweisen – um mal einen anderen Länderkontext aufzurufen. Tatsächlich soll hier dafür geworben werden, dass christliche PHRONESIS genau zu solchen Tugenden wie die oben gelisteten befähigt und motiviert.

Der Unterschied zu dem drohenden und auch mich langweiligenden Sittenbild des treuen, kleinteiligen, biederen Beamten liegt in der Ausrichtung auf ein bestimmtes Ziel. Es geht im Christsein eben nicht um die Pflicht, die Standhaftigkeit, die Verlässlichkeit usw. *an sich*, sondern um die Fähigkeit zur Liebe zu einer begrenzten, beschädigten, immer nur vorläufigen Welt. Der Gedankengang ist also umgekehrt zu lesen und lautet dann:

Wer sich und sein Dasein in voller Form annehmen können will, wer ihm nicht chronisch ausweichen will, wer es nehmen will, wie's kommt – der braucht (auch) die oben erwähnten Ressourcen; der braucht jenen bestimmten Kampfgeist, den wir hier als *physis* bezeichnen wollen.

Der Text, der zur Erklärung dieses Ziels zu schreiben ist, wird es nun schwer haben. Denn es gilt, etwas Großes zu benennen, das jede:r kennt, und das unser Leben schon prägt, bevor wir ins Detail konkreter Lebensführung gehen. Solche Reflexionen über ›das Leben‹ und solche Appelle an ein Wir-Gefühl vor der großen unbekannten Tatsache namens ›Leben‹ kippen sehr schnell in seitliche Gräben. Und das noch flotter, wenn Theolog:innen sich äußern. Entweder degeneriert das dann zu oberflächlichen Kalendersprüchen, die man sich auch sparen könnte. Oder sie kommen so philosophisch elaboriert daher, dass das, was angeblich alle prägt, nur für wenige verstehbar bleibt. Oder es wird unangenehm moralisch. Der Ton wird mahnend, beschwörend, pädagogisierend, er wirbt um die Anerkennung guter Menschen durch gute Menschen. Man liest es und fragt sich: Wer hat den Sprecher gebeten, mir hier etwas über das Leben zu predigen? Vierter Graben: Der Text wird *en passant* gelesen, will auch an sich eher locker und unterhaltend sein – und führt dann unerwartet in eine biografische Tiefe, die man tatsächlich kennt, die aber mit Leid, Schmerz und bösen Verletzungen verbunden ist. Und das befremdet die Lektüre.

Geht es um PHYSIS und um das, worauf sich diese Kompetenz von Lebensklugheit bezieht, kann ich, so wie das Buch sich aufgebaut hat, wohl keinen der vier Gräben ersparen. Denn das Thema ist ein wirklich ernstes (Graben 4) und es ruft tatsächlich etwas Moralisches auf (Graben 3): nämlich die Frage, wie ehrlich man leben will. Trotzdem steht es auch in einem klaren Alltagszusammenhang und kann durchaus sehr treffend von Kalendersprüchen und Volksweisheiten erkannt werden (Graben 1). Und um alles gut darzustellen, müsste man eigentlich geisteswissenschaftlich richtig ausholen oder sich mindestens auf die großen Entwürfe beziehen, die dazu von großen Geistern vorliegen (Graben 2). Genau das aber würde dieses Buch hier sprengen.

Wir sind schon mitten im Thema: der mangelnden Entsprechung von dem, was es bräuchte, zu dem, was es gibt. Als Autor PHYSIS zu leben, bedeutet nun, diese Vorrede zu beenden und sich der Tatsache zu stellen, dass man eben nur vielleicht ans Ziel kommt. Immerhin hat man die Leser:innen gewarnt. Umgekehrt greift aber schon die erste Volksweisheit, diesmal aus dem Eishockey: »*You miss 100% of the shots you don't take.*«[1]

Nüchterne Erkenntnis: Die Welt hält nicht, was sie verspricht

Das Ziel dessen, was man mit PHYSIS erreicht, ist die Akzeptanz einer bestimmten anthropologischen Grundsituation. Sie besteht im Missverhältnis zwischen dem, was man will, braucht und kann, und dem, was man bekommt. Der Mensch ist das Wesen der Möglichkeit. Vor allem, weil er sich in dieser Welt nicht mit Instinkten, sondern mit Symbolen orientiert, ist er in Differenz zu ihr. Das aber zieht nach sich, dass er sich immer ein Mehr an Sein denken, ausmalen und wünschen kann, als das Leben ihm real ermöglicht. Diesen Grundwiderspruch muss man irgendwie aushalten, gestalten oder überwinden – jedenfalls muss man sich zu ihm verhalten.

Am bekanntesten ist das Problem vielleicht im sozialen Bereich. »Nachbars Wiesen sind immer grüner«, heißt es. Seltsamerweise kennen wir immer jemanden, der genau das mehr hat, besser kann oder weniger erleidet, was wir uns gerade wünschen. Es kann sogar den Anschein haben, dass wir überhaupt erst durch das Glück des Anderen auf zwei Ideen kommen: dass es uns fehlt; und dass es eigentlich nichts Erstrebenswerteres gibt als genau das, was der Andere hat. Es ist seltsam.

Die Übertragung auf den umfassenderen weltanschaulichen Bereich kann man wiederum mit einem Spruch illustrieren. Er stammt vom koreanischen Videokünstler Nam June Paik (1932–2006) und lautet: »Wenn zu perfekt, liebe Gott böse«. Ein lustiger Satz, der es übrigens in sich hat, wenn man ihn genau ana-

1 Der Spruch wird der us-amerikanischen Eishockeylegende Wayne Gretzky zugeschrieben.

lysiert. Paik greift hier zum hintergründigen Humor, weil man über das lachen sollte, was einen auch ängstigen kann. Denn es ändert nichts: Als Mensch steht man in der paradoxen Grundsituation, das Vollkommene in genau demselben Maß wollen zu müssen wie es sich im Annähern auch wieder entzieht. Der Wunsch nach Perfektion ist hochgradig verständlich. Er muss auch sein, da er die Höchstleistungen der Kultur antreibt wie nichts sonst. Aber: Er zerstört den, der sich ihm verschreibt. Es scheint so, als sei der Mensch schlicht nicht für Perfektion gebaut. Wer immer ihn konstruiert haben mag: Die Schrauben, Nieten und Rädchen haben Sollbruchstellen.

Schon die Paradieserzählung der Genesis hat das hier Skizzierte in so unvergängliche Bildersprache gekleidet, dass vielzitierte Weltliteratur entstand: Wegen seiner Konstitution als Symbolwesen ist der Mensch sozusagen dazu verurteilt, in sich mehr Vollkommenheit denken und wollen zu können, als er nach außen realisieren kann oder realisiert findet. In ihm wohnt etwas (im Bild der Genesis: die Schlange), das ihn permanent darauf hinweist, wie er gerade eine bestimmte Möglichkeit *nicht* realisiert (»Hat Gott wirklich gesagt: Ihr dürft von keinem Baum des Gartens essen?«) Und, um den Zwang noch zu steigern: Genau das, was noch nicht realisiert ist, scheint immer attraktiver zu sein als das, was man hat. (»Da sah die Frau, dass es köstlich wäre, von dem Baum zu essen, dass der Baum eine Augenweide war und begehrenswert war, um klug zu werden.«)

Um klug zu werden – da haben wir unser Stichwort. Weiter oben in Kapitel 5 wurde ja schon hergeleitet, dass die griechische Bibel diese Passagen rund um die ›kluge Schlange‹ mit dem Wortfeld rund um *phronesis* versprachlicht. Ja, natürlich will man als Mensch klug werden – und das gilt nicht nur für Eva, sondern auch für Adam. Leben nach dem ›Sündenfall‹ heißt offenbar, dass man damit fertig werden muss, in einer Welt zu leben, in der nicht die eigene Bedürfnisstärke das Maß dafür abgibt, was sich real ereignet. Unklug wäre es, den Wunsch nach vollkommener Wirklichkeit zu leugnen. Man verlöre einen sehr starken Motor. Unklug wäre es, das Bedürfnis nach dem ganz Wahren, Schönen und Guten in sich abzutöten. Man würde Großes in sich verletzen. Unklug wäre es aber auch, so zu tun und so zu leben, als wäre die vollkommene Welt erreichbar. Wer das tut, überfordert sich und auch die Anderen derart, dass er wiederum dazu beiträgt, die Welt unvollkommener zu machen.

Man sieht: Dieses Grunddilemma kann uns an der Oberfläche erreichen oder ganz tief. Man kann seufzen und mit dem bekannten Spruch sagen: »Gib mir die Gelassenheit, Dinge hinzunehmen, die ich nicht ändern kann, den Mut, Dinge zu ändern, die ich ändern kann, und die Weisheit, das eine vom anderen zu unterscheiden.« In diesem Gebet liegt enorme Klugheit; es ist eine der präzisesten Konkretionen, was PHYSIS meint, jedenfalls wenn daraus der Mut zur handelnden Wirklichkeitsgestaltung resultiert.

Man kann aber an der Grundsituation auch irregehen und zutiefst verstört über die Tatsache sein, dass man in einer Welt lebt, die mich durch meine ontologische Konstitution eine Welt ersehnen lässt, die es schlicht nicht gibt. »Glück schreibt mit unsichtbarer Tinte«, soll Woody Allen mal gesagt haben. Der Philosoph Albert Camus hat bekanntlich genau das als »Absurdität« bezeichnet: »Das Absurde entsteht aus dieser Gegenüberstellung des Menschen, der fragt, und der Welt, die vernunftwidrig schweigt.«[2] Und es ist kein Wunder, dass sich auffällig viele Großentwürfe der gegenwärtigen systematischen Theologie so zustimmend auf den französischen Existenzialisten und Moralisten beziehen.[3]

Eines der klügsten Bücher zum anthropologischen Grunddilemma ist die kleine Schöpfungstheologie des Kölner Theologen Hans-Joachim Höhn mit dem schlichten Titel »zustimmen«.[4] Hier wird das Beschriebene mit konziser Analytik greifbar. So diagnostiziert Höhn eine »›Deckungslücke‹ von Sinnideal und Sinnrealität« und zitiert F.H. Wetz: Der Mensch muss »mit einer Wirklichkeit fertig werden, die sich nicht nur gleichgültig

2 Camus 1990:29.

3 Vgl. nur Pröpper 2015:36–42 und die ganze Exposition seiner Anthropologie; Verweyen 1993; sekundär auch Bauer 2017:362 und Bauer 2019.

4 Vgl. Höhn 2001. Das folgende Zitat ebd.:16.

gegen sein Dasein verhält, sondern es auch noch als absolut unerheblich und nichtig in Erscheinung treten lässt.«[5] Höhn zeigt im Verlauf des Buches überzeugend, dass die Schöpfungsmythen des Judentums/Christentums vor allem eines sein wollen: Befähigungen zur Weltzustimmung, Motivationen zur Wirklichkeitsakzeptanz – und zwar ohne resignierte Unterwürfigkeit oder prometheischen Trotz.

Große Zusammenhänge. Man merkt: Sowohl in der Alltags- wie in der ganzen Existenzsituation wird es am Ende darauf hinauslaufen, wie man es anstellt. Das Nachdenken und Nachsinnen ist wichtig – vor allem, wenn es einen wirklich ins biografische Mark trifft, dass die Welt sich als absurd erweist. Wenn tiefe Enttäuschungen greifen, wenn die Träume zerplatzen, wenn zu vieles an Möglichkeiten nicht realisiert werden darf, und wenn der metaphysische Zweifel zuschlägt, wird man den Humor von Nam June Paik zwar brauchen, aber kaum aufbringen. Worüber wir hier schreiben, ist ernst. Und man kommt dem Ganzen nur handelnd bei. Nicht im Nachdenken, sondern im Existieren liegt die Bewährungsprobe.

PHYSIS als Dimension von Lebensklugheit – auch für die Anderen

Darum geht es um Klugheit. Jedes Konzept von Lebenskunst und selbstbestimmter Lebensführung muss sich eine Empfehlung dazu einfallen lassen, wie man den skizzierten Grundwiderspruch leben kann. Mit den Worten von Hans-Joachim Höhn: Wie kann man einer Welt zustimmen, die mir etwas und oft sogar das Wesentliche schuldig bleibt? In eigenen, einfacheren Worten: Warum bin ich ein Auto, für das keine Straße passend ist? Warum meldet sich mein neuer Lieblingswunsch bereits beim Auspacken der Geschenke? Und umgekehrt: Warum fehlt auch dann etwas, wenn man vermeintlich alles hat? Wie lebt man den

5 Ebd.:17 unter Bezug auf Wetz, Franz J., Die Kunst der Resignation, Stuttgart 2000, 43. Vgl. auch die frühere Studie mit direktem Bezug zu Bonhoeffer Höhn 1996.

nagenden, bohrenden, stichelnden Gegensatz aus Begehren und Ergebnis, Möglichkeit und Erfüllung?

Es wäre möglich, die großen Konzepte der Lebenskunstphilosophie und auch der religiösen Lehren darauf zu scannen, wie sie diese Fragen konzeptionell beantworten: den achtteiligen Pfad des Verlierens der Buddhist:innen, die nüchterne Seelenruhe der antiken Stoa, das Kapitulationskonzept der ›Anonymen Alkoholiker‹, die Empfehlung der Sinn-Diät von Odo Marquard oder die Kreislaufmystik der afrikanischen Vitalist:innen. Fakt ist: Man braucht einen Tipp. Wie lerne ich ›zustimmen‹? Was bedeutet praktisch und für mich: sich selbst und die Welt annehmen können? Und was passiert eigentlich, wenn ich mir die Mühe spare?

Diese letzte Wendung der Frage ist keineswegs banal. Sie erweitert das Themenspektrum um eine zweite Überlegung. Denn es ist darauf zu verweisen, dass das Ignorieren des Dilemmas den Befund steigert statt lindert. Der Widerspruch aus Bedürfen und Bekommen ist nämlich handlungsaktiv. Das bedeutet: Gerade wer ihn verleugnet, wird seiner Dynamik ausgeliefert.

Schnell ersichtlich ist, dass sofort andere Leute davon negativ betroffen werden, wenn jemand für sich keine kluge Lösung des Dilemmas findet. Unsere vielen gesellschaftlichen Leitideen von erwachsenem, mündigem Leben, von Selbstbestimmung und Selbstführung sind normative Erwartungen daran, dass eine Person welchen Weg auch immer für sich gefunden hat, den aufgezeigten Widerspruch zu leben. In der so lakonischen Sprache der Psychologie nennt man das dann etwa die zu erzielende »Balance aus Impulsstärke und Impulskontrolle«, »*sense of coherence*«, »Ambiguitätstoleranz« oder »Kompensationskompetenz«. Wie auch immer: Wer als erwachsen gelten will, muss das hinkriegen.

Denn die möglichen Deformationen einer Nicht-Integration sind zahlreich. Wer keine kreative Zustimmung zur nicht-idealen Welt oder wer keinen konstruktiven Weg der Widerspruchslinderung findet, wird energetisch umgelenkt. Mit einem alten Wort: Man wird lebensuntüchtig. Man kann seine Lebensleistung nicht mehr richtig bringen. Und das ist fatal für alle. Die Konzentration geht dann entweder auf Verleugnung der Wirklichkeit in Formen von Realitätsflucht, Illusion, Träumerei, Sucht, Hobbyismus,

Vermeidungsaggression, Eskapismus oder Ähnlichem. Oder sie geht auf komplette Selbstüberforderung in Formen von napoleonischer Selbstüberschätzung, hypertrophierendem Anspruchsverhalten, tyrannischem Perfektionismus, *Burn-out*-Depressionen, Kontroll- und Herrschaftssucht usw. In beiden Fällen nimmt das schnell pathologische Züge der Selbstzerstörung an. Und: Andere Menschen werden zur Manövriermasse des eigenen Defizits an existenzieller Balance. Sie müssen stützen, helfen, trösten, verstehen, nachsehen, verzeihen, erdulden, verzichten. Freiheit kann ihnen nicht mehr gewährt werden. Sie investieren in ein schwarzes Loch. Und: Die Energie des Geflüchteten steht ihnen nicht mehr zu ihrer Verfügung.

Lange Rede, kurzer Sinn: Es ist offenbar ein wichtiges Lebensziel, sich mit der Tatsache der eigenen Nicht-Passung zur Welt ins Benehmen zu setzen. Auch das ist eine alte Sprechweise; sie hat aber Klang. Das ›setzen‹ weist hin auf einen für alle gut erträglichen Zustand. Und das ›nehmen‹ darauf, dass man Wesentliches nicht aus sich heraus erzeugen muss, sondern bekommt. Die ganze Formulierung aber ist aktivisch: Man muss schon etwas tun, um das Begehrte zu erhalten. Von nichts kommt auch hier nichts.

Die positive Lesart lautet: Man kann lernen, immer weniger wegrennen zu müssen. Es gibt kreative Varianten, über die das Leben als Mensch trotz der anthropologischen Grundsituation kein energetisches Nullsummenspiel sein muss, an dem man sich wechselseitig abnutzt und erschöpft. Sondern es gibt auch den Steigerungszusammenhang: Je mehr Dilemma, desto mehr Potenzial. Religionen und Lehren haben Wege gefunden, mit denen das Dilemma nicht nur ertragen, sondern sogar gestaltet wird. Soll heißen: Die Welle ist da; und unklug die, die sie leugnen. Aber wer sagt, dass sie über Dir zusammenschlagen muss? Vielleicht kann man sie auch surfen.

Dies jedenfalls ist der Vorschlag christlicher Lebensklugheit. Was fehlt, wenn die Christ:innen fehlen, ist eine Variante von Lebensklugheit, mit der die Widersprüchlichkeit der Wirklichkeit in eine kreative Energie der Weltgestaltung umgewandelt wird. Dies ist das Programm aus PHYSIS, KENOSIS und DY-

NAMIS. Am Beginn steht dabei immer das Bemühen um aktive Weltannahme, um Weltzustimmung, trotz ihrer Absurdität. Das ist PHYSIS. Und PHYSIS sagt als Erstes: Es muss nicht der christliche Weg sein. Aber finde aktiv einen, der Dir und Deinen Leuten das Dilemma aus Begehren und Bekommen zur Chance macht statt zum Verhängnis.

6.2. Physis: Ein bedeutungsreicher griechischer Begriff

Physis bedeutet mit den Worten des Philipperbriefes und seinem Hymnus als unserem biblischen Leittext: am Leben eines Menschen nicht vorbeizuleben – also sich der anthropologischen Grundsituation zu stellen und den eigenen Standort in ihr einzunehmen. Der Begriff ist nicht dem Wortlaut nach im Hymnus des Philipperbriefes genannt. Dem Sinn nach aber wird dem biblischen Text voll entsprochen. Wir beziehen uns auf den in Kapitel 5 eingehend betrachteten Vers 7 des Christusliedes: Er [Christus] wurde den Menschen gleich. Sein Leben war das eines Menschen.

Hier, im Hymnus ist das christologisch gemeint. Mein Vorschlag lautet aber, nicht lange bei diesem Spezialfall zu verbleiben und zu betrachten, was es für einen als Gottessohn Verehrten heißt, das Leben eines Menschen zu führen. Das ist schon sehr steil. Mich (und hoffentlich: uns) interessiert doch wohl mehr, was es für einen Menschen heißt. Und da macht der ganze Duktus des Hymnus, schnell klar, dass es nicht um eine abstrakte philosophische Transformation geht, sondern um eine sehr reale. Schließlich ist der zitierte Teil von Vers 7 eingeklammert von zwei starken und eigentlich verstörenden Hinweisen. Vorher heißt es: Er wurde wie ein Sklave; nachher: Er erniedrigte sich und wurde gehorsam. Alle drei Textteile zusammen errichten also den Sinnzusammenhang, dass ›das Leben eines Menschen zu führen‹ bedeutet, nicht vor den Zumutungen des Existierens wegzurennen, sondern sich in den Dienst einer Aufgabe zu stellen; gehorsam zu sein in dem Sinn, als man konstruktiv resonant wird auf das aufgezeigte Dilemma. Man sucht sich seinen Weg durch die Slalomstangen eines unperfekten Lebens in einer unperfekten Welt.

Die Textzeilen verweisen damit auf die Konkretion des Werdens[6] und damit – in der belasteten Lesart – auf Anstrengung, Schmerz, Zweifel, Scheitern, Ende. Die positive Lesart gibt es aber ebenso: Sie liest die Konkretion des Werdens mit Substantiven wie Erfüllung, Glück, Produktivität, Freude. Wir kommen im achten Kapitel zur DYNAMIS darauf zurück.

Für diesen Komplex der konkreten Welt, des Organismischen, Materiellen, Geformten und Widerständigen nutzt die antike Philosophie das Wort *physis*. Dieses Wort ist eines der philosophisch gehaltvollsten der Antike. Über sie kann man die Stoa vom Platonismus und diesen wiederum vom Aristotelismus unterscheiden. Dem philosophisch nachzugehen ist hier nicht unsere Aufgabe. Ein Überblick genügt. Und auch er wird zeigen, dass der Begriff tragen kann, was unsere Kurzformel pointieren will und was der Kurzformel des Philipperbriefs entspricht.

Die einschlägige Philologie[7] übersetzt das Wort mit: »Natur(anlage), Wesen, Gattung.«[8] In der Grundbedeutung ist das ganze Wortfeld rund um das Gegebene gemeint: das, was sich aus sich heraus zeigt. »*physis* ist alles, was von seinem Ursprung oder von der Beobachtung seiner Beschaffenheit her als vorgegeben erscheint.« (248) Im Einzelnen und durch die antike Begriffsprägungsgeschichte hindurch kann der Begriff daher herangezogen werden

a) für die Umschreibung des geformten Seienden: *physis* steht dann für Natur, Artung, Kreatur, Wesen, Beschaffenheit, Gestalt;
b) für das Werden dieses Seienden: *physis* steht dann für Abstammung, Geburt, Ursprung, Entstehung, Veranlagung, auch Sterblichkeit, Leiblichkeit;

---

6 Beachte das gehäufte Vorkommen des griechischen Wortes für ›werden‹ im ersten Teil des Philipper-Hymnus.

7 Vgl. zum Folgenden Köster 1973 sowie Paulsen 1981. Die Zahlen in Klammern beziehen sich auf Köster 1973.

8 Paulsen 1981:1063.

c) für die Bekräftigung des tatsächlichen Letztgehaltes: *physis* steht dann für: tatsächliches Wesen, wahre Beschaffenheit, ewiges Sein, Allnatur, Konstitution, Substanz, letzte Essenz.

Man sieht zum einen die Komplexität des Begriffs, erkennt aber auch die Grundlinie: *Physis* ist das, »was seine Gesetzlichkeit in sich selber hat.« (252) »Zu fragen, was dann die Dinge der Welt eigentlich in ihrer wahren Beschaffenheit seien, heißt nach ihrer *physis* fragen.« (248) Besonders bei Aristoteles signalisiert *physis* die selbstständig, von sich aus handelnde Macht, die dem Menschen gegenübersteht und in die er sich hineinzufinden hat (253.255). Als höchstes sichtbares Prinzip ist sie explizit von Gott unterschieden (254), erscheint also gerade nicht meta-physisch aufgeladen.[9] In der Stoa heißt dann gemäß der *physis* (*kata physin*) zu leben, in Übereinstimmung mit dem Sein als solchem zu sein (257–260).

In eindrücklichen Worten umschreibt die Philologie den Sitz im Leben des *physis*-Begriffs, und zwar sowohl in seiner philosophischen Hoch- wie in seiner alltäglichen Gebrauchsgestalt: »Vor allem werden die Erfahrungen des Menschen von der grundsätzlichen Begrenztheit seines Daseins (...) mit Hilfe des Begriffs *physis* zum Ausdruck gebracht. Diese Begrenztheit des Daseins und das Ausgeliefertsein an die Mächte seiner Umwelt sind nicht ein Zufall der jeweiligen Umstände, sondern ein Stück des *menschlichen Wesens*.« (249; H. i. T.)[10]

Damit sind wir wieder beim Punkt. Schon die Antike wusste, dass der Mensch sich wesensmäßig wie auf einer Wiese befindet, auf der ein übel gelaunter Stier ihn attackiert. So findet er sich

9 Augenzwinkernd notiert man bei Köster 1973:249f, dass Platon im Gefolge seiner Theorie der ewigen Ideen mit dem *physis*-Begriff deutlich fremdelt. Auch das spricht spiegelbildlich für die materielle Robustheit dessen, um das es hier gehen soll.

10 Hinzugefügt sei, dass das NT mit dem Begriff »auffallend« (Köster 1973:264) spärlich umgeht (als Substantiv 14-mal, als Adjektiv dreimal, als Adverb einmal); dies wohl wegen der inhärenten philosophischen Aufladung einer ewigen Materie oder der Absage an eine natürliche Theologie.

vor zwischen zwei Hörnern:[11] Auf der einen Seite ist ihm konstitutiv eingeschrieben, in einer Welt zu leben, die seiner Weite nicht entsprechen kann, vielleicht sogar gar nicht ›will‹. Auf der anderen Seite will er sich durch genau diesen Tatbestand nicht unterkriegen lassen. Was tun? Man müsste auf den heranrasenden Bullen springen und seine Energie nutzen, ohne von ihm aufgespießt zu werden.

Riding the bull – das wäre Klugheit. Dazu braucht man einen Trainer. Ein Experte für solche *physis*-Kompetenz ist der evangelische Pfarrer Dietrich Bonhoeffer.

6.3. Ein Experte für PHYSIS-Kompetenz: Dietrich Bonhoeffer

Dietrich Bonhoeffer wurde biografisch in besonders scharfer Weise herausgefordert, sich mit PHYSIS seinem Leben zu stellen. Ohne larmoyant werden zu müssen, kann man seinem Leben schon auf den flüchtigen ersten Blick hin bescheinigen, dass dieser Mann auf die Realisierung vieler Potenziale und Träume verzichten musste. Weder konnte er sein herausragendes theologisches Können systematisieren; noch durfte er die Liebe seines Lebens heiraten; noch führten seine Widerstandspläne gegen Adolf Hitler zum Erfolg. In Bonhoeffer begegnet ein Gefangener. Und dies sowohl in konkretem wie im metaphorischen Sinn: In seinen letzten beiden Lebensjahren war er Gefangener des NS-Regimes; darüber hinaus aber war er auch sozusagen ›Gefangener‹ seiner unerschrockenen Ehrlichkeit zu sich selbst, seiner Aufgabe, wie er sie sah, und seinem ›Volk‹, wie man damals sagte. In ausgeprägtem Sinn hatte sich Bonhoeffer daran gebunden, dem Spruch seines Gewissens auch dann zu folgen, wenn es ihn in überfordernde Realitäten rief.

Darum können wir ihn hier als Experten für PHYSIS-Kompetenz aufrufen.

---

11 Das ist die Übersetzung des ursprünglich griechischen Wortes di-lemma: zwei Hörner.

6.3.1. *Gefangen und geblieben: Biografische Notizen zu Dietrich Bonhoeffer*

Paulus und Bonhoeffer: Schriften aus dem Gefängnis

Grundlage des folgenden Kapitels werden Bonhoeffers Gefängnisschriften sein. Dies schafft eine unverhofft lebenskonkrete Parallele zu unserem biblischen Bezugstext, dem Philipperbrief.

In Kapitel 5 wurde ja herausgestellt, dass der Brief an die Philipper ebenfalls ein Gefängnisbrief ist. In einer solchen Situation kommt man zum Wesentlichen. Gefängnisbriefe sind Dokumente der Verdichtung: sei es in Richtung emotionaler Entlastung, der wütenden Anklage oder der Identitätsvergewisserung oder der Suche nach dem Selbstausdruck. Werden sie von Personen verfasst, die man deswegen wegsperrte, weil man die Wirkung ihrer Worte auf andere Leute fürchtet, dann sind sie auch Dokumente der Versprachlichung eines reichen inneren Lebens, das seinen Weg nach außen sucht und findet. Dies gilt für einen Apostel Paulus genauso wie für andere berühmt gewordene politische Gefangene unserer Zeit wie etwa Nelson Mandela oder den russischen Schriftsteller Alexander Solschenizyn.

Ein seltsam unreligiöser Pfarrer als Gefangener

Es gilt auch für Dietrich Bonhoeffer. Der evangelische Pfarrer und Privatdozent aus großbürgerlichem Hause lebte von 1906 bis 1945 und wurde ein Opfer der Nationalsozialisten. Bonhoeffer war Mitglied des Verschwörerrings rund um Admiral Canaris und Oberst Oster, die für das Attentat auf Hitler am 20.7.1944 mitverantwortlich zeichneten. Des Widerstandes angeklagt, erhängte man ihn kurz vor Kriegsende im KZ Flossenbürg, zusammen mit Canaris und Oster. Vorher war er etwa zwei Jahre in Haft: zunächst vom 5. April 1943 im Untersuchungsgefängnis der Wehrmacht in Berlin-Tegel; dann, nach dem missglückten Attentat und kompromittierenden Aktenfunden ab dem 8. Oktober 1944 bis Februar 1945 im Kellergefängnis des Berliner Reichssicherheitshauptamtes.

Von diesen beiden Jahren in Haft ist eine umfängliche Briefsammlung erhalten geblieben. Die Bonhoeffer-Biografin und damalige Vorsitzende der deutschen Sektion der Internationalen Bonhoeffer-Gesellschaft, Professorin Christiane Tietz, pointiert: »Ohne Übertreibung kann man sagen, dass das, was Bonhoeffer in den fast zwei Jahren der Haft getragen hat, die Korrespondenz mit der Familie, Maria von Wedemeyer [seiner Verlobten] und Eberhard Bethge [dem Freund] war.«[12] Vor allem die Schriften aus Tegel sind eine eindrückliche Lektüre aus Notizzetteln, Berichten, Gebeten, Gedichten, Romanfragmenten, Notenblättern, theologischen Reflexionen, Predigten und Andachten und, dies vor allem: Briefen.[13] Bonhoeffer hatte seinem Gefängnisalltag schnell eine feste Struktur gegeben; und diese umfasste jeden Tag mehrere Stunden der geistigen Arbeit.[14] Charakteristisch für seine Texte wurde die gedrängte Form, die selten mehr als einen Papierbogen umfasste und inklusive des Randes und der Umschläge oft den ganzen Raum mit kleiner Schrift zu nutzen trachtete.[15] Jedes Wort musste die Kontrolle der Nazi-Zensur einplanen; jede Formulierung musste peinlich darauf achten, nicht in Richtung einer Konspiration fremdinterpretiert werden zu können. Die Briefe wurden teils gesendet, teils geschmuggelt und ›draußen‹ unter oft abenteuerlichen Umständen verbuddelt

---

12 Tietz 2013:106. Vgl. außerdem die Biografien von Bethge 1976; Bethge 2006 und Schlingensiepen 2013.

13 Das fast vollständige Konvolut dieser beiden Jahre liegt vor mit dem Band 8 der DBW (= Dietrich Bonhoeffer Werke), 1998 herausgegeben vom Ehepaar Bethge und Christian Gremmels. Der Titel des Bandes lautet: Widerstand und Ergebung. Briefe und Aufzeichnungen aus der Haft. Der fast 800 Seiten starke Band ist reich kommentiert und ergänzt durch eine fast minutiöse Chronik der Ereignisse, einem ausführlichen Sach- und Personenregister und guten Ein- und Ausleitungen. Wird in Kapitel 6.3 eine Zahl in Klammern in den Fließtext gesetzt, bezieht sie sich auf diesen Band. – Seit 1992 kann die Lektüre des Bd 8 DBW komplettiert werden durch den ebenso bewegenden Briefwechsel zwischen Bonhoeffer und seiner Verlobten Maria von Wedemayer (= Bonhoeffer/Wedemayer 2006).

14 Bethge/Gremmels 1998b:627–629.

15 Vgl. Bethge/Gremmels 1998a:3. Die Kopie (und die Interpretation) eines solchen Papierbogens ist einsehbar in Henkys 1986 (zwischen den Seiten 64/65) sowie in Bethge 2006:107.

und versteckt.[16] »Es gibt hier in der Zelle keine größere Freude als Briefe«; es ist, »als täte sich für einen Moment die Gefängnistür auf und man lebt ein Stück Leben draußen mit.«[17]

So wie Paulus sitzt also auch Bonhoeffer im Abseits.[18] Und so wie er teilt auch er sich und sein Leben schreibend mit. Die Briefe werden zu einem intimen Spiegel der verschiedenen Rollen, die Bonhoeffer weiter fortentwickelt: als Freund, als künftiger Ehemann, als Sohn, als Verwandter; aber auch als Pfarrer, der die Zukunft seiner Kirche bedenkt; als Mitgefangener, der das Leid der Anderen tatkräftig zu lindern versucht; als Theologe, der nicht anders kann und will als die großen Fragen seiner Zeit zu bedenken; und als Körper, dem wie jedes eingesperrte Wesen Licht und Weite und Selbstbestimmung fehlen.[19] Vor allem aber erleben die Leser:innen dieses Bandes die berührende Entwicklung eines glaubenden Menschen mit: Bonhoeffer wird ansichtig als ein Mensch in tiefer Gottesbeziehung. Von Datum zu Datum betet man auch mit ihm, liest die Bibel und die Losungen mit ihm und hört seinen gedichteten religiösen Selbst- und Gottgesprächen zu.[20]

Jenseits der Klischees

Hier allerdings setzt der Kontext ein, warum Bonhoeffer in diesem Buch einfach auftauchen musste. Denn genau diese sich im

---

16 Vgl. die lebendigen Schilderungen von Eberhard Bethge in Bonhoeffer 1998:2–9.

17 Bethge/Gremmels 1998b:630 unter Bezug auf Bonhoeffer 1998:136.91.

18 Es berührt, wenn ein großer evangelischer Theologe erzählt, wie er seinerseits auf Bonhoeffer stößt, als er selbst Kriegsgefangener war; vgl. Moltmann 2009:17–19.

19 Ich möchte die Sonne »einmal wieder richtig spüren in ihrer ganzen Macht, wenn sie einem auf die Haut brennt und allmählich den ganzen Körper zum Glühen bringt, so dass man wieder weiß, dass man ein leibliches Wesen ist, ich möchte mich von ihr (…) müde machen lassen, ich möchte mir von ihr meine animalische Existenz erwecken lassen, (…) jenes Animalische, das (…) den Menschen reiner und glücklicher macht.« (502f).

20 Eine gelungene geistliche 4-Wochen-Meditationszeit mit Bonhoeffers Texten bietet Aretz 2017.

Gefängnis fokussierende Spiritualität Bonhoeffers stellt sich so ganz anders dar, als man es eventuell denkt. Das einfache Klischee über gläubiges Leben im Angesicht des Todes hat ja ein schnelles Kino im Kopf parat.

Szene 1: Der in tiefer Meditation Versunkene; der alles in souveräner Gelassenheit erwartende Beter.

Szene 2: Der Wütende; der mit seinem Gott Rechtende, der Anklagende; der Antworten Fordernde.

Szene 3: Der gute Samariter in der Haftanstalt, umherwandernd, aufrichtend, Hoffnung spendend, Zuversicht verbreitend.

Szene 4: Der Zweifelnde; der intellektuell Enttäuschte, der denkend Niedergebrannte.

Jede dieser Szenen malt aus, was man für das Ausdrucksspektrum einer typisch religiösen Existenz hält. Und wirklich *keine* dieser Szenen passt auf Dietrich Bonhoeffer.[21] Will man dem Klischee weiter verhaftet bleiben und sich in bestimmte vorgegebene Begriffsoppositionen einspannen lassen, kann man sagen: Bonhoeffer wird im Gefängnis immer weltlicher, immer religionsloser, immer immanenter, immer diesseitiger. Genau dies aber bedient nicht Szene 4. Vielmehr wird deutlich: Da wird einer *aus Glauben* weltlicher, wirklicher und klarer. Da erkennt jemand, wo man aus Gründen echter Religiosität auf falsche verzichten

21 Übrigens auch nicht Szene 3. Zwar ist belegt, dass Bonhoeffer im Gefängnis seelsorglich wirkte: Gebete für Mitgefangene schrieb, Proviantrationen teilte und für Gespräche bereitstand (vgl. nur Schlingensiepen 2013:355–362). Aber bestimmte Episoden stören doch das zu traute Bild. So wird Bonhoeffer richtiggehend zynisch, als bei einem Bombenangriff ein sonst ausdrücklich nicht religiöser Mitgefangener in Gebetsrufe einsteigt. Wenn jemanden die Not zum Beten zwingt, »ist es mir (...) bisher unmöglich gewesen (...), den anderen ein christliches Wort zu sagen.« (301). Gegenüber Leuten, die große Reden schwingen und dann in Belastungen »winseln« (312) und versagen, sei er »völlig mitleidlos« (ebd.). Anderswo heißt es: »Aber ich glaube, ich bin ein schlechter Tröster.« (310). Hintergrund ist immer Bonhoeffers Sorge, mit Religion die Wirklichkeit der Welt hinweg zu narkotisieren – eine Gefahr, die unvereinbar ist mit echter PHYSIS-Kompetenz, wie weiter unten zu sehen sein wird.

sollte. Da findet jemand Gott nicht im erhabenen Himmel oder im erhobenen Inneren, sondern in der vollen Konfrontation mit dem Gegebenen, Widrigen, aber auch Schönen und Subversivem. In unserer Sprache hier: Da lebt jemand geistliche Klugheit; da dringt jemand durch zu seiner Kompetenz der PHYSIS; da muss jemand – *aus Glauben*! – immer weniger wegrennen.

Bonhoeffer – der Coach

Nur die Bonhoeffer-Variante der PHYSIS-Kompetenz soll auf den folgenden Seiten ausführlich angeschaut werden. Denn eine Auswahl zu treffen ist zwingend. Wie man sich denken kann, bieten die Tegeler Schriften Anlass zu sehr vielen Interpretationsperspektiven. Bonhoeffers Ideen eines ›religionslosen Christentums‹, einer ›unreligiösen Glaubensrede‹, einer ›Ethik des Vorletzten‹, einer ›Pastoral der Stärke‹ u. v. m. teilen die theologischen Lager, katholisch wie evangelisch; und sie inspirieren je mehr, je mehr man sich auch zeitlich weiter von jenen Jahren und ihrer eigentümlichen Normativität entfernt. Nichts von dem kann und soll hier aufscheinen. Auch der Heroismus, der Bonhoeffer lange umgeben hat – Märtyrer, Widerstandskämpfer, politischer Christ usw. –, kann hier nicht geteilt werden. Man muss gar nicht so tun, als sei Bonhoeffer in gleich jeder Beziehung zukunftsweisend gewesen – hinsichtlich seiner Idee von geschlechtlicher Arbeitsteilung war er es zum Beispiel sicher nicht. Und schließlich muss auch die Frage, ob der späte Bonhoeffer in Kontinuität mit dem frühen steht oder ob er werksbiografisch Brüche zeigt, an die Fachleute delegiert werden.[22]

In einem bestimmten Sinn geht es uns ja auch gar nicht primär um Bonhoeffer. Es geht um die Klugheit des Christseins als einer Ressource, die es sogar in massiver Gefährdung erlaubt, die volle Lebensleistung zu bringen. So wie wir in Kapitel 5 gesehen haben, dass es sogar im Christushymnus des Philipperbriefes (immerhin einer Ur-Kunde des Christseins) nicht um die

---

22 Vgl. als Einstieg in die Bonhoeffer-Forschung die Dissertation von Christian Hennecke 1997:157–332.

historische Nachahmung Jesu ging, sondern um die Nachfolge in seiner Lebensklugheit, so ist es auch hier: Wir interessieren uns für Dietrich Bonhoeffer, weil das Leben ihn zwang, eine bestimmte Dimension geistlicher Klugheit zu vervollkommnen: nämlich die, über die es im Philipperbrief heißt: Er wurde den Menschen gleich. Er lebte das Leben eines Menschen (Phil 2,7). Hier im Buch ist das die Dimension und die Kompetenz der PHYSIS. Und für diese gibt es allerdings wenige so erfahrene Trainer wie den jungen gefangenen Pfarrer aus Tegel, Zelle 92.

Das Kapitel geht so vor: Im Folgenden sollen weitere biografische Informationen und Zitate die Leser:innen überzeugen, dass Bonhoeffer schlicht die richtige Adresse ist, wenn es um PHYSIS geht. Er ist der Coach. Danach wird ein detaillierter Kompetenzkatalog vorgestellt (6.3.2.): Man kann über die Lektüre der Tegeler Briefe fünf Präzisionen erzielen, was die Dimension PHYSIS so alles beinhaltet. Kompetenztheoretisch würde man sagen: Bonhoeffer gewinnt fünf operative Indikatoren zur exakten Einsicht in das, was PHYSIS sein kann.

Insgesamt ist es das Anliegen des Folgenden, neben den Inhalten auch die packende Sprache Bonhoeffers zu präsentieren. Wer PHYSIS als Kompetenzdimension von geistlicher Lebensklugheit verstehen und vielleicht sogar biografisch nutzen will, wird auch Sprachbilder, prägnante Formulierungen, Gedichte zu schätzen wissen. Wir werden daher ausgiebiger zitieren als das sonst wissenschaftlich üblich ist. Dies wird nicht zu Lasten des Leseflusses gehen – dafür ist Bonhoeffers Sprache schlicht zu stark.

Bonhoeffer: Einer, der nicht wegrennen musste

Das Kompetenzziel ›immer weniger wegrennen müssen‹ lässt sich an Bonhoeffers Leben zunächst grundsätzlich und dann zweimal in aller situativen Deutlichkeit als realisiert ansehen.

Grundsätzlich ist es auch ohne große historische Kenntnis der 1930er- und 40er-Jahre leicht nachvollziehbar, dass die Entscheidung zum aktiven Widerstand gegen die Nationalsozialisten eine äußerst folgenreiche war. Die meisten haben sie bekanntlich nicht getroffen. Bonhoeffers Biograf:innen können zeigen, dass ihm die Widersprüchlichkeit und dramatische Menschenverachtung der nationalsozialistischen Ideologie früh aufschienen.[23] Der Unterschied zu Anderen: Bonhoeffer beließ es nicht bei dem Erschrecken, sondern wechselte sofort in die Tat. Hier muss nicht detailliert referiert werden, wie man ein Widerstandskämpfer wird und in welch moralisch diffuse Zonen das einen bringt.[24] Was betont werden soll: Bonhoeffer hat sich dem gestellt. Mit körpersprachlichem Wortspiel: Er rannte nicht weg, sondern bezog Stellung; war, im Wortsinn, standhaft.

Zweimal spitzt sich die Lage dann situativ zu einer biografischen Totalentscheidung zu: Im Juni 1939 erhält Bonhoeffer das Angebot zu einem längeren Aufenthalt in den USA. Es zu nutzen, hätte bedeutet, der Musterung zur Wehrmacht, dem ganzen Krieg zu entgehen, eventuell sogar kirchenpolitisch und theologisch die Nachkriegszeit bereits vorzudenken. Das wäre wertvoll gewesen, keine Frage. Bonhoeffers Tagebuch dokumentiert ein vehementes Ringen; die Entscheidung fällt fast zwanghaft aus: Rückkehr nach Deutschland. Im Juli kann er eines der letzten Schiffe buchen, die eine Rückreise möglich machen. Wenig später bricht der Krieg aus. Der »Ausweg USA«[25] ist versperrt. Bonhoeffer geht in den aktiven Widerstand.[26]

---

23 Vgl. nur Tietz 2013:46–54; Schlingensiepen 2013:132–161. Schon zwei Tage nach der Machtübernahme Hitlers 1933 hielt Bonhoeffer eine kritische Radioansprache gegen das Führerprinzip.

24 Vgl. nur die selbstkritische Reflexion »Rechenschaft an der Wende zum Jahr 1943« (19–39, v.a. 20–23.38). »Wir haben in diesen Jahren viel Tapferkeit und Aufopferung gefunden, aber fast nirgends Civilcourage gefunden, auch bei uns selbst nicht.« (23) »Wir sind stumme Zeugen böser Taten gewesen, wir sind mit vielen Wassern gewaschen, wir haben die Kunst der Verstellung und der mehrdeutigen Rede gelernt, wir sind durch Erfahrung misstrauisch gegen die Menschen geworden und mussten ihnen die Wahrheit und das freie Wort oft schuldig bleiben, wir sind durch unerträgliche Konflikte mürbe und vielleicht sogar zynisch geworden – sind wir noch brauchbar?« (38).

25 Tietz 2013:86.

26 Vgl. Tietz 2013:86–98; Schlingensiepen 2013:243–248; Bethge 2006:85–88. Eindrucksvolle Comiczeichnung in Stetter 2010:83. O-Ton in Bonhoeffer 1998:391 sowie Bethge/Gremmels 1998b:633.

Ähnlich, aber noch weitreichender, ist ein zweites Angebot zur Flucht, das Bonhoeffer ablehnt. Im September 1944 gelangen der ›Sonderkommission 20. Juli‹ wichtige Aktenfunde, die Bonhoeffers Beteiligung am Komplott nun glasklar bewiesen. Er erwartet nun täglich die Nachricht, dass man ihn abholen und hinrichten würde. Gleichzeitig schmiedet die Familie einen Rettungsplan: Ein Tegeler Wärter war bereit, Bonhoeffer, als Monteur verkleidet, aus dem Gefängnis zu schmuggeln. Alles ist bereit – da wird der Bruder Bonhoeffers, Klaus, verhaftet. Eine Flucht aus dem Gefängnis hätte nun noch mehr als ohnehin die ganze Familie, seine Verlobte und seinen Freund Bethge ins Visier der Ermittler gebracht. Am 2. Oktober entscheidet sich Dietrich Bonhoeffer gegen den Plan. Nur wenige Tage später wird er in das Gestapo-Gefängnis zu den anderen Mitverhafteten überführt. Es gibt für ihn kein Entkommen mehr.[27]

Die Briefe aus der Haft sind so klar datierbar, dass man die unmittelbare Reaktion Bonhoeffers auf die ausweglose Verschärfung seiner Lage mitlesen kann. Zweimal ist dies besonders eindrücklich: Nach dem Scheitern des so lange und so akribisch geplanten Attentats durch die Stauffenberg-Gruppe am 20.7.1944 erkennt Bonhoeffer, dass er das Gefängnis wohl nicht mehr als freier Mann verlassen wird. Dies war bis dahin durchaus im Bereich des Möglichen gewesen. Und die Briefe vor diesem Datum leben auch aus der Hoffnung auf die ›Zeit danach‹, den Umsturz, das Kriegsende, den Neuanfang. Umso tiefer der Fall am Morgen des 21.7.1944. Bonhoeffer schreibt an Bethge Zeilen, die wie eine sammelnde Überschrift über das fungieren, was wir hier als PHYSIS-Kompetenz für weit undramatischere Zeiten sichern wollen:

> »Ich habe in den letzten Jahren mehr und mehr die tiefe Diesseitigkeit des Christentums kennen und verstehen gelernt; nicht ein homo religiosus, sondern ein Mensch schlechthin ist der Christ, wie Jesus (...) Mensch war. Nicht die platte und banale Diesseitigkeit der Aufgeklärten, der Betriebsamen, der Bequemen oder der

27 Vgl. Schlingensiepen 2013:372f; Bethge 2006:112.

> Lasziven, sondern die tiefe Diesseitigkeit, die voller Zucht ist, und in der die Erkenntnis des Todes und der Auferstehung immer gegenwärtig ist, meine ich.« (541)

Der Brief fährt in überraschender Weise fort. Bonhoeffer identifiziert gerade diese Hinwendung zum Diesseits als ›Glaube‹ und profiliert sie gegen ein anderes, überaus übliches Ziel religiösen Lebens. Er berichtet von einem Gespräch mit einem französischen jungen Pfarrer, den er in den USA getroffen hatte. Man fragte einander,

> »was wir mit unserem Leben eigentlich wollten. Da sagte er: ich möchte ein Heiliger werden (...), das beeindruckte mich damals sehr. Trotzdem widersprach ich ihm und sagte ungefähr: ich möchte glauben lernen. Lange Zeit habe ich die Tiefe dieses Gegensatzes nicht verstanden. (...) Später erfuhr ich und ich erfahre es bis zur Stunde, dass man erst in der vollen Diesseitigkeit des Lebens glauben lernt.« (541f)

Halten wir fest: Nachdem man Jahre seines Lebens in einen Umsturzplan investiert und so vieles riskiert hat; nachdem man von der eigenen inneren Berufung und dem Gewissen her klar wusste, dass man moralisch, spirituell und politisch auf dem richtigen Weg war; und nachdem man sich selbst trotzdem in die diffuse Zone des Lügenden, Spionierenden und Doppelbödigen gebracht hat; als sich das alles am 20.7.1944 als ergebnislos erweist, verfällt Bonhoeffer weder in Ressentiment, noch in Selbstzweifel, noch in geistliche Anklage. Er hält schlicht für sich fest, dass dies genau jene Diesseitigkeit ist, die ihm das Material abgibt für das, was er im Leben erreichen will: glauben können.

Man geht sicher fehl, wenn man hier eine charakterliche Höchstleistung finden will; ohnehin scheint der Begriff ›Leistung‹ hier verfehlt. Was man merkt, ist, dass eine solche Liebe zum Diesseits und eine solche ›Ergebung‹[28] – um ein riskantes

28 Eberhard Bethge hat den Begriff ›Ergebung‹ assoziativ sehr eng mit Bonhoeffers letzten Jahren dadurch verknüpft, als er schon im Jahr 1951 die Sammlung der Briefe mit hoher Rezeptionswirkung unter dem Titel »Widerstand und Ergebung« publizierte (vgl. 9–12).

Wort zu gebrauchen – vorher intensiv eingeübt gewesen sein muss. Eine solche Haltung ruft man nicht ab, wenn sie nicht schon eingewurzelt da war, wenn es nicht schon Verhaltensreflex war, nicht in einem Moment derartiger Enttäuschung.[29] Genau das aber interessiert uns: Was hat Bonhoeffer da herausgefunden? Wie kann christliches ›Glauben‹ zum Diesseits führen, statt zum Heiligen; zum Kompromiss statt zum Ideal; zur Gegenwart statt zur Endzeit? Und wie sieht der Trainingsparcours aus, über den man diese Klugheit einübt?

6.3.2. Praktische Entfaltungen der PHYSIS-Kompetenz

PHYSIS als Lebenskompetenz: Fünf *Workouts*, fünf Trainingsziele

Tatsächlich kann man gerade die letzten gut 300 Seiten des bonhoefferschen Lebenswerkes wie eine Trainingsanleitung zu dieser geistlichen Diesseitskompetenz lesen. Dabei mag die gewählte Allegorie zu Trainingslehre und Fitness-Studio ganz unpassend erscheinen. Ist Bonhoeffer denn eine Art Konditionstrainer? Manche wird der Vergleich sogar empören; immerhin begleitet man einen politischen Gefangenen auf seinem letzten Lebensweg.

Mir ist das bewusst. Es gibt aber gute Gründe, dass genau ein solches gewissermaßen anonymes Vorgehen Bonhoeffer sogar gefallen würde. Auch der saloppe Vergleich mit dem Bullenreiten weiter oben, als es um das Dilemma der menschlichen Grundsituation ging, würde ihn nicht empören, glaube ich. Sagt er doch selbst: »Letzter Ernst ist nie ohne eine Dosis Humor.« (551) Das ist das Eine.

Aber ich möchte mit der Metapher des biografischen Trainingscamps auch noch einer anderen Gefahr entgehen, die mir in der

---

29 Vgl. auch den literarischen Niederschlag nach dem Aufgeben des Fluchtplans Anfang Oktober 1944. Bonhoeffer schreibt das Gedicht ›Jona‹ (606); es wird sein vorletzter ausgearbeiteter Text sein (der letzte ist das bekannte Gedicht »Von guten Mächten« aus dem Jahreswechsel 1944–1945). In ›Jona‹ bekennt sich der Protagonist zum Scheitern seiner Flucht und geht stellvertretend für andere in den Tod. Zur Deutung vgl. Henkys 1986:54f.

Tat nachteiliger zu sein scheint als Bonhoeffer zu lax zu interpretieren. Das Folgende ist nämlich gerade kein Ethik-Katalog und kein Gewissensspiegel. Wenn da Formulierungen stehen werden wie »seine Pflicht tun«, könnte man das denken. Es sind aber keine Vorsätze, auf die man sich zwecks charakterlicher Optimierung selbst zu verpflichten hätte. Nicht, dass es falsch wäre, sich Ziele zu setzen und diese erreichen zu wollen: Bonhoeffer wäre der Letzte, der solche Arbeit an sich selbst ablehnen würde. Er nutzt dafür das (heute) alte Wort der ›Zucht‹.[30] Allerdings: Bonhoeffer teilt die Erfahrung des gesunden Menschenverstandes, dass zu hohe moralische Ansprüche an sich selbst allzu schnell ins Gegenteil verflachen.

Man kennt das doch aus den ersten Januartagen: Geht es an die Umsetzung der hehren Silvester-Vorsätze (»Kommendes Jahr mache ich es ganz anders!«), wird es recht bald frustrierend. Christliche PHYSIS-Klugheit schlägt einen anderen Weg vor, und Bonhoeffer zeigt, wie's geht: Achte gar nicht so stark auf Dich selbst, sondern auf Deine Aufgaben: Dann wird Dir das Leben schon von selbst zum Ausdauer-Training werden.

Die folgenden fünf *Stepps* sind daher als Trainingsziele ausgeflaggt. Im Fitness-Studio stellt man sich ja ebenfalls besonderen Konstellationen, die das Gewünschte an einem ausprägen, schlicht, weil man es übt. Wer Gewichte auf Hanteln auflegt oder sich für das Bauchmuskel-*Workout* auf die Matte legt, macht genau dies: Er (oder sie) lässt die gegebenen Kräfte an sich wirken – allerdings bewusst, zielgenau und gesteuert. Das hat alles wenig mit intentionaler Moral zu tun, viel aber mit Effektivität.

Nicht saloppe Respektlosigkeit ist also das leitende Motiv, wenn wir ab jetzt Bonhoeffer tatsächlich als Physio-Trainer profilieren. Es ist die Achtung vor seinen Lebens- und Glaubensentdeckungen. Sagt er doch selbst: »Es gibt eben Situationen, in

---

30 Vgl. nur das Gedicht »Stationen auf dem Weg zur Freiheit« (570–572); interpretiert bei Henkys 1986:9.31.51.

denen die schlichteste *Tat* viel mehr ist als die größten Entwürfe und Pläne und Diskussionen.« (357, H.i.T.).[31]

In diesem Sinne: Ab aufs Trainingsgelände![32]

Trainingsziel 1) Erwachsen werden, erwachsen leben

Eines der ersten und mit Emphase benutzten Leitbegriffe Bonhoeffers ist das Adjektiv ›mündig‹. Mündig werden und mündig leben – das kann als das generelle Glaubensziel Bonhoeffers markiert werden.[33] Christlicher Glaube macht erwachsen, oder er ist gar nicht christlich. Dieser Gedanke hat viele Facetten.

In positiver Bestimmung ist er verknüpft mit dem, was wir am Anfang des Kapitels scherzhaft mit den ›deutschen Tugenden‹ in Verbindung gebracht haben. Bonhoeffer schätzt Verantwortlichkeit, Pflicht, Treue, die Bewältigung der gegebenen Aufgaben als Charaktereigenschaften. Hierzu alle wichtigen Belegstellen aufzuzählen, würde den Rahmen sprengen. Daher nur ein prägnantes Zitat: »Ich sehe in meinem Dasein eine Aufgabe und hoffe nur, dass ich sie erfülle.« (421)

Diesen Satz hätte Bonhoeffer auch ohne die besondere Bewährungsherausforderung der Gefängnishaft gesprochen. Sie war Teil seines großbürgerlichen Ethos, sicher auch seines Habitus als evangelischer Pfarrer. Und trotzdem war für ihn Mündigkeit nicht einfach identisch mit einer einfachen Form der Pflichterfüllung. Auch die Pflicht hat für ihn ihren Wert nicht in sich. Mündig ist man nicht einfach durch Treue, sondern durch Verantwortung. Und die erspart einem nicht die genaue Prüfung der

---

31 Vgl. auch: »... allzuleicht hält man ein Gespräch, einen Einfall, eine Hoffnung schon für eine Tat...« (332f).

32 Die folgenden Ausführungen beruhen auf einer eigenen Auswertung vor allem der Gefängnisbriefe der letzten beiden Lebensphasen Bonhoeffers; der erwähnte Bd. 8 der Werkausgabe betitelt sie mit: »Überdauern bis zum Umsturzversuch« April-Juli 1944 (= 387–538) und »Nach dem Scheitern« Juli 1944–Februar 1945 (= 539–621). Nur mitunter werden weitere Quellen herangezogen.

33 Bethge kann minutiös nachvollziehen, dass es vor allem die Lektüre Wilhelm Diltheys ist, die Bonhoeffer zu dem Begriff der Mündigkeit bringt (vgl. 477). Das Register (781.794) nennt nicht weniger als 16 Nennungen.

gegebenen Verhältnisse, der gesteckten Ziele und der Folgen der Pflichtausübung. In einer bekannten Selbstreflexion hat Bonhoeffer gefolgert, dass die Lüge moralisch gebotener sein kann als die Wahrheit. Und erwachsen sei nur der, der sogar das Gewissen zu opfern bereit ist, der wissend in die Schuld geht – dann nämlich, wenn so nach gründlicher Prüfung ein angestrebter höherer Wert für gerechtes Leben erreicht werden kann (23).[34]

Das Pflichtethos nimmt also Fahrt auf. Was Bonhoeffer vorschwebt, ist letzte Autonomie. Mündig ist die Person, die in sich sowohl Orientierung wie Legitimierung findet und genau diese Last letzter freiheitlicher Selbstbestimmung nicht an andere Personen und auch nicht an andere Größen delegiert. Man ist eben kein Kind mehr; und auch ›Kind Gottes‹ zu sein, ist keine infantilistische Regression. Diese Konsequenz ist gerade für den Vertreter einer Kirche durchaus überraschend.

Aber Bonhoeffer ist hier ganz klar: ›Mündiges Leben‹ bedeutet die Absage an billigen Trost. Es mag manchem bekannt sein, dass Bonhoeffer in seinem Buch ›Nachfolge‹ die ›billige‹ von der ›teuren‹ Gnade unterschieden hat. ›Billig‹ ist sie dann, wenn man göttlichen (oder sonstigen ideologischen) Trost erwartet, ohne in die anstrengende Veränderung des eigenen Verhaltens einzusteigen: »Schleuderware, verschleuderte Vergebung, verschleuderter Trost, verschleudertes Sakrament«.[35] Teuer ist Trost, Zuspruch, Gnade dann, wenn dadurch das notwendige Handeln eben nicht wegnarkotisiert, sondern man zu ihm befähigt wird.

Bonhoeffer ist in dieser Frage unnachsichtig: Es ödet ihn an, wenn religiöse Sätze oder Praxen den Menschen zum Kind machen; und wenn in Religion eine Mutter oder ein Vater gesucht wird, die einem die Lebensarbeit abnehmen sollen. Dazu später mehr.

Fürs Erste können wir festhalten: PHYSIS trainiert man, wenn man die volle Weltlichkeit an sich austrägt. Um im Bild zu blei-

34 Der Unterschied zum Prinzip »Der Zweck heiligt die Mittel« wird hoffentlich deutlich. Den Hintergrund dieser Gedanken bilden die Antizipation der Verhöre und die ethische Legitimation des Tyrannenmords; vgl. auch Bethge/Gremmels 1998b:630–632.

35 Zit. nach Feldmann 1998:73.

ben: Man pumpt die volle Hantel. Der erste Blick ist nicht der nach der Reduzierung des Gewichts, sondern der nach der Belastbarkeit der Muskeln.[36] Dementsprechend ist Christsein für Bonhoeffer erstaunlich immanent definiert: Die Menschen – auch die Christ:innen – »können einfach, so wie sie nun einmal sind, nicht mehr religiös sein« (403); Christ:innen sind »ganz zur Welt Gehörige« (405); Frömmigkeit ist eigentlich »qualifizierte Weltlichkeit« (404, mit Barth); es zieht ihn im Gefängnis immer mehr zu den Religionslosen (407). Und ›Egoismus‹ »kann selbstloser, anspruchsloser sein« (418) als Altruismus, wenn es sich eigentlich um intelligente Selbstsorge handelt. »Zuviel Altruismus ist bedrückend und anspruchsvoll.« (ebd.).

Sehr plastisch wird diese Denkform in der ›Traupredigt aus der Zelle‹, die Bonhoeffer als evangelischer Pastor anlässlich der kirchlichen Heirat seines Freundes Bethge übermitteln lässt (73–80). Wo man sonst romantische Worte der Vorsehung Gottes gewohnt ist, diese vielleicht sogar erwünscht – ›Gott hat euch zusammengeführt‹; ›Es sollte schon immer so sein, dass …‹; ›Ihr seid füreinander geschaffen‹ usw. –, schlägt Bonhoeffer einen überraschend anderen Ton an. Nichts davon!

> »Es ist nicht gut, hier allzu schnell und ergeben von Gottes Willen und Führung zu reden. Es ist zunächst einfach und nicht zu übersehen euer ganz und gar menschlicher Wille, der hier am Werk ist und (…) seinen Triumph feiert; es ist zunächst durchaus euer selbstgewählter Weg (…); es ist auch nicht in erster Linie ein frommes, sondern ein durch und durch weltliches Ding, das ihr getan habt und tut. Darum tragt auch ihr selbst und allein die Verantwortung dafür, die euch kein Mensch abnehmen kann (…)« (73)

36 Nur am Rande sei zweierlei erwähnt: zum einen, dass Bonhoeffer in seiner Zelle ebenfalls ein ausgedehntes Sportprogramm absolvierte, um physisch fit zu bleiben. Zum anderen, dass für ihn Mündigkeit viel mit Klugheit zu tun hat. Hier bezieht er sich explizit auf das aristotelische Konzept von *phronesis*, etwa wenn er schreibt: »Der Kluge erkennt in der Fülle des Konkreten und der in ihm enthaltenen Möglichkeiten zugleich die unübersteiglichen Grenzen, die allem Handeln durch die bleibenden Gesetze menschlichen Zusammenlebens gegeben sind, und in dieser Erkenntnis handelt der Kluge gut bzw. der Gute klug.« (29f).

Nicht wegrennen also! »Es wäre eine Flucht in falsche Frömmigkeit, wenn ihr nicht heute zu sagen wagtet: es ist *unser* Wille, es ist *unsere* Liebe, es ist *unser* Weg.« (74, H. i. T.)

Es ist unverkennbar: Der Physio-Trainer Bonhoeffer gibt einen Parcours vor, in dem man die volle Härte, aber auch die volle Schönheit eines eigenen Lebens austrägt – und dies nicht, obwohl, sondern weil man Christ:in ist.[37]

Trainingsziel 2) Niemanden religiös erpressen

Das Ziel unverkürzter Mündigkeit ist besonders für religiöse Menschen eine gesteigerte Provokation. Denn zum einen ist ja gerade der Inhalt von reifem Glaubensleben, sich vertrauensvoll in die Hände einer größeren, anerkennenden Kraft zu übergeben. Die Möglichkeit einer Dezentrierung auf Gott hin gilt bekanntlich als die eigentliche Pointe theologischer Anthropologie. Gerade durch das Wegkommen von sich, so lautet das religiöse Großversprechen, kommt man bei sich an, bei den Anderen, bei der ›Wahrheit‹ des Lebens. Wie aber kann diese Umkehrung der Lebensrichtung (*metanoia*) so gedacht, mehr noch: so gelebt werden, dass es nicht doch zu einer Verminderung der eigenen Lebensverantwortlichkeit kommt? Kürzer: Wie führt letzter Trost nicht zur Nachlässigkeit im Vorletzten? Wir werden sehen, zu welchem Vorschlag Bonhoeffer hier kommt. Dieser aber hat einige Vorübungen.

Eine herausragende ist die Versuchung religiöser Menschen, aus ihrem Trost und ihrer Hoffnung bestimmte Vorrechte abzuleiten. Ganz allergisch reagiert Bonhoeffer auf das seiner Erfahrung nach allzu oft erlebbare Manöver, dass religiöse Menschen die Schwäche anderer ausnutzen, um sie zu demselben Glauben zu nötigen, den sie für den richtigen halten. Die Trainingseinheit sieht also vor, nicht den religiösen Glauben anderer zu produzieren, um es selbst irgendwie leichter zu haben.

Bonhoeffer führt hier einen erklärungsbedürftigen Begriff ein: Er wendet sich gegen einen pastoralen ›Methodismus‹. Dieser hat

---

37 Zum Pathos des ›eigenen Lebens‹ vgl. Beck 1997.

nichts, wie man meinen könnte, mit der christlichen Denomination der ›Methodisten‹ zu tun. Vielmehr wird eine Methode angeprangert: Man legt beim Anderen ein Defizit offen, das jene:r eventuell bisher weder bemerkt noch es als solches identifiziert hat, um es dann mit eigener Therapie zu heilen.

Bonhoeffer sieht sie im nicht-kirchlichen Bereich etwa bei Psychotherapie und Existenzialismus am Werk. Sie

> »weisen dem sicheren, zufriedenen, glücklichen Menschen nach, dass er in Wirklichkeit unglücklich und verzweifelt sei und das nur nicht wahrhaben wolle, dass er sich in einer Not befinde, von der er gar nichts wisse und aus der nur sie ihn retten könnten. (...) Das ist säkularisierter Methodismus.« (478)[38]

Man muss sich meiner Meinung nach hier nicht lange damit aufhalten, ob Bonhoeffers Kritik den Kern dieser Wissenschaften trifft. Ihm geht es um den strategischen Missbrauch, der dann vorliegt, wenn wer auch immer Andere schwach macht, um selbst größer und bedeutender zu werden. Und das ist natürlich gleich doppelt der Fall, wenn Kirchenleute zu solchen Manövern greifen, sie religiös ausflaggen und dabei auch noch existenzialistische oder therapeutische Begründungsfiguren aktivieren. Das sind dann ihre »pfäffischen Kniffe« (511), wie Bonhoeffer es nennt. Einem Mann oder einer Frau »ohne Lebensfragen etc. [muss, MS] nachgewiesen werden, dass er [oder sie, MS] in Wahrheit tief in solchen Fragen, Nöten, Konflikten steckt, ohne es sich einzugestehen oder es zu wissen.« (503) Eine solche »Attacke der christlichen Apologetik auf die Mündigkeit der Welt« (478) findet er schäbig, hält sie »erstens für sinnlos, zweitens für unvornehm, drittens für unchristlich«. (478)

Diese Zitate sind bemerkenswert. Man sieht, welche Kompetenz Bonhoeffer aufbauen will. Der Respekt vor den Anderen gebietet es, ihnen keine tieferen Fragen einzureden, um dann punkten zu können. Andersherum, positiv: Das PHYSIS-

38 Vgl. auch ebd.:781 das Register zum Stichwort ›Methodismus‹ sowie weitergehend ebd.:324.478f.504.535. Sekundär Frettlöh 2002:203–207.

Training wird uns eine Klugheit beibringen, in der unser Reaktionsspektrum über das eng Religiöse hinaus enorm geweitet wird. Der alte Witz lautet ja: Wer nichts als einen Hammer hat, für den muss alles zum Nagel werden. Übertragen: Wer nur Religiöses zu bieten hat, der muss jedem eine tiefe metaphysische Sehnsucht oder eine existenzielle Unsicherheit einreden, um einen Nutzen zu reklamieren. Schärfer: Die meisten religiösen Leute können mit zufriedenen, ausgeglichenen, gesunden, fragefreien Zeitgenoss:innen wenig anfangen. Denn sie haben einen Gott gelernt, dessen Domäne angeblich die Schwäche des Menschen sei. Christsein habe daher dem Menschen seine Schwäche zu offenbaren, damit Gott rettend eingreifen könne; und weil er das nicht selbst kann, braucht es eben: die Kirche.

Wie ein Stier nimmt Bonhoeffer, an dieser Stelle seiner Diagnose angekommen, diese Pastoral der Schwäche auseinander. Die Sätze, die hier fallen, sind berühmt geworden; und sie rütteln an einem bürgerlich-behaglich-geduckten Kirchturm heute genauso herum wie vor 75 Jahren. »Christsein heißt nicht in einer bestimmten Weise religiös sein, auf Grund irgendeiner Methodik etwas aus sich machen (einen Sünder, einen Büßer oder einen Heiligen), sondern es heißt Menschsein (...)« (535) Echter Glaube zeigt sich darin, dass man »den Menschen in seiner Weltlichkeit nicht ›madig macht‹, sondern ihn an seiner stärksten Stelle mit Gott konfrontiert (...) (511) Ihm hinterher zu schnüffeln, erst zufrieden zu sein, »wenn man seine Schwächen bzw. sein Gemeines ausspioniert hat« (510), heißt, sie »religiös [zu, MS] vergewaltigen« (404), sie »religiös zu erpressen.« (510, vgl. auch 324) »Verzeih, aber ich kann es nicht billiger geben.« (510) Jesus hat die Sünder:innen nicht erst gemacht, um sie dann irgendwie zu erlösen: »Er rief sie von ihrer Sünde fort, aber nicht in ihre Sünden hinein. (...) Niemals hat Jesus die Gesundheit und die Kraft, das Glück eines Menschen an sich in Frage gestellt und wie eine faule Frucht angesehen.« (504) Außerdem, wenn man schon über Sünde redet, dann bitte über starke, nicht über Lappalien. Starke Sünden werden dann begangen, wenn man viel riskiert hat. Hier fällt der zornige Satz:

»Sollten, um es banal zu sagen, Goethe oder Napoleon deswegen Sünder sein, weil sie nicht immer treue Ehemänner waren?« (511) Die ganze Konzentration der Pastoral auf ›Innerlichkeit‹, ›Gesinnung‹, ›seelische Hintergründigkeit‹ usw. sei außerdem theologisch unterbelichtet: »Dass eine gute ›Gesinnung‹ an die Stelle des ganzen Guten treten könne, ist völlig unbiblisch.« (511)

Das Bild vom Stier ist nicht übertrieben. In immer neuen Anläufen nimmt Bonhoeffer das religiöse Ausnutzen von Schwäche auf die Hörner. Geradezu mikroskopisch seziert er das Problem, weil er die Falle erkennt, die gleich vierfach zuschnappt: Zum einen ist dieses durchsichtige Manöver schlicht ganz schlechter Stil, unhöflich, link, verschlagen, unsympathisch, intellektuell unterste Schublade. Zweitens kommt die Kirche so nicht auf die Höhe der Zeit, die das Ideal unverstellter Mündigkeit – wir würden es heute als Autonomiebestreben bezeichnen – entdeckt und normiert hat. Drittens schlittert man an der Kraft der eigenen Tradition vorbei und erkennt gar nicht, wie sehr man sie verengt hat. Und zuletzt wird der Zugang auf Gott hin verstellt. Er wird zum Lückenbüßer-Gott (455), zum ›deus ex machina‹ (vgl. 407.503.534). Wer an ihn glaubt, wer ihn bezeugt, wer die Kirche bildet, kann offenbar den Ergebnissen neuzeitlicher Naturwissenschaft und Philosophie nur noch hinterherhinken. Kurz: Eine Variante des Christseins wird gespielt, in der man offenbar im Zentrum seiner Zeit nichts mehr zu suchen hat, daher glaubt, ihre schäbigen Hinterseiten ausschnüffeln zu müssen, hierfür Dankbarkeit einfordert und bei Nichterhalt in schiefes, ontologisches Ressentiment verfällt.

Bonhoeffer muss von seiner Argumentationsstrategie her diese Entwicklung in so pessimistischen Farben aufzeigen, weil er eine neue Variante des Christseins dagegenstellen will. Diese führt zu neuen Übungen. Die Überschrift lautet so: »(…) nicht erst an den Grenzen unserer Möglichkeiten, sondern mitten im Leben muss Gott erkannt werden; im Leben und nicht im Sterben, in Gesundheit und Kraft und nicht erst im Leiden, im Handeln und nicht erst in der Sünde will Gott erkannt werden.« (455; vgl. auch 407f)

Trainingsziel 3) Vor und mit Gott ohne Gott leben – ein vierfaches *Boot-Camp*

Bonhoeffers PHYSIS-Training erreicht hier seine Intensitätsphase. Die beiden ersten Übungseinheiten waren sozusagen konditionelles Aufwärmen, jetzt geht es in die Belastungstests. Wie in einem Zirkeltraining kommt es zu einer kleinen *Workout*-Kaskade. Trainiert werden soll Beweglichkeit: Wie lebt man »mitten im Leben«, wie es eben hieß, seine autonome Verantwortung, und dies bekleidet mit der prall gefüllten Sandweste freier Existenz, ohne die Hilfe religiöser *Energy-Shakes*?

Der Coach aus Zelle 92 schickt uns in vier Übungen; alle bauen aufeinander auf und folgen derselben Logik. Es ist die Logik des Spruches, der draußen weit sichtbar auf die Mauern seines ganzen Fitness-Centers gesprüht ist: »Vor und mit Gott leben wir ohne Gott.«

Dieser Satz ist vielleicht der bekannteste aus der Tegeler Haft. Sicherlich ist er der umkämpfteste.[39] Bonhoeffer schreibt ihn unmittelbar vor dem Attentat auf Hitler im ›Theologischen Brief‹ vom 16.7.1944 (vgl. 526–535). Er referiert hier im Schnelldurchgang die Geschichte des neuzeitlichen Denkens und der Wissenschaft als Emanzipationsgewinn von religiöser Welterklärung. Das Ergebnis: »Gott als moralische, politische, naturwissenschaftliche Arbeitshypothese ist abgeschafft, überwunden; ebenso aber als philosophische und religiöse Arbeitshypothese (Feuerbach!).« (532) Weit davon entfernt, die Legitimität dieser Entwicklung zu bestreiten, geht Bonhoeffer in die Offensive. »Es gehört zur intellektuellen Redlichkeit, diese Arbeitshypothese fallen zu lassen (...)« (533) Alles anders ist ein »salto mortale ins Mittelalter«, »Heteronomie«, »Verzweiflungsschritt«, »Kinderland« (alle 533). Nur der Weg nach vorn kann Zukunft erschließen:

---

39 Vgl. nur Jürgen Moltmanns Einschätzung: »Er hat uns aber höchst dialektische Formeln hinterlassen, an denen sich viele Schüler und Doktoranden die Zähne ausgebissen haben.« (2009:27). Luzide Analyse bei Höhn 1996. In jüngster Zeit nimmt Knapp 2020:14–18 dieses Zitat als Einstieg in sein Werk über Weltbeziehung.

> »Gott gibt uns zu wissen, dass wir leben müssen als solche, die mit dem Leben ohne Gott fertig werden. Der Gott, der mit uns ist, ist der Gott, der uns verlässt (Markus 15.34)! Der Gott, der uns in der Welt leben lässt ohne die Arbeitshypothese Gott, ist der Gott, vor dem wir dauernd stehen. Vor und mit Gott leben wir ohne Gott.« (533f)

Bleiben wir im Bild: Bonhoeffer schickt mit solchen Sätzen die religiösen Geister in die anaerobe Zone. Die Luft wird dünn; der Atem pfeift. Der religiöse Puls kommt an sein Limit. Jetzt spürt man jedes Kilo Eigengewicht. Jetzt wird das Herz trainiert.

Die Kaskade der vier Übungen lautet: a) Anerkennung des wissenschaftlichen Weltbildes; b) Ein Qualitätsgefühl entwickeln = eigene und andere Erfolge schätzen; c) Dem Leben eine Ordnung geben; d) Für andere leben.

a) Anerkennung des wissenschaftlichen Weltbildes

Wenn PHYSIS als Kompetenz bedeutet, vor den Zumutungen autonomen Lebens immer weniger wegrennen zu müssen, dann gilt das auch intellektuell. Diese Übung formt also das Mentale. Bonhoeffer ist es leid, als Theologe sozusagen dazu verurteilt zu sein, unterkomplex zu denken. In seiner Haft studiert er Dilthey, von Weizsäcker, griechische Mythologie und vieles mehr. Seine Überzeugung: »Die Kirche muss aus ihrer Stagnation heraus. Wir müssen auch wieder in die freie Luft der geistigen Auseinandersetzung mit der Welt.« (555) Beherzt macht er vor, wie man das Denken zu sich selbst befreit, indem er den alten abgelatschten Weg verbietet: Von Gott soll nicht an den Grenzen die Rede sein, weil Wissenschaft und die ganze Moderne diese Grenzen ohnehin immer weiter nach außen verschieben. Irgendwann ist man nur noch ängstlich darum bemüht, der Welt beweisen zu wollen, »dass sie ohne den Vormund Gott nicht leben könne« (477). Und wie sie das kann! Das Fazit: Gott, die Kirche, die Christ:innen gehören ebenfalls nicht an den Rand ihrer Zeit, »wo das menschliche Vermögen versagt« (408) – so würde Christsein ja immer billig von den Defiziten profitieren.[40] Nein, der Platz sei »mitten im Dorf.« (408) Das ist der Job: Gott in der Stärke finden, im Jubel, im Gelingen, im Sieg.[41]

b) Qualitätsgefühl entwickeln = eigene und andere Erfolge schätzen

Wer in dieser Weise Immanenz trainiert, der wird weggelenkt vom Defizit und spurtet herüber zum Gelingen des Lebens. Bonhoeffer wirbt darum, sich mit Qualitätsgefühl auszustatten. Darunter versteht er die Achtung vor der Leistung und dem Kampf, der in ihr kondensiert wurde. Besonders betont er die Distanz, die Qualität schafft. »Qualität ist der stärkste Feind jeder Art von Vermassung« und ihr Gegenteil ist »der Prozess der Verpöbelung in allen Gesellschaftsschichten« (33). Natürlich muss man bei diesen Formulierungen den zeitgenössischen Kontext des plumpen Mobs der nationalsozialistischen Schlägertrupps vor Augen haben. Aber dies ist nur visuelle Bestätigung, nicht Auslöser des Arguments. Tatsächlich wirbt Bonhoeffer für *Social Distancing* im Sinne von wechselseitiger Anerkennung, Vorsicht, Höflichkeit. Er wird hier durchaus feudal, spricht vom ›neuen Adel‹ (33, 465), vom ›aristo-

40 An dieser Stelle ein kurzer, aber sprechender Beleg dafür, dass Bonhoeffer wirklich davor gefeit zu sein scheint, sich auch nur einen kleinen Vorteil aus den Schwächen anderer zu machen, also äußerst wenig Ressentiment braucht, um seine eigene Position einzunehmen – und man überlege mal selbst, wie viele Leute man kennt, auf die das zutrifft. An einer Stelle schreibt er anerkennend: »Gewiss ist auch die Bedeutung der Illusion für das Leben nicht zu unterschätzen (...); wenn schon die Illusion im Leben der Menschen eine so große Macht hat, dass sie das Leben in Gang hält, wie groß ist dann erst die Macht, die eine absolut begründbare Hoffnung für das Leben hat (...)« (544) Man bedenke, wie oft im pastoral-verkündерischen Sektor die eigene Stärke darin gesehen wird, dass man (angeblich) auf jene ›Illusionen‹, auf ›Schein‹, ›Beliebigkeit‹, ›Nachlässigkeit‹, ›Zeitgeistverfallenheit‹ und sonstige ›Oberflächlichkeiten‹ nicht hereinfällt, die man bei den Anderen allerorten diagnostiziert. Bonhoeffer präsentiert ein menschenfreundliches, realistisches Denken, in dem der Andere nicht schwach sein muss, will man selber stark sein.

41 Es fällt sogar der überraschende, steile Satz: »Die mündige Welt ist Gott-loser und darum vielleicht gerade Gott-näher als die unmündige Welt.« (537).

kratischen Christentum‹ (465, 512) und kann den Katalog dieses spezifischen Muskulaturaufbaus klar benennen: »Maß, Echtheit, Vertrauen, Treue, Stetigkeit, Geduld, Zucht, Demut, Bescheidenheit, Genügsamkeit« (560). All dies sind Abwehrkräfte gegen Neid und miesepetriges Ressentiment. Wichtig für das Verständnis ist, dass der Großbürger Bonhoeffer hier durchaus keine neue Klassenherrschaft errichten will. Klar erkennt er, wo in nachmonarchistischen Zeiten Qualität ansetzen sollte: »Es kommt nicht so sehr darauf an, *was* einer tut, als *wie* einer etwas tut, oder eigentlich: es kommt nur darauf an, *wer* es ist, der etwas tut.« (32, H. i. T.)

Dieses Qualitätsgefühl wird dann sehr konkret skaliert, und dies durchaus nicht ohne Arroganz: Bonhoeffer kritisiert Schwiegermütter, die ihre Töchter beglucken (418f) genauso wie bestimmte Schriftsteller (»Rilke [...], ausgesprochen ungesund«; 214, vgl. auch 93) oder Mitgefangene, die andere Gefangene schlecht behandeln. Umgekehrt geht er voll mit, wo jemand sich riskiert und für das Große, das Edle lebt: wo voll geliebt wird (441), wo Kultur gewagt wird, wo Mitgefühl herrscht, wo Kreativität alle Widrigkeiten überwindet, da wird sichtbar: »Ich suche das ›Vollkommene‹ im Menschlichen, Lebendigen, Irdischen (...)« (551, H. i. T.)[42]

Vielleicht ist dies einer der sympathischsten Züge der PHYSIS-Kompetenz: Man lernt die unverknitterte Anerkennung von Erfolgen – sowohl der eigenen wie die der Anderen.

c) Dem Leben eine Ordnung geben

Leute mit einer an PHYSIS geschulten Klugheit können damit mehrdimensional leben.[43] So nennt Bonhoeffer das, wenn man

42 »Es ist ein Kurzschluss ungeschichtlich und d. h. unverantwortlich denkender Prinzipienreiter, der die ethische Bedeutung des Erfolges einfach ignoriert (....) Solange das Gute Erfolg hat, können wir uns den Luxus leisten, den Erfolg für ethisch irrelevant zu halten (...) Die letzte verantwortliche Frage ist nicht, wie ich mich heroisch aus der Affäre ziehe, sondern wie eine kommende Generation weiterleben soll (...) Kurz, es ist sehr viel leichter, eine Sache prinzipiell als in konkreter Verantwortung durchzuhalten.« (25)

43 Vgl. auch Bethge/Gremmels 1998b:637–639.

die Welt-Immanenz nicht als Ort der Gottesferne, sondern der Menschennähe begreift. Christ:innen »beherbergen gewissermaßen Gott und die Welt« (453). Im Bombenangriff sorgen sie für ihre Sicherheit, denken aber gleichzeitig an die Anderen und auch schon an die Zeit danach; sie bangen um ihr Leben, wissen aber um Werte, für die sich ihr Sterben lohnen würde. Sie schätzen gleichzeitig gute Filme und starke Sünden. Keiner, auch der religiösen Dimension sind sie untergeordnet; und so entsteht eine Äqui-Distanz zu allem, die zugleich eine Äqui-Nähe grundlegt. Bestimmend ist eine innere Unabhängigkeit im Vorletzten, weil das Letzte geklärt ist. »Christus macht den Menschen nicht nur ›gut‹, sondern auch stark.« (574)

Diese innere Unabhängigkeit, die sich im Wunsch nach tiefer Weltberührung ausdrückt, führt zum Aufbau einer ganzen Lebensordnung. Von Bonhoeffers Tagesstruktur in seiner Zelle war oben schon die Rede. Sie ist wie eine Metapher für ein Leben ›ohne, aber vor Gott‹, auch in ungefährlicheren Tagen. Ohne dass man es im Letzten wissen kann, hat man doch Grund für die Vermutung, dass Bonhoeffer auch in Freiheit dem Ideal der antiken Selbstführung folgen würde: Arbeit wäre sicher zentral, aber drumherum eben auch der ganze Ring eines Lebens in Freundschaft mit sich selbst:[44] Musik, gutes Essen, Gastfreundschaft, Hobby, Wechsel aus An- und Entspannung, Engagement für Andere, Gebet und Kontemplation, Kommunikation, Sorge für einen gesunden Körper usw.

Es ist hier leider nicht der Platz für eine ausführliche Befassung; aber was greift, ist Bonhoeffers tiefe Rezeption des Alten Testaments. Genauer: der Schöpfungstheologie; und noch präziser: einer Theologie des Segens. Die Lebensordnung ›vor Gott, aber ohne ihn‹ ist die gesegnete.

Auch hier fehlt es nicht an überraschenden Formulierungen. Man muss sich vor Augen halten, dass Bonhoeffer ja in der Zeit des organisierten und fürchterlich ausgeübten Antisemitismus

44 Vgl. dazu den bekannten Vordenker und Vermittler antik-moderner Lebenskunst Wilhelm Schmid; hier Schmid 2018.

wirkte. Das Alte Testament öffentlich zu loben, hieß: jüdische Kultur anzuerkennen. Bonhoeffer lässt hier keinen Zweifel, weder politisch[45] noch theologisch. Schon kurz vor Weihnachten 1943 – immerhin dem Fest der Menschwerdung Christi – formuliert der evangelische Pfarrer: »Ich spüre übrigens immer mehr, wie alttestamentlich ich denke und empfinde; so habe ich in den letzten Monaten auch viel mehr Altes als Neues Testament gelesen.« (226) Und dann, am Ende des folgenden begründenden Gedankens: »Wer zu schnell und zu direkt neutestamentlich sein und empfinden will, ist m. E. kein Christ.« (ebd.)

Im Hintergrund steht genau das, was das ganze Kapitel schon erarbeitet hat: Bonhoeffer erkennt die gefährlich anästhetisierende Wirkung des zu schnellen Blickes in das Jenseits. Auch hier ist er ganz kompromisslos – und ich kann nur dazu raten, dies an anderer Stelle mit anderer Leitliteratur theologisch zu vertiefen: Das Christentum sei ganz missverstanden, wenn man es als Erlösungsreligion verstünde (499–501); Auferstehungsglaube sei eben keine »letzte Ausflucht ins Ewige« (500); und die so wichtig gewordene Frage nach dem persönlichen Seelenheil habe genau betrachtet keinen Anhalt an der Bibel (415). Das Alte Testament hält also die zentralen Prioritäten Bonhoeffers viel konziser fest als das Neue. Und dies gilt ihm besonders für sein Projekt einer Religiosität, die für ihr Profil keinerlei Abwertung des Immanenten benötigt.[46]

Für den roten Faden dieses Buches ist die Beobachtung bemerkenswert, dass Bonhoeffer in seinen Gefängnisschriften vor allem Bibelstellen aus der exilischen und nachexilischen, speziell der Weisheitsliteratur zitiert.[47] Dies ist auch in der Sekundärliteratur bemerkt worden.[48] Und sicher ist es kein Zufall. Denn wie

45 Vgl. seinen bekannten Aufsatz »Die Kirche vor der Judenfrage« unmittelbar nach der Machtergreifung Hitlers im April 1933; sekundär dazu Schlingensiepen 2013:142–146; umsichtig Tietz 2013:46–54.

46 Vgl. zur Thematisierung des AT das Register unter 759.

47 Als Belegstellen vgl. 28.226–436.456.548f.579.603.606.

48 Vgl. Harvey 2009.

oben gesehen ist es gerade die Bewährung in der Immanenz, die diese biblische Literatur als Motiv antreibt.[49]

Konkret wird dieser Transfer aus dem Alten Testament im Begriff des Segens. Im Segen drückt das Alte Testament die volle Anerkennung der Schöpfung aus. Bonhoeffer schreibt: »Der theologische Zwischenbegriff im AT zwischen Gott und dem Glück etc. des Menschen ist, soweit ich sehe, der des Segens. Gewiss geht es im AT (…) um den Segen Gottes, der alle irdischen Güter in sich schließt. *Dieser Segen ist die Inanspruchnahme des irdischen Lebens für Gott, und er enthält alle Verheißungen.* Es würde wieder der üblichen vergeistigten Auffassung des N. T. entsprechen, den a. t.lichen Segen als vom N. T. überholt zu betrachten.« (548). Segen als »Inanspruchnahme des irdischen Lebens für Gott« – diese Formel müsste näher betrachtet werden. Sie beinhaltet die zentrale Pointe von Bonhoeffers Segenstheologie. Mit diesem Begriff kann er beides festhalten: eine »Treue zur Welt (…), eine Liebe zur Erde und zum geschöpflichen Leben«,[50] kombiniert mit diesem »vor Gott«.

Wie schon angedeutet: Die ganze Fülle dieser Immanenz-Theologie des Segens kann hier nicht erschlossen, sondern nur assoziativ zur näheren Lektüre beworben werden. Segen ist für Bonhoeffer fast »eine dinghafte Größe, sinnlich erfahrbar, mit Händen zu greifen.« (196) Da wo Menschen segnen, erinnern sie öffentlich daran, dass das Immanente deswegen in sich gut ist, weil es nicht aus sich heraus lebt, sondern in eine Beziehung zu Gott eingelassen ist. Das Seiende ist eben mehr als Welt, es ist Schöpfung. Genau das aber entfremdet sie nicht von sich, sondern bildet den Schutz, unter dem es voll es selbst sein kann und soll – keiner weiteren Zufügung bedürftig, und sei diese noch so spirituell. Wer segnet, stellt unter den Schutz Gottes und macht damit autonom: »Wer Gott gehört, gehört keinem anderen.« (197) Insofern der Segen befreit, ist er auch eine Last:

---

49 Vgl. den obigen Exkurs zwischen den Kapiteln 3 und 4.

50 Frettlöh 2002:191. Die Studie von Magdalene Frettlöh ist die einschlägige Quelle zu Bonhoeffers Segenstheologie (vgl. ebd.:189–214); die folgenden Seitenzahlen in Klammern verweisen auf dieses Werk.

Denn er bindet ein in die Verantwortung, der geschöpflichen Freiheit nicht auszuweichen. Schöpfung ist ein Anfangs- und Zukunftsbegriff;[51] und darum ist Segen die Bereitschaft zur Mitarbeit an der noch ausstehenden Schöpfung (198–200). Segen ist »Erlaubnis zu unbekümmertem Lebensglück« und »Ermächtigung zu solidarischem Mitleiden« (beide 200; vgl. 200–208). Und: Segen wird als geteilte und gelebte Geste und als Ritual zu einer »Lebensmacht angesichts von Trennung und Tod« (208; vgl. 208–214).

Man sieht schon durch diese wenigen Anmerkungen: Über das große Motiv der Schöpfung erarbeitet sich Bonhoeffer diese enorme Weite und Großzügigkeit seiner Theologie. Er braucht niemandem gegenüber ins Ressentiment verfallen; er muss niemanden klein machen, um sich oder seinen Gott zu positionieren. Das, was ist, ist in sein Eigenrecht gesetzt; und so auch man selbst. Der Segen fügt der Schöpfung nichts hinzu; er erhöht keinen Wert. Vielmehr ist er ein Statement: Ausdruck des Willens zum immanenten Leben, zur Ordnung, zur Kultur, zur Gemeinschaft, zum kreativen trotzigen Widerstand gegen das Tötende, Zerstörende, Unterwerfende. Wer segnet, verbündet sich mit der Schöpfungsmacht. Indem er ohne Gott lebt – indem er also nichts mehr verlangt als das, was von Gott her schon da ist –, lebt er vor ihm.

d) Für andere leben

Aus all dem folgt die entschlossene Hinwendung zum Nächsten. Bonhoeffer bleibt auch hier seiner PHYSIS-Linie ganz treu. Auch der Nächste, der Andere, der Fernste muss nicht irgendwie spiritualisiert werden, um in den Blick des Frommen und Guten zu geraten. Vielmehr wird die Schöpfung, der Segen, die Person und sogar Christus verraten, wenn man auch hier mehr will als da ist.

Bonhoeffer entwickelt an diesem Punkt eine eigenwillige Umkehrung der traditionellen Transzendenz-Idee. Wenn man so

---

51 Gen 1,1 ist nicht nur übersetzbar mit: »Am Anfang schuf Gott die Welt«, sondern auch: »*Als* Anfang…«; vgl. Frevel 2015:32f.

will: Auch hier bleibt der Himmel verschlossen – jedenfalls wenn man ihn gerne als Jenseits des Diesseits hätte. Seiner Erfahrung nach braucht es keine andere Transzendenz als die, die der Andere als Anderer schon darstellt: »Gott selbst lässt sich von uns im Menschlichen dienen.« (567)[52] »Nicht die unendlichen, unerreichbaren Aufgaben, sondern der jeweils gegebene erreichbare Nächste ist das Transzendente.« (558) »Christentum entspringt aus der Begegnung mit einem konkreten Menschen: Jesus. Transzendenzerfahrung (...)« (547; vgl. auch 408.500f.)

In Christian Henneckes Werkinterpretation kommt Bonhoeffer hier zu einem kenotischen Christ- und Kirchesein.[53] KENOSIS – das ist die zweite Kompetenz der Kurzformel, die ihre ausführliche Behandlung im kommenden Kapitel erfährt. Dies gibt Gelegenheit zu der Randbemerkung, dass natürlich auch bei Bonhoeffer die beiden anderen Kompetenzen angelegt sind und auch in seiner Variante geistlicher Klugheit KENOSIS und DYNAMIS ihren Platz haben – so wie auch Chiara Lubich und Madeleine Delbrêl dreistimmig antreten. Chiara Lubich ist aber erkennbarer und ausdrücklicher in der KENOSIS-Kompetenz zuhause; man kann sie bei ihr präziser lernen. Darum kann dieser Punkt bei Bonhoeffer kürzer ausfallen.

– – –

Wir sind am Ende dieses *Bootcamps* »vor und mit Gott ohne ihn«. So also lebt man das: Man stellt sich in die Mitte seiner Zeit; man genießt die eigenen Erfolge und die der anderen; man organisiert sich in einer Struktur guter Selbst- und Weltsorge

---

52 Ab hier wieder Seitenzählung in Klammern nach Bonhoeffer 1998. Liebe liebt »wirklich den anderen [...], nicht den Einen im anderen. [...] Gott hat den ›Nächsten an sich‹ unendlich wichtig gemacht [...] Der andere ist nicht nur ›Gleichnis des ganz Anderen‹ [...], sondern er ist an sich unendlich wichtig, weil Gott ihn wichtig nimmt. Soll ich denn letztlich doch wieder mit Gott allein in der Welt sein?«. Dietrich Bonhoeffer: Sanctorum Communio. Eine dogmatische Untersuchung zur Soziologie der Kirche, Dietrich Bonhoeffer Werke, Bd. 1, hg. v. J. von Soosten, 1986, 110 FN 28; zit. bei Tietz 2005:198.

53 Vgl. Hennecke 1997:180f.252–259 u.ö.

und erarbeitet sich ihre Gesegnetheit; und so hat man den Blick frei für die Anderen.

Soweit der schweißtreibende Intensivdurchgang in vier Stationen. Das Erreichte klingt schon recht vollständig. Noch aber schielt Coach Bonhoeffer nicht auf seine Armbanduhr. Das Training ist noch nicht zu Ende. Zwei Geräte stehen noch unbenutzt im Center.

Trainingsziel 4) Sich selbst anerkennen

Mag sein, dass bisher alle Ausführungen doch nah ans Heroische kamen. Die Situation des Widerstands und der Gefangenschaft treiben die profilierten Positionen hervor und geben markanter Sprache ihre Berechtigung. Trotzdem erzeugt das Extrem immer die Fallhöhe dessen, was man in ihm sagt. Dies gilt auch für Bonhoeffer, wenn er auf sich selbst reflektiert. Seine Briefe und Schriften geben Einblicke in sein Gefühls- und Innenleben, die eigentlich dem Freund hingesagt waren, nicht einer späteren Öffentlichkeit. Sicher wäre es Bonhoeffer sehr fremd, wenn er heute seinen Wechsel an Liebesbriefen mit seiner jungen Verlobten und seine teils intimen Bekenntnisse an den Freund Bethge zwischen gut zugänglichen Buchdeckeln nachlesbar wüsste.[54]

Für uns als Klugheits-Trainees ist aber genau das ein Glücksfall. Denn so erhalten wir wichtige Informationen über eine der schwersten Übungen glaubend-immanenten Lebens: es mit sich selbst auszuhalten.

Wie oft bei sehr gebildeten, kopfgesteuerten Menschen mit hohem Ethos war auch Bonhoeffer von steten Selbstzweifeln getrieben. Entscheidungen fielen ihm eher schwer; Ungerechtigkeiten machten ihn rasend. So jedenfalls sein Selbstzeugnis im Brief vom 15.12.1943: »Ich frage mich selbst oft, wer ich eigentlich bin, der, der unter diesen gräßlichen Dingen hier immer wieder sich windet und das heulende Elend kriegt, oder der, der dann

---

54 Bonhoeffer hat allerdings Bethge gebeten, die sogenannten ›Theologischen Briefe‹ gut aufzuheben, da er später daran weiterarbeiten wollte; vgl. 512 sowie Bethge/Gremmels 1998b:647–656.

mit Peitschenhieben auf sich selbst einschlägt und nach außen hin (und auch vor sich selbst) als der Ruhige, Heitere, Gelassene, Überlegene dasteht und sich dafür (d.h. für diese Theaterleistung, oder ist es keine?) bewundern lässt?« (235)[55]

Es ist spannend, dem Trainer Bonhoeffer im Verlauf der Wochen dabei zuzusehen, wie er diese innere Zerrissenheit erst feststellt; dann akzeptiert, dass er sie nicht ändern kann[56]; und schließlich in einem höheren Level der Selbstintegration ruhiger wird – wenn man so will, bis hin zu jenem hart errungenen Frieden, der aus einem seiner allerletzten Texte spricht, dem bekannten Lied »Von guten Mächten« (607f).[57] Hier heißt es: »Ach Herr, gib unsern aufgeschreckten Seelen das Heil, für das du uns geschaffen hast.« (608) Der ganze Duktus des Liedes bezeugt eine Existenz, die an der Stelle bis zum Umfallen gekämpft hat, an der man etwas ausrichten konnte; die aber jetzt auch abgeben kann, was nicht erreicht wurde.

Den klarsten Niederschlag dieser drei Stationen: Zweifel, Akzeptanz und Ruhe im Sturm markiert jedoch ein anderes Gedicht aus der Haft. Bonhoeffer schreibt es im Juli 1944; es wird unmittelbar vor dem Attentat auf Hitler an Bethge versendet. Der Titel lautet: »Wer bin ich?«

Meine Empfehlung lautet, diesen Text eigens im World Wide Web zu suchen. Er ist unschwer zu finden. Denn ein sekundäres Referat kann die Dynamik dieses Textes nicht wiedergeben und sollte es erst gar nicht versuchen.[58] Der Text ist eine eigene Kostbarkeit – jedenfalls dann, wenn man ungefähr weiß, wie streng und laut diese inneren Stimmen des Zweifels werden können. Wenn wir im Bild bleiben wollen: Hier legt sich unser PHYSIS-Coach selbst unter die Hanteln und zeigt uns anschaulich, wie's geht.

---

55 Weitere Passagen sind benennbar und über das ganze Schriftgut verstreut (vgl. z.B. 198f.391).

56 »Es geht um Wichtigeres als um Selbsterkenntnis.« (235).

57 Sekundär dazu Henkys 1986:26–28.66–90 u.ö.

58 Leider und m.E. auch unverständlicherweise legt Henkys 1986 zu diesem Gedicht keine eigene Analyse vor; vgl. aber Henkys 1986:9.29.31.34. Eindrückliche Comic-Abbildung bei Stetter 2010:95–98.

In sechs Abschnitten rast der Text von Fragezeichen zu Fragezeichen; wechselt von der projizierten Wahrnehmung der Anderen hin zur Spiegelung des eigenen Ichs vor sich selbst; türmt im Mittelteil Adjektive und Gerundien auf, die die innere Situation beschreiben: »unruhig, sehnsüchtig, krank«, »ringend«, »hungernd«, »dürstend«, »zitternd vor Zorn«, »umgetrieben«, »ohnmächtig bangend«, »müde und leer«, »matt und bereit, von allem Abschied zu nehmen«. Dann die kalte Diagnose in der finalen Frage, die nur bezeugt, dass man im Durchgang durch den Selbstzweifel keinen Deut weiterkam: »Wer bin ich? Der oder jener? Bin ich denn heute dieser und morgen ein andrer? Bin ich beides zugleich? Vor Menschen ein Heuchler und vor mir selbst ein verächtlich wehleidiger Schwächling?«

Hier könnte das Gedicht zu Ende sein. Das aber wäre inkonsequent zu allem, was wir bisher von Bonhoeffer profitieren konnten. Es wäre selbstzerstörerisch. Und dies bedeutete eine Missachtung der Tatsache, dass man ja auch selbst zu jener Schöpfung gehört, um deren Segen man kämpft. Man nähme sich auch zu wichtig, würde man in der Selbstverachtung verharren. Mit unseren Worten der Kurzformel: So glasklar die Diagnose der eigenen Unzulänglichkeit sich auch ergeben mag – es wäre unklug, sich von ihr blockieren zu lassen. Niemandem wäre geholfen – abgesehen davon, dass die Fehlerwahrscheinlichkeit bei Selbsterkenntnissen bekanntlich recht hoch liegt.

Und trotzdem: Um Unklugheit zu wissen und sich ihr zu entwinden, sind zwei sehr verschiedene Paar Schuhe. Wie an wenigen Stellen kann man Bonhoeffer hier zuschauen, wie ihm die Hinwendung an Gott hilft, nicht wegrennen zu müssen. Und die Selbstübergabe an den totalen Zweifel wäre eine Flucht gewesen. Gleichzeitig erwarten wir nun schon, dass diese ›Hingabe an Gott‹ nicht billig erfolgt.

Das Gedicht endet mit dem einzigen Reim des ganzen Textes. Die Botschaft dieser Rhetorik: Von sich aus gesehen ist diese Welt zwar liebenswert, erhaltenswert und segensfähig – aber sie ist in ihrem Schmerz und ihrer Fragmentarität auch ein Rätsel. Sie bleibt auch der virtuosesten geistlichen Klugheit von sich aus: ungereimt. Von Gott her mag das anders aussehen. Mag sein, dass er auch auf mich einen anderen Blick hat. Einen gnädigeren.

Die letzten Zeilen sind ein Gebet und lauten:

»Wer bin ich? Einsames Fragen treibt mit mir Spott.
Wer ich auch bin, Du kennst mich, Dein bin ich, o Gott!«

Das Konsequente und auch Sympathische an diesem Schluss ist meiner Meinung nach, dass das Rätsel bleibt. Nach wie vor weiß Bonhoeffer nicht, wer er ist und welche Dynamiken ihn hin- und herschütteln. Und nach wie vor kann er sich nicht sicher sein, wie man dieses Hin-und-Her bewerten soll. Vielleicht ist er wirklich, was er befürchtet zu sein. Aber auf einer bestimmten Höhe des durchgearbeiteten Gedankens kann es ihm plötzlich egal sein. Er lässt mit der Bitte um die Auflösung seines Widerstreits auch sich selbst los und übergibt sich in die Intelligenz einer Macht, der er vertraut.

Das ist PHYSIS-Kompetenz: »Gott« auf »Spott« reimen, aber »Spott« auch auf »Gott«. Beides bleibt bestehen; kein Pol wird in den anderen aufgelöst; und es gibt auch kein Drittes, das beides moderiert. Es gibt keine höhere Denkbarkeit, keine Passung der beiden, in welcher Form auch immer. Was sich aber einstellt, ist die plötzliche Lebbarkeit der polaren Spannung. Ohne zu wissen, wer man ist und wie man sich und alles begreifen soll; und im vollen Wissen, dass man hierauf keine Antwort finden wird, muss trotzdem der Spott nicht das letzte Wort sein.

Immer weniger wegrennen müssen, auch immer weniger vor sich selbst: Eine echte Trainingseinheit, diese Station 4. Aber auch ein attraktives Versprechen.

Trainingsziel 5) Glauben als: Gott beistehen

Die letzte Konkretisierung der PHYSIS-Kompetenz betrifft nun nur noch Personen, die ihre Klugheit gerne explizit geistlich-religiös leben und weiterentwickeln wollen. Bei aller Relativierung von Gott, Selbsterkenntnis, Religion, Kirche und Jenseits und bei aller Aufwertung von Welt, Dasein, Mündigkeit usw. muss Bonhoeffer ja nun auch positiv erläutern, wie er sich christlich-religiöses Leben denkt. Mit seinen Worten: Wer das Hohelied der Liebe als irdisches Liebeslied verstehen will, weil das die passendste christologische Lesart sei (460); wer die griechischen Götter für das Verstehen von Inkarnation als sprachfähiger empfindet als die Glaubenssätze der eigenen Konfession (492); und für wen Christsein nicht synonym ist zu religiös sein (535) – der hat offenbar nicht nur einen sehr eigenen Religionsbegriff, sondern auch eine sehr eigene Idee, was das Christsein denn nun ausmacht.

Auch zu diesem Thema hat die Bonhoeffer-Forschung – wen wundert's? – eine Fülle an Studien vorgelegt. Diese kreisen zum Beispiel um seine Idee einer unreligiösen Rede von Gott,[59] um sein Ideal einer radikal solidarischen und gewaltlosen Kirche[60] oder um seine ekklesiale Ethik im Vorzeichen des ›Christus praesens‹.[61] All dies kann hier nicht unser Fokus sein. Denn wir wollen vor allem lernen und trainieren, wie man an Gott glaubt, ohne ihn als Fluchthelfer aus der Wirklichkeit zu instrumentalisieren. Und hierfür entwickelt Bonhoeffer tatsächlich eine verblüffende geistliche Intuition.

Auch diese kann hier nur genannt, aber nicht wirklich ausgeführt werden, um den Platz nicht zu sprengen. Das Zentrum der Intuition ist im Prinzip dasselbe Wagnis, welches unser Bezugstext aus dem Philipperbrief vorgibt: nämlich einen Positionswechsel vorzunehmen. Der erste und für alle PHYSIS-Leute entscheidende ist der, in der Welt zu bleiben, immer weniger aus ihr wegzurennen. »Sein Leben war das eines Menschen«, hieß es oben gemäß Phil 2,7.

Das ist das Ziel und das Programm, lebt man PHYSIS religiös oder unreligiös: die Solidarität mit dem Nächsten an meiner Seite. Volle Diesseitigkeit leben und somit Segen empfangen,

59 Vgl. hier vor allem die »Gedanken zum Tauftag« des Patenkinds von Bonhoeffer (428–436, bes. 435f); sowie 537.559 u. ö.; sekundär Bethge/Gremmels 1998b:647–654.

60 »Die Kirche ist nur Kirche, wenn sie für andere da ist. Um einen Anfang zu machen, muss sie alles Eigentum den Notleidenden schenken.« (560).

61 Vgl. Hennecke 1997:264–316.

sein und geben.[62] Nichts muss hinzukommen, soviel sollte in diesem Kapitel aufgeleuchtet sein: diese Diesseitigkeit, Mündigkeit, Verantwortung braucht keine Arbeitshypothese Gott; und auch dieser Segen muss keiner sein, den man aktiv mit Gott verbindet. Er ist schlicht dem und der zugesprochen, der und die im Sinne der Schöpfung handelt. Bonhoeffer prämiert die Tat, die Tat und noch einmal die Tat. Und das heißt, nur an ihnen, den Taten, will er die Früchte welcher motivierenden Gesinnung auch immer erkennen.[63]

Für Menschen, die in aktiver Jesus-Nachfolge leben wollen, kommt nun ein zweiter Positionswechsel hinzu. Religiöse Instrumentalisierung für welche Privilegen auch immer, das haben wir gesehen, ist ausgeschlossen. Das Kultivieren, Priorisieren und Ausnutzen von Schwäche ebenfalls. Daher ist die ganze Wegrichtung von Gott zu Mensch auf eindrückliche Art verbaut – und zwar gerade, um an dem radikalen Geheimnis eines mensch- und weltgewordenen Gottes auch kein Jota zu vermindern.

Daher bleibt nur die andere Wegrichtung: Religion darf nicht nur nicht von der Wirklichkeit der Welt wegführen; sie muss umso mehr in sie hineinleiten. Der Weg geht also vom Menschen hin zu Gott, und zwar als den menschgewordenen, leidenden Gott. Christ:innen warten nicht darauf, dass ihr Gott ihnen beisteht – darauf bauen sie, ohne Erwartung jedweder Komfortzonen. Vielmehr stehen sie ihrem Gott bei. Sie zieht es dorthin, wo sie ihren menschwerdenden, erlösenden Gott vermuten – und helfen ihm, Segen der Welt zu sein. Christsein ist damit sogar noch verdoppelter Weltbezug. Statt in der Welt aus- und standzuhalten – teuer und anspruchsvoll genug! –, geht es

62 »(...) dies nenne ich Diesseitigkeit, nämlich in der Fülle der Aufgaben, Fragen und Misserfolge, Erfahrungen und Ratlosigkeiten leben.« (542).

63 Denn nicht Religion ist die Bedingung des Glaubens (vgl. 482) – jedenfalls nicht des Glaubens, den Bonhoeffer als solchen anerkennt. Hier trifft er sich übrigens mit den neuesten Analysen etwa bei Christoph Theobald, der einen von ihm so genannten »elementaren Lebensglauben« als Startpunkt für die typisch religiöse Erfahrung des Evangeliums entwirft – was eben auch beinhaltet, dass dieser anthropologische Startpunkt auch anders, nämlich unreligiös, weitergeführt werden kann; vgl. Theobald 2018:78–88 sowie oben am Ende von Kapitel 4.

um proaktives Hineingehen. Statt Erlösungs-Nachfolge begehren Christ:innen Inkarnations-Nachfolge.[64]

Bonhoeffers Hauptwort für diese Radikalisierung ist ›Teilhabe‹. Er bietet viele Bilder und Umschreibungen an: Thema ist die »Teilnahme an der Ohnmacht Gottes in der Welt« (537). Als Christ:in »wacht man mit Christus in Gethsemane« (542). »Der Mensch wird aufgerufen, das Leiden Gottes an der gottlosen Welt mitzuleiden.« »Nicht der religiöse Akt macht den Christen, sondern das Teilnehmen am Leiden Gottes im weltlichen Leben.« (beide 535) »Unser Verhältnis zu Gott ist kein ›religiöses‹ zu einem denkbar höchsten, mächtigsten, besten Wesen (...), sondern unser Verhältnis zu Gott ist ein neues Leben im ›Dasein-für-andere‹, in der Teilnahme am Sein Jesu.« (558) Dies ist ihm der »Tausch«, auf den es ankommt, »die Umkehrung von allem, was der religiöse Mensch von Gott erwartet«, der »fröhliche Wechsel«.[65]

Am einprägsamsten ist wohl wieder ein Gedicht. Es trägt den Titel »Christen und Heiden« und stammt ebenfalls aus dem schicksalsschweren Juli 1944 (vgl. 515f).[66] Bonhoeffer parallelisiert in drei kurzen vierzeiligen Strophen religiöses und unreligiöses Leben. Letzteres wird als ›heidnisch‹ charakterisiert – genau das aber ist keine Abwertung. Denn Christ:innen wie Heid:innen erleiden Not, brauchen Brot und fürchten den Tod. Tatsächlich sind dies die Reim-Endwörter in jeder Strophe. So schüttelreimmäßig sich das anhören mag: Gerade durch diese dauernde Wiederholung steuert der Text auf seine Pointe zu. Diese liegt darin, dass Gott beide ›Gruppen‹ gleichbehandelt. Er macht keine Unterschiede der Zuwendung. Von den Menschen her aber gibt es einen Unterschied, der wiederum wegen der gleichen Lebenslage – zwischen Not, Brot und Tod – niemals ins Triumphalistische abdriftet. Denn während sowohl ›Heid:innen‹ wie Christ:innen sich in ihrer Lebensnot an Gott wenden und sich von ihm

64 Beides ist natürlich kein Gegensatzpaar, wohl aber eine Unterschiedlichkeit der Priorisierung.

65 Die letzten drei Fundstellen unter Bezug auf Bonhoeffers Werke bei Bethge/Gremmels 1998b:654.

66 Auch dieser Text findet sich problemlos im Web unter ›Bonhoeffer Christen und Heiden‹.

etwas erwarten (Z.1), so charakterisiert die Christ:innen noch etwas zweites. Sie interessieren sich auch für die Not Gottes: »Christen stehen bei Gott in seinen Leiden.« (Z. 8)[67]

Der Punkt ist gesetzt: In einer ganz einfach scheinenden Frömmigkeit macht Bonhoeffer aus der Gottesbeziehung eine wechselseitige Partnerschaft. Wenn man so will: Auch Gott hat seine Themen, seine Projekte, seine ›Not‹. Auch er will etwas erreichen – und nicht zu wenig. Es steht denen, die seine Freunde sein wollen (Joh 15,15), gut an, diese Ziele und Bedrängnisse mit ihm zu teilen. In schlichter Nachfolgemystik gehen auch die Jünger:innen der Gegenwart hinter ihrem Meister her, der sich zu denen gesandt weiß, denen es schlecht geht (Lk 19,10). Bonhoeffers eigenwillige PHYSIS-Spiritualität rettet davor, Gott vor den Karren seines Lebens zu spannen und ihn auf dauernde biografische Problemlösungen zu verpflichten. Der allgemeine Schöpfungssegen, jeder und jedem zugesprochen, muss hier reichen.[68] Und sie befreit dazu, mehr zu sein als die Summe der eigenen ungelösten Probleme: nämlich ein:e Partner:in Gottes in dessen Mühen, die Welt zu einem besseren Ort zu machen.

Feierabend

PHYSIS ist die Kompetenz, immer weniger wegrennen zu müssen: Bonhoeffer hat uns nicht nur schweiß-, sondern (hoffentlich) auch ertragreich über die Trainingsfläche gecoacht. Fünf Trainingsziele, fünf Präzisionen dieser Dimension geistlicher Klugheit konnten erarbeitet werden. Am Ende sehen wir doppelt – und das nicht nur aus Erschöpfung.

Wer PHYSIS lebt, muss erstens immer weniger wegrennen

- vor den gestellten Aufgaben;
- vor Anderen, die nicht religiös sein wollen;
- vor einem Gott, der oft verwirrt;
- vor sich selbst.

---

67 Vgl. auch die Interpretation bei Henkys 1986:57–65 u. ö.

68 »(…) nicht alle unsre Wünsche, aber alle seine Verheißungen erfüllt Gott (…)« (569); vgl. auch 410.423.

Das Zweite, das man gewinnt, ist dies: Nicht wegrennen kann man nicht nur, indem man stehenbleibt, sondern auch, indem man irgendwo *hin*rennt. In Bonhoeffers Gefolge nimmt PHYSIS auch diese zweite Dimension an: Wer sie lebt, der rennt *hin*

- zu einer Anerkennung der gegebenen Kultur in ihrer autonomen Mündigkeit;
- zum Feiern von Qualität und Erfolg;
- zum Segen einer Lebensordnung der gemeinwohlwirksamen Selbstsorge;
- zu den Anderen;
- zu jenem Gott, der ebenfalls losrennt und ›da‹ ist (Ex 3) bei den Menschen, denen das Leben übel mitspielt.

7. KENOSIS als Kompetenz, oder: Immer mehr aus sich herauskommen können

7.1. *Startpunkt aus dem Alltag*

Großzügigkeit als ›Freiheit von sich selbst‹

Keine Frage: Es gehört zu den schönsten, weil entspannendsten sozialen Erlebnissen, wenn man jemanden kennenlernt, der großzügig ist. Großzügigkeit macht die Anderen stärker, bedeutender, mutiger. Ein großzügiger Mensch nimmt sich heraus, auf sich selbst in der Weise zu achten, dass er die Vorzüge der Anderen nicht missen will. Und das kommt sofort an, und zwar doppelt: Triffst Du wen, der Dich mit Großzügigkeit behandelt, traust Du sofort Dir selbst, traust Du aber auch dieser Wohltäterin mehr zu. Offenbar wirkt Großzügigkeit magnetisch auf Freiheit, Entschlossenheit und Kreativität. Und sie adelt nicht nur die, die sie erfahren dürfen, sondern auch die, von denen sie ausgeht. Gemeinsam genießt man das Leben in großen Zügen.[1]

Gerne also mehr davon! Nur: So einfach scheint das nicht zu sein. Denn wäre es leicht, würde man doch häufiger großzügigen Personen begegnen. Das aber ist nicht der Fall. Jedenfalls höre ich in meinem Umkreis häufiger die Überraschung ›Da war jemand sehr großzügig‹, als dass dies Routine und damit kein Gesprächsstoff wäre. Dasselbe gilt für alle Phänomene, die man mit dem Lob der Großzügigkeit mitmeinen kann: die Fähigkeit zur Empathie etwa, oder zur Hingabe, zum Engagement, zur Solidarität, zur Gastfreundschaft. All diese sozialen Tugenden setzen eines voraus, und genau das macht sie offenbar eher selten und kostbar: nämlich die Fähigkeit, von sich abzusehen; sich auf die Anderen fokussieren zu können; in gemeinsame Weltbewohnung und -gestaltung einzusteigen.

Natürlich ist die genaue Erklärung von Großzügigkeit oder von dieser ›Freiheit von sich selbst‹ – so wie auch schon zu Be-

1 Vgl. auch Sellmann 2020b.

ginn des PHYSIS-Kapitels weiter oben zu bekennen war – ein viel zu großer Zusammenhang für ein Buch wie dieses. Hier kann man auch nicht annähernd in die Differenzierung einsteigen, die notwendig wäre. Schon beim flüchtigen Lesen merkt man ja, dass man das Ganze graduell abstufen muss. Wir sind ja schon dann in gewisser Weise soziale Wesen, wenn wir uns nicht gegenseitig den Kopf einschlagen. Und je nach pessimistischem oder optimistischem Menschenbild wird man das Potenzial zum sozialen Umgang eher als Produkt von Zwang (wie etwa bei Thomas Hobbes) oder als Ergebnis geglückter Erziehung (wie etwa bei Jean-Jacques Rousseau) ansehen. Die ausgefeilte Debatte zwischen Liberalismus und Kommunitarismus, ob man Menschen erst zur Sozialität bringen muss oder ob sie von ihr aus starten; ob also das ›Ich‹ zum ›Wir‹ domestiziert werden muss oder das ›Ich‹ im ›Wir‹ beginnt, ist hier erkennbar unser Thema – kann aber nicht durchgearbeitet werden.

Denn im besten Sinn will dieses Buch ja alltagsbezogen bleiben und die Ressourcen für die von jedem zu erbringende Lebensleistung im Blick behalten. Da kann kaum erst abgewartet werden, bis jede:r seinen Regalmeter Sozialphilosophie intus hat. Trotzdem hat aber der kurze Blick in den philosophischen Spiegelsaal schon gezeigt, dass wir beim Phänomen der Großzügigkeit auf tieferliegendere anthropologische Materien stoßen. Wehrt man ab, dass so ein Gestus wie ›Großzügigkeit‹ oder ›Hingabe‹ einfach eine raffinierte sozialdarwinistische Strategie ist, die nur vorgibt, die eigenen Grenzen auf die des Anderen hin zu vergrößern, um über diesen Umweg die eigene Reproduktion zu optimieren; und weigert man sich auch, Altruismus schlicht für eine psychische Krankheit zu halten; dann führt einen das Phänomen der ›Freiheit von sich selbst‹ von selbst in große Horizonte. Offenbar kann man in ganz einfacher alltäglicher Weise ›großzügig‹ oder auch ›geizig‹ sein; und während man das ist, aktualisiert man riesige Themen. Wie in einem schmalen Ruderboot gleitet man mal eben ans andere Ufer, überquert aber enorme Tiefen.

Während man seinem Charakter einfach so mal eben erlaubt, sich als ›großzügig‹ oder ›geizig‹ zu zeigen, stößt man in das Herz dessen vor, was die theologische Anthropologie an allgemeinen Grundeinsichten entwickelt hat. Diese stehen in jedem Lehrbuch der Schöpfungstheologie; und ihre Vokabeln sind gut bekannt.[2] Gemäß biblischem Befund ist der Mensch ›geschaffen‹, heißt es da; und zwar als Teil einer ganzen Welt. Er ist auf die ›Gemeinschaft mit Gott‹ hin geschaffen, heißt es weiter. Ihm ist also eine mehrfache Relationalität eingestiftet. Der Mensch lebt aus Beziehungen, er wird aus ihnen zu sich selbst. Gemeint sind vor allem die Relation zur Mitwelt, zur Umwelt, zur Eigenwelt und zu Gott selbst. In Anlehnung an die bekannten kultursoziologischen Arbeiten von Hartmut Rosa behauptet die Theologie, dass der Mensch nicht nur in Resonanzbeziehungen leben muss und sich nach ihnen sehnt, sondern auch zu ihnen fähig ist; ja: in ihnen erst zu dem wird, was er sein kann.[3] Denn der Mensch ist ein Wesen im Werden. Um im gewählten Sprachspiel zu bleiben: Der geschaffene Mensch – das Geschöpf nach dem ›Ebenbild Gottes‹, wie das erste Buch der Bibel das nennt – entsteht aus und zu Großzügigkeit.[4]

Allerdings: Der Zugriff auf die ihm innewohnende ›Freiheit von sich selbst‹ ist ihm eben nicht so einfach gegeben. Denn komplementär zu seinem Resonanzbestreben greift die Sorge um sich selbst auf den Menschen zu. Und dies mit großer, fast übergroßer Macht. Blut ist dicker als Wasser, das Hemd sitzt näher als der Rock, und lieber den Spatz in der Hand als die Taube auf dem Dach. Der Volksmund weiß schon ganz gut, wovon er spricht. So wünschenswert es ist, mit einem Potenzial ›von sich weg‹ aus-

2 Vgl. zum Folgenden etwa die bekannten Lehrbücher von Pröpper 2015; Sattler/Schneider 2017; Dirscherl 2006; neuerdings Knapp 2020; weiterhin: Pannenberg 1983. Sie alle legen die vier Grundworte der biblischen Schöpfungstheologie für die philosophische Gegenwart aus: Geschöpf; Ebenbildlichkeit (imago); Gottesgemeinschaft; Sünder.

3 Vgl. Rosa 2019; sekundär dazu Knapp 2020:428–440 u.ö.

4 Das französische Wort für ›Freigebigkeit‹ führt näher an das theologische Fachwort der ›Gnade‹ (grace) heran, das hier fallen muss: gratuité. Vgl. für die französische Pastoraltheologie die Beiträge in Feiter/Müller 2012.

gestattet zu sein – so riskant scheint es, diesem Drang einfach so nachzugeben. Es gibt da auch ein mächtiges ›zu sich hin‹.

Die theologische Reflexion kommt über solche zutiefst alltägliche Beobachtungen zu weiteren komplexen Begriffen wie ›Sünde‹ und ›Rettung‹ oder ›Erlösung‹ von ›Sünde‹. Von Martin Luther kennt man vielleicht dessen anschaulich-erschreckenden Bildausdruck, wenn er die hier gemeinte so starkwerdende Kraft der Angst um sich selbst als ›Selbstverkrümmung‹ bezeichnet. ›Sünde‹ ist der Zustand, wenn es den Menschen so auf sich selbst fixiert, dass er sich in sich selbst verkrümmt. Er ist dann ›*incurvatus in se*‹, sagt der Reformator – er existiert wie ein Kreislauf, der bei sich genauso beginnt wie endet, und eben, das ist die Pointe, nicht aus sich herauskommt.[5] Heutige Anti-Stress-Trainer:innen würden Luthers Metapher bestätigen, aber anders bebildern: ›Sünde‹, das ist das Hamsterrad, das Dich dreht und dreht und dreht: *Incurvatus in se.*

Eigentlich ist das eine klare Sprache, und viele kennen diese paradoxen, teils sogar absurden inneren Machtkämpfe aus eigenen miesen Tagen. Da willst Du rauskommen aus Dir, weil Du selbst merkst, wie miefig Deine Ich-Zone geworden ist – aber der Weg zur Tür scheint Dir zu mühsam, zu riskant. Du sinkst zurück in die Kissen, guckst Dir selbst dabei zu und bist überhaupt nicht erfreut. Man muss das nicht ›Sünde‹ nennen. Man muss ohnehin nicht zur Grammatik der theologischen Anthropologie greifen. Hier reicht die Feststellung, dass diese Grundeinsichten aber sehr wohl den Kern dessen treffen, worum es hier geht: dass man als Mensch offenbar die Zielscheibe gleich zweier Kräfte ist: die, die mich ins Hamsterrad verkurvt; und die, die mich es verlassen lässt.

Die Rede vom ›Geschaffensein‹, zur ›Berufung zur Gottesgemeinschaft‹ oder von der ›Sünde‹ ist ohnehin so oft in so erwartbar moralischer Kontrollabsicht erfolgt, dass diese Begriffe neu und auf Augenhöhe mit zeitgenössischer Sozialtheorie und/oder naturwissenschaftlicher Anthropologie re-legitimiert werden müssen. Und das ist auch möglich. Sie kleidet sich dann in andere Begriffssprache und hört sich dann sofort auch satisfaktionsfähiger

5 Vgl. nur Dirscherl 2006:208f; Pröpper 2015:1062f.

an. Man spricht dann von der konfliktiven Grundausstattung des Menschen zwischen den Kräften ›Zentralität‹ und ›Ekzentrizität‹, die er immer beide zugleich wahrnehmen, ernst nehmen, integrieren und ausagieren muss. Oder man erarbeitet, dass es moderne, nachmetaphysische Gesellschaftsordnungen schaffen müssen, die Realisierung der eigenen Freiheit mit den Freiheitszielen der anderen Gesellschaftsmitglieder zu orchestrieren. Dies gelingt eben, so die neueste Erkenntnis, nicht vollgültig über externe Verträge oder Sanktionskalküle. Vielmehr braucht es die Vielfalt sinnvoll begrenzender Faktoren genauso wie sogenannte vorpolitische Bereitschaften (Dispositionen) zu prosozialer Kreativität.[6]

Überspringt man aber mal die fachsprachlichen Virtuositäten, dann erkennt man: Es gibt eine Grunddramatik der menschlichen Grundausstattung. Und diese bezieht sich auf die schlichte Gegebenheit, dass der Andere Bedrohung wie Bereicherung meiner Welt sein kann, manchmal sogar beides gleichzeitig. Was man zutiefst ersehnen kann – beim Anderen anzukommen –, kann man zugleich auch zutiefst befürchten. Man stockt, bevor man springt. Und man weiß, dass man springen muss – denn ganz von allein kommt man nicht weg von sich. Wie ein Wackelpudding schaukelt sich das Ich immer wieder in die zentrale Ausgangsposition zurück, auch wenn man was mit dem Löffel abnimmt.

Soll heißen: Man braucht aktiven und bewussten Energieeinsatz, um sich dafür zu entscheiden, den Anderen in das Behauptungsspiel der eigenen Zentralität einzubauen und ihn zum Teil meiner Welt und mich zum Teil seiner Welt zu machen. Oder kürzer gesagt: Von nichts kommt auch hier nichts. *Love is risky.*

7.2. KENOSIS: Ein bedeutungsreicher griechischer Begriff

KENOSIS– ein Wort aus der Gosse

Unser Referenztext aus dem Philipperbrief bietet ein Wort an, das diese Zusammenhänge auf den Punkt bringt. Und dies radikal, sogar obszön. Vielleicht ist es darum auch gerade für ein

---

6 Vgl. Liedhegener 2018.

Buch über Alltags- und Lebensklugheit gut geeignet. Hier geht es schließlich um *street-credibility*. Was hier behauptet wird, muss sich nicht primär im Hörsaal, sondern vor dem Schicksal beweisen. Und das Wort, um das es geht, kann das auch. Denn es stammt, und das gleich in mehrfacher Bedeutung, aus der Gosse.

Die Rede ist vom griechischen Begriff ›*kenosis*‹. Das Wort hat seinen wichtigsten neutestamentlichen Beleg im Philipperbrief. Wenn wir uns kurz erinnern, vor allem an das Kapitel 5: Da geht es ja um einen großzügigen Helden; um jemanden, der seinen Freiheitsgebrauch für die Freiheiten anderer aufmacht und sich sogar in ihren Freiheitsgebrauch investieren lässt. Von ihm heißt es: (6) Er war Gott gleich, / hielt aber nicht daran fest, Gott gleich zu sein, (7) sondern er entäußerte sich (*eauton ekenosen*) und wurde wie ein Sklave und den Menschen gleich.

Diese Verbform aus dem Hymnus ist im Griechischen sonst nicht belegt und vorpaulinischen Ursprungs.[7] Trotzdem hat sie eine enorme Wirkungsgeschichte, schon ab den Kirchenvätern und dann so richtig in der christologischen Spekulation. Das Wort bezieht sich auf den Stamm ›kenoo‹ mit den Bedeutungen ›leer machen‹, ›vernichten‹, ›entleeren‹, auch ›rauben‹. In weiteren Assoziationsketten geht es um das ›umsonst, vergeblich sein‹, ›ohne Inhalt sein‹, ›nichts mehr gelten‹, ›veröden‹. Die ›Kenophonia‹ ist das leere, schädliche Geschwätz.

Als so klassifiziertes Wortfeld begegnet *kenosis* an durchaus prominenten Bibelstellen. So heißt es etwa im Magnifikat (Lk 1,53), dass die Mächtigen ›leer ausgehen‹ werden. Im Jakobusbrief findet sich die bekannte Reflexion über den Glauben, der ohne die Werke ›nutzlos, vergeblich‹ ist. Oder man findet es im ersten Brief an die Thessalonicher an der Stelle, an der Paulus der Gemeinde zuruft, er sei nicht ›vergebens‹ zu ihnen gekommen (1 Thess 2,1).

Nirgendwo aber ist der Sprachbefund so krass unpassend wie im Christuslied des Philipperbriefes. Inmitten sorgfältig aufgebauter Chiasmen, Versrhythmen und hymnischen Vokabu-

---

7 Vgl. zum Folgenden Lattke 1981; Oepke 1957. Insgesamt auch Kreutzer 2010:198–203.

lars drängt sich ein harter, sogar vulgärer Ausdruck der Unterschicht. Wenn die Waschfrauen (es waren fast immer Frauen) der Antike den Fäkalieneimer in die Gosse kippten, dann entleerten sie ihn; dann betrieben sie *kenosis*. Und so wie sie danach trachteten, möglichst nichts des abstoßenden Inhaltes zu behalten, so akribisch genau, so brutal gründlich wurde weggeschüttet. Mit diesem Wort ist auch Verachtung, Ekel, Kontaminationsangst im Spiel.

Man muss das so drastisch beschreiben, um den gewaltigen Sprachraum zu erkennen, den der Christushymnus durchwandert. Der Slangwechsel ist fast wie ein performativer Beleg für den behaupteten Inhalt zu verstehen: So wie jemand in der Sphäre Gottes war, die als rein, brillant, herrlich zu imaginieren ist, so kommt er eben auch in das ganz Andere seiner selbst, wenn er diese Sphäre verlässt und ›den Menschen‹, ja: ›den Sklaven‹ gleich wird. Da geschieht dann Status- und Positionswechsel, wie die Exegese das nennt, und zwar keineswegs platonisch, sondern im »radikalen Realismus«[8] der Inkarnation. Die Sprache der ›Sklaven‹ ist eben nicht rein, brillant, herrlich, sondern schmutzig, rotzig und hart.

Auch an anderer Stelle geht der Hymnus in dieses Sprachgefälle, diesmal allerdings wohl von Paulus redigiert. Wenn er in Vers 8 in chiastischer Manier parallelisiert: Er erniedrigte sich und war gehorsam bis zum Tod, bis zum Tod am Kreuz, dann deuten die letzten fünf Worte genau in jene Brutalität des Zusammenhangs wie in Vers 7 das *ekonosen*. Das Sterben am Kreuz war eine Sklavenstrafe und den Römern und der Antike schlicht ein unsagbar obszönes Ereignis.[9]

---

8 Lattke 1981:697.

9 Vgl. ausführlicher und mit weiterführender Literatur Sellmann 2006a. Hinzuweisen ist auch auf Phil 3,8, wo Paulus wiederum einen drastischen Gossenausdruck wählt, wenn er schreibt: »Seinetwegen [um Christi willen, MS] habe ich alles aufgegeben und halte es für Unrat, um Christus zu gewinnen und in ihm erfunden zu werden.« Der Terminus ›Unrat‹ wird in manchen exegetischen Arbeiten mit »Dreck, Kot, Scheiße« übersetzt; vgl. nur Müller 1993:152f; Gnilka 1976:192f.

Man kann sich vorstellen, wie schwer es eine Aufstiegs-Christologie hat, mit solchen Befunden umzugehen. Denn die ganze Härte des gewählten Bildes, etwa die Assoziation zu einem entleerten Fäkalieneimer, impliziert ja sogar, die göttliche ›Natur‹ des Christus sei verachtenswert und abstoßend. Das müssen wir hier nicht zum Thema machen.

Wichtiger für unseren Zusammenhang ist die so hergestellte Dynamik eines mit diesem Jesus von Nazareth verbundenen Positionswechsels.[10] So analysieren nämlich Exeget:innen, was hier passiert: Jesus fordert dazu auf und er befähigt dazu, die eigene Zentralität zu verlassen und es zu wagen, sich in das Glück des und der Anderen zu investieren. Die Verheißung lautet: Mit Jesus raus aus der Unheilskraft der Selbstverkrümmung. Immer weniger sinnloses Hamsterrad-Gekrampfe. Immer mehr Momente der Großzügigkeit, sich selbst und anderen gegenüber.

KENOSIS als: Nächstenliebe

Was die theologische Anthropologie, die Exegese und die Christologie in großer Differenziertheit erschließen, hat im einfachen Sprachgebrauch einen schlichten Namen: Nächstenliebe. Wenn man ein Wort nennen soll, das den jesuanischen Ethos kurz und knapp auf den Punkt bringt; und wenn es eine Erwartung der Nicht-Christ:innen an die Christ:innen gibt, dann fällt dieser Begriff. In ihm ist kondensiert, was oben einführend mit dieser Großzügigkeit gemeint war. Christ:innen werden darauf angesehen, eine Lebensklugheit gefunden zu haben, die zu dieser ›Freiheit von sich selbst‹ führen kann. Und das ›weg von mir‹ bedeutet dann: ›hin zu dir‹.

Christ:innen sind mit diesem Label gekennzeichnet, ob sie das mögen oder nicht. Aber es ist so: Versuch mal, als Religionslehrerin Deine asoziale Ader auszuleben – Du wirst die Reaktionen zu hören bekommen: »Die predigt Wasser und trinkt den Wein.« Mathelehrer dürfen eher eine ›5‹ geben als Relilehrer – denn die sollen doch qua Programm barmherzig sein. Oder geh mal als

10 Vgl. Theißen 2000:101–122.

Mönch in Kutte an einem vorbei, der erkennbar Hilfe braucht – Du wirst schon mitkriegen, wie schnell sie gerade Dir Heuchelei unterstellen. Beim jungen Broker im Armani ist die Erwartung anders. Hast Du Dich geoutet als einer von diesem Jesus, dem großen Menschenfreund, kannst Du machen, was Du willst – aber irritiere nicht die Vorerwartung der Nächstenliebe.

Viele Christ:innen fühlen sich hiermit gar nicht so wohl. Sie weisen darauf hin, dass sie nicht automatisch als die Naiven und Dummen gelten wollen, die immer das kürzeste Streichholz ziehen müssen, weil es sonst jemand anders bekäme. Die Moraltheologie befleißigt sich, dass das Ethos der Nächstenliebe nicht etwa mit eindimensionalem Altruismus zu identifizieren ist, der in der Summe das Gemeinwohl mehr beschädigen als ihm nützen kann. Und die Bibelforschung kennt und zeigt auch den anderen Jesus: den so gar nicht netten Eiferer des Gottesgehorsams, den polemischen Prediger gegen das religiöse Establishment, den schroffen Herausforderer der Faulheit und Mittelmäßigkeit.

Nur: Im Reiche der kulturellen Ideen kann man nicht zugleich zu viele auf sich vereinigen wollen. Und im großen Konzert der Religionen und Spiritualitäten ist es nun einmal so, dass die Christ:innen als die gelten, die ihre religiöse Intelligenz vor allem darin zu investieren haben, wie man für den Anderen frei von sich selbst wird. Einfacher gesagt: Die Jesus-Leute, das sind für die meisten die mit der sozialen Gesinnung. Und, mal ehrlich: Könnte man die große Erwartung, Nächstenliebe zu kennen, zu üben und zu lehren, nicht auch wie einen Ehrentitel tragen, voller Stolz und voller Motivation, ihm zu entsprechen?

Dieses Buch würde jedenfalls voll danebenliegen und die Zeitgenoss:innen sehr verwundern, wenn es nicht als eine der drei Kompetenzen der geistlichen Lebensklugheit die Nächstenliebe benennt. Unser Wort aus dem Philipperbrief ist nur ein anderes, nämlich: KENOSIS. Und dieses öffnet auch direkt die Tür in einen großen Reichtum der Praxis solcher Fähigkeit zur Liebe als der Freiheit von sich selbst. Es gibt im Raum christlicher Spiritualität ganz ausgeprägte Stil- und Praxisformen von Nächstenliebe; ganze Ordensgemeinschaften, die verbandliche Caritas und die Diakonie und viele avantgardistische Lebens- und Siedlungsformen sind dieser Kompetenzentdeckung verpflichtet.

Viele Protagonist:innen könnte man benennen. Auf der Suche nach einer Expertin für KENOSIS geht unser Blick von Deutschland im Krieg (Dietrich Bonhoeffer) südlich nach Italien. Das Jahr aber ist dasselbe: 1944.

7.3. Eine Expertin für KENOSIS-Kompetenz: Chiara Lubich

7.3.1. »Wir haben an die Liebe geglaubt.« Biografische Notizen zu Chiara Lubich

Die Rede ist von einer jungen Frau, einer Lehrerin, einer Philosophin, einer älteren Freundin und Vorbild für einige Gefährtinnen – und einem äußerst überraschenden Leben, das sehr schnell aus der Enge eines katholischen Milieus heraustritt, am Ende sogar weltumspannende Dimensionen einnimmt. Wie auch bei Dietrich Bonhoeffer sind es die Bomben des Krieges, die nicht nur die materiellen Infrastrukturen zerstören, sondern auch die Fundamente freilegen, auf denen die Angegriffenen ihre Biografien aufbauen wollten. Verlobte kehrten aus dem Krieg nicht zurück, aufwändig angesparte Vermögen verfielen, erträumte Ausbildungen und Studien konnten nicht aufgenommen werden.[11] Bei viel zu vielen bewirkt diese Aggression innere und familiäre Traumatisierungen, die auch ihre Innenwelt im Wortsinn ruinieren. Bei manchen aber ist es gerade der um sie herum detonierende Hass, der sie nach Idealen suchen lässt, denen feindliche Flieger nichts anhaben können – weder äußer- noch innerlich.

Es ist der 13. Mai 1944, der diesen Wendepunkt im Leben der jungen Christin markiert. Und wie in einer Mikrosonde entwickelt sie in dieser Nacht ein Lebensmodell, in dem man zu sich, zu Gott und zur Welt kommt, wenn man sofort und mit Kraft den Nächsten liebt. KENOSIS.

---

11 Vgl. Lubich 1991:46.

Eine Nacht der Sterne und der Tränen – und einer Entscheidung

Chiara Lubich nennt die Stunden, um die es hier geht, ihre »Nacht der Sterne und der Tränen«.[12] Die Alliierten ließen ein schweres Bombardement über Trient niedergehen. Die halbe Stadt wurde verschüttet, auch das Haus der Familie Lubich wird getroffen. Die Familie muss, wie so viele Nachbarn auch, in die umliegenden Berge flüchten. Chiara ist damals 24 Jahre alt; und sie fällt nach langen inneren Zweifeln die Entscheidung, nicht wegzugehen. Denn wenige Monate vorher hatte sie in aller Stille ihre Weihe an Gott vollzogen. Es gibt Menschen, die sich ihr und der von ihr verkörperten Zukunft angeschlossen haben; eine Bewegung, die sich abzuzeichnen beginnt. Dazu eine klare innere Stimme: Sollten schnöde Bomben die Macht bekommen, dieses entstehende Leben mitsamt ihren Träumen und Idealen zu zerpulvern? Chiara bleibt. Mit unseren Worten: Sie zeigt PHYSIS-Kompetenz.

Genau diese Entscheidung für die einen nötigt aber zunächst anderen große Anstrengungen ab. Es kommt zu einem ersten symbolischen Moment, als die junge Tochter ihrer erschöpften und weinenden Mutter den eigenen Rucksack aufbürden muss. Während die Ihren ohne sie endgültig den Weg in die Berge einschlagen, kehrt Chiara in die zerbombte Stadt zurück. Sie ist untröstlich und voller Sorge um ihre Familie, für die sie in starker Weise auch materiell mitgesorgt hatte.

Dort geschieht es dann – der zweite symbolische Moment: Eine Frau kommt ihr entgegen, inmitten von entwurzelten Bäumen, Staub und Trümmern. Sie schreit, völlig außer sich: »Vier sind mir gestorben, alle vier!« In diesem Moment, so erinnert sich Lubich später, »habe ich verstanden, dass ich meinen Schmerz in dem dieser Frau und in dem der ganzen Menschheit verlieren musste. Wollte ich Gott wirklich lieben, musste ich für

12 Zu diesem Ereignis, das als ein wichtiger Gründungsmoment der Fokolar-Bewegung angesehen wird, vgl. Tobler 2002:63f; Ulz 2019:53f; Aretz 2019:20f; O-Ton Chiara Lubich in Lubich 1991:45f; Veronesi 1979:26–32.

die leben, die leiden. Ich bin bei ihr geblieben, bis sie ruhig wurde«.[13]

Solche Momente wie die geschilderten haben oft gerade wegen ihres radikal fokussierten Charakters hohen indikativen und identifizierenden Charakter. Ohne dass Lubich es zu diesem Zeitpunkt schon wissen kann, fallen in ihrem Statement viele wichtige Vokabeln, die zum Grundwortschatz der später von ihr ausformulierten Spiritualität gehören werden: Schmerz, verlieren, lieben, Menschheit. Vor allem aber merkt man schon hier, an ihrem Gründungspunkt, welche große Geste ihr geistliches und daraus folgendes praktisches Leben prägen wird: herauskommen aus sich selbst in das Leben des Anderen, in seine Schönheiten wie in seine Dramen; sich finden, indem man von sich weggeht, weil Gott beide Pole dieser Beziehung verbindet; Gott finden in der Mitte zwischen denen, die sich füreinander investieren. Leben als ungeteilte Antwort auf den Ruf zur Liebe des Nächsten.

In den Worten dieses Buches: Chiara Lubich wird ab diesem 13. Mai 1944 zur Begründerin eines bis dahin unbekannten christlichen Lebensstils, den man unzweifelhaft als gutes Beispiel für das erzählen kann, um das es uns hier geht: KENOSIS-Kompetenz.

Wer war und wer ist Chiara Lubich?

Bevor näher veranschaulicht werden kann, welche Differenziertheiten und Raffinessen man bezüglich der KENOSIS-Kompetenz bei Lubich lernen kann, muss erste Vertrautheit mit ihrer und auch Vertrauen in ihre Person hergestellt werden.

Diese Absicht stößt auf ein bestimmtes Problem: Sehr oft sind Aufbrüche geistlichen Lebens untrennbar mit der Person verbunden, die den neuen Weg initiiert. Und genauso oft sind diese Personen nach äußeren Gesichtspunkten eher unauffällige Charakter. Was drittens dazu führt, dass sie es lieber anderen überlassen, die besondere charismatische Kraft, die diese in ihnen sehen, zu beschreiben. So sympathisch eine solche Arbeitstei-

13 Veronesi 1979:31.

lung der Uneitelkeit ist: Es entstehen auf diesem Wege natürlich viertens nur selten objektive Texte, die über mehr oder weniger ausgeprägte Fan-Berichte hinausgehen. Solche Hagiografien, also Heiligengeschichten, gibt es zu alten wie zu aktuellen geistlichen Führungspersönlichkeiten zuhauf. Und das macht es für alle schwer, die erstmal aus der Distanz hinschauen wollen.

So ist das auch bei der Italienerin Chiara Lubich. Es ist nahezu unmöglich, sie hinter den zahllosen freundlichen und bewundernden Klein- und Großberichten biografisch klar zu fassen. Natürlich spricht es für ihre enorme Ausstrahlung auf andere Menschen, wenn diese mit Stolz ihre eigenen Begegnungen mit ›Chiara‹ – wie sie immer genannt wurde – notieren, erzählen, bebildern und publizieren.[14] Und solche Verehrung und Nachfolge gehört ja auch zu den Schönheiten speziell religiösen Lebens. Sind nicht die Evangelien auch Fan-Berichte der Leute rund um ihren Rabbi Jesus von Nazareth?

Umso bedeutender ist es, dass in jüngerer Zeit einige deutschsprachige Arbeiten erschienen sind, die sich mit wissenschaftlichem Anspruch auch der Biografie Chiara Lubichs nähern.[15] Folgt man diesen eher nüchternen Berichten, ergibt sich folgendes Bild.

Chiara Lubich heißt eigentlich mit Vornamen Silvia und wird am 22. Januar 1920 in Trient geboren. Sie ist als älteste Tochter das zweite von vier Kindern. Ihr Vater ist aktiver Sozialist, ihr Bruder Partisan im Zweiten Weltkrieg, ihre Mutter tiefgläubige Katholikin. Die junge Silvia ist schon als kleines Mädchen sehr religiös. Der italienische Faschismus unter Mussolini und der Zweite Weltkrieg, aber auch lebensbedrohliche Krankheiten

14 Vgl. nur den Bildband »Einfach Chiara« (= Klann u. a. 2009) mit einem eindrücklichen Vorwort des Künstlers Michel Pochet, in dem er betont, wie wenig Chiara Lubich sich in den Vordergrund spielen wollte – und wie öffentlich sie faktisch gelebt hat.

15 Vgl. Tobler 2002: 60–79; Aretz 2019:9–62; Ulz 2019:49–74. Älter, aber mit journalistischem Anspruch Lubich 1991:29–43. Die meiste analytische Distanz zur Person zeigt das Buch von Tobler; die folgenden Ausführungen beziehen sich vor allem auf seine Vorlage. Zu biografischen Arbeiten in anderen Sprachen vgl. Tobler 2002:61 FN 4 sowie Ulz 2019:50 FN 25.

und Armut setzen dieses in sich schon spannungsvolle familiäre Gefüge weiter unter Druck. Silvia Lubich fasst in diesen Kriegsjahren weitreichende geistliche Entscheidungen: Sie tritt in den franziskanischen Drittorden ein, heißt ab da ›Chiara/Klara‹ (nach Klara von Assisi) und weiht sich Gott als Unverheiratete; sie intuiert einen vierten Weg der Nachfolge jenseits von Ehe, Kloster und Säkularinstitut; sie wird Lehrerin; sie hält geistliche Vorträge und begeistert andere junge Frauen, die sich ihr anschließen; es entsteht eine noch ganz unthematische Gefährtenschaft aus zunächst acht Personen.

Das oben geschilderte Ereignis aus dem Jahr 1944 führt zur räumlichen Trennung von Silvia und ihrer Herkunftsfamilie. Einige von ihnen beziehen eine Wohnung; und sofort ist der Geist dieser Gruppe von konkreter karitativer Nächstenliebe geprägt. »Ihre Hingabe an Gott verstand sie sehr konkret als Hingabe an die Welt mit ihrer Not. (...) Zusammen mit einigen Freundinnen (...) begannen sie mit Hilfeleistungen in den Armenvierteln der Stadt.«[16] Regelmäßige Schriftlesungen in den Bombenschutzkellern werden den jungen Frauen zur programmatischen Lektüre. Stets unter dem Eindruck, eventuell bald selbst schon sterben zu müssen, investieren sie alle Lebenskraft in das, was sie gemeinsam aus für sie besonders markanten Texten der Evangelien herauslesen: nämlich, dass es um die Liebe geht.

Verstehen wir in diesem Buch die Kompetenz zur KENOSIS als die Bereitschaft und die Fähigkeit, aus sich heraus- und beim Anderen anzukommen, so bieten diese ersten Jahre dieser acht jungen Leute Beispiele über Beispiele für diesen Gestus.[17] Man organisiert gemeinsame Mahlzeiten; es entsteht eine Art ›Tafel‹, würde man heute sagen. Man lagert Waren für Notleidende, organisiert Krankenbesuche, baut Häuser wieder auf und kümmert sich um die Belange des Viertels. Alles geschieht als Lebens-, Wohn- und Gütergemeinschaft, immer mit dem geistlichen Ideal einer Nachfolge Jesu in dessen Hingabe. Ein besonders eindrückliches Detail für die kenotische Kraft dieser kleinen Gruppe ist ihre Über-

16 Tobler 2002:63.

17 Vgl. anschaulich Aretz 2019:28f; Lubich 1991:45–56.

legung, was es denn hieße, wenn sie wirklich im Bombenkeller gemeinsam zu Tode kämen. Ihr Wunsch war es dann, »in einem einzigen Grab bestattet zu werden (…); auf dem Grabstein sollte stehen: ›Wir haben an die Liebe geglaubt!‹« (1 Joh 4,16)[18]

Ein solches Leben bleibt nicht unverborgen. Manche:r rätselt, viele davon mit Ressentiments: Die lesen die Bibel – sind sie etwa evangelisch? (Das hätte im katholischen Trient nicht gut ausgesehen.) Die teilen alle Güter untereinander und mit anderen – sind sie etwa kommunistisch? Die leben als Wohngemeinschaft von unverheirateten Frauen – sind sie etwa lesbisch? Die meisten aber rätseln nicht, sondern sind voller Freude, lassen sich mitnehmen. Sie kommen, helfen mit oder lassen sich helfen – und sie vergeben trotz des harten schmerzlichen Alltags im Krieg einen Ehrentitel. Weil es dort bei Chiara und ihren Gefährtinnen warm ist und hell und gerecht und lebensfreundlich, darum ist es ein *focolare*. Das ist tridentischer Dialekt und bedeutet: Familie, Feuerstätte, Ort der Wärme und der Geborgenheit.[19]

Präsidentin der Fokolar-Bewegung

Mit dieser Auszeichnung und der ersten eingeübten Praxis eines geistlich gegründeten Lebens war der Keim für eine enorme Erfolgsgeschichte gelegt, die sowohl quantitativ wie qualitativ beeindruckt. Heute gilt Chiara Lubich als Gründerin der weltweiten Fokolar-Bewegung. Bis zu ihrem Tod 2008 fungierte sie als ihre Präsidentin. Lubich hat Päpste beraten, an Weltbischofssynoden teilgenommen und vor ganzen Bischofskonferenzen gesprochen. In ihrem Leben ist sie siebzehnfach Ehrendoktorin und in noch mehr Städten Ehrenbürgerin. Ihr wurden Preise verliehen etwa von der UNESCO, der Templeton-Foundation oder vom Europarat in Brüssel.[20] Als sie 2008 stirbt, wird ihr

18 Lubich 2003:9.

19 Vgl. zu diesen Gründungsjahren der Fokolar-Bewegung an der Piazza Cappuccini Aretz 2019:20–32; O-Töne bei Lubich 1991:45–56; Augenzeugenbericht bei Veronesi 1979.

20 Angaben nach Aretz 2019:60. Die Angaben variieren aber zu den Informationen bei Ulz 2019:71–74.

Begräbnis sowohl real wie medial zum Sammelpunkt enormer ökumenischer und weltreligiöser Prominenz mit mehr als 40.000 Beteiligten in aller Welt – inklusive Papst Benedikt XVI., dessen Kardinalstaatssekretär der Messe vorsteht. Am 27. Januar 2015 wird offiziell das bis heute andauernde Seligsprechungsverfahren für Chiara Lubich eröffnet.[21]

Die Bewegung hat heute laut ihrer eigenen Pressestelle[22] über 2 Millionen Mitglieder in 182 Ländern; man zählt mehr als 25 eigene Siedlungen, über 20 Verlagshäuser, über 1000 kleine und größere Unternehmen, mehr als 1000 soziale Entwicklungshilfe-Projekte, mehr als 11.000 praktizierte Kinderpatenschaften. Herz- und Knotenpunkt des weltweiten Netzwerkes sind die mehr als 600 Wohngemeinschaften von zölibatär lebenden Männern oder Frauen, verbunden mit hinzukommenden Verheiraten. Diese heißen bis heute ›Fokolare‹.

Die Fokolar-Bewegung organisiert sich in mehreren sogenannten ›Zweigen‹. Diese bilden sich gemäß gemeinsamer Lebensformen. So bilden die ›Gen‹ die Jugendbewegung; die im Beruf Engagierten nennen sich ›Freiwillige‹; oder man vernetzt sich als ›Priester‹, ›Ordensleute‹ oder ›Familien‹.

Das Engagement aller Zweige wird in vier sogenannten ›Dialogen‹ fassbar: Dialog innerhalb der eigenen Kirche; der Ökumene; der Religionen; oder der Menschen ohne religiöse Bindung. Je nach Einsatzziel bildet man große Engagementangebote, denen man sich auch als Nicht-Mitglied periodisch oder projekthaft anschließen kann. So entstehen soziale Bewegungen mit programmatischen Namen wie ›Neue Gesellschaft‹, ›Pfarreibewegung‹ oder ›Wirtschaft in Gemeinschaft‹.

Mit diesen beeindruckenden Zahlen gehört die Fokolar-Bewegung zum Typus der sogenannten ›Geistlichen Bewegungen‹. Damit ist eine nach dem Zweiten Vatikanischen Konzil neu entstandene Sozialform des Laienapostolates überschrieben, die

---

21 Angaben bei Ulz 2019:56f.

22 Vgl. www.focolare.org/en/chi-siamo/ (Zugriff im März 2021); Zahlen für Deutschland unter www.fokolar-bewegung.de/seite/daten-und-fakten (Zugriff im März 2021).

manche sogar als eine der wichtigsten Früchte des Konzils ansehen. Vergleichbare Bewegungen sind die »Schönstatt-Bewegung«, die »Charismatische Gemeindeerneuerung«, »St. Egidio« oder »Die Arche«.[23]

Hier ist nicht der Ort, um die enorme Komplexität der weltweiten Fokolar-Bewegung weiter vorzustellen; auch nicht, die ekklesiologische Bedeutung dieser Bewegungen zu besprechen. Für unser Interesse an KENOSIS mag es wohl wie eine Metapher sein, dass man sich augenscheinlich nicht verliert, wenn man – wie Chiara Lubich es vormacht – Moment für Moment aus sich herausgeht und in den Rahmen des Anderen einfügen lässt. Aber auch das scheint zweitrangig. Chiara Lubich hat selbst einmal geschrieben, dass die eigentliche Leistung innerhalb der KENOSIS-Kompetenz weniger in beeindruckenden Ergebnissen liegt, als in der Bereitschaft, die oder der Erste zu sein, der mit einem solchen Leben anfängt.[24]

Chiara Lubich als spirituelle Lehrerin

Diese kurze Notiz lenkt uns auf den Hauptweg zurück. Denn sie lässt aufleuchten, was man wohl ohnehin schon ahnt, wenn man dem Geschriebenen bisher wohlwollend folgen konnte: Wenn jemand mit 24 Jahren anfängt, sich ganz vom Leid der Anderen in die Pflicht nehmen zu lassen; und wenn jemand erlebt, dass dieser kleine Anfang weltweite und millionenfache Resonanz erzielt; dann wird es zwar authentisch bei dem

23 Vgl. zum Phänomen der ›Neuen Geistlichen Gemeinschaften / Bewegungen‹ Hegge 2005; Benke 2019.

24 Vgl. Lubich 1986:65: »Was in der Liebe zählt, ist – lieben. Das gilt für diese Welt. Die Liebe – ich spreche von der übernatürlichen Liebe, die die natürliche Liebe nicht ausschließt – ist eine sehr einfache und umfassende Sache. Sie erfordert deinen Teil und erwartet den Teil des anderen. Wenn du versuchst, aus der Liebe zu leben, wirst du bemerken, dass es dir auf dieser Erde zukommt, deinen Teil zu tun. Ob der des anderen jemals getan wird, weißt du nicht; er braucht auch nicht getan zu werden. Du wirst manchmal enttäuscht werden, aber du wirst nie den Mut verlieren, wenn du überzeugt bleibst: was in der Liebe zählt, ist – lieben.« (...) Vgl. auch Lubich 1979:18.

Anfangsimpuls geblieben sein. Aber dieser wird sich in all den Jahrzehnten immer größerer Öffentlichkeit weiterentwickelt und ausdifferenziert und in zahllosen praktischen Bewährungsproben gehärtet haben. Es wird eine ganze Lehre entstanden sein, eine ganze Schule, eine ganze Lebensform der ›Nächstenliebe‹. Ohne sich vom Ursprung und vor allem von der Radikalität der Gründungsentscheidung entfernt zu haben, ist es doch sehr wahrscheinlich, dass bestimmte Erfahrungen und Pfadabhängigkeiten immer deutlicher haben hervortreten lassen, was von Anfang an angelegt war. Es ist ohne jede Polemik, wenn man sagt: Diese ›Nächstenliebe‹, diese KENOSIS-Nacht des 13. Mai 1944 – das musste sich im Laufe der Jahre als mehr erweisen denn als humanistischer Reflex oder einfaches soziales Gefühl. Es musste auch mehr Substanz haben als eine esoterische Utopie menschheitlicher Verbundenheit; auch mehr als das sicher bewundernswerte, aber doch auch immer erschöpfbare Charisma einer einzelnen Führungspersönlichkeit.

Dieses ›mehr‹ muss konzeptionelle Dimension haben. Da muss jemand einen Schlüssel zu einer Tür gefunden haben, die neue biografische und gesellschaftliche Horizonte öffnet. Hierauf deuten auch Lubichs zahlreiche Ehrendoktorate hin. Diese wurden ihr in so heterogenen Wissenschaftsgebieten angetragen wie Theologie, Wirtschaftswissenschaften, Psychologie oder Soziologie.[25] Auch die Tatsache, dass Lubich die erste christliche Frau war, die sowohl zu den Black Muslims in ihre Moschee nach New York wie zu führenden Buddhisten Thailands in ihren Tempel wie zu dezidiert unreligiösen Zirkeln eingeladen wurde, offenbart, dass sie offenbar eine Ebene anspricht, die tiefe Mystik mit hochgradig sinnvollen humanitären Werken verbindet.[26] Die Frau aus Trient scheint eine Art Botschafterin eines Friedens zu sein, der einen tiefliegenden anthropologischen Impuls so ausdrücken kann, dass sowohl religiöse wie anders motivierte

---

25 Ausführliche Übersicht bei Tobler 2002:367f; laut Ulz 2019:71 aber unvollständig.

26 Zur interreligiösen Wirksamkeit Lubichs vgl. Ulz 2019:66; Aretz 2019:56f.

Menschen sich in ihm wiederfinden und biografisch ausdrücken können.

Die Fokolar-Bewegung selbst bezeichnet diese konzeptionelle Power als ›Spiritualität der Einheit‹. Andere Titel sind ›Gemeinschaftliche Spiritualität‹ oder einfach ›Ideal der Einheit‹. Sie wird als Text fassbar im weit verzweigten Schrifttum Lubichs, aber auch in den Zeugnissen derer, die ihren Lebensstil geteilt und immer weiter reflektiert haben.[27]

Was da an Texten entstand, kann hier nur angedeutet werden. Tobler und Ulz als wissenschaftliche Beobachter des Werkes von Lubich haben enorme Mühen investiert, Lesewege durch ein echtes Labyrinth zu schlagen. Wahrscheinlich ahnt man schon, dass Chiara Lubich beim Aufbau ›ihrer‹ Bewegung von rastloser Aktivität gekennzeichnet war, die es nicht erlaubte, lange und kontemplativ am Schreibtisch zu sitzen. Im Laufe ihrer Wirksamkeit entstanden so zwar weit über 50 Bücher; keines aber hat sie im eigentlichen Sinn monografisch auch als Buch geschrieben. Vielmehr hat sie Vorträge gehalten, Briefe und Notizen und unzählige weitere Gelegenheitsschriften verfasst, Zeitschriftenaufsätze publiziert, Schulungsmaterialen erstellt, geistliche Impulse und Meditationen in mündlicher Form gelesen und auch Tagebuch geschrieben.[28] Von Lubich kursieren unzählige Videomitschnitte, Telefonkonferenzen oder Begegnungsprotokolle, teilweise in

---

27 Eine aktuelle Darstellung aus interner Sicht bieten jetzt Voce 2020 (ausführlich), Tobler 2020 und Tobler 2022 sowie Sellmann 2019a (komprimierter).

28 Vgl. die akribische Auflistung bei Tobler 2002:79–92.346–358; Ulz 2019:74–94.288–291. Es ist sehr verdienstvoll, dass beide Autoren der deutschsprachigen wissenschaftlichen Community eine erste kritische Lesart des Werkes von Lubich vorlegen. Sie problematisieren ebd. das Problem eines möglichen Personenkultes um Chiara genauso wie die Frage nach der Übersetzbarkeit ihrer (italienischen) Texte, ihre Kontextabhängigkeit, ihre Verhaftetheit an den traditionellen italienischen Katholizismus, ihre biografisch-charismatische Aufgeladenheit, ihre Spezifika als spirituelle Literatur oder ihre mitunter eigentümliche Bezugnahme auf theologische Fachbegriffe. Solche Distanz und Kritik sind unerlässlich, um die Begeisterung für eine Person und ihr Werk gewissermaßen zu objektivieren und auf jene Innovationen hin freizulegen, die mehr sind als subjektive Faszination. Auch in Bezug auf Chiara Lubich und die vielen mit ihr verbun-

vielfacher Kopie. Ihre Produktivität war enorm. Natürlich wirft gerade diese Flut an ›grauer Literatur‹ eine Menge Fragen nach dem authentischen Text auf; und man kann sich denken, dass es hier einander nachfolgende Werkphasen gibt, inhaltliche Widersprüche und auch große Unterschiede der literarischen Genres und Gattungen. Chiara Lubich wollte keine Schriftstellerin sein, sondern möglichst viele Menschen an ihrer Entdeckung eines Ideals teilhaben lassen. Es ging ihr nicht um geistliche Literatur. Im eigentlichen Sinn hat sie in ihrem Wirken nicht um Leser:innen geworben, sondern um Weggefährt:innen.

Was also aus der geschilderten ›Nacht der Sterne und der Tränen‹ entstand, ist eine große eigene und verzweigte Spiritualität. Ohne zu übertreiben, wird diese ›Spiritualität der Einheit‹ inzwischen von manchem in demselben kirchengeschichtlichen Rang gesehen wie die Spiritualität der Benediktiner, der Franziskaner oder der Jesuiten.[29] Lubich hat dazu das ihr eigene didaktische Talent ausgiebig genutzt, um diese Spiritualität gut zugänglich zu machen. Gerade weil diese Spiritualität von möglichst jeder und jedem gelebt werden kann, baut ihre Gründerin Alltagshilfen in großer Zahl auf. So existiert eine vierschrittige ›Kunst der Liebe‹; es wurden ›Werkzeuge eines Lebens der Einheit‹ entwickelt; die Spiritualität wird in zwölf Kapiteln erzählt; der innere ›Weg Mariens‹ als großes Vorbild eines vertrauenden Lebens wird in anschaulichen Etappen verständlich gemacht; und es gibt bestimmte eigene und sehr originelle Formen des gemeinschaftlichen Betens.[30] Chiara Lubich hat ihre enorme geistliche Intuition kleinen Kindern genauso erfolgreich vermitteln können wie Intellektuellen, tiefreligiösen Menschen genauso wie nichtreligiösen, Arbeiter:innen genauso wie Künstler:innen. Mal traf

---

denen Superlative muss man nicht behaupten wollen, sie sei gleich in allen Lebensbereichen komplett originär und weiterweisend.

29 So etwa von Papst Johannes Paul II.

30 Vgl. sekundär als theologische Analysen zur Spiritualität der Fokolar-Bewegung neben den schon genannten Werken von Tobler und Aretz Hemmerle 1982; Sellmann 2006a; Frick 1998:60–80. Ulz zitiert zudem 2019:46 Eduard Prenga, Bernhard Körner und Piero Coda sowie ebd.:112 François-Marie Léthel als wichtige sekundäre Autorinnen und Autoren.

man sie mit handkopierten und unzählig oft abgeschriebenen Notizblättern, mal agierte sie in modernsten Tele- und Videokonferenzsystemen.

Schaut man mehr theologisch hin, erkennt man die tiefe kreuzesmystische Grundierung dieser ihrer Spiritualität. Auch hier wurde nicht einfach schon bestehendes Material übernommen: Lubichs Entdeckung, dass Jesus dort erlöst, wo er selbst von Gott verlassen wurde (Mk 15,43), gehört zu den sicher ebenso kostbarsten wie noch unausgeloteten christologischen und kreuzestheologischen Entdeckungen der jüngsten Geschichte.[31]

Weiterhin ist zu erwähnen, dass die jüngsten sekundären Schriften zu Chiara Lubich eines ihrer einschneidendsten inneren Erlebnisse erzählbar machen, die in den letzten Jahrzehnten so gut wie unerwähnt blieben. Die Rede ist von den sogenannten ›paradisi 49‹. Wer sich näher mit diesen Texten beschäftigt, versteht die Vorsicht der Fokolar-Bewegung mit der Weitergabe dieser Erfahrungen.[32] Denn die ›paradisi‹ betreffen eine mehrwöchige Phase im Leben Chiara Lubichs, in der sie teilhatte an außerordentlich virtuosen und vieldimensionalen inneren Schauen. Anlässlich eines Urlaubs in den italienischen Alpen kam es äußerlich zu einer sehr intensiven Erfahrung gemeinsamen Lebens der Schar um Lubich, die sich im Kontext der besuchten Gottesdienste dann zu ebenso intensiven mystischen Momenten verdichteten. Solche mystischen Ergriffenheiten kennt man auch von anderen spirituellen Lehrer:innen; und natürlich braucht es gutes Vertrauen in und auch solides Vorwissen über solche Phänomene, um sie nicht völlig misszuverstehen. Charakteristisch für die gemeinschaftliche Spiritualität Lubichs ist es, dass sie nach ihren inneren Reisen sofort alles an alle in ihrem Gefolge weitererzählte. So entstanden Texte ganz eigener Art, voller Bilder, Dramaturgien, biblischer Anspielungen und Dialoge. »Von dieser Erfahrung ist das gesamte Gedankengut Lubichs in der

31 Vgl. Lubich 2001.

32 Tobler 2002:68–74 berichtet sogar, dass diese Texte in den 1950er-Jahren in die Hände der römischen Glaubenskongregation gelangten und fast zum Verbot der damals noch in kirchenrechtlicher Prüfung befindlichen Fokolar-Bewegung führten.

Folge geprägt«[33], so der Theologe Stefan Ulz. Dessen Promotion ist es zu verdanken, dass erstmals breitere Teile dieser ›paradisi 49‹ in deutscher und wissenschaftlich erschlossener Sprache vorliegen.[34] Ohne Zweifel sind die ›paradisi 49‹ Schlüsseltexte zum Verständnis der Spiritualität.[35] Da sie aber eine dezidierte radikale Gottesentscheidung voraussetzen und sehr viel rahmende Erklärungen benötigen, werden wir im weiteren Gedankengang nicht auf sie zurückkommen.

Übergang ins Trainingslager

All diese lichten Höhen, Verzweigungen und Verwurzelungen innerhalb dieses großen Baumwerkes einer ›Spiritualität der Einheit‹ mussten genannt werden, damit nicht der Eindruck entsteht, mit Chiara Lubich sei eine Stimme im Raum, die mal eben zu einem smart-netten Lebensstil der KENOSIS aufruft. Es ist, wie gesehen, viel mehr als das. Und wer will, das wurde hoffentlich deutlich, kann in dieser Spiritualität ausgiebig probeweise nisten oder langjährig wohnen und jedenfalls immer mehr an Gott glauben lernen.

Unser roter Faden ist aber die KENOSIS-Kompetenz, und zwar als Angebot einer Lebensklugheit auch für jene, die keine explizite Christus-Bindung anstreben, wohl aber den Gewinn an Lebensqualität erproben wollen, der von den Christ:innen kulturell behauptet wird. Darum soll es jetzt wieder um Training gehen, ähnlich wie im Bonhoeffer-Kapitel. Schließlich, das hatte

---

33 Ulz 2019:55; vgl. auch ebd:63.

34 Das heißt allerdings nicht, dass dadurch ihr mysteriöser Charakter verschwindet; und es gelingt Ulz auch oft nicht, die Distanz zu diesen Texten zu halten – was wohl auch eventuell zu viel verlangt ist angesichts solcher identitätsstiftender Visionen, aus denen auch Ulz gemäß eigener Auskunft (ebd.:2f) sein Glaubensleben bestreitet.

35 Seit jüngster Zeit liegen ausgewählte Textstücke der ›paradisi 49‹ vor (vgl. Lubich 2021), dazu eine sorgfältige Kommentierung (Tobler/Povilus 2021). Diese erschienen leider nach dem redaktionellen Abschluss dieses siebten Kapitels, so dass die Ausführungen nicht mehr eingearbeitet werden konnten.

das Kapitel 4 ergeben, kann man eine Kompetenz nicht durch Lesen, sondern nur durch Üben erwerben.

Das Schöne ist nun, dass es wenige KENOSIS-Coaches geben dürfte, die diesen Alltags- und Übungsaspekt so sehr betonen wie Chiara Lubich selbst. Ihr war es fremd, wenn theologische Spekulationen oder innigste Gebete nicht sehr schnell dazu führten, den Nächsten zu lieben. Einer ihrer bekanntesten Texte trägt den Titel: »Die große Sehnsucht unserer Zeit«, und dort schreibt sie:

> »Die große Sehnsucht unserer Zeit ist dies: in die höchste Beschauung eindringen und mit allen verbunden bleiben, als Mensch unter Menschen. (...) Anteil nehmen an den Plänen Gottes mit der Menschheit und ein Gewebe von Licht über die Menge breiten und zur gleichen Zeit mit dem Nächsten die Schande, den Hunger, die Schläge, die kurzen Freuden teilen. (...)«[36]

Theologisch nennt man diesen Lebensstil ›inkarnatorisch‹, und das ist ganz erdverbunden gemeint. Lubich wird in demselben Text am Ende rühmen, dass nach christlicher Lehre Gott selbst sich nicht zu schade war, als Sohn eines Zimmermanns und einer Hausfrau Mensch zu werden. Und so ist auch die ausgesprochen enge Nähe zum Christuslied aus dem Philipperbrief hergestellt, aus der heraus wir den KENOSIS-Begriff bezogen haben.

Unsere Frage kann daher gar nicht einfacher gestellt werden als so: Was kann man bei Lubich lernen zu der Frage, wie man von sich wegkommt, ohne sich zu verlieren? Hat auch sie, ähnlich wie Bonhoeffer, einen Parcours anzubieten, gerne schweißtreibend, aber bitte mit biografischer Fitnessgarantie?

Sie hat. Und der Vorspann bis hierhin soll mindestens erbracht haben, dass Lubich selbst zeit ihres aufregenden Lebens eine einfache Christin geblieben ist. Für sie ging es immer nur darum, die Beziehungsqualität zwischen Menschen zu erhöhen. Denn sie hatte erfahren und immer wieder provoziert zu erfahren: Da, wo man liebt, kommt man vom Tod zum Leben (1 Joh 3,14); kommt

36 Lubich 1986:110; Interpretation dieses Textes bei Tobler 2002:73; sowie Körner 2019.

man vom Anderen zu sich; kommt man von uns zu Gott; kommt man von Gott zur Welt; und immer wieder von vorn.

Es macht darum Sinn, in dieser Einfachheit zu bleiben. Die folgenden praktischen Entfaltungen beginnen bei der sogenannten ›Kunst der Liebe‹. Hier begegnet ein überraschendes Ziel, das die KENOSIS-Kompetenz entfernt von der Idee des selbstlosen, heroischen Altruismus. Dieses Ziel kann dann in einer Art siebendimensionaler Lebenskunst anschaulich präzisiert werden. Beide Abschnitte sind natürlich aus religiöser Quelle geschöpft, erschließen aber ein Lebenswissen, das auch ohne dezidierte Glaubensentscheidung erprobbar ist.

Zwischen beide Abschnitte ist ein theologischer Exkurs eingefügt; dieser richtet sich an theologisch Vorgebildete und verortet Lubichs Basisentdeckung einer sich gegenseitig steigernden und jeweils herausfordernden Liebe im Traktat der Trinitätslehre.

7.3.2. Praktische Entfaltungen der KENOSIS-Kompetenz

Raus aus dem Altruismus: Die ›Kunst der Liebe‹ in vier Trainingseinheiten[37]

Oben wurde erwähnt, dass Chiara Lubich ein ganzes KENOSIS-System erarbeitet hat. Studiert man all das genauer, erkennt man ein bestimmtes Grundmuster, welches zwar in romantischer Sprache daherkommt, an Realismus aber wenig zu wünschen übriglässt, wenn man es lebt. Gemeint ist eine Art Basisvorgang, ein Molekül, aus dem alles entstammt und ohne das nichts wächst, was Bestand haben soll. In dieser ›Spiritualität der Einheit‹ zu leben heißt, diese Basisbereitschaft zu zeigen und je neu damit anzufangen. Worauf man hier stößt, ist ein Trainingsprogramm der KENOSIS-Kompetenz.

Es sind vier Schritte. Lubich umschreibt mit ihnen, was sie die »Kunst der Liebe« nennt. Hier geht es durchaus um Sympathie, Gefühle und großes Pathos; allerdings vor allem um eine um-

37 Der folgende Absatz orientiert sich an Sellmann 2020a:93–97.

fassende Disposition, zu der man sich explizit entscheidet. Die Übungen heißen:

- Alle lieben
- Als Erster lieben
- Konkret lieben
- Sich einsmachen (= gegenseitige Liebe).[38]

Eine fremde Sprache, zugegeben. Manchen klingt sie sicherlich zu sehr nach Kinderkatechese. Aber, soviel sei versprochen, das Programm verliert seinen Harmlosigkeitscharakter, wenn man es im Alltagsleben umsetzt.

Der wichtigste Verständnisschlüssel ist der vierte Schritt, weil er die Ergebnishoffnung markiert. Mit dem Ziel, mit anderen das »Sich-Einsmachen« zu erreichen, rückt Lubich eine spannende Erweiterung des KENOSIS-Gedankens in den Blick, ohne die die Rede von ›Hingabe‹ schnell missverständlich wird. Denn das Ziel kluger KENOSIS ist eben nicht, was man schnell denken könnte: Hauptsache, ich baue eine soziale, engagierte Lebenshaltung auf; Hauptsache, ich übe mich in der »Kunst des Liebens«; Hauptsache, ich komme auf diesem spirituellen Weg irgendwie voran. Diese Selbstverpflichtung auf Altruismus ist für Lubich nur die Hälfte der Medaille – wenn überhaupt. Denn oft degeneriert altruistische Gesinnung ja sogar zur Selbstüberforderung, zum Helfersyndrom oder, bei zu viel Frustration, zu dem Zynismus, den anderen als Mittel zum Zweck der eigenen moralischen Selbstvervollkommnung zu missbrauchen.

Lubich sieht diese Gefahren als Schlagseite sogenannter »individueller Spiritualitäten«. Diesem Typ setzt Lubich einen neuen an die Seite: die »gemeinschaftliche Spiritualität«.[39] Ihr Ziel ist der Aufbau neuer sozialer Zellen, ganz gemäß des bekannten

38 Ganz gemäß ihres sehr dynamischen Denk- und Redestils hat Chiara Lubich diese »Kunst des Liebens« in mannigfachen Varianten und bei sehr vielen Gelegenheiten entwickelt. Sie bezieht sich dabei auch auf Erich Fromms bekanntes gleichnamiges Buch. Zitierbare Niederschläge finden sich etwa bei Tobler 2002:102–106; Hemmerle 1978:66–68.

39 Vgl. ausführlich Lubich 2003.

jesuanischen Satzes: »Wo zwei oder drei in meinem Namen versammelt sind, da bin ich mitten unter ihnen« (Mt 18,20).

KENOSIS findet also ihr Ziel in einem Zustand, den die oder der Einzelne gar nicht allein erreichen kann. Es braucht eine kokreative Bewegung. Das ist Lubichs Innovation, das ist ihr Clou.

Das »Sich-Einsmachen« ist der praktische Schritt dazu. Die Idee ist verblüffend einfach: Liebe deinen Nächsten so, dass auch in ihm der Wunsch stark wird, ein liebender Mensch zu werden. Mach dich mit der Nächsten eins, das bedeutet: Liebe sie so, wie sie es braucht, damit auch in ihr dieses spezifische Hingabe-Potenzial in ihr aktiviert wird. Das Ziel ist also eigentlich nicht, dass ich liebe, sondern dass der andere ebenfalls mit dieser Kunst beginnt.

Diese Blickverschiebung verändert den Stil engagierten Lebens. Sein Maß wird nun nicht, irgendetwas *für* den Anderen zu tun, sondern es irgendwann *mit* ihm für weitere Andere tun zu können. Liebe im kenotischen Sinn ist also Liebe, wenn sie fremde Liebe weckt und man gemeinsam auf Dritte hin wirksam wird. Dieser Effekt wird sich aber nur einstellen, wenn man sich auf den anderen bezieht und nicht den anderen auf sich.

Dieser Weg zu dieser Bereitschaft des anderen, ko-kreativ zu werden, geht über die drei ersten Schritte des Programms. Das wird nun leicht einsichtig.

- *Alle lieben*: nicht selektieren; nicht exkludieren. Würde man feststellen, dass nur ausgewählte Leute in diese ko-kreative Dynamik einsteigen dürfen, wird sie unglaubwürdig.
- *Als Erster lieben*: Diese Art, eine ko-kreative Beziehung anzubieten, steht unter Risiko. Sie kann leicht ausgenutzt werden. Darum ist es eine Leistung, wenn jemand sie als Erstes anbietet. Zur Kunst des Liebens gehört, dass ich dieser Erste bin, der die Gegenseitigkeit anbietet. Ich gehe in Vorleistung. Ohne dieses Risiko wird nichts entstehen.
- *Konkret lieben*: Gemeint ist keine grundsätzliche Menschenliebe, sondern eine im Hier und Jetzt. Ob ich es ernst meine, wird die Andere nur erkennen, wenn ich in ihren Modus einsteige, die Welt von ihr her sehe und exakt für ihr Leben bereichernd sein will.

Wie gesagt: Das klingt vielleicht recht lieblich. Für religiös Ungebundene muss es auch sicher aus dem Wortschatz des Frommen herausgeholt werden. Im Kern ist es aber ein anspruchsvolles Programm für einen Umgang miteinander, der nicht nur solidarische Kraft entfaltet, sondern darüber hinaus auch kreative: Die Synergie von Gemeinschaft wird eröffnet, ohne dass sich geschlossene Zirkel bilden, zu denen Außenstehende keinen Zugang bekommen. Nichts ist solche ›Einheit‹ weniger als Gruppentümelei. Vielmehr greift soziale Intelligenz: Proaktive Einzelne stellen sich ihren Nächsten zur Verfügung, indem sie ihnen eine ganz spezielle Beziehung anbieten; in dieser wird der Nächste motiviert, ebenfalls in diese Proaktivität zu wechseln. Hingabe wird also gegenseitig, das ist das erste Ziel.

Sie erfüllt sich aber nicht im trauten Miteinander, sondern katalysiert sofort wieder das Potenzial weiterer Personen. Das ist das zweite Ziel. Und so wirkt KENOSIS ansteckend, baut Plattformen, entbindet Verlässlichkeit, setzt immer mehr Leute in Gang.

Hingabe, KENOSIS bei Chiara Lubich: Das ist auch, aber nicht in erster Linie die Charakterstärke einzelner guter Menschen, sondern Aufbauelement einer robusten Kultur sozialer Klugheit.

Exkurs: Leben nach dem ›Modell der Dreifaltigkeit‹[40]

Die überaus originelle Grundeinsicht bei Lubich und die Färbung ihres ganzen KENOSIS-Programms ist also diese: Liebe so, dass der Geliebte selbst zu lieben beginnt, und zwar aus freiem Willen. Schließt sich dieser Stromkreis, breitet sich eine neue Qualität von Beziehung aus. Sofort eröffnet sich ein neues Stromangebot an weitere Pole. Liebe wird vor Ego- oder Duozentrik geschützt; Synergien greifen; das ganze Leben, auch das gesellschaftliche, wird heller, dynamischer, proaktiver. Theologisch vorgebildeten

40 Der Begriff ›Exkurs‹ ist ernst gemeint. Man kann diesen Abschnitt überschlagen, ohne in der Leser:innenführung etwas zu verlieren. Es geht hier um eine theologische Einordnung der ›Spiritualität der Einheit‹, die einiges an theologischem Vorwissen voraussetzt.

Leser:innen wird schon aufgefallen sein, dass diese relationale Grundstruktur der KENOSIS bei Lubich ein generelles und ein spezielles Vorbild aktiviert und mit eigenen Worten greifbar macht. Dies sei hier in einem Exkurs kurz ausgeführt.

Das generelle Vorbild der genannten Dynamik ist die Einsicht in die Prozesse der Trinität als der typisch christlichen Gottesvorstellung überhaupt; das spezielle Vorbild ist die Trinitätslehre bei Richard von St. Victor (12. Jhd.). Tatsächlich hat Chiara Lubich ihre Spiritualität des gemeinschaftlichen Lebens als ›Leben gemäß der Dreifaltigkeit‹ verstanden; sie kann sogar von »Trinitisierung« sprechen.[41] Hier ist nicht der Ort, diesen Ausdruck zu problematisieren, der keiner platten Vergöttlichungsidee das Wort redet. Man darf auch nicht das üblicherweise als sehr schwer empfundene akademische Trinitätsdenken in Anschlag bringen, welches sich theologisch so verklausulieren kann, dass keine Lebens- und Glaubenspraxis daraus zu gewinnen ist.

Das ist bei Chiara Lubich anders: Ganz unbefangen und in leichter, metaphorischer Sprache kann sie davon sprechen, dass man ›die Dreifaltigkeit‹ leben, erfahren, ihre Kraft sogar in gewissem Sinn nutzen kann.[42] Dabei fallen semantisch ganz schlichte Sätze, die es dennoch bei wertgeschätztem Hören so in sich haben, dass zum Beispiel ganze buddhistische Schulen einen Verstehenszugang zu dem bekommen konnten, was Christentum mit dem Paradoxon meint, ›drei‹ könnten ›einer/eines‹ sein. Lubich kann etwa formulieren, dass man so im Anderen lebt, dass man weg ist von sich selbst – man wird also zum Nichts aus Liebe. Dieses ›Nichts aus Liebe‹ kann im Anderen dasselbe ›Von sich weg‹ bewirken, so dass das eine ›Nichts‹ zum ›Nichts‹ des Anderen wurde und beide, nun vereinte ›Von sich weg‹-Prozesse Dritte erreichen, die wiederum, wenn es denn so ist, von sich weg auf andere gehen und immer so fort. Genau diese ›Nichts-Bewegungen‹ aber bewirken die ›Fülle‹ der Beziehung,

41 Vgl. ausführlich Ulz 2019:153–261; Tobler 2002:156–161.218–224.395 (Register).

42 »Liebe ist lieben und geliebt werden: sie ist die Trinität.« – so lautet ein bedeutendes Zitat aus den ›paradisi 49‹ (zit. Ulz 2019:193; etwas anders übersetzt bei Tobler 2002:106.).

der Freude, des Mutes usw. Sie ziehen sozusagen Gott als Geist in das entstehende Vakuum hinein und füllen alles mit mehr auf, als man gegeben hat.[43] Glück ist bei Lubich diese Fülle, die auf dem Wagnis des Nichts erwächst, des ›essere nulla‹ – so heißt es im Italienischen.[44]

Das große geistliche Vorbild dieser ›Nichtung‹ ist der gekreuzigte Jesus, und zwar als der ›Verlassene‹. In Gott geschieht jenes wechselseitige ›essere nulla‹, und so kann die Welt in Gott und Gott in der Welt sein, ohne dass die konstitutive Differenz zwischen Gott und Welt verwischt wird. Die Verlassenheit Jesu macht ihn zum Projektions- und Durchgangspunkt für jeden Menschen, sogar gerade für die, die keinen Bezug zu Gott finden können oder wollen. »Die Liebe ist und ist nicht zugleich. Jesus der Verlassene ist, weil er nicht ist. Wir sind, wenn wir nicht sind. Wenn wir sind, sind wir nicht.«[45]

Natürlich kann man solche Paradoxa für Wortspiele halten, die nur Zeit verschwenden und eher verdecken als aufschließen. Vielleicht wird die allgemeine Unwilligkeit gegenüber Trinitätstheologie durch diese spirituellen Spekulationen sogar noch gesteigert. Und es stimmt ja: Hier kann nicht im Ansatz ausgeschöpft werden, welche mystische, aber auch theologische Virtuosität Chiara Lubich in diesen Fragmenten ahnbar macht. Wer wohlwollend bleibt, wird immerhin zugestehen, dass religiöse Sprache generell zu Metaphern und Paradoxa greifen muss, weil sie etwas auszudrücken hat, was über das normal Sagbare hinausgeht.[46] Und eventuell – hoffentlich! – lassen die wenigen Passagen durchscheinen, dass Lubich keine arkane Esoterik betreibt, sondern eine Lebenspraxis deutet, die niemals etwas anderes sein will als schlichte, ehrliche und robust-nüchterne Nächstenliebe. Schwärmerei war nicht das Ding von Chiara Lubich – so sehr sie den Eindruck vermitteln konnte, mit der Trinität auf

43 Weiter unten im Buch (Kapitel 8) werden wir dies unter Bezug auf die Spiritualität Madeleine Delbrêls als DYNAMIS-Erfahrung ansprechen.

44 Vgl. Ulz 2019:207–237 u. ö.; Tobler 2002:394 (Register).

45 Wiederum aus den ›paradisi 49‹; zit. bei Ulz 2019:225.

46 Vgl. dazu die luziden Gedanken des Philosophen Matthias Jung zu mystischer Artikulation (2009:470–480).

›Du und Du‹ zu stehen. Ja, es ist noch nicht einmal so, dass man den ganzen ›Überbau‹ – der keiner ist – von Dreifaltigkeitslehre weglassen kann, um doch zu erfahren, was Lubich hier meint: dass sich bei dem, der sich in das Glück des Nächsten so investiert, dass dieser ebenfalls in ein liebendes Leben einsteigt, eine bestimmte Wirkung einstellt, die die Evangelien ›Fülle‹ nennen, ›Hundertfaches‹, ›Himmel‹, ›shalom‹ oder ›Wohnung Gottes unter den Menschen‹. Dabei aber geht es nicht darum, mit welcher Sprache dieser ›Effekt‹ gedeutet wird – dies kann schließlich auch in profaneren Wendungen erfolgen. Man erlebt Selbstwirksamkeit, Sinnhaftigkeit oder Kohärenz – Hauptsache, es beglückt und motiviert zum Weitermachen.

Setzt man bei der Erfahrung an, der Praxis, dem Phänomen von Liebe, gelangt man trinitätstheologisch zu jenem originellen Denkansatz von Richard von St. Victor aus dem 12. Jahrhundert, der üblicherweise als ›interpersonaler Ansatz‹ firmiert. Ganz der epochalen Entdeckung romantischer Liebe folgend, entdeckt der junge schottische Mönch, dass vollkommene Liebe aus drei statt aus zwei Prozessen besteht. Nicht das Geliebtwerden sei das höchste Glück, sondern die Fähigkeit zu einer uneigennützigen Liebe, die dem Anderen dieses Glück verschafft. Also muss die wirklich freie Liebe darauf aus sein, dass der Geliebte ebenfalls ein Liebender wird, und zwar hinsichtlich eines Dritten. Dieser ist der berühmte ›con-dilectus‹ bei Richard, über den er sowohl die Dreizahl in Gott wie die Ausdehnung des göttlichen Geistes auf die Welt veranschaulichen kann.[47]

Die Spiritualität der Fokolar-Bewegung lässt sich aus dieser phänomenologischen Trinitätslehre theologisch ausdeuten. Explizit geschieht dies etwa bei Klaus Hemmerle, der, von Lubich zutiefst geprägt, auf Richard über Bonaventura zugreift und dies sowohl spekulativ wie ganz lebenspraktisch ausdeutet.[48] Was man hier intellektuell verfolgen kann, ist die Umkehrung des

---

47 Vgl. ausführlicher und auch auf die göttlichen ›Personen‹ hin konkretisiert Greshake 1997:104–111.286f; Werbick 2017:508–511; Kühneweg 1987.

48 Vgl. sekundär zu den Einflüssen der Trinitätslehre bei Böhnke 2000.

doch weitgehend üblichen Weges der akademischen Theologie, die zuerst die Rationalität des Glaubens klärt, um dann die Wege seiner existenziellen Umsetzung freizulegen. Von Chiara Lubich her wird die Alternative plausibel, nämlich erst das Phänomen radikaler Liebe zu initiieren, zu erfahren und zu reflektieren, und danach, aus dieser Quelle – diesem *locus theologicus* – heraus systematische Theologie zu betreiben. Wenn man so will: Ein schmalerer, induktiver Weg tritt neben den anderen ausgetretenen, so wie bei Richard von St. Victor, der bis heute eine Randfigur im großen einschüchternden Trinitätsdiskurs ist – aber eine, die in keiner ernstzunehmenden Darstellung fehlt.

Die Entfaltung der Grundeinsicht in sieben Lebensdimensionen

Nach dieser kleinen theologiegeschichtlichen Exkursion sollten wir wieder auf den Trainingsparcours des wahren Lebens zurückkehren. Ein Zitat erinnert uns an die Basiseinsicht: »Es war eine neue Spiritualität, die in der Kirche entstand, jene Spiritualität, in der das Lieben das Geliebt-Werden und das Geben das Empfangen erwartet.«[49]

Die riskante Liebe des Ersten wird gegenseitig; und gegenseitige Liebe öffnet sich für Dritte, die wiederum für Vierte, Fünfte und so fort. In der ihr eigenen visionären Art hat Chiara Lubich aus dieser Basisinspiration einen ganzen Lebensstil der Einheit konzipiert, dem sie sogar politische, ökonomische und zivilgesellschaftliche Transformationskraft zugetraut hat.[50]

Gemeint sind die sogenannten ›Sieben Aspekte‹, die in der Fokolar-Bewegung große Bedeutung haben und sogar in ihren kirchenrechtlichen Statuten verankert sind. Es handelt sich bei den ›Aspekten‹ um den konsequenten Wunsch, der ›Kunst der gegenseitigen Liebe‹ eine prägende Kraft für die gesamte Bio-

---

49 So Lubich anlässlich ihrer Ansprache zur Ehrendoktorwürde in Trnava (Slowakei) am 23.6.2003; zit. bei Ulz 2019:192.

50 Diese globale Idee einer Zivilisation der Einheit verfolgen wir hier nicht weiter, auch wenn sie für Lubichs Denken zentral ist. Da sich dieses Buch an Einzelne wendet, die sich für Lebenskunst und -weisheit interessieren, bleiben wir auf dieser Ebene.

grafie zu geben. Diese Liebe soll eben kein Gefühl bleiben, keine moralische Haltung, keine Überzeugung, keine Betriebsamkeit und kein ideologisches Programm. KENOSIS soll gelebte Form sein, Existenz, Ausdruck der gesamten Persönlichkeit. Ganz im Sinne des obigen Kapitel 4 wird KENOSIS bei Lubich zur Gesamtdisposition.

Den wohl prominentesten Ausdruck dieser Vorrangstellung kann man darin sehen, dass auch die Fokolar-Bewegung ein Statut hat, gemäß dem sie kirchenrechtlich anerkannt ist. In diesem Statut heißt es direkt zu Beginn:

> »Die gegenseitige und beständige Liebe, die die Einheit und die Gegenwart Jesu in der Gemeinschaft ermöglicht, ist für die Mitglieder des Werkes Mariens die Grundlage ihres Lebens in jedem seiner Aspekte: Sie ist die Norm aller Normen, die Voraussetzung für jede andere Regel.«[51]

Was die ›Sieben Aspekte‹ konkret beinhalten, wird über eine eindrückliche Metapher vorbereitet. Lubich beobachtet, dass das Licht der Sonne als weißes, unerkennbares Licht in ein Prisma fällt und sich erst von dort her in nun sichtbare Farben auffächert: dem Spektrum des Regenbogens etwa. Erst jetzt wird greifbar und wirksam, was vorher schon da war. Ganz ähnlich interpretiert sie, dass es das Geheimnis radikaler Liebe als Möglichkeit gibt, dieses aber in eine Art Prisma fallen muss, um Lichtwirkungen zu erzielen. Dieses ›Prisma‹ ist die Herausforderung meiner Liebesentscheidung: der Nächste.[52]

Ganz im Bild bleibend ordnet Lubich sodann das menschliche Dasein tatsächlich in genau sieben Lebensbereiche und benennt sie nach Farben. Metaphorisches Vorbild ist der Regenbogen. So entsteht ein Panorama an Lebensklugheit, das an Anschaulichkeit nichts zu wünschen übriglässt. Die Dimensionen lesen sich wie folgt:

---

51 Zitiert nach Fokolar-Bewegung 2000:3.
52 Vgl. Tobler 2002:136–139.

Farbe	Mehr innerliche, geistliche Ausprägung des Aspektes	Mehr äußerliche, konkrete Ausprägung des Aspektes
Rot	Gütergemeinschaft...	... und Arbeit
Orange	Zeugnis ...	... und Ausbreitung
Gelb	Spiritualität ...	... und Gebet
Grün	Natur...	... und Leben
Blau	Harmonie...	... und Umwelt
Indigo	Weisheit...	... und Studium
Violett	Einheit...	... und Kommunikationsmittel

Wer sich an der etwas blumigen Sprache stört, sei eingeladen, auf den Sinn des Ganzen zu achten. Niemand muss davon sprechen, er sei ›im Grün‹ weitergekommen, weil er sich jetzt gesünder ernähre. Es geht um mehr: Wir hatten versprochen, in Chiara Lubich eine Expertin für kenotische Lebensklugheit zu präsentieren, die Tipps zum Ausprobieren und Erfahrungen machen bereithält – und hier ist der Beweis, dass das stimmt. Mit den ›Sieben Aspekten‹ legt die Italienerin ein Programm von geistlicher Lebensführung vor, das seine spirituelle Antriebsenergie in voller Konkretion auf die Straße des Lebens bringt und seinen Vergleich mit ähnlich ganzheitlich ausgreifenden Entwürfen etwa fernöstlicher Religiosität nicht zu scheuen braucht.[53]

Unser kenotisches Konditionsprogramm ›à la Lubich‹ hat also sieben Stationen. Die folgende Darstellung kann wegen dieser Vielzahl nur eine Skizze sein. Sie hebt darauf ab, wie man die KENOSIS-Kompetenz in den eigenen Alltag so umsetzen kann, dass sich etwas zum Guten hin verändert. Um dem Versprechen treu zu bleiben, dass die im ganzen Buch präsentierte Lebens-

53 Vgl. ausführlicher zu den ›Aspekten‹ Lubich 2003:41–114; Hemmerle 1995a:81–125; auf Kirche bezogen vgl. Hemmerle 1995b:199–205. Jedem ›Aspekt‹ ist eine Bibelstelle zugeordnet; innerhalb der Organisation der Fokolar-Bewegung hat jede ›Farbe‹ ein Sekretariat und bestimmt eigene Schulungen. Mitunter werden sogar Schwerpunktaktivitäten der auf der Welt verteilten Mitglieder der Bewegung nach den ›Aspekten‹ sortiert.

klugheit ein Angebot auch für Leser:innen ohne religiöse Entscheidung sein kann, halten wir uns eher an die rechte Spalte der obigen Tabelle. Sie verweist auf die Konkretionen, sozusagen die lebenspolitischen Konsequenzen kenotischer Lebensführung.

a) Rot = KENOSIS-Kompetenz in der Welt meiner Güter und meiner Arbeit

Es beginnt sofort radikal: Denn was fesselt das Ideal vom ›eigenen Leben‹, die Wünsche, die Möglichkeiten, die Selbsterwartungen mehr als die Arbeit? Gerade in einer Gesellschaft wie der unseren, die ihren beeindruckenden Wohlstand für viele aus einem hohen Arbeitsethos bezieht, die Leistung fordert und die ihre Anerkennung vornehmlich in der Währung von Geld verteilt, kann man sich dem normativen Sog des Arbeitens kaum entziehen. Hat man eben nicht den Traumjob ergattert, sondern einen normalen; oder hat man gar keinen Job – dann ist die Welt der Arbeit schnell die große Zone der biografischen Kompromisse und der zusammengeballten Faust in der Tasche. Und selbst wenn der eigene Job genau das realisiert, was man immer wollte, kann der andere Straßengraben sich öffnen: Dann wird das Gelingen, das Pflichtgefühl, das Erfüllen der eigenen und der fremden Erwartungen schnell so wichtig, dass man außer der Arbeit wenig anderes kennt und macht.

Es soll hier und auch später gar nicht kulturpessimistisch werden – das unterböte die Idee des roten Aspektes bei Lubich total. Sie und viele andere geistliche Lehrer:innen weisen nur darauf hin, dass gerade marktwirtschaftlich geprägte Gesellschaften einen enormen Sog auf die Einzelnen ausüben, der das eigene Lebensglück mit materieller Ausstattung verwechselbar macht. Die hart erarbeitete materielle Freiheit kann recht flott zur Einschränkung der persönlichen und geistigen Freiheit werden. Manchmal vollzieht sich diese Entmündigung so schleichend, dass man es gar nicht mitbekommt. Man wird gelebt, das aber in komfortablem Ambiente.

KENOSIS-Kompetenz will Anderes und geht anders vor. Sie realisiert sich in der Größe, niemanden über sich herrschen zu lassen, keine Gier, keine externen Erwartungen und auch kein übertriebenes Pflichtgefühl. Inmitten einer Leistungsgesellschaft innerlich frei und »losgelöst«[54] zu bleiben, das ist das Versprechen des ersten Aspektes. Die Übungen hierzu sind die der sehr konkreten materiellen Nächstenliebe.[55] Dabei gebietet es der Basissatz der gegenseitigen Liebe bei Lubich, dass es nicht einfach darum geht, heroisch für andere arm zu werden. Vielmehr sollen die Güter genauso kreisen wie die Bedürfnisse. Es geht eher um die Kunst solidarischen Teilens, und zwar nicht nur dessen, was man hat, sondern auch dessen, was man braucht. Nur so wird der Empfangende seinerseits zum Geber, zur Geberin.

Konkret kann diese Praxis bedeuten: einen klaren Teil des eigenen Einkommens für die Bekämpfung von Armut einsetzen; bestimmte Güter wie Autos, Wohnungen, Werkzeuge oder Ausrüstungen miteinander nutzen; neben Geld auch Zeit und Talente ehrenamtlich einsetzen; mit Gleichgesinnten den eigenen Kalender analysieren und zu identifizieren, wo die Arbeit auf Kosten von Gesundheit, Beziehungen, Hobbys oder die Realisierung anderer Aspekte geht; die oft zu ausgeprägte Versicherungs- und Sparmentalität durch Gesten freien Gebens neu justieren; Andere ebenso zu fördern wie sich selbst.

Insgesamt fokussiert das Training dieses ersten Aspektes das Ideal, immer mehr ein freier, gebender, großzügiger Mensch zu werden. Inmitten von berechtigten Kennziffern, Sachzwängen, Quartalszielen zum einen und berechtigten eigenen Konsumbedürfnissen zum anderen bleibt man doch eine, die den Kopf oben behält, den Nächsten sieht und es sich von keinem materiellen Ziel nehmen lässt, diesen Nächsten an die erste Stelle der eigenen Prioritäten zu setzen.

---

54 Lubich 2003:46.

55 Tatsächlich leben vor allem die unverheirateten Fokolare in ihren Wohngemeinschaften einen Stil weltweiter solidarischer Gütergemeinschaft – wie sie sagen, nach dem Vorbild der ersten christlichen Gemeinden.

b) Orange = KENOSIS-Kompetenz in der Welt meiner Beziehungen und Netzwerke

Dieser Aspekt muss, was seine Konkretion angeht, nicht ausführlicher bestimmt werden. Die oben genannten ›Vier Schritte der Liebe‹ geben eine kenotisch qualifizierte Art der Beziehungsgestaltung bereits vor.

Auch hier geht es also nicht darum, das eigene Selbstgefühl zu steigern, weil man soziale Signale setzt. Vielmehr sind Beziehungen das Ziel, in denen es gleichberechtigt zugeht – und zwar auch, was das Investieren in die Beziehung angeht. Auch wenn Chiara Lubich meines Wissens dieses schöne Bild aus der Ehe- und Lebensberatung nicht kennt und verwendet hat, würde es ihr wohl gefallen: Vergleicht man eine Beziehung mit einer Bootsfahrt, so kann man feststellen, dass sich manchmal der eine Partner zu weit über den Bootsrand lehnt und damit die Gefahr des scheiternden Kenterns heraufbeschwört. Er (oder sie) hat dann nicht mehr das Ganze der Beziehung im Blick, sondern nutzt den Anderen faktisch aus. Dieser nämlich sieht sich gezwungen, in die Kompensation zu gehen und sich seinerseits weit aus dem Boot herauszulehnen – nun aber zur anderen Seite. So bleibt das Boot zwar in Balance, dies aber unsicher; es ist fahruntüchtig, und beide ›Insass:innen‹ des Gefährtes entfernen sich voneinander.

KENOSIS bei Lubich würde bedeuten, dem Anderen diese Übergriffigkeit nicht durchgehen zu lassen – seinen Mangel an Liebe, würde sie sagen. Man bleibt also, bildlich gesprochen, in der Mitte des Beziehungsbootes und fordert den Teil des Anderen ein, ebenfalls für das gemeinsame Wohl zu sorgen. KENOSIS ist damit sehr wohl Hingabe, aber eine, die den anderen befähigt, seine Verantwortung wieder zu übernehmen und selbst wieder beziehungsfähig zu werden.

Auch der zweite Aspekt geht also auf Loslösung und innere Freiheit – diesmal nicht von Gütern, sondern von Personen. Der oder die Andere wird nicht bedrängt, mich zurücklieben zu müssen; er wird aber eingeladen, mit mir zusammen auf Dritte zuzugehen, um auch ihnen den Raum unserer Beziehung anzubieten. Dieses Beziehungskonzept spricht nicht gegen anspruchsvolle und auch exklusiv intime Freund- und Partnerschaften; wohl aber gegen jenes elitäre Inseldasein zu zweit, zu dritt oder als Gruppe, das sich der Anderen dauernd krampfhaft versichern muss.

Ein anspruchsvolles Konzept. Denn es ist doppelter Mut erforderlich: zum einen der Mut des ersten Schritts; zum anderen der Mut zur Konfrontation des Anderen mit seiner Verantwortung. Hilfe zur Selbsthilfe, diesmal spirituell begründet.[56]

c) Gelb = KENOSIS-Kompetenz in der Welt meines mentalen und spirituellen Lebens

Der dritte Aspekt ist am schwersten in die Interessenlage jener zu übersetzen, denen es um Lebensklugheit geht, nicht aber um religiöse Bindung. Denn natürlich, das dürfte bis hierher unzweifelhaft sein, ist Chiara Lubich tieffromm, sogar kaum steigerbar radikal in der Intensität und Pflege ihrer Gottesbeziehung.

Der dritte Aspekt betrifft die gesamte Welt des mentalen und spirituellen Lebens. Hier geht es um Weltanschauung im allgemeinsten Sinn; also um unsere tiefsten Motivationsgründe, unser Sinnverstehen, unsere Grundwerte. Es gibt viele Worte für diese Antriebe, die uns auch dann prägen, wenn wir sie gar nicht ins Bewusstsein lassen oder sogar leugnen, aus so etwas wie Werthaltungen zu leben. Gerade die neuesten sowohl sozialtheoretischen wie neurologischen Theorien zur Wertentstehung können zwar sehr genau zeigen, dass nicht einfach alles religiös, moralisch oder gar gut ist, was uns urgründig bewegt – dass es aber schon deswegen bei jeder und jedem von uns eine weltanschauliche Aktivität gibt, weil wir sprachbegabte und symbolproduzierende ›Naturwesen‹ sind.[57] Wir können nicht anders als uns einen Reim auf die Welt machen; etwa die Frage »Was ma-

56 Anschaulich beschrieben bei Hemmerle 1977:64f: »Der den ersten Schritt dabei machen muss, bin immer ich selbst. (…) Dann, irgendwann, vielleicht nach langer Zeit, wird einer mir begegnen, der ›mitmacht‹.«

57 Vgl. nur Jung 2009.

che ich hier?« wird in jedem Fall irgendwie zu beantworten sein.[58]

Trotzdem ist auch hier Klugheit am Platz und kann Klugheit angetriggert werden. Denn es ist ja das eine, diese weltanschauliche Dimension in uns einfach so ablaufen zu lassen oder sie bewusst zu kultivieren. Bei Lubich heißt ›kultivieren‹ natürlich, in ein persönliches Gottesverhältnis einzusteigen. Aber das muss es nicht. Man kann in vielerlei Formen weltanschaulich bewusst und aktiv sein, und niemand wird hier sofort zu Bekenntnissen gezwungen.

Ganz basal würde KENOSIS-Kompetenz bei Lubich heißen, in ein hörendes Verhältnis zu diesem ›Über mir‹, ›Unter mir‹ und/oder ›Um mich herum‹ zu kommen. Ähnlich wie sie es hinsichtlich Gütern oder Beziehungen rät, so geht es auch hier wiederum um die Resonanz, die ich beim Gegenüber hervorrufen möchte. Mentale Lebensklugheit sucht also danach, selbst durch Hingabe Beschenkter zu werden. Dieses ›Gegenüber‹ möge in mir zur Kraft werden, möge sich in mir aussprechen und ausdrücken.

Was Lubich für Gebetspraxis empfiehlt, kann auch übertragen werden. Tatsächlich ist sie auch in dieser Dimension überaus originell und manchen klassischen Ratschlägen gegenüber sogar kritisch. So lehnt sie vehement ab, gemäß der überkommenen Maßstäbe ›Heiligkeit‹ anzustreben. Zu nah scheint ihr dieses Ziel daran zu hängen, dass man doch wieder bei sich bleibt und eben nicht zum Anderen, dem Nächsten gelangt – ja, ihn sogar tendenziell für das eigene Seelenheil vor Gott instrumentalisiert. Für Lubich muss sozusagen das Heilige selbst die Chance bekommen, in mir zu leben und mich zu transformieren.[59]

Eine bekannte biblische Motivation für diese Fokussierung ist der Paulusausruf »Nicht mehr ich lebe, sondern Christus in mir!« (Gal 2,20) Das ist in dieser Weise für Nicht-Christ:innen unverständlich. Der Gedanke aber, dass man sich um seine

---

58 Diese Frage notiert der analytische Philosoph Thomas Nagel als Beispiel dafür, dass man sich qua Mensch vor Deutungsherausforderungen gestellt sieht, die man nicht leicht offenhalten kann; vgl. Sellmann 2019b.

59 Zu Lubichs eigenem Konzept einer gemeinschaftlich realisierten Heiligkeit bei Lubich vgl. Tobler 2002:139–145.

Grundwerte und -motivationen so aktiv kümmert, dass sie immer mehr mein Leben prägen, kann trotzdem überzeugen. Wird dieser Schritt gemacht, kann man bei Lubich Tipps abschauen, wie diese Mentalpflege konkret aussehen kann.[60]

Wie alle anderen spirituellen Meister:innen hat Lubich in diesem Bereich sehr viel zu bieten. Ihre Prägung der Gegenseitigkeit bleibt aber erkennbar: So empfiehlt Lubich eine klar reservierte Zeit am Tag für den Kontakt mit dem Inneren, das in mir lebt. Sie gibt Ratschläge über Ratschläge für die tägliche Meditation, für Rituale, für die Vorbereitung des inneren Dialoges, für gemeinschaftliches Beten, für die Unlusterfahrungen, für die Phasen innerer Trockenheit und inneren Wachstums, für Vorbilder im ›Glauben‹ und für die Verbindung von Weltanschauung und Handeln.

Besonders Letzteres ist typisch. Es grundiert alles, denn Lubich ist in allem Kenotikerin. Wo das geistliche Leben sie auf sich selbst zurückwirft, erkennt sie es als Fehler. Eine für sie charakteristische Geste ist darum die Antwort auf die Frage, was es heißen könnte, wenn man im Evangelium hört, es sei allezeit zu beten (Lk 18,1). Sie entwickelt und empfiehlt die spirituelle Technik, in allem, was im Alltag ansteht, ein ›Für Dich‹ zu sagen: Wenn der Nächste nervt, wenn eine Aufgabe anstrengend ist, wenn man sich selbst nicht leiden kann, wenn alles sinnlos scheint: ›Für Dich‹. So lebt das Äußere in ihr und bewahrt vor unfruchtbarem geistlichem Selbstbezug.

Training der KENOSIS-Kompetenz in der gelben Farbe ist also dies: Das eigene innere Leben ernst nehmen; es ›gegenseitig‹ werden lassen; in ein Gespräch kommen, das immer weniger ein Selbstgespräch ist, sondern ein Dialog mit den schöpferischen Kräften in mir. Also: Dieses innere Leben aktiv pflegen, mit

---

60 Vgl. Lubich 2003:54–63. Ähnlich Hemmerle 1995b:201, wenn er diesen dritten Aspekt auf kirchliches Leben bezieht und zur Feier der Eucharistie schreibt: »(...) dann genügt es nicht, dass dieses Mysterium sakramental gefeiert wird. Es muss – und das hat auch mit dem Sakrament zu tun – durch das Leben gefeiert werden. (...) Wir sind dazu da – und das ist die Herzmitte, der Kern der Spiritualität von Kirche –, andauernd durch diese Kreuzgestalt die ganze Welt, die ganze Wirklichkeit zum Vater zu tragen.«

geprägten Zeiten, Gewohnheiten, Ritualen und Gesprächen; es wachsen lassen; es wirken lassen; immer mehr in ihm und durch es leben lernen. Weisheit im Wortsinn erlangen, weil man einer bestimmten Weise folgt, wie man Erfahrungen macht und verarbeitet.[61]

d) Grün = KENOSIS-Kompetenz in der Welt meiner Körperlichkeit und Lebendigkeit

Der vierte Aspekt ist der wohl meistbeachtete, wenn es um Lebensklugheit und Lebenskunst geht. Gerade weil modernes Leben den Körper in so beeindruckender Weise entlastet – mit Maschinen, Medien, Systemen, Versicherungen usw. –, steht er dann im Vordergrund, wenn es um aktive und bewusste individuelle Lebensgestaltung geht. Teilweise scheint Lebenskunst fast synonym mit Körperkunst zu sein. Eine Flut von Ratgebern thematisiert Gesundheit, Sinnlichkeit und Identität, sei es durch bewusste Ernährung, sinnvolle Bewegung, wirksame Entspannung oder den Aufbau einer funktionierenden Work-Life-Balance. Und eine ebenso große Bemühung geht auf die Reflexion dieses Trends, sei es durch Theologie, Philosophie oder Kultursoziologie.[62]

Was kann hier geistliche Intelligenz, was kann KENOSIS-Kompetenz beitragen? Der grüne Aspekt ist bei Lubich zunächst ebenso wie die erwähnten Ratgeber auf Gesundheit ausgerichtet. Wie jede verantwortliche *Leaderin* und fast im Gleichschritt mit antiker Stoa empfiehlt sie ein geordnetes Leben: genug Schlaf, gute ausgewogene Ernährung, viel Bewegung, spielerischen Ausgleich zur Arbeit, kreativen Medienkonsum, Urlaub als Abwechslung vom Üblichen, regelmäßige Arztbesuche, spirituelle Wohlfahrt, inspirierende Beziehungen, gesunde ökologische Umgebungen usw.[63] Und diese Empfehlungen entstammen keinen

---

61 Vgl. zum Wortstamm von ›Weise‹, ›Weisheit‹ Kluge 1989:784f.

62 Vgl. in ganz willkürlicher Auswahl Karle 2011 (für die ev. Theologie); Sellmann 2011 (für die katholische Theologie); Schmid 1998; Rosa 2019.

63 Vgl. nur Lubich 2003:64–76.

instrumentellen Gründen, wie man denken könnte: sozusagen den Körper als Ressourcenlager immer schön leistungsfähig halten, damit man auf der so gesicherten Basis umfassend und ausdauernd in die vorgeblich ›höheren‹ Ziele geistlicher Art investieren kann.

Das ist es nicht. Denn der Körper hat, christlich verstanden, eine schöpfungstheologische Bedeutung und Würde. Menschen haben keinen Körper, so würden es Christ:innen sagen, sie *sind* einer. Und sie sind *als* einer. Darum ist der Kampf gegen Krankheit und Tod auch ein Urimpuls dieser Religion, so sehr sie mit ihrem Auferstehungsglauben damit noch nicht das letzte Wort gesprochen sehen.[64]

Trotzdem ist auch im vierten Aspekt das Ziel der KENOSIS-Kompetenz die Loslösung, die äußere wie innere Freiheit. Und darum wendet sich Chiara Lubich auch sehr ausdrücklich gegen jene Form des Selbstbezuges, die sich als Selbstoptimierung oder Selbsthermetisierung darstellt. Dies beinhaltet wiederum, dass sie an dieser Stelle aus der Parallele mit der Stoa und dem Epikureizismus auch postmoderner Herkunft ausscheidet.[65] Dabei ist Lubich nie theoretisch; es existiert auch kein Text von ihr, der sich auf konzeptioneller Ebene mit anderen Glückskonzepten auseinandersetzt.

---

64 Eine kluge anerkennungstheoretisch gewendete Schöpfungstheologie findet man neuerdings bei Knapp 2020:140–260.

65 Vgl. zu den philosophiegeschichtlichen Wurzeln des aktuellen Lebenskunstdiskurses nur Schmid 1998:27–38; ders. 2018:7–14 erzählt selbst, wie ihn die Faszination von Marc Aurel gepackt und zu seinen Schriften motiviert hat. Hier geht es nicht darum, ›den‹ postmodernen Lebenskunstdiskurs komplett mit dem Ideal der Selbstoptimierung zu identifizieren. Gerade Wilhelm Schmid und andere anspruchsvolle Autor:innen wären da weit unterschätzt, zeigen sogar deutliche Selbstkritik (vgl. etwa ebd:8). Die populäreren Marktvarianten der Selbstführung allerdings können – jedenfalls aus Sicht der hier dargestellten KENOSIS-Kompetenz – gelegentlich sehr plump daherkommen. Sie firmieren dann mit Glücksversprechen wie »niemals etwas bereuen müssen«, »alles erreichen können« oder »jede Veränderung realisieren dürfen« und empfehlen eine Lebenspraxis, zu der KENOSIS in konzeptioneller Konkurrenz steht.

Was sie, ganz konsequent zu ihrem Basisansatz, zusammenbringt, ist das responsive Zueinander von Gesundheit, Schönheit, Gelingen einerseits und Schmerz, Alter, Tod andererseits. Das liest sich etwa so: Auch der Kranke ist Teil des schöpferischen Lebens; das Alte kann leuchtender sein als das Junge, weil es länger von der Kraft der Hingabe geprägt ist; der Tod kann die Passage zum Leben sein, weil alles Leben aus dem Tod der Anderen resultiert; die Gräber der Angehörigen der Bewegung mögen wie Gärten gepflegt werden usw. Lubich kann in dieser hohen Achtung des Nicht-Gesunden, Nicht-Balancierten und Nicht-Erfolgreichen sogar superlativisch werden: »Die Leidenden unter uns, die Kranken, die Sterbenden sind die Erwählten im Werk. Sie stehen im Mittelpunkt unserer Liebe. Gerade sie tun und bewirken am meisten.«[66]

Man könnte daher sagen, dass die KENOSIS-Kompetenz dazu befähigt, zyklisch zu leben. Die ›Gegenseitigkeit‹, die Responsivität in dieser Dimension wird im eigentlichen Sinn organisch vollzogen. Der Mensch wird als Körper so ernst genommen, dass auch seine Materialität, sein Wachsen und Vergehen, sein Potenzial und seine Begrenztheit geistliche Bedeutung erhalten. Geistliche Klugheit zeigt sich als tiefes Einverständnis in die Rhythmen, Phasen, Schübe und eben Zyklen des organischen Daseins. Auch wenn Lubich – wie fast alle geistlichen Meister:innen – weit davon entfernt ist, den Körper in seiner Eigenlogik zu übersteigern und im Umgang zu verzärteln, so findet man doch bei ihr eine auffallend starke Akzeptanz der Leiblichkeit. Lebenspraktisch wird daraus eine aktive und bewusste Bewohnung des eigenen Körpers. Ganz im Einklang mit zeitgemäßer Psychosomatik lernt man bei Lubich, die Signale des Körpers wahr- und ernstzunehmen; sie auf ihre Bedeutung und ihren Appell hin zu lesen; und in ihnen den Auftrag zu lesen, sich gemäß der körperlichen Zyklen zu verhalten.

66 Lubich 2003:67. Mit ›Werk‹ ist hier die kirchenrechtliche Bezeichnung der geistlichen Bewegung gemeint, lateinisch ›opus‹. Die Fokolar-Bewegung heißt kirchenrechtlich ›opus mariae‹.

An einer bestimmten Hauptstelle wird diese Hochschätzung des Organischen sehr ansichtig, und zwar auf fast verstörend konkrete Weise. Dem ›grün‹ als Farbe im Leben der Fokolar-Bewegung ist auch das Geheimnis und die Feier der Eucharistie zugeordnet. Auch hier fokussiert Lubich die Konzentration auf die historische Leiblichkeit Jesu, seinen entstellten und hingerichteten Körper am Kreuz. Dieser wird nun, dem Mysterium nach, in der gewandelten Hostie geistlich präsent. Als Mahl wird er in der Kommunion physisch verzehrt. All diese Elemente: Opfer, Repräsentation, Ernährung usw. sind geistlich gemeint, und um gar nicht erst in die Nähe einer ausgeprägt materialen Feier zu kommen, ist der physiologische Vorgang der Kommunion in der Messfeier symbolisch so reduziert: wenig Brot, wenig Wein, kleine Gesten, rituelle Worte.

Lubich schließt nun hieran einen atemberaubend großen Gedanken an, der das ganze symbolisch vergeistigte Geheimnis wieder in eine kaum steigerbare Materialität zurückdreht. Die, sagt sie, die in so vielen Feiern Hostien über Hostien in sich aufnehmen; und die dann das geistliche Geheimnis dieser Hostie kenotisch in Hingabe und Engagement verwandeln – werden diese Glaubenden nicht genau dadurch immer stärker und immer körperlicher von dieser Hostienkraft auch geprägt, fundiert, programmiert? Und wenn diese so Gewandelten ihrerseits sterben und als Leichnam in der Erde liegen – kann man hier nicht denken, dass es wiederum zu einer Transformation kommt und dass der Erdaustausch zwischen diesen gewandelten Körpern und der naturalen Erde[67] auch Letztere geistlich verwandelt? Und wenn das so ist, kann man den ganzen Prozess dann nicht auch auf die Ebene der Kosmologie heben und sagen: Die kenotische Verwandlung des Menschen wird auch die ganze Natur verwandeln? Der Kosmos wird gemäß der alten Weissagung von Jes 65,17 in einen »neuen Himmel und eine neue Erde« (vgl. auch

67 Hier kann der Hinweis unterstützen, dass das lateinische Wort für ›Erde‹ (humus) und das für ›Mensch‹ (hominus) semantisch verwandt sind. Vgl. dazu auch Gen 2,7: »Da formte Gott, der Herr, den Menschen (hebr. Adam), Staub vom Erdboden (hebr. Adama), und blies in seine Nase den Lebensatem. So wurde der Mensch zu einem lebendigen Wesen.«

Offb 21,1) umgeschaffen, und dies durch jene Toten, die zeit ihres Lebens wie Weizenkörner gelebt haben: also in der Bereitschaft, für andere zu sterben (Mk 8,35 par). Lubich: »Können wir nicht sagen, dass wir mit Jesus nach dem Tod Eucharistie der Erde werden?«[68]

Hier steht man vor einem Gedanken, der unschwer danach drängt, die KENOSIS-Klugheit in großen ökologischen Gesamtzusammenhängen zu denken. Chiara Lubich kann den Menschen in dieser Eingebundenheit sehen, weil sie ihn von der Schöpfung her denkt – und damit zugleich als körperliches wie geistiges Wesen. Sie hat diese Bezüge aber nicht auf heutige politische Dimensionen hin konkretisiert, wie das etwa Papst Franziskus in seinem populären Schreiben vom Haus der Schöpfung ›Laudato si'‹ gemacht hat. Worum es ihr letztlich geht, ist die Betonung der enormen Würde und Reichweite eines kenotisch geführten Lebens. Auch wer die dezidiert jesuanischen und kosmischen ›Aspekte‹ abstreift, soll wissen: Kenotisch zu leben, also auf den Anderen hin aus sich herauszukommen, das ist auch mit nichtreligiöser Motivation nicht einfach eine einsame ethisch hochwertige Lebensentscheidung. Vielmehr lebt man dann, so Lubich, im sogar organischen Einklang mit seiner Physis, mit seiner Umwelt, sogar mit dem ganzen Sein an sich. Man aktualisiert nicht nur sein geistiges, sondern sogar sein naturales Erbe. Man liebt, und das nicht nur als Wille und Geist, sondern als ganzer Organismus: als Körper im Körper mit anderen Körpern im Raum.

---

68 Lubich 1977:55; vgl. ebd.:54–56. Vgl. ebenso Lubich 2003:72–74. Hier heißt es ebd.:73: »Die Erde verzehrt uns, wie wir die Eucharistie; aber nicht, um uns in Erde zu verwandeln, sondern umgekehrt die Erde in ›neuen Himmel und die neue Erde‹. Dieser Gedanke, dieses Bild gefällt uns sehr.« – Es ist wichtig, dass Lubich hier den metaphorischen Charakter der Aussage betont. Denn natürlich wirft eine Theologie der Vergöttlichung des Menschen enorm viele Fragen auf. Und tatsächlich steht die Lubich-Exegese hier vor einer in den Schriften nicht immer durchgehaltenen Differenzierung zwischen Gott und Menschen. Diese potenzielle Diffusion macht sich etwa in Lubichs Wortschöpfung des Verbs ›trinitizzarsi‹ (= zur Trinität werden; in die Trinität aufgenommen werden u. ä.) bemerkbar. Diesen Linien kann hier nicht nachgegangen werden; vgl. aber ausführlich Tobler 2002:313–323.396 (Register zu ›Vergöttlichung‹); Ulz 2019:237–261.

e) Blau = KENOSIS-Kompetenz in der Welt meiner Ausdrucksformen und Räume

Nach der Betonung des Naturalen und Organischen wendet sich der fünfte Aspekt der kulturellen Dimension der Lebensführung zu. Gerade in modernen Wohlfahrtsgesellschaften, die den Lebensverlauf nicht mehr über Stände oder Klassen erzwingen können, sondern in denen – jedenfalls für sehr viele – individuelle Wahlentscheidungen das Leben ausmachen, bekommt Kultur einen gesteigerten Stellenwert. Sozialtheoretisch sagt man: Individualität kommt unter expressive Notwendigkeiten.[69] Man darf, man muss aber auch so etwas wie einen eigenen Stil ausbilden; eine eigene Ästhetik wird nun zur Ausdrucksform dessen, wozu man sich entschieden hat.

Denn die umgebende Kultur wird zum Ausdrucksreservoir der Positionierung im sozialen Raum. Da, idealtypisch gesehen, nicht mehr die Herkunft, der Beruf, das Alter oder die Schicht anzeigt, als wer ich angesehen werden sollte und will, muss jede und jeder bewusste Signale nach außen senden, die wahrgenommen und decodiert werden können. Die Notwendigkeit einer eigenbestimmten Lebensführung konkretisiert sich als Kenntnis über ästhetische Signale, Codes und Programme. Man muss sich also selbst inszenieren können, und das geht nur innerhalb der Grammatik der gegebenen Kultur – denn sonst ist das, was ich ausdrücke, von anderen nicht dekodierbar. Was ich gerne lese und daher abonniere; wie ich wohne; wie ich mich kleide; welchen Wein ich trinke und wo und mit wem – all das ist bei Weitem mehr als nur individuelle, authentische Regieführung der eigenen Biografie. Es ist immer Signal, immer Erzählung, immer Geste in den sozialen Raum um mich herum. Die neuere Lebenskunsttheorie hat diesen Sachverhalt sensibel aufgenom-

69 Vgl. nur Taylor 2002:71–96. Im jüngeren pastoralen Diskurs wurden diese hier nur schnell skizyierbaren Grundeinsichten in den Zusammenhang von ›zweiter Moderne‹, ›Individualität‹ und ›neuer Homogenisierung von Lebenswelten‹ (Ulrich Beck) unter der Überschrift der Milieuforschung eingehend bearbeitet; vgl. nur Sellmann 2012; Ebertz/Hunstig 2008; für die evangelische Theologie Hempelmann u.a. 2015.

men und spricht von einer ›Ästhetik der Existenz‹ (Foucault), die politischen Signalcharakter trägt.

Diese großen Zusammenhänge können hier nur angedeutet werden. Zu betonen ist jedoch, dass kirchliches und geistliches Leben in vielen Traditionen sich zu dieser kulturellen Wende modernen Lebens abweisend verhält. Die aus spiritueller Motivation herrührenden Tiraden gegen Mode, Zeitgeist, Konsumkultur, Medienrummel oder Massengeschmack bilden einen großen klagenden Chor; sie wirken fast wie ein kollektiver Reflex der Religiösen, wie ein Identitätsmarker: ›Bist Du fürs Christsein, so musst Du gegen all das sein.‹

Der Befund bei Chiara Lubich ist ein anderer – auch wenn gar nicht verheimlicht werden soll, dass man in ihren Schriften ebenfalls deftiges kontrastgesellschaftliches Mitsingen im oben erwähnten Chor finden kann. Geht es aber um den vierten Aspekt, wird ihre Sprache vorsichtiger und auch respektvoller.

KENOSIS-Kompetenz mit ihrer Grundidee eines Lebens in wechselseitiger Ergänzung und Resonanz kann ja gar nicht das Ziel haben, mit dem Holzhammer auf die Inszenierungen der Anderen einzuschlagen. Vielmehr muss es ja auch im kulturellen Bereich um gegenseitige Wahrnehmung und Austauschbeziehung gehen können.

Und darum wird Lubich auch hier sehr konkret und praktisch.[70] Ihre handlungsleitende Maxime ist es, affirmative Beziehungssignale in die gegebene Umgebungskultur zu senden, aber auch von ihr zu empfangen und aktiv in die eigene Lebensästhetik einzubauen. Man könnte sagen: Es geht ihr um einen osmotischen Dialog mit der Kultur ihrer Zeit. Wie wenige geistliche Lehrer:innen spielt sie die hier anfallenden Themen ganz konkret durch: etwa Fragen rund um Kleidungsstil und Modebewusstsein, Wohnen und Putzen, Kunst und Teilnahme am gesellschaftlichen Leben – immer getragen von der Idee der wechselseitigen Gabe aneinander.

Die meisten ihrer Empfehlungen sind an die Mitglieder der Bewegung gerichtet, vor allem an die, die in den erwähnten

70 Vgl. zum Folgenden Lubich 2003:77–89.

Wohngemeinschaften zusammenleben. Aber auch wer nicht dazugehört, kann einen bestimmten Stil erkennen, den man selbst durchaus in seine eigene Lebensästhetik umsetzen kann. Darum einige Beispiele: Wer von der direkten kulturellen Umgebung als jemand erkannt werden will, der sich bewusst um Anschluss bemüht, der sollte so wohnen, sich so kleiden und sich so geben, wie es ›üblich‹ ist. Das ist jetzt weit gefasst, und es hilft natürlich auch nicht dabei, die genaue Milieucodierung zu treffen. Aber für eine geistliche Gemeinschaft ist doch Wichtiges gesagt. Denn es heißt: Lebt Ihr in einer reichen Umgebung, dann kleidet Euch nicht ärmlich; lebt Ihr in einem Elendsviertel, dann passt Euch dieser Umgebung an. Niemals soll jemand durch Euer Erscheinungsbild beschämt werden. Kostbarer Schmuck kann nur die Ausnahme sein; der Stil Eures Auftretens soll Beziehung ermöglichen, keine Ausgrenzung. Das ästhetische Ziel dieses *Looks* ist Frische, Schönheit, einfache Eleganz – innerer Glanz, der vom Stil her betont wird; ja: Stolz und Würde.

Die Wohnungen sollen Orte einer sofort erkennbaren Gastfreundschaft sein, daher geräumig und von wenig eigenem Kram beherrscht. Lubich empfiehlt den Ihren, möglichst niemand Externes für sie kochen oder putzen zu lassen, denn man soll selbst in der Lage sein, einen Haushalt zu führen und sich gerade in den einfachen Tätigkeiten nicht bedienen lassen. Seid vielmehr Ihr die, von denen die aktive Gastfreundschaft ausgeht.

Eine sensible Beobachtung ist ihr Hinweis, dass sich gerade in zölibatär lebenden Wohngemeinschaften eine bestimmte Vernachlässigung des Äußeren ergeben kann. Denn hier ›muss‹ sozusagen keiner dem Anderen gefallen. Sowohl Körper- wie Raumpflege können der Aufmerksamkeit entgleiten und für Gäste ein sehr unattraktives Gesamtbild produzieren. Ein echtes Problem. Lubich hat eigens die Entwicklung von Modestudios und Architekturbüros gefördert, um in der Bewegung Freude an Schönheit und Stil zu entwickeln.

Eine weitere Überlegung widmet Lubich dem Aspekt der ›Tracht‹. Auch diese Reflexionen atmen den Geist der KENOSIS-Klugheit. Viele Ordensleute sichern ja ihre ästhetische Erkennbarkeit über bestimmte Kleidungsformen wie Habit, Schleier oder bestimmte Signalfarbe. Nicht immer sorgt aber die Ordenstracht oder der Kollar der Priesterkleidung für Nähe oder Vertrauen; gerade die Uniformität der äußeren Erscheinung kann ja auch Begegnungen verhindern. Lubich, die zeit ihres Lebens von klösterlichen Gemeinschaften angezogen war, hat diese Beobachtung in eine originelle Wendung gebracht. Gerade weil wir in der Spiritualität der Einheit leben, sagt sie, wollen wir keinen Unterschied machen. Jeder, der uns begegnen will, soll an unserem Äußeren merken, dass wir wie er oder sie sind. »Unsere Tracht besteht darin, keine zu haben. (...) Das, was uns unterscheidet, ist, dass man uns nicht unterscheiden kann.«[71] Allerdings, so endet der Text: Es gibt dann doch etwas, was uns insofern unterscheidet, als es jeden mit in unseren Lebensstil mit hineinnimmt: die gegenseitige Liebe, die man an uns spüren, ablesen und sozusagen anzapfen kann.

Das sind entspannte Worte in einer Zeit, in der gerade kirchliche Akteur:innen um ihr Profil ringen und bei sich Exklusives suchen, um sich in ihrer gesellschaftlichen Umgebung irgendwie auszuzeichnen und als wählbare Alternative erkennbar zu machen. Kenotisch gesehen muss man diese Profilierungsdrift nicht mitmachen: Es wird dann die in allen äußeren Aspekten gelebte Gastfreundschaft sein, die wirbt, anzieht und ihrerseits anspornt. Kulturell inszeniert man also eine radikal inklusive Art der Lebensführung; einen Gestus der Großzügigkeit, der den Anderen größer macht, mutiger, freier; eine Höflichkeit im Wortsinn, die also ›Hof‹ gibt, ›Platz macht‹ für alle, denen geteiltes Leben sinnvoller scheint als selbstbezogenes.[72]

---

71 Fokolarbewegung 1983:41a.

72 Vgl. zum Ideal der Gastfreundschaft vor allem die Stimmen aus der französischen Pastoraltheologie mit ihrer Betonung der hospitalité; so etwa bei Feiter/Müller 2012 oder Theobald 2018. Gerade die Theologie Theobalds wäre eine hervorragende Spur, den fünften Aspekt bei Lubich theologisch zu fundieren, da er ebenfalls den Stilbegriff und die geistliche Dimension einer eigenen Lebenskultur reflektiert. Zum Programm einer raumgebenden Pastoral vgl. Sellmann 2017.

f) Indigo = KENOSIS-Kompetenz in der Welt meines Denkens und Erkennens

Die sechste lebenspraktische Dimension innerhalb der KENOSIS-Kompetenz ist das, was man geistige Welt nennen kann. Hier geht es um das, was den Einzelnen mental prägt: Wissensbestände, Vorstellungen, Werthierarchien, vorbewusste Weltanschauungen, prägende Bilder, handlungsbestimmende Verhaltenssätze usw. Auch dieses Gebiet ist von zahlreichen Ratgebern zum guten Leben als wichtig erkannt worden, wenngleich weiterhin mehr die körperliche Dimension zu dominieren scheint.

Gerade in fernöstlichen Spiritualitäten kennt man diese Pflege der geistigen Welt. Mit den Lehren des Yoga, Tai Chi oder den ›Fünf Tibetern‹, aber auch den Techniken der Autosuggestion oder der Progressiven Muskelrelaxation sind Varianten der Selbstführung zugänglich geworden, die auf das Mentale zielen. Das kann bis zur Selbstüberprüfung führen, welche Medieninhalte, welche Gesprächspartner und/oder sogar, welche Gedanken mir guttun. Dieses ›guttun‹ ist dabei weniger moralisch gemeint, und das ist der große Unterschied etwa zu den Gewissenserforschungskatalogen der kirchlichen Bußtradition. Vielmehr geht es hier um innere Gesundheit, innere Stringenz und neben der Körper- eben auch um eine aktive Geistespflege. Dies kann, auch unter Nutzung neuerer neurologischer Erkenntnisse, bis zum ›Cognitive Enhancement‹ führen, also der Verbesserung geistiger Funktionen durch mentale Techniken: Man wird konzentrierter, wacher, aufmerksamer, motivierter usw.

Auch wenn die Sorge vor manipulativer Selbst- oder sogar drogengestützter Fremdbeeinflussung hier greifen sollte, muss man aus geistlicher Sicht noch keinen Alarmknopf drücken. Denn ohne Frage sind religiöse Lehren und Rituale Schulen der Bewusstseinserweiterung; ihre Attraktivität liegt doch gerade in ihrer Zusage, man könne auf das Vertrauen in eine höhere Macht hin in sich neue und starke geistige Ressourcen erschließen und aus diesen Kraftwirkungen leben.[73]

---

73 Meiner Meinung nach läge über solche Zugänge auch eine Chance, die eben erwähnte und ja fast komplett eliminierte Bußpastoral der christlichen

Auch Chiara Lubich bezieht ihre Ausführungen zum sechsten Aspekt nicht aktiv auf diese Lebenskunst-Debatte. Trotzdem sind ihre Vorschläge hier anschlussfähig. Ja, sie können sogar faszinieren. Denn die Ausrichtung ihrer Schriften hierzu nehmen ein altes, religiöses Wort heran und lassen es neu zum Strahlen bringen: Weisheit. Ohne Schnörkel konkretisiert sie ihre Basisüberzeugung eines wechsel- und gegenseitig geführten Lebens in das Ziel, ›weise‹ zu werden.

Wir sind ja hier in einem Trainingsprogramm zur Lebensklugheit, und von daher schauen wir uns näher die ›Übungen‹ an, die Lubich entwickelt. Ganz schlicht sieht sie es als erwiesen an, dass man sich aktiv und stetig fortbildet, will man KENOSIS-Kompetenz erwerben. Für die Mitglieder der Bewegung hat sie sogar einmal vorgerechnet, dass gemäß des Lebens der sieben Aspekte also auch ein Siebtel der Wachzeit eines Tages der Fortbildung gewidmet sein sollte. Dabei geht es nicht um Schlaumeierei, auch wenn diese immer wieder mal durchaus hilfreich sein kann. Angesichts der Tatsache, dass geistliches Leben nicht vom Bildungsabschluss abhängen kann, geht es mehr um einen Habitus: KENOSIS-Leute sind wache Typen, die sich nicht schnell mit *Fast-Food*-Informationen abspeisen lassen; die hinter die Dinge kommen wollen; die nachfragen. Auch wenn viele von ihnen den großen Philosophen Hegel nicht kennen dürften, wäre dieser wohl trotzdem mit ihnen zufrieden: Denn sie scheuen nicht die ›Anstrengung des Begriffs‹. Sie nehmen am Diskurs ihrer Zeit teil; wissen Bescheid, was gedacht und argumentiert wird – immer so, wie es ihnen möglich ist.

Das ist das Erste: Geistig nicht stehenbleiben, im Lesen bleiben, in der Selbstüberprüfung bleiben, sich nicht selbst für dumm verkaufen. Chiara Lubich aktiviert hier einen uralten Pathos, der für das Christentum seit jeher wie eine DNA prägend ist: es ist eine Bildungsreligion.[74] Und, man muss es nochmals betonen:

Kirchen neu und als relevant in den Blick zu rücken. Nicht das rückwärtige und reparierende moralische Katalogisieren, sondern die neue Ausrichtung auf innere Klarheit, größere geistige Weite und eine von innerer Selbstführung her gewonnene Freiheit müsste das Zielbild sein.

74 Vgl. ausführlich die verschiedenen Beiträge aus vielen theologischen Dis-

Dies ist keine Aussage darüber, dass man nur ab bestimmter IQ-Werte oder Schulbesuchsjahren Christ:in sein kann.

Nun weiß aber auch Lubich, dass Wissen etwas anderes ist als Weisheit. Allerdings kann man Weisheit auch schlecht davon abstrahieren, dass es etwas zu wissen gilt. Klaus Hemmerle hat diesen Zusammenhang in der ihm eigenen Sprachästhetik in vier Akzenten ausgeführt.[75] Wer weise ist, kennt erstens die Grenzen des Wissens. »Mit dem, was er weiß, weiß er zugleich, dass er damit und mit dem Wissen überhaupt nicht alles weiß.« Wer weise ist, kennt zweitens die Zusammenhänge. Er (oder natürlich sie) sieht Linien, Verdichtungen, Bedeutungen; »weil er die Zeit kennt, erkennt er auch ihre Zeichen.«

Wer weise ist, kennt drittens nicht nur Ursachen, sondern sieht in einzelnen Kausalitäten die umfassenden Ursprünge. Diese kann man nicht wissen, ihnen kann man aber begegnen. Man steht in ihnen mehr, als dass man um sie weiß. Und man wird kritisch ihnen gegenüber, ohne die Abhängigkeit von ihnen zu leugnen.

Und viertens: Wer weise ist, der »nennt die Dinge beim Namen«. Die Weisheit destilliert aus den Zahlen, Fakten und Vokabeln ihren Kern, könnte man sagen. Er kann ihnen Wahrheit zusprechen, Bedeutung und Priorität. Und das nicht in überführendem, platt instrumentalisierendem Interesse, sondern, so Hemmerle: Gerade weil er auf sie hört, ge-hören sie ihm. Der Weise bewahrt die Dinge mehr, als dass er über sie verfügt.

Soweit der phänomenologische Philosoph. Wer wissen will, wie man nun zu dieser Weisheit gelangt, kann bei der eher pragmatisch gestrickten Italienerin Chiara Lubich folgende Empfehlungen finden:[76]

---

ziplinen in Mette/Sellmann 2012.

75 Vgl. Hemmerle 1995a:114f. Man denke hier auch an Hemmerles bekannte Unterscheidung zwischen einem ›fassenden‹ und einem ›lassenden‹ Denken; vgl. Hemmerle 1966.

76 Wie schon im ganzen Kapitel 7.3. intendiert, übersetze ich die meist explizit religiösen Formulierungen Lubichs sofort in eine Praxis, der man auch aus nicht-religiöser Motivation folgen kann; vgl. zum Ganzen Lubich 2003:92–94.

Zunächst ist die gewissenhafte Beachtung des dritten Aspektes, des »gelb« eine wichtige Grundlage. Sei es als Gebet, als Meditation, als ›stille Zeit‹, als Entspannungsübung oder mentale Technik: Lubich geht davon aus, dass Weisheit ein Geschenk ist, für dessen Gabe man aber die Bedingungen begünstigen kann. Das, was Weisheit gibt, ist unverfügbar; man muss sich einer Kraft hinhalten, der man vertraut und der man gewissermaßen erlaubt, von ihr geprägt zu werden.

Dann, und typischer geht es nicht für eine KENOSIS-Expertin, empfiehlt Lubich die entschlossene und radikale Nächstenliebe. Kombiniert man die Worte Jesu aus Joh 14,21 (»Wer mich liebt, dem werde ich mich offenbaren«) mit Mt 25,40 (»Was Ihr für einen meiner geringsten Brüder getan habt, das habt ihr für mich getan«), dann wird die konkrete Beziehung zum Anderen zum Weg der tiefen inneren Erkenntnis. Lubich wird hier ganz anschaulich: Wie beim Fahrrad fahren das Licht erst leuchtet, wenn man in die Pedale tritt, so ist es auch mit der Weisheit: Auch die tätige, proaktive Hinwendung zu den Anderen ist ein Weg, der es der Weisheit leichter macht, sich zu erweisen.

Drittens ist es die Vertiefung des vorhergehenden Abschnittes, die weise macht: »Das Leid ist der größte Lehrmeister der Weisheit.«[77] Es sollte spätestens ab dem vierten Aspekt klargeworden sein, dass Lubich hiermit keine selbstgefällige Kreuzesmystik vertritt, die schon aus der Tatsache von Leid positive Rückschlüsse zieht. Das ist albern. Gemeint ist hier zum einen der Schmerz, der aus einer wirklich absichtslosen Liebe zum Nächsten und zum Leben resultiert; zum anderen aber auch das tiefe Einverständnis mit einem Leben, das auch bei bestem Verlauf immer Risse, Brüche und absurde Paradoxien offenbart, an denen man verzweifeln könnte. Man beachte die vorsichtigen Worte, die man auch von einer Jesus- und Kreuzbeziehung abstrahieren kann: »Das Licht, das aufstrahlt, wenn wir das Dunkel angenommen haben, ist stark und lässt uns vieles verstehen.«[78]

---

77 Lubich 2003:93.

78 Ebd. – In mehr profaner Sprache ließe sich hier das faszinierende Programm des Medizinsoziologen Aaron Antonovsky anführen, der diese o.g. Form

Ein vierter Weg zur Erlangung von Weisheit ist das gegenseitige Leben mit Anderen. Der Austausch mit ihnen, das Leben eines guten ›Zwischen‹ inmitten von Gemein- und Partnerschaften kann zum Quellgrund von Weisheit werden. Man hört die Aspekte der Anderen, man stößt aber auch gemeinsam auf das Dritte unter den einzelnen Meinungen – und ein solches Erleben wird zur weiterführenden ›deliberativen‹ Wahrheitssuche, wie es das letzte Konzil sich gewünscht hat. In der Erklärung zur Religionsfreiheit ›Dignitatis humanae‹ heißt es mit starken Worten, die weiter auf ihre allgemein gesellschaftliche wie kirchenpraktische Umsetzung warten:

> »Die Wahrheit muß aber auf eine Weise gesucht werden, die der Würde der menschlichen Person und ihrer Sozialnatur eigen ist, d. h. auf dem Wege der freien Forschung, mit Hilfe des Lehramtes oder der Unterweisung, des Gedankenaustauschs und des Dialogs, wodurch die Menschen einander die Wahrheit, die sie gefunden haben oder gefunden zu haben glauben, mitteilen, damit sie sich bei der Erforschung der Wahrheit gegenseitig zu Hilfe kommen; an der einmal erkannten Wahrheit jedoch muß man mit personaler Zustimmung festhalten.«[79]

Das ist Aufklärung, das ist Weisheitserwerb im Sinne der KENOSIS-Klugheit: Sich wechselseitig zu Hilfe kommen bei dem, was man als Wahrheit gefunden hat oder gefunden zu haben glaubt.

g) Violett = KENOSIS-Kompetenz in der Welt meiner Kommunikationen

Der siebte Aspekt integriert in gewisser Weise die anderen sechs. Denn er bringt in einer eigentümlichen Weise keinen neuen thematischen Bezug vor den Blick, sondern einen Prozess, einen

---

der ›Weisheit‹ als ›Kohärenzsinn‹ bezeichnen würde und diesen als festen Bestandteil von ›Gesundheit‹ erkannt hat (›Salutogenese‹); vgl. einführend Jacobs 2000.

79 Vgl. ›Dignitatis humanae‹ Nr. 3; nachlesbar im Internet oder in den Kompendien der Texte zum Zweiten Vatikanischen Konzil.

Stil. Dieser jedoch darf nicht fehlen; denn ohne ihn zerfallen die Welten der Arbeit, der Beziehungen, des Mentalen, Körperlichen, Räumlichen und Geistigen in sektorale Silos. Man erwirbt dann eventuell lebenskünstlerische Techniken, um in diesen Sektoren förderlicher zu leben – und das ist ja nicht wenig. Aber der ganze Ansatz der KENOSIS-Kompetenz bei Lubich atmet doch auf andere Ziele hin, soviel ist bis hierhin sicher klar geworden: Das Leben soll als Ganzes und Eines geführt werden können; die Aspekte sind gerade in ihrem Zusammenspiel wertvoll; es geht, um im Trainingsbild zu bleiben, nicht um sieben separat zu trainierende Muskelregionen, sondern um den einen Körper, die eine Existenz.

Das bedeutet: Es bedarf einer Kraft, die alles verbindet. Wer resonant und auf Wechselseitigkeit hin mit seiner Umwelt zirkulieren will, der benötigt ein Organ, eine Technik, eine Fertigkeit der Kontaktgestaltung. Kurz: Es braucht jene faszinierende Fähigkeit von Menschen, die selber (zumindest vordergründig) kein eigenes Thema einbringt, die aber alles auf neues Niveau zu heben vermag: Gemeint ist sprachliche, symbolische Kommunikation. Dies ist der siebte Aspekt.

Chiara Lubich kann hier ins Schwärmen kommen:

> »Die Fokolare wollen nichts Neues bringen. Es geht ihnen einzig um die Liebe, denn sie wissen, dass die Liebe das Angesicht der Erde zu erneuern vermag. Sie wollen keine neue Organisation einführen (...) Vielmehr möchten sie (...) dazu beitragen, dass die verschiedenen Einrichtungen von Leben erfüllt sind, damit das, was (...) getan wird, aus Liebe geschieht (...). Sie wissen ja, dass nichts besser geordnet ist als das, was die Liebe ordnet.«[80]

Wenn das Bild nicht zu sperrig in Bezug auf Menschen wäre, könnte man gut sagen, dass die KENOSIS-Kompetenz dazu befähigt, wie ›Schmiermittel‹ des humanen Gemeinwohls zu werden; wie ein Katalysator: jedenfalls wie ein Medium, das die einzelnen Teile dazu bringt, miteinander besser zu funktionieren. »Es darf nichts geben, was nicht mitgeteilt wird«, schreibt Lubich in

80 Lubich 2003:103.

ihrer zeittypischen naturnahen, organischen Sprache. So bleibt alles »lebendig wie ein Körper, in dem das Blut ständig kreist.«[81]

Es geht um Kommunikation – um das, was die Teile zum Ganzen, zum Kommunalen, Gemeinsamen hin verbindet. Und damit ist ein großes Thema angesprochen. Man kann schon sagen, dass die jüngere Sozialwissenschaft enorme Fortschritte in der Erforschung und Konzipierung von Kommunikation erarbeitet hat – man denke nur an die faszinierenden Entwürfe von Jürgen Habermas zur ›Theorie des kommunikativen Handelns‹ oder an die dreistellige Selektionstheorie der Kommunikation von Niklas Luhmann. Hier wird Kommunikation als Grundmodus der Vergesellschaftung greifbar, beim ersten in normativer, beim zweiten Denker in deskriptiver Hinsicht. Aber auch die anthropologischen Naturwissenschaften verzeichnen bemerkenswerte Einsichtsgewinne. Man weiß heute erheblich mehr darüber, wie Sprachaufbau und -entwicklung sich vollzogen hat, wie er den Menschen umgebaut hat und welche Konsequenzen dies für sein Weltverhalten nach sich zieht.[82]

Beide Wissenschaftsstränge kommen zu dem ähnlichen Schluss, dass die Fähigkeit zu symbolischer Kommunikation ein äußerst fruchtbares Paradox erzeugt: auf der einen Seite steht da eine extreme Erweiterung der zugänglichen Welt. Sprache überwindet sowohl örtliche wie zeitliche Grenzen, und sie ist damit die eigentliche Macht der Globalisierung. Über Zeichensysteme können Menschen unterschiedlichster Herkünfte miteinander ihr Verhalten abstimmen. Und das geht nicht nur über Erdteile, sondern sogar über Generationen hinweg: Sprache materialisiert Wissen, so dass man zeitlich spät nachfolgenden Menschen bestimmte Lernschritte hinterlassen, tradieren kann. Keine tierische Lebensform ist dazu fähig.

Auf der anderen Seite wird die so erschlossene Welt immer mittelbarer und ist eben nur zeichenvermittelt zugänglich. Der

81 Ebd.:104.

82 Als Überblick vgl. die Arbeit über Kommunikation als theologischen Leitbegriff Fresacher 2006:242–251 (Habermas). 251–303 (zu Luhmann). Bezüge zur Evolution von Sprache sind über das ganze Werk verteilt.

direkte Weltzugang gerät unter so viele mögliche Alternativen, dass man sich sozusagen nie sicher sein kann, erstens den richtigen Ausdruck für das gefunden zu haben, was man erlebt hat; und zweitens, ob die Anderen verstehen konnten, was gemeint ist. In der ihm eigenen Lakonie spricht Niklas Luhmann bekanntlich davon, dass man realistischerweise eher vom Misslingen der Kommunikation ausgehen solle statt von ihrem Gelingen. Denn Ersteres sei der weitaus häufigere Fall.

Kommunikation ist also im Großen wie im Kleinen der Treiber unseres Weltverhältnisses. Selbst wer nicht kommuniziert, kommt nicht darum herum, dass genau dies als Kommunikation ausgelegt wird. Selbst wer nicht verstanden werden will, kann genauso verstanden werden. Und so verrätselt Kommunikation permanent die Welt, die man ohne sie gar nicht hätte aufbauen können.

Brechen wir hier ab. Denn auch Chiara Lubich weiß zwar um diese philosophischen Horizonte, sie sind aber nicht Ziel ihrer Impulse zum siebten Aspekt. Ihr geht es um das Praktische, wenngleich sie ihre Ratschläge zu einer kommunikativen Lebenskompetenz mit einer starken geistlichen Grundüberlegung fundiert.

Praktische Ratschläge kreisen u. a. um die Bedeutung von Notizen, Briefen und Berichten, die Funktion von Sekretär:innen, die Wichtigkeit von gut geführten Tagebüchern und Archiven, den Kriterien guter Versammlungen, der allgemeinen Medienkompetenz oder der Fachausbildung zum Journalismus. Lubich hat angeregt, eigene kleine Radiosender und Filmstudios zu gründen; sie hatte keinerlei Berührungsängste zu welchen Medien auch immer. Interessanterweise reiht sie in ihren Listen der Kommunikationsmedien immer auch das Theater mit auf. Und sie war, zusammen mit ihren Weggefährt:innen, immer innovativ in der Etablierung eigener Konferenzformate. Schon früh hat die Fokolar-Bewegung das weltweite Telefongespräch genutzt, um am Anfang sogar monatlich Impulse und Nachrichten auszutauschen.

Auf der einen Seite mag diese journalistische und medienspezifische Umtriebigkeit kaum überraschen bei einer Bewegung, die sich dem Ideal der Einheit, der Spiritualität der wechselseitigen Gemeinschaft und der weltweiten Ausbreitung verschrieben hat. Wie denn anders als über klug genutzte Kommunikation soll man Kontakte generieren, in sie investieren, Gegenseitigkeit provozieren und das Gemeinsame identifizieren? Neben diesen eher pragmatischen Bedarfen hat Lubich aber auch noch einen tiefergehenden Gedanken verfolgt. Dieser führt in eine Art Lebensmodell kommunikativer Existenz, und als solcher kann er auch für nicht-religiöse Menschen nachahmenswert sein.

Lubich spricht von ›Menschen der Einheit‹ als von ›Menschen mit Weltdimension‹.[83] Und dies sind kenotisch lebende Menschen. Erinnern wir uns kurz an die Wortbedeutung im Vorgängerkapitel: der griechische Begriff *kenoo* bedeutet: sich leermachen, sich entäußern, von sich wegkommen. Dies wendet Lubich nun auf das Phänomen gelingender Kommunikation, gelingender Verbindungen zwischen Menschen. Oft braucht es hierfür ganz bestimmte Personen mit ganz bestimmten Fähigkeiten. Ihre Funktionen sind etwa: Brückenbauer:innen, Gelegenheitsschaffer:innen, Katalysator:innen, Netzwerker:innen, Kümmerer:innen. Ihre Berufe können sein: Eheberater, Konfliktmediator:innen, Verhandlungsführer:innen, soziale *Broker*, *community organizer*, Friedensrichter:innen usw. Immer geht es um die Kompetenz, Kommunikation erstmalig zu ermöglichen oder abgebrochene Kommunikation wieder zu starten. Ihre besonderen Fähigkeiten sind Gegenmittel gegen Sprach- und Beziehungslosigkeiten.

Das Besondere: Diese erwähnten Personen haben qua Aufgabenprogramm kein eigenes Thema. Sie dienen vielmehr den Themen der Protagonist:innen, die verbunden werden sollen. Es geht ihnen nicht um eigene Agenden und sie sind auch neutral gegenüber den Agenden der Kommunikationspartner:innen. Das bedeutet aber keineswegs, dass sie keine Absicht hätten: Diese Verbindungsleute, diese Kommunikationsproduzent:innen bringen sich auf anderer Ebene ein: Sie zeigen den Wert der Beziehung auf, den Horizont des Gemeinwohls und den positiven

83 Vgl. Lubich 1990: bes. 77–83.

Effekt von Synergie für alle. Interessanterweise sind gerade solche Zwischen-Händler:innen, wie man sie nennen kann, gerade dann besonders erfolglos, wenn sie schwache Persönlichkeiten sind. Stark müssen sie sein, auch inhaltlich – nicht aber für die eine oder andere Partei, sondern für die Interessen des gemeinsamen Raumes. In diesem können die Partner:innen ihre Positionen und Interessen neu verorten und neu ausgerichtet sehen – nämlich auf Konsens und Gemeinwohl hin.

Die Spiritualität der Einheit ist die Befähigung zu solcher Raumgebung für die Anderen. Wer sich im Sinne der KENOSIS-Kompetenz von ihr prägen lässt, wird ein solcher Profi für das Zwischen, für den Raum und für den Hintergrund.[84] Er wird leer für die eigenen Interessen, bewirkt dafür aber den Zusammenhang der Anderen. Dies ist nichts anderes als das, was das Wort ›Medium‹ meint. Es braucht Mittel und Kanäle, Infrastrukturen und Formate, damit Inhalte verbindend sind. Ohne Medien, ohne die Vermittlung, zerfallen die Dinge in Einzelheiten.

Lubich bietet hierfür zwei starke geistliche Bilder an. Den siebten Aspekt widmet sie Maria, der Mutter Jesu, die traditionell von der Kunstgeschichte mit blauen Umhängen dargestellt wird – farblicher Hinweis auf den blauen Himmel, der den Sohn, die Sonne als dem ›Licht der Welt‹, erst sichtbar macht. Das andere Bild ist noch spekulativer. Lubich beschreibt den alten Topos, dass die Beziehung zwischen Mensch und Gott gestört sei. Es braucht also einen Vermittler, einen Zwischen-Händler. Dieser ist Jesus am Kreuz, und zwar wie die Pupille des Auges, durch das Gott die Welt sieht. Auch hier also das Zusammenspiel von Leere und dadurch bewirkter Neuheit: Die Pupille sieht selbst nicht; ohne sie aber sieht niemand etwas.

»Deshalb ist der verlassene Jesus der größte, göttliche Meister aller Kommunikation: Er hat Himmel und Erde miteinander verbunden.«[85]

---

84 Vgl. auch Hemmerle 1995a:127–198.

85 Lubich 2003:114. Die Metapher der ›Pupille‹ stammt aus den paradisi-Texten von 1949 und beinhaltet ersichtlich enorme christologische und staurologische Implikationen; vgl. auch Tobler 2002:226.273 sowie Ulz 2019:143.

Solche Bilder können auch dann mobilisierende Stärke entfalten, wenn man ihre religiöse Normativität nicht teilt. Der Kompetenzzuwachs geht dahin, in einer Weise kommunikativ zu sein, dass andere in Kommunikation zueinanderkommen. Manchmal wird das heißen, wenig zu sagen; manchmal viel. Immer aber wird es darum gehen, klar zu sein, einladend, vertrauenerweckend, inspirierend. Immer ist man der Unterschied zwischen Wand und Tür. »Diese ist stumm, aber die Tür spricht.«[86]

Trainingsabschluss

Wir haben das zweite Intensivtraining geistlichen Lebens absolviert. Nach dem PHYSIS-Ausdauerparcours mit Coach Dietrich Bonhoeffer kam nun das *Stretching*-Programm mit Chiara Lubich. Es ging darum, sich zu dehnen, größer, weiter und elastischer zu werden, und das auf den Anderen hin. Lubich war eingeführt worden als Expertin für KENOSIS-Kompetenz. Der Test auf ihre Expertise kann nur darin bestehen, ob man es mehr geschafft hat, von sich wegzukommen, um mit dem Anderen bei ihm und bei sich anzukommen. Eventuell sogar bei Gott, der genauso lebt – sagt Lubich.

Die vier Schritte der Liebe und die sieben ›Aspekte‹ haben jedenfalls umfangreich aufgezeigt, dass man KENOSIS nur mit dem Einsatz der ganzen Person und in der integralen Vielzahl der eigenen Lebensbezüge erlernen kann. Trotzdem muss niemand vor der Komplexität zurückschrecken: denn wenn irgendwer, dann ist es Chiara Lubich, die zum Mut aufruft, schlicht mit irgendetwas aus dem angebotenen Material anzufangen, was einen herausfordert. Nur wer in die Pedale tritt, wird das Fahrradlicht zum Leuchten kriegen, das war eines ihrer häufigen einfachen Bilder. Wer wissen will, wie KENOSIS geht – muss gehen.

86 Simmel 2001:58. Zu Simmels epochaler Relationenlehre als Begründung der Interaktions-Soziologie vgl. ausführlich Sellmann 2007:339–366.

8. DYNAMIS als Kompetenz, oder: Kraft von außen aufnehmen können

8.1. *Startpunkt aus dem Alltag*

Kristina Vogel und die Unlust, sich schlecht zu fühlen

Die Erfurterin Kristina Vogel, geboren 1990, ist die erfolgreichste Bahnradsportlerin der Welt. Wer diesen Satz hört, glaubt zu wissen, wie man sich ein Leben vorstellen kann, das zu 23 Deutschen Meisterschaften, 11 Weltmeistertiteln, zwei Weltrekorden und zwei Olympiasiegen geführt hat. Man denkt an Krafträume, futuristisch gebaute Helme, waghalsige Einfädelmanöver und unfassbare Sprintgeschwindigkeiten. Doch der Eindruck täuscht: Kristina Vogel erlitt 2018 einen schweren Trainingsunfall und ist seitdem querschnittsgelähmt. Von einem Tag zum anderen wurde die junge Sportlerin aus einem Leben voller körperlicher Dynamik und global umspannender Netzwerke in ein ganz anderes Leben katapultiert, in dem man ausschließlich sitzt und liegt, und das im Rollstuhl bzw. im Pflegebett. Wieder glaubt man zu wissen, wie sich dieses neue Leben wohl so darstellt: geprägt von Verlust, Erinnerung, Verbitterung. Doch ein weiteres Mal täuscht man sich: Kristina Vogel hält Vorträge über mentale Stärke, unterstützt die Sporthilfe und andere wohltätige Organisationen, sitzt im Erfurter Stadtrat und teilt mit ansteckender Fröhlichkeit ihre Lebenserfahrungen mit.[1] Einer ihrer Wahlsprüche, mit der sie sich diese enorme Transformation ihres Lebens erklärt, lautet: »Ich hatte einfach keine Lust, mich schlecht zu fühlen.«

Dieser Satz kann packen. Denn erkennbar verzichtet er auf Moral. Er klagt nicht an, er fordert nichts ein, er erpresst nicht emotional. Die Kraft dieses Satzes liegt in seiner Paradoxie: Denn Kristina Vogel geht auf die Ebene von Emotion, von Lebenslust

1 Zu allen Informationen vgl. https://www.kristinavogel.de/; außerdem Vogel 2021. Im Netz sind viele ausführliche Film-Dokumentationen zu finden.

und Lebensunlust – und damit genau jener Ebene, von der man als gesunde eine querschnittsgelähmte Person abgetrennt glaubt. Mehr noch: Die Sportlerin gibt sich weiter das Recht, mit diesen Emotionen sogar in gestalterische Distanz zu ihrem Schicksal zu gehen. Mit der einfachen Wendung: »Ich hatte keine Lust mehr…« beansprucht sie eine Praxis der bewussten Selbstführung und einen Primat der Selbstgestaltung, wie jede erwachsene Person. Trotz dieses brutalen biografischen Einschnittes tritt Kristian Vogel aus der Opferrolle heraus und übernimmt weiter die Regie über das, was ihr passiert und wie es ihr passieren soll. Kürzer gesagt: Sie ist eine Sportlerin geblieben.

Es sind solche Erfahrungen, die beeindrucken; denn sie verweisen auf eine ganz bestimmte Macht. An Personen wie Kristina Vogel erweist sich eine Kraft zur Auto-Nomie, eine Resilienz und eine Lebensfreude, die offenbar auch härteste Proben überstehen kann. Biografien wie die der Erfurterin haben prophetisches Potenzial. Gerade weil man unmittelbar verstehen würde, dass die widerstreitenden Kräfte stärker sind und ohnmächtig machen, ist es bewundernswert, dass es Menschen gibt, die sogar in solchen Zwangslagen Ressourcen entdecken, die sie nicht nur überleben, sondern die sie sogar wachsen lassen.

Der Zugang auf ›Mächte‹ und Ressourcen

Es gibt viele solcher Prophet:innen. Und sie produzieren eindrückliche Szenen voller Widerstand gegen die Opferrolle, die in Erinnerung bleiben. Es sind vor allem diese kleinen Miniaturen, in denen ihr großer Kampf zum einprägsamen Zeichen wird. Man denke an Nelson Mandela, den späteren Präsidenten Südafrikas, der davon berichtet, wie er in seiner Gefängniszelle über Jahrzehnte von Montag bis Donnerstag mehrere Kilometer läuft, um fit zu bleiben: und zwar auf der Stelle.[2] In seiner Szenenfolge »Furcht und Elend des Dritten Reiches«[3] er-

2 Vgl. Mandela 2013:656f; vgl. auch ebd:654f; eine Abbildung der engen Gefängniszelle findet sich im Fototeil zwischen den Seiten ebd.:640 und 641.

3 Vgl. Brecht 1981:438f.

zählt Bertolt Brecht in einer kurzen Episode die Geschichte von vier Zwangsarbeitern – unter ihnen ein ›Bibelforscher‹ – die sich in ihrer politischen und religiösen Gesinnung spinnefeind sind und sich bis zur Gewaltandrohung bekämpfen. Als aber ein SS-Mann sie dazu auffordert, sich wechselseitig zu verraten, halten sie dicht. Alle müssen in den Strafbunker.

Oder Kamerad Henri Guillaumet, von dem der französische Postflieger und Schriftsteller Antoine de Saint-Exupery in seinem Bericht »Wind, Sand und Sterne« erzählt und dem er sein Buch widmet. Guillaumet stürzt in den Anden Perus ab und steht in völlig unwirtlicher Umgebung vor der Überlebensfrage. Nach Tagen ist der Punkt erreicht, an dem er sterben will. In einer letzten Ecke seines Bewusstseins wird ihm noch klar, dass seine Frau keine Witwenrente bekommt, wenn sein Tod nicht zweifelsfrei erwiesen ist. Also fasst er den Plan, auf einen Berg zu steigen und sich dort so zum Sterben hinzulegen, dass Suchtrupps seine leuchtendrote Kleidung von oben erkennen werden. Dieser Stein ist 50 Meter entfernt, dort würde man seine Leiche im Sommer finden. »Nachdem er aufgestanden war, ging er noch zwei Tage und drei Nächte.«[4]

Vier Zeugnisse aus vier verschiedenen Erfahrungsbereichen: die Sportlerin, der Politiker, die Widerständler, der Flieger. Vier eindrückliche Miniaturen: Rollstuhl statt Rad, Laufen auf der Stelle, streitend gemeinsam in den Bunker, hellroter Anorak. Vier lebensfeindliche Mächte: der Unfall, der politische Gegner, körperliche Gewalt und die zerstörerische Natur. Und vier Ideale, stärker als diese Mächte: das Beharren auf der eigenen Lust; die eigene ideelle Überzeugung; der Trotz; die Liebe zur Ehefrau.

In einem Buch über religiös gewonnene Lebensklugheit mag auffallen, dass keines der vier Beispiele von einem dezidiert religiösen Ideal berichtet: von einer betenden Zuflucht zu Gott, von der Kraft heiliger Schriften oder gemeinsamer Rituale. Das wertet religiöse Lebensklugheit ja nicht ab. Es ordnet sie aber ein. Und das ist entscheidend für das, was wir hier unter dem Stichwort einer DYNAMIS-Kompetenz erarbeiten wollen. Auch

4 Saint-Exupéry 1973:43; vgl. ebd.:35–46.

diese Kompetenz, genauso wie PHYSIS und KENOSIS, ist keineswegs ein Besitz religiös gebundener Menschen. So einfach auch Zeug:innen aus allen Religionen der so benannten Lebenskraft zu finden wären – Dietrich Bonhoeffer und Chiara Lubich wurden ja bereits breit vorgestellt –, so sehr geht es doch hier zunächst um eine zutiefst menschliche Grunderfahrung, eine anthropologische Erkenntnis.

Vorläufig soll diese allgemeine Einsicht so ausformuliert werden: Offenbar ›gibt‹[5] es große Reservoirs von positiven Kräften, von Idealen, von expliziten Werten und starken Motiven, die es Menschen erlauben, selbst stärkste Ohnmachtslagen auszuhalten und in ihnen nicht zu zerbrechen. Offenbar liegen in Wirtschaft, Politik, Sport, Kultur, Familie, Kunst und anderen Erfahrungsbereichen – und natürlich auch Religion – Ressourcen bereit, die Widerstandskraft gegen drohende Entwürdigungen verleihen, die die Lebensgestaltung orientieren, Lebensentscheidungen priorisieren und Lebensformen ausbilden können. Offenbar ›gibt‹ es solche Kräfte – und wenn dem so ist, stellt sich die Frage nach einer entsprechenden Kompetenz ganz einfach: Wie begegnet man solchen Kraftfeldern? Wie nutzt man sie? Wie bleibt man in ihnen? Wie pflegt man, was einen beschützt und antreibt?

Auch wenn religiöse Menschen in keiner Weise besondere Privilegien für solchen Kraftumgang haben, so sehr ist doch die Sprache des Religiösen wie kaum eine andere dazu geeignet, solche Krafterfahrungen auszudrücken. Religionen als kulturelle Deutungssysteme entstehen geradezu aus der Reflexion solcher Überstiege und Transformationen. Diese These kann hier nicht entfaltet werden.[6] Ein biblisches Wort allerdings artikuliert in dichter Weise den gemeinten Zusammenhang. Es ist

---

5 Die Behauptung, es ›gibt‹ solche Kräfte wird hier und weiter unten zunächst in Klammern gestellt. Damit soll sofort markiert werden, dass man auch theologisch vorsichtig sein sollte mit Ontologisierungen oder gar Sakralisierungen von Kräften und Mächten. Dies wird weiter unten eingehend problematisiert.

6 Sehr bedeutende Analysen hierzu haben Hans Joas und Matthias Jung vorgelegt; vgl. nur den kurzen Exkurs oben zwischen 2.4. und 2.5. sowie unten unter 8.3.3.

der noch fehlende, vierte griechische Begriff unserer Kurzformel des Christseins: DYNAMIS.

8.2. Dynamis: Ein bedeutungsreicher griechischer Begriff

Der philologische Befund

Für das ganze Wortfeld rund um ›Kraft‹, ›Macht‹, ›Vermögen‹, ›Potenzial‹ oder ›Energie‹ kennt das antike und das neutestamentliche Griechisch den Begriff der ›*dynamis*‹. Kein anderes Wort inklusive seiner Ableitungen wird so häufig verwendet, um zu markieren, dass in Natur und Menschen andauernd Kräfte wirken, dass immer etwas oder jemand von seinem Können Gebrauch macht und seine Möglichkeiten in Wirklichkeiten umsetzt. Mit dem Begriff wird antik (Platon, Aristoteles) das ›ausgeübte Vermögen‹ zu etwas bezeichnet. Neuzeitlich wandelt sich das Verständnis hin zu allgemeinem Zugang auf ›Kraft‹ im Sinne von ›Disposition‹.[7] Es liegt also ein breites Bedeutungsspektrum vor. Schon hellenistisch kann der Begriffsgebrauch schillern zwischen ›Fähigkeit‹, ›Tüchtigkeit‹, ›Geltung‹ über ›Ausführung‹, ›Anlage‹ bis hin zu ›Stärke‹ oder ›Heeresmacht‹.[8]

Im philosophisch-religionsgeschichtlichen Verständnis steht *dynamis* sogar für jene weltbildenden Kräfte, die den Kosmos an sich ausmachen. Der ganze zugängliche Bereich der Natur und der Gegenstände wird als Folge von zentralen Kraftbewegungen einer höchsten Größe gedacht; und es ist eine entscheidende Frage jeder Religion, ob man die ›Welt‹ als direkten Ausfluss, als Erscheinungsort, als Zugangsgelegenheit oder als Ordnungskraft jener übergeordneten ›göttlichen‹ Energie betrachtet. Sehr bekannt und religionsgeschichtlich genauso viel beschrieben wie bestritten ist die Mana- und Orienda-Vorstellung von animistischen Religionen, der gemäß alles Erfahrbare direkter Wirkort einer unpersönlichen, geradezu galvanischen und ansteckenden Lebensenergie ist. Alle

---

7 Vgl. Rese 2005; Jantzen 2009. Vgl. auch in diesem Buch das Kapitel 4 zur ›Kompetenz‹, das ebenfalls mit der Kurzform der ›Disposition‹ arbeitet.

8 Vgl. ausführlich Grundmann 1935; bes. 286–292.

Begegnung mit Seiendem ist dann implizite, oft genug sogar explizite Begegnung mit Mana; und wer die Mana-Energie kennt oder im Sinne von Beschwörung, Zauber und Magie sogar zu steuern vermag, hat große Kraft und großes Ansehen.[9]

Das antike und spätantike Griechenland als Inkulturationsraum der neutestamentlichen Schriften hat von der Vorstellung solcher direkten göttlichen Energie-Interventionen transzendiert. *Dynamis* ist hier eher die Weltkraft, die sich durch die Natur zeigt.[10] Das Heilige wird in Repräsentationen gedacht, nicht als unmittelbare Wirkkraft. Trotzdem gilt auch hier die kosmoswaltende *dynamis* weiter als übertragbar, delegierbar, beanspruchbar.

Schaut man auf eine zweite große Inspirations- und Kontinuitätsquelle des Neuen Testaments, das alttestamentarische Judentum, so ergibt sich eine zweite bedeutende Differenzierung. Kraft wird im AT vor allem geschichtlich gedacht. Der Exodus aus Ägypten ist das konstituierende Ereignis überhaupt; alles Folgende wird pfadabhängig von hierher konzipiert. Der Gott, der sich als JHWH offenbart (Ex 3,14), beruft sich auf frühere und künftige Geschichtsmacht. Schöpfung wie Prophetie wirken auf Geschichte. JHWH zeigt sich als transzendent zu Natur (-Mächten) und Geschichtsverlauf und damit als ihr Souverän. Seine gütige kreative Welterhaltung besteht in der Freisetzung und Akzeptanz von Geschichte. Für den einzelnen Menschen geht es dann um die Begegnung mit dieser geschichtsmächtigen Kraft Gottes, mit seinem ›Namen‹, wie es oft heißt. »Gott ist uns Zuflucht und Stärke« heißt es in Psalm 46,2; und: »Sie schreiten dahin mit wachsender Kraft« in Psalm 84, 8.[11] Das rabbi-

9 Vgl. Sefrin 1988; dort auch eingehende Problematisierung dieser sogenannten ethnologischen Entdeckung des 19. Jahrhunderts und ihrer irreführenden Wirkungsgeschichte bis in zeitgenössische esoterische Vorstellungen hinein.

10 »Hinter der ganzen griechischen Kraftvorstellung (...) steht die Vorstellung der in dem Kosmos herrschenden, ihn bewegenden und bestimmenden, in verschiedener Weise verteilten Naturkraft, die aus den überall sich findenden primitiven Mana- und Oriendavorstellungen hervorwachsen.« (Grundmann 1935:292).

11 Übersetzbar ist auch: »Sie werden gelangen von Kraft zu Kraft.« Vgl.

nische Judentum hat diese so klar profilierte Mächtigkeit und Heilskraft Gottes vor allem über die Thora repräsentiert gesehen und seine endgültige Sichtbarkeit und Wirksamkeit eschatologisch verstanden.

In diesen drei Einflusszonen – antike Philosophie, alttestamentliches und rabbinisches Denken – steht die *Dynamis*-Konzeption des Neuen Testaments. Der Begriff begegnet hier 119-mal und streut über nahezu alle Traditionen, von den Synoptikern über die Original- und Deutero-Paulinen bis hin zur Petruslinie und zur Apokalypse. Im johanneischen Schrifttum sowie im Judas- und Jakobusbrief fehlt er auffälligerweise völlig.[12] Bei den Synoptikern trägt der Begriff vor allem im lukanischen Doppelwerk eine sehr wichtige Aussage, nämlich die von Jesus als dem geistesmächtig Gesandten und Getriebenen. Insgesamt umfasst *dynamis* bei den Synoptikern vor allem diese vier Aspekte: die Allmacht Gottes, die Kraft Jesu, die eschatologische Verwandlungskraft Gottes, und die sogenannten ›Mächte und Gewalten‹.

»Mächte und Gewalten« im Neuen Testament

Auf Letztere soll hier besonderer Blick geworfen werden. Denn die Kompetenzbeschreibung von DYNAMIS in der Kurzformel lautet ja: »Kraft von außen aufnehmen«. Damit ist explizit eine allgemeine Idee von ›Kraft‹ angesprochen, nicht nur die bereits religiös oder gar göttlich qualifizierte. Genau so arbeitet ja auch unser Referenztext, der Christushymnus des Philipperbriefes. Zwar ist hier der Begriff der *dynamis* im Wortlaut nicht zu finden. Trotzdem findet sich ein klarer Beleg auf ›Mächte und Kräfte‹. Denn der große Umschlag des Textes ab Vers 9 mit dem abrupten Wechsel von ›Kreuz‹ (V. 8) auf ›deshalb‹ (gr. *kai*) bezieht sich ja definitiv auf ein kraftvolles Eingreifen Gottes. Wenn es heißt, dass Gott den am Kreuz Gestorbenen erhöht, über alle ›Namen‹ setzt und es dazu kommt, dass »alle im Himmel, auf

---

ebd.:294–296 (mit weiteren Bibelverweisen, die griechisch mit ›dynamis‹ übersetzt wurden).

12 Zum Ganzen vgl. Friedrich 1980:861f; Luther 2010:3f.

der Erde und unter der Erde ihr Knie beugen (...) und jeder Mund bekennt« (V. 10f), dann ist offensichtlich ein Kosmos beschrieben, in dem es unhinterfragt eine Vielzahl von externen ›Mächten und Gewalten‹ vielfältiger Herkunft gibt. Ihr Oberster, ihr Herr, der, der sie zuordnen kann, ist gemäß des Liedtextes Gott selbst; und er hat den Helden des Hymnus an seine Stelle geholt.

Dieses Motiv einer kosmischen Erhöhung Jesu und der Proskynese aller übrigen Mächte, wie man das nennt, ist im NT durchaus verbreitet.[13] Es zeigt einen Begriffsgebrauch von *dynamis*, der ganz offensichtlich von Kosmos-Auffassungen abhängt, die man mit heutigen naturwissenschaftlichen Grundkenntnissen kaum verstehen, geschweige denn teilen könnte. Man muss also gut übersetzen – und, wie sich weiter unten zeigen wird, kann man das auch und bleibt trotzdem im korrekten Gebrauch des Begriffes. Um das Neue Testament für die Identifikation von heilvollen ›Kräften‹ zu nutzen und positive Vorbilder zu finden, die solche Kraftaufnahmen vorleben und vermitteln können, muss man also in gewisser Weise mit dem NT über seinen geistesgeschichtlichen Raum hinauskommen.

Was man neu deuten will, muss man aber zunächst gut verstanden haben.[14] Der bekannte Exeget Heinrich Schlier komprimiert den Begriffsbefund auf die folgenden acht markanten Kennzeichen:

(1) Das NT kennt ein vielfältiges und untereinander austauschbares Wortfeld zum Phänomen. Die Rede ist von ›Geistern‹, ›Dämonen‹, ›Elementen‹, ›Herrschaften‹, ›Göttern‹, ›Fürsten‹, ›Engeln‹, ›Äonen‹ usw. Trotzdem unternimmt es aber keinerlei spekulativ-theoretische Untersuchung zu solchen ›Mächten‹. Die Texte des NT sind nahezu uninteressiert an Details und Differenzierungen zum Phänomen. So findet sich nirgends eine ausführliche Angelologie oder Dämonologie. Das heißt bei Weitem nicht, dass man unterschätzt, worum es hier geht. Vielmehr ist die geradezu passagere Beobachtung

13 Vgl. nur Eph 1,20–23; Kol 2,8–15; 1 Kor 15,23–28; Röm 8,31–39 u. ö.

14 Vgl. ausführlich zum Folgenden die nach wie vor lesenswerten Kapitel in Schlier 1958:7–36 (das Buch wurde 2007 neu und gänzlich unverändert aufgelegt); sowie Grundmann 1935:300–318; kürzer Friedrich 1980:863–867.

dieser Kräfte schon Teil der inhaltlichen Strategie: nämlich ihnen keinesfalls zu viel Aufmerksamkeit zuteil werden zu lassen, um nicht aus Lässigkeit in ihr Kraftfeld zu geraten.

(2) Denn: All diese Mächte sind als ›böse‹ qualifiziert. Sie gelten als Wirkungsmodi der einen Kraft des Bösen, den das Neue Testament als ›Teufel‹ oder ›Satan‹ bezeichnet. Darum sind die Details ohne Belang, weil man direkt den eigentlichen Gegner zu fokussieren hat. Ausgesagt soll werden: Um den Menschen herum wirken Kräfte des Schlechten, die ihn von sich und seinen guten Möglichkeiten entfernen.

(3) Klar antik werden diese Mächte in den ›Himmeln‹ lokalisiert und in personalisierter Wesensart beschrieben. Modern ausgedrückt: Wer ihnen gegenübersteht, begegnet einer Intention, einer Intelligenz, einer Richtung. Man begegnet einem bestimmten Geist. Und zwar einem mächtigen.

(4) Ganz dem Wortfeld entsprechend sieht sich der Mensch von diesen ›Gewalten‹ übermächtigt. Hier drückt sich eine basale Lebenserfahrung aus: dass man von sich selbst weggeführt werden kann; dass man schnell und unversehens in ein Parallelogramm von Kräften gerät, die stärker sind als der eigene gute Vorsatz und der eigene Wille; dass man an bestimmten Ansatzpunkten der eigenen Persönlichkeitsorganisation verletzlich ist und folglich manipulierbar wird. Das Neue Testament drückt diese ›Übermächtigung‹ im Begriff des ›Dämonen‹ aus. Dieser kann etwa der ›Geist der Krankheit‹ (Lk 13,11) oder der ›unreine Geist‹ (z.B. Mk 1,23) sein. Wenn solch ein Geist von einem Menschen ganz Besitz genommen hat, wird dieser zum ›Besessenen‹, wie es drastisch in der Begegnung Jesu mit den Männern aus Gadara geschildert wird (Mt,8,28–34). Diese ›Dämonen‹ dringen in die Persönlichkeit ein, zersetzen, zerstören, verderben, vernichten sie.

(5) Solch destruktive Wirkung kann nicht nur einzelnen Menschen widerfahren, sondern auch Naturkräfte kontaminieren, ganze geschichtliche Verläufe prägen und sogar in das Gebiet der Religion eindringen. Paulus warnt immer wieder vor dem Glauben an Elementar- und Astralmächte (vgl. nur Gal 4,8–10). Die so eindrückliche Metapher des ›Tiers‹ aus

der Apokalypse (vgl. nur Kap. 13) wird als geschichtsmächtige Größe modelliert, die politische Macht korrumpieren kann. Und Götzenverehrung und falsche Prophetie sind dauernde Blockaden einer wahren, das heißt lebensförderlichen Religiosität (vgl. nur 1 Kor 11,13–15).

(6) Sehr realistisch also reflektieren die verschiedenen Texttraditionen des Neuen Testaments, dass die Entscheidung für ein selbstgeführtes, kreatives und gemeinwohlorientiertes Leben sozusagen unter seltsamer Gefährdung steht. Es wirken vielfältige Kräfte auf Subjekte und ihre Programme und Institutionen ein. Ja, sie zerren an ihnen herum und entladen mitunter enorm destruktive Energien. Ganz antik personalisieren diese Texte diese Kräfte. Sie fassen sie als ›Wesen‹, als ›Geister‹, als ›Verborgenheiten‹, als ›Todesbringer‹. Ihnen geht es um das Verdrehen, also das Dia-bolische im Wortsinn, und damit um das Gegenteil des Zusammenbringens, des Sym-bolischen. Es geht ihnen um Lüge, Verwirrung, Anklage und Tod. Ja, nach dem NT ›sind‹ sie Lüge, Verwirrung, Anklage und Tod. Ihr Wesen ist Verwesen.[15]

(7) Dies alles ist aber nur ein Teil des Narrativs über ›Mächte und Gewalten‹, den das NT erzählt. Ganz entscheidend für das Gesamtbild sind zwei fundamentale Glaubensaussagen, die, recht verstanden, auch Interpretationshilfen über die uns heute befremdende Personalisierung oder sogar Satanisierung hinaus geben können. Der erste Akzent macht klar: Auch diese Kräfte des Bösen haben ihren Ursprung in der einen Schöpfung Gottes. Nicht der Dualismus zweier gleichberechtigt großer sich bekämpfender Antagonismen ist ja eine theologische Grundbotschaft des Christentums, sondern die Schöpfung von allem aus dem Nichts (›creatio ex nihilo‹).[16] Das bedeutet in unserem Fall: Auch diese zersetzenden Mächte werden als vorläufig verstanden; sie sind

---

15 Nach Schlier 1958:36.

16 Für eine aktuelle Interpretation aus der Anerkennungsphilosophie Axel Honneths heraus vgl. Knapp 2020:165–171.

nicht souverän; sie sind sogar ihrer Herkunft nach gut, haben ihre Freiheit aber gegen das Gute gewendet.[17]

(8) Der zweite Akzent betrifft Christus als der Sieger über diese Mächte.[18] Es ist kein Zufall, dass alle synoptischen Evangelien vor der Schilderung vom öffentlichen Wirken Jesu von seiner ›Versuchung‹ in der Wüste erzählen – einer Probe, die er besteht (vgl. Mt 4,1–11; Lk 4,1–13; Mk 1,12f). Hier wird ein Thema intoniert, das jeweils das ganze Evangelium durchzieht. Auch Jesus steht im Dauerbeschuss jener dämonischen ›Mächte und Gewalten‹, von denen bis hierhin die Rede war. Mindestens die synoptischen Evangelien erzählen eigentlich ein archaisches Drama vom Kampf des Guten gegen die entfesselten Kräfte der Freiheit zum Zerstörerischen. Das Wirken Jesu, so Schlier, weckt geradezu das Böse auf und ruft es auf den Plan. Die Wunderheilungen, Dämonenaustreibungen und Exorzismen Jesu, seine Herrschaft über die Naturgewalten, seine Souveränität einem falschen Gesetzesgehorsam gegenüber – all das wird in seiner Wirkung auf die ›Leute‹ wie kondensiert in dem starken Wort: Er hatte Vollmacht (vgl. nur Mk 1,22; Mk 4,41; Mk 11,27–33 u. ö. par). Diese Vollmacht aber ist vor allem die Überlegenheit über die Kräfte des Negativen. Exegetisch wird betont, dass das Sendungsbewusstsein Jesu sich in einem Schlüsselerlebnis und dann dem rätselhaften Wort ausdrückt: »Ich sah den Satan wie einen Blitz aus dem Himmel fallen.« (Lk 10,18; vgl. auch Lk 11,19f.).[19] Man hat in dem ganzen Narrativ rund um diesen kosmischen Endkampf der Kräfte einen echten Leseschlüssel zur Geschichte Jesu vor sich. In seinem Kreuzestod und seiner Auferweckung ist aber die Entscheidung für das Lebensmächtige gefallen. Noch ein-

---

17 Wie überhaupt die Bibel ›Macht‹ an sich als gut modelliert. »Macht als solche steht nicht im Gegensatz zu Gottes Willen, sondern kommt aus ihm und ist ihm konform.« (Schlier 1958:35).

18 Vgl. ebd.: 37–43.

19 Zum exegetischen Stand vgl. Ebner 2016:86–92.104–117. Auch wenn die Johannestradition mit anderen Worten als dem *dynamis*-Begriff arbeitet, ist doch auch hier das oben Gesagte klar greifbar; vgl. nur die Rede vom ›Herrscher dieser Welt‹, der überführt wird (Joh 14,30 u. 16,11).

mal Schlier: »Es hat sich etwas geändert. Es hat sich das Entscheidende geändert. Der Sieg ist errungen, und die Mächte sind besiegt.«[20] In ähnlicher Jubelstimmung fasst Paulus alle genannten 8 Aspekte zusammen, wenn er intoniert:

> »Wer kann die Auserwählten Gottes anklagen? Gott ist es, der gerecht macht. Wer kann sie verurteilen? Christus Jesus, der gestorben ist, mehr noch: Der auferweckt ist, er sitzt zur Rechten Gottes und tritt für uns ein. Was kann uns scheiden von der Liebe Christi? Bedrängnis oder Not oder Verfolgung, Hunger oder Kälte, Gefahr oder Schwert? (...) Doch in alldem tragen wir einen glänzenden Sieg davon durch den, der uns geliebt hat. Denn ich bin gewiss: Weder Tod noch Leben, weder Engel noch Mächte, weder Gegenwärtiges noch Zukünftiges noch Gewalten der Höhe oder Tiefe noch irgendeine andere Kreatur können uns scheiden von der Liebe Gottes, die in Christus Jesus ist, unserem Herrn.« (Röm 8,33–39)

Kräfte des Bösen? Kräfte des Guten? Erste Übersetzungshilfen

Archaischer, aber nicht dualistischer Kampf des Guten und des Bösen – Christus als Sieger – Dämonen – Mächte und Gewalten: das ist alles schwierig. Schnell ist ersichtlich, dass sich hier eine bestimmte Sprache Bahn bricht, die heute ganz unverständlich erscheint. Diese fremde Sprache artikuliert bestimmte weltanschauliche Überzeugungen und Kosmologien, die ebenfalls heute als widerlegt gelten dürfen: Krankheiten haben mit Dämonen nichts zu tun und Sterne nichts mit Naturmächten. Das ›Böse‹ ist auch keine Person, jedenfalls solange wir nicht im Kino sitzen und den ›Herrn der Ringe‹ oder ›Harry Potter‹ anschauen. Zudem kann die zu hohe Aufladung religiöser Welterklärungsmodelle in fatale Ideologien und schwer zu haltende Ontologisierungen münden.[21]

---

20 Schlier 1958:44.

21 Das metaphysische Nachdenken über Kraft ist alles andere als harmlos. Dies sei kurz an zweien der bis hierhin konsultierten theologischen Autoren gezeigt. Walter Grundmann (1906–1976), der den Artikel ›dynamis‹ im Theologischen Wörterbuch verantwortet und der eine Monografie zum Kraftbegriff im

Der Hinweis auf aktuelle weltweit erfolgreiche Kinoproduktionen zeigt aber bereits einen möglichen Weg der Übersetzung. Denn auch wenn natur- und geisteswissenschaftlich klar ist, dass transzendenter Geist nicht materialisiert und individualisiert werden kann – sei es ›böser‹ oder ›guter‹ Geist –, so scheint doch ebenso unbestreitbar, dass die Gegenwartskultur diese Vereinfachung der Verhältnisse im Modus des Erzählens neu entdeckt. Auf der symbolischen Ebene kann offenbar leichter als auf der argumentativen festgehalten werden, was auch die alten

NT verfasst hat (Grundmann 1932), die bis heute zur exegetischen Standardliteratur des Themas gehört (vgl. nur Luther 2010:9), steht unter manifestem Antisemitismus-Vorwurf. Laut Wikipedia-Eintrag war der protestantische Theologe überzeugter Nationalsozialist, Parteimitglied und Programmatiker der Deutschen Christen, zudem Direktor eines antisemitischen Institutes mit dem Ziel der »Entjudung« der Bibel. Später war er Informant des Ministeriums für Staatssicherheit. Ganz offenbar hat sein theologisches Denken von religiösen ›Kräften‹ menschenverachtende politische Implikationen. Dies ist definitiv nicht der Fall beim Büchlein von Heinrich Schlier (1900–1978). Das soll eigens betont werden, denn in die Nachbarschaft zu Grundmann gehört Heinrich Schlier als Mitglied der ›Bekennenden Kirche‹ definitiv nicht. Trotzdem tendiert auch sein Buch dazu, die von ihm so sprachmächtig referierten ›Mächte und Gewalten‹ im NT plötzlich quasi-empirisch zu verstehen und in heute ganz unverständlicher Weise ekklesiozentrisch zu präzisieren. Die Taufe wird ihm zum ontologischen Schutzraum vor den eskalierenden feindlichen Mächten des Bösen (vgl. nur Schlier 1958:52, 53; vgl. auch ebd.:51). Die Kirche wird nach dem Sieg Christi über den Teufel nunmehr zum neuen Projektionspunkt des Bösen: »Der Angriff der Mächte, die keine Zukunft mehr haben als die ewige Verdammnis, konzentriert sich auf die, die ewige Zukunft haben, die Kirche und ihre Glieder.« (ebd.:64; vgl. auch ebd.:45–47). Um die Kirche als Raum zu etablieren, den die Mächte des Teufels nicht einnehmen können, werden die Glaubenden auf Gehorsam verpflichtet (vgl. nur ebd:41–54f u. ö.); wird die Häresie als »Lehre vom Geist der Inzucht und Eigensucht« (ebd.:48) gegeißelt; wird die Gegenwart negativ als »Geist wütender Eile« und als »Zeitangst« (ebd.:46) apostrophiert. Die Kirche aber ist der Herrschaftsraum des siegreichen Jesus, in dem Selbstherrlichkeit und Eigensucht vertrieben wurden und werden. – Solch ekklesialer Triumphalismus, wie üblich gepaart mit deutlichem Kulturressentiment, muss angesichts der verstörenden machtmissbräuchlichen Strukturen und Taten kirchlicher Amtsträger heute auf deutliche Kritik stoßen. Er ist offenbar eine Folge einer theologischen Theorieanlage, in der zu schnell von Sprache auf Identitäten und Realitäten geschlossen wird. Es verwundert, dass die Neuauflage des Buches von 2007 den Befund nicht einmal kommentiert.

Schriften betonen: dass man als Mensch Kräften ausgesetzt ist, die größer sind als man selbst und die einen bereichern oder berauben können. Man muss diesen Erfahrungskomplex nicht kosmisieren oder magisieren; man muss nicht von Substanzen oder gar Wesen sprechen; man muss auch keine Angst haben, zufälliger Spielball eines irgendwo anders stattfindenden Mächtedramas zu werden. Das alles gehört ins Kino und hat dort sein gutes Recht. Geht es um den Alltag, ist man wohl gut beraten, aus dieser ganzen Frage zunächst mal die große Weltanschauung und die alarmierte Moral herauszulassen. Denn sonst ist die Gefahr groß, über den Unwillen solcher vorgeblich unwissenschaftlichen religiösen Texte das Kind mit dem Bade auszuschütten und gleich alles, was da behauptet wird, als irrelevant zu behaupten.

Diese Übertragung eines kosmisch aufgeladenen DYNAMIS-Denkens in eine heute akzeptable Denklandschaft bleibt auf der Sinn-Linie des Begriffs. Das zeigt etwa Hans Kessler in seiner vielbeachteten Christologie im ›Handbuch der Dogmatik‹. Kessler baut Interpretationsspuren in heutiges Verstehen, wenn er zum einen Wert darauf legt, dass die dogmatischen Aussagen zum Christus des Glaubens immer kulturell und kirchengeschichtlich kontingente Ausdrucksformen sind, die je neu unter den aktuellen Sprech- und Verstehensbedingungen entdeckt werden müssen. Zum anderen bemüht er sich, einen historischen, personalen Zugang zu Jesus von Nazareth zu schaffen, der inmitten vieler möglicher Thora-Verständnisse seine Sendung finden musste: seinen Glauben. Hier fällt der *dynamis*-Begriff, was eine enorme Übersetzungsbrücke ins Heute errichtet. Kessler formuliert unter der Überschrift »Jesu Gottvertrauen und Gottverbundenheit als Mitte seines Lebens«:

> »Nur aus der innigen Gottverbundenheit und Gottunmittelbarkeit Jesu heraus lassen sich die unverwechselbaren Züge seiner Person verstehen: [es folgt eine Aufzählung dieser ›Züge‹ wie Unmittelbarkeit zu den Menschen, Liebe zum Verlorenen, Freiheit von einengenden Gebotstraditionen, Sendungsbewusstsein u.a.; und am Ende, MS] (...): seine heilend-befreiende Ausstrahlungskraft (dynamis).«[22]

---

22 Kessler 2017:397; vgl. den ganzen Passus ebd.:395–409.

Der Mensch Jesus von Nazareth hatte offenbar einen derartig eindrucksvollen Zugang auf geistige Kraftquellen, dass man in ihm einen Sieger sehen konnte über alles, was Menschen und was Leben allgemein zerstört. Natürlich lag sein Geheimnis auch nach eigener Auskunft nicht in ihm selbst, sondern in seinem einzigartigen Gottesverhältnis. Als so Verbundener aber wurde er in der Gedankenwelt des NT zum kosmischen Sieger, zum Erlöser von widrigen Mächten, zum ›Namen über alle Namen‹, wie es der Philipperbrief ausdrückt. Jede Kultur hat ihre eigenen Sprachmöglichkeiten; und heute würden wir es anders fassen als diese Texte. Auch der Bedarf an ›Rettung‹ und ›Erlösung‹ ist ja weiter da, muss aber anders plausibel werden. Dies ist die Herausforderung von Theologie.[23]

Ein erster Versuch von Übersetzung ist die hier vorgenommene Akzentuierung von DYNAMIS als ›Ausstrahlung‹. Sie erlaubt es uns, wieder zu Kristina Vogel zurückzukommen, bei der wir ja gestartet waren. Vor allem sie ist nun wirklich unverdächtig, aus diesen analysierten ›Kräften‹ ein kompliziertes Großsystem zu machen. Sie ist erkennbar da, wo wir mit diesem Buch hinwollen: bei Klugheit.

›Mentalität‹ als Zugang auf Kraft

So schreibt sie – wohlgemerkt als Radweltmeisterin im Rollstuhl:

»Ich bin der festen Überzeugung, dass ein Mensch das Zusammenspiel der Momente ist, die er erlebt hat und der Personen, die er auf seinem Weg getroffen hat. (...) Denn ganz am Ende gilt noch immer: Es ist, was du daraus machst!«[24]

---

23 Vgl. nur den mutigen Vorstoß von Jan Loffeld (2020), der als einer der ersten problematisiert, dass offenbar nicht nur die Rahmenbedingungen der Kommunikation des Evangeliums neu zu beachten sind. Vielmehr sei die Botschaft selbst daraufhin zu überprüfen, ob und inwiefern sie noch Relevanz für gegenwärtiges Leben beanspruchen kann. Präziser: Wer braucht noch jene Erlösung, die das Christentum vom Kreuzestod und von der Auferweckung Jesu her verheißt?

24 Vogel 2021:269.271; vgl. auch ebd.:68f. Ebd.:219 heißt es: »Man trifft für sich selbst die Entscheidung, dass es einem gut gehen soll.«

An solchen und anderen Sätzen lässt sich gut erkennen, was mit dem Kunstwort der DYNAMIS-Kompetenz gemeint ist. Ein weiterer passender moderner Übersetzungsbegriff ist ›Mentalität‹. Dieser Ausdruck stammt aus dem Lateinischen und bedeutet ›den Geist betreffend‹. Es geht um Muster des Geistigen, die man im Sinne von aktiver Verhaltensregulierung einsetzen kann. Das Mentale wirkt prä-dispositional, ist also den bewusst steuerbaren Motiven oder Antrieben des Handelns vorgelagert. Im Bemühen um Lebenskunst käme niemand auf die Idee, dass man mit mentaler Klugheit personale feindliche Mächte überwindet. Ebenso bezweifelt aber auch niemand, dass man mit dem Aufbau einer bestimmten Mentalität einen Zugang auf Kraft umschreibt. Solch eine Entdeckung und die Pflege von neuen mentalen Kraftquellen, ihre Musterverfestigung und damit ihr verlässlicher Einfluss auf das alltägliche Verhalten ist geradezu der Oberbegriff des zeitgenössischen Strebens nach Lebensklugheit. Bewusster Aufbau von Mentalität sammelt die vielen Unterthemen und Konkretionen, die zur aktiven Führung des eigenen Selbst gehören.[25]

---

25 Diese These ist angesichts der enormen Fülle an Impulsen zum mentalen Aufbau empirisch schwer zu belegen. Immerhin als Illustration seien die letzten sieben Nummern des Jahrgangs 2022 der bekannten Zeitschrift ›Psychologie heute‹ aufgeführt, die in der Verlagsgruppe Beltz erscheint: 1/22: Stille Aufträge. Wie wir uns von den Erwartungen unserer Eltern befreien; 2/22: Für sich einstehen. Lernen, nach den eigenen Bedürfnissen zu handeln; 3/22: Burn on. Extrem erschöpft, extrem pflichtbewusst: Wie sich die Vorstufe des Burnout anfühlt und wie wir ihr entkommen; 4/22: Das Leben leicht machen. Zu viel Ballast, zu hohe Anforderungen an uns selbst. Wie können wir beides loslassen?; 5/22: Was treibt mich an? Nur wenn wir unsere wahren Motive kennen, finden wir den richtigen Weg; 6/22: Die Zeit, als alles neu war. Sich verlieben, sich befreien, sich finden: Warum uns die Lebensjahre von 15 bis 25 so stark prägen; 7/22: Sehnsucht. Wie das bittersüße Gefühl uns hilft, unser Leben neu auszurichten. Liest man nur diese Titel (eigentlich wären die sorgfältig korrespondierenden Cover zur Interpretation hinzuziehen), fallen zwei Sprachmerkmale sofort ins Auge: erstens die exakte Identifikation von bestimmten geistigen Kräften und Gegenkräften; zweitens die Häufigkeit des Wörtchens ›wie‹. Kurz: Die Hefte versprechen Wege, Methoden, konkrete Nutzungen von förderlichen geistigen Ressourcen. Statt ›Psychologie heute‹ könnte die Zeitschrift von ihren inhaltlichen Versprechen auch heißen: ›Mentalitätsaufbau heute‹.

Diese vermutete und erstrebte Kraft kann innen oder außen lokalisiert werden. Man kann sie aus dem Körper ziehen, aus guten Gedanken, gezielt erzeugten Hormonen, guten Körperhaltungen, guter Ernährung, guten inneren Glaubenssätzen. Oder man kann sie extern aus bestimmten Atmosphären beziehen, aus gezielt arrangierten Situationen, aus Orten, Räumen, Düften, Berührungen, aber auch aus der Teilnahme an Gemeinschaften und förderlichen Ritualen, dem Nachdenken über Lehren oder dem bewussten Kontakt zu Natur- und Kulturimpulsen.

Die Sorge um die eigene Mentalität kombiniert beide Dimensionen des Innen und Außen. Sie ist Bestandteil von Selbstsorge und sie braucht Anregungen. So verschieden die empfohlenen Wege zur eigenen und starken ›Mentalität‹ auch sind, darin kommen sie überein: dass man hier Weggeleit braucht. Wer bewusst danach fragt, wie man die eigenen geistigen Kraftquellen findet; wer diese also nicht unmittelbar in sich findet und nutzt; wem also die Kraftfrage zum Bedürfnis geworden ist – der tut sich mit anderen zusammen, die behaupten, auf diesem Weg schon einige Meter weiter vorangekommen zu sein. Ohne diese Feststellung wäre kaum erklärbar, wie viele Regalmeter die Ratgeber für mentales Wachstum in einer gut sortierten Buchhandlung füllen und wie viele sauer verdiente Euros in entsprechende Seminare und Trainings fließen.

Für diese Wegfindung will auch die christliche Tradition einen Beitrag leisten. Wir haben schon gesehen, dass man ihre Sprachmittel neu justieren muss. Das gilt aber nicht für die in diesen Sprachmitteln aufbewahrte praktische Lebensklugheit. Diese ist konkurrenzfähig. Das jedenfalls will dieses Buch beweisen.

Im Folgenden wird mit der Französin Madeleine Delbrêl eine Persönlichkeit vorgestellt, die zu Recht als Mentaltrainerin gelten dürfte. Natürlich ist sie speziell – aber das wird man bei jeder gleichgearteten geistigen Autorität zu sagen haben, wenn man sich nur nahe genug heranwagt. Und sie ist dezidiert christlich, das heißt, dass sie vieles von dem in Erinnerung rufen wird, was wir eben unter der Überschrift der Wortbedeutung von DYNAMIS erläutert haben. Auch Delbrêl kann von Mächten und Kämpfen sprechen.[26] Aber sie tut dies als alltagserprobte Großstädterin und als Sozialarbeiterin, in modernen Bildern und mit sympathischem selbstkritischem Humor. Und sie spricht aus dem Dialog zu Menschen, die aus einem politischen und klar areligiösen Ideal ihre mentale Kraft beziehen, nämlich dem Kommunismus.

All dies qualifiziert sie dazu, als Expertin der DYNAMIS-Kompetenz präsentiert zu werden. Da aber, wie gesehen, die potenzielle Missverständlichkeit einer DYNAMIS-Behauptung groß ist und Übersetzung braucht, wird das Kapitel noch einmal einen analytischen Zwischenschritt einlegen. Nach dem Bericht über Delbrêls Leben wird ein neuer Begriff eingeführt sein, der zwischen dem neutestamentlichen Befund von ›Mächten und Gewalten‹ und dem modernen der ›Mentalität‹ liegt. Dies ist die Rede von der ›Ergriffenheit‹. Madeleine Delbrêls Leben, Wirken und Schreiben kann am besten verstanden werden, wenn man sie als eine Person versteht, die von einem großen Ideal kraftvoll ›ergriffen‹ wurde. Wie aktuell und sowohl theologisch wie sozialphilosophisch satisfaktionsfähig dieser Begriff ist, soll in einem Exkurs unter der Nummer 8.3.3. erläutert werden.

8.3. Eine Expertin für DYNAMIS-Kompetenz: Madeleine Delbrêl

DYNAMIS als Kompetenz verweist auf die Fähigkeit und die Bereitschaft, belebende Kraft von außen aufnehmen zu können, hieraus zu leben und wiederum in die Dimensionen der Lebensbewährung (PHYSIS) und der Lebensgestaltung (KENOSIS) einzusteigen. Sucht man ein *role model* für eine Lebensklugheit, die besonders auf diese Kompetenz zur Kraftaufnahme abhebt, wird man bei einer Französin fündig, deren Name erst nach und nach von den einschlägigen Kreisen entdeckt werden musste. Heute zählt sie zur vordersten Reihe von Mystiker:innen des 20. Jahr-

26 Vgl. nur Delbrel NK/1975:174: »Was immer man lieben mag, man liebt etwas, das sterben muss.« Vgl. auch Delbrêl AdC/2006:72 u.ö.

hunderts, die man so kennt. Das war aber nicht immer so. Die Rede ist von Madeleine Delbrêl, einer französischen Sozialarbeiterin aus Paris. Ihre Biografie, ihre Spiritualität und ihre Theologie bezeugen ein helles und lehrreiches Expertinnentum für das, was wir hier als Inbegriff von DYNAMIS erarbeiten wollen.

Wie schon in den Kapiteln zu Dietrich Bonhoeffer und Chiara Lubich muss auch in der Entdeckung von Madeleine Delbrêl eine gewisse Disziplin an den Tag gelegt werden. Denn wie bei den beiden anderen geht es auch jetzt nicht um die volle Würdigung ihrer Person und ihrer kirchengeschichtlichen Bedeutung; nicht um einen vollständigen biografischen Bericht; ja, nicht einmal um die ganze Erschließung ihres spirituellen Potenzials. Der Fokus liegt im Abschöpfen ihrer Lebensklugheit; in der Frage, was man zum Punkt der Kraftaufnahme auch dann von ihr lernen kann, wenn man *nicht* vorhat, sich religiös zu binden. Es ist ja eine dauernd wiederholte Leitüberzeugung dieses Buches, dass die Christ:innen nicht über exklusive Geheimnisse verfügen, sondern einem Gott folgen, der seine positive Lebensmacht der ganzen – und eben nicht nur der explizit mit ihm verbundenen – Schöpfung verheißen hat; einem Gott, der seine heilsame Beziehung sozusagen auch anonym anbietet. Darum muss auch die Lebensklugheit einer so beeindruckenden Christin wie Madeleine Delbrêl in ihren Komponenten prinzipiell übersetzbar sein; erschließbar und sogar trainierbar sein; inklusiv betrachtet werden können.

Wir werden sehen, dass dies sogar in hervorragender Weise bei der Französin zutrifft. Denn wenige stehen wie sie für den Dialog zwischen weltanschaulich ganz verschiedenen Überzeugungen. Ja, man kann sagen, dass die nähere Begegnung mit Madeleine Delbrêl jenen gemeinsamen Solidaritätspunkt in den Blick bekommt, der sich genau dadurch ergibt, dass Menschen mit *verschiedenen* Idealen in den Konflikt kommen.[27] Jenseits der Inhalte und Positionen zeigt sich gerade bei jenen, die leidenschaftlich um die je bessere Sache oder um die je treffendere

---

27 Christoph Theobald spricht von ›elementarem Lebensglauben‹; vgl. Theobald 2018:84–101 u. ö.

Wahrheit streiten, eine grundlegende Gemeinsamkeit gegenüber allen, die die Kraftwirkungen großer Ideale gar nicht kennen oder sich durch sie nicht biografisch organisieren lassen. Mit Madeleine Delbrêl begegnet nicht nur eine tief verwurzelte Christin. Sie ist ebenso und vielleicht noch fundamentaler ein Mensch, der aus einer großen inneren Verpflichtung heraus lebt.[28] Damit wird sie allen ähnlich, die ebenfalls nicht anders können und auch gar nicht wollen, als der Stimme ihrer fundamentalen Überzeugungen zu folgen. Solche Menschen sind angeschlossen an eine bestimmte Kraft; sie haben gelernt, mit und aus ihr zu leben. Es ist nicht übertrieben – und bei Delbrêl ist es ganz offensichtlich – dass diese Menschen von dieser Kraft mitunter sogar verletzt sind. Und oft wird nur von hierher ihr Mut und ihre auffällige Investitionsbereitschaft in eine riskante Lebensführung erklärlich. Es geht hier im Wortsinn um ›Charakter‹. Das Wort bedeutet von der Herkunft eigentlich: geritzt zu werden, beschrieben zu sein, gestempelt zu werden. Sei es eine religiöse oder anders geprägte, zum Beispiel philosophische, politische oder partnerschaftliche Kraft – wir können an Madeleine Delbrêls spiritueller Erfahrung und ihrer engen Kooperation mit Kommunist:innen Allgemeines darüber studieren, wie man aus seinen großen Ideen leben kann. Das ist die DYNAMIS-Kompetenz: Kraft von außen aufnehmen können.

Gemäß dieser zugleich einschränkenden wie öffnenden Vorgabe geht der Gedankengang wie folgt vor: Zunächst ist aus ihrer Biografie heraus überhaupt erst einmal zu beweisen, dass Madeleine Delbrêl aus einer umwälzenden ideellen externen Kraft lebt und zeitlebens darüber reflektiert, dass das so ist (8.3.1.). Dieses Lebensgeheimnis behält sie nicht für sich, sondern kommuniziert es in starken Metaphern, eindrücklichen Texten und eigenwilligen Gesten. Dies wird zweitens mit vielen Beispielen gezeigt (8.3.2.). Hier fällt schon grammatisch auf, wie passivisch ihre

28 In solcher unbedingten Verpflichtbarkeit (frz.: obligation) hatte der große Mitbegründer der Religionssoziologie, Emile Durkheim, sogar ein konstitutives Charakteristikum des Religiösen gesehen; vgl. Sellmann 2007:203–330, bes. 245–323.

Sprache geprägt ist – wieder ein Beleg für diese grundlegende Öffnung auf eine Kraftwirkung von außen. Besonders diese Passagen bieten die Gelegenheit, ihre große und sehr originelle Sprachkraft zu präsentieren.

Gerade dieses Leben in – oder sogar unter? – einem bestimmten Passiv kann intellektuelle Störgefühle hervorrufen, gerade, wenn es hier doch um selbstbestimmte Lebensklugheit gehen soll. Geraten wir nun doch unversehens in jenes Unterwerfungsmuster, das man Religionen generell, vor allem aber dem Christentum vorwirft? Hat nicht Nietzsche dazu alles gesagt, wenn er dem Christentum die Einübung einer Moral der Unfreiheit vorwirft?[29] Geht es in der Erfahrung der DYNAMIS-Kraft also doch wieder nicht um Ich-Stärke, sondern um das Opfer des Ich für welches Über-Ich auch immer? Schließlich wird ja dauernd betont, dass diese von ›außen‹ aufgenommen wird; und Madeleine Delbrêl hat dieses ›Außen‹ sehr bewusst betont. Wie also kann ein Passiv so gedacht werden, dass es zum Ausdruck von eigener Lebensführung und von Autonomie verstanden werden kann, nicht zum wie auch immer verborgenen Habitus des Infantilen? Hierzu werden neueste Forschungen aus sozialphilosophischer Sicht skizziert, die theologisch weiterführen (8.3.3.).

Nach diesem Zwischenschritt zoomt die Analyse wieder näher an die O-Töne der Delbrêl heran, um ihre ›Technik‹, ihre DYNAMIS-Kompetenz präziser kennenzulernen (8.4.). Denn die Frage drängt sich ja auf: Kommt eine positive Kraftbegegnung einfach so ›um die Ecke‹, oder kann man die Wahrscheinlichkeit dafür aktiv erhöhen? Und wenn man solche Begegnungen hatte: Wie hält man sie frisch? Wie bleibt man im Kraftfeld? Wie lebt man aus solch einer Kraft? Und welche kleinen Entscheidungen impliziert die eine große Entscheidung für das lebensbestimmende Ideal? Außerdem wird nach Bonhoeffer und Lubich ein drittes Mal deutlich, dass christliche Religiosität eine Lebensklugheit vorschlägt, die auch in nicht-religiöser Hinsicht inspirierend sein kann.

---

29 Zu Nietzsche vgl. fundamentaltheologisch Bucher 1993.

Wie bei den beiden anderen soll auch dieses dritte Beispiel sehr konkret werden. Wem es gefällt, der kann bei Madeleine Delbrêl eine weitere Dimension von Lebensklugheit für sich prüfen und eventuell für den Aufbau des eigenen *mind set* profitieren.[30]

8.3.1. »Fliegende Blätter«: Biografische Notizen zu Madeleine Delbrêl

Gerade weil Madeleine Delbrêl erst in jüngster Zeit in christlich interessierten Kreisen populärer geworden ist, herrscht wahrlich kein Mangel an biografischen Porträts.[31] Das mag auch daran liegen, dass die Französin zeit ihres Lebens zwar viel geschrie-

---

30 Ein kurzes Wort zur Literatur rund um Madeleine Delbrêls Werk und die Sekundärliteratur, wie sie für das folgende Kapitel verwendet wurde: Es wurden alle Originalwerke eingesehen, die in deutscher Übersetzung vorliegen. Diese werden üblicherweise in den Belegen mit meist zweibuchstabigen Kürzeln als Kurzform der Titel bezeichnet. Um diesem Gebrauch zu entsprechen, werden die Werke auch in diesem Buch und abweichend von den anderen Kapiteln sowohl mit diesen Kürzeln wie mit der Jahreszahl der eingesehenen Ausgabe zitiert. Beispiel: Das Werk ›Wir Nachbarn der Kommunisten‹ wird zitiert als Delbrêl NK/1975. Die Kürzel selbst werden im Literaturverzeichnis des Kapitels erkenntlich. Es erschien für das Anliegen dieses Kapitels entbehrlich, die französischen Originalwerke aufzuführen. Außerdem ist zu betonen, dass im deutschen Sprachraum vier bedeutende wissenschaftliche Qualifikationsarbeiten vorliegen. Alle wurden für dieses Kapitel konsultiert. Es ist sicher kein Zufall, dass alle vier Monografien von Frauen stammen. In der chronologischen Reihenfolge: 1994 habilitierte Marianne Heimbach-Steins zur theologischen Grundlegung der Sozialethik unter Bezug auf Delbrêl; ebenfalls 1994 sah Annette Schleinzer die Französin als Vordenkerin und -arbeiterin des Zweiten Vatikanums; 1997 promovierte Katja Böhme zur originellen biografischen Verbindung von Glaube und Erfahrung bei Delbrêl. 2013 erschien die Promotion von Dorothee Steiof. Sie bringt die doxologischen Gehalte des AT in den Dialog mit Madeleine Delbrêl. Wenn man so will, liegen also gleich vier theologische und disziplinäre Perspektiven auf Leben und Werk der Delbrêl vor: sozialethisch, ekklesiologisch, spiritualitätstheologisch und biblisch.

31 Folgende Werke bilden die Grundlage der folgenden Ausführungen: als ausführliche Lebensbeschreibungen von Zeitgenoss:innen von Delbrêl: de Boismarin 1986; Löw 1975; als eigener Einblick Delbrêl NK/1975:261–266; als externe theologische Lebensdeutungen Böhme 1995; Böhme 2004; Böhme 2009; Schleinzer 2015a; Heimbach-Steins 1994:35–42; Zeder 2007; als

ben hat, diese Arbeiten aber zum größten Teil nur als Gelegenheitsschriften unter den Mitgliedern ihrer kleinen Gemeinschaft kursierten. Das einzige von ihr selbst als Buch vollständig konzipierte Werk heißt »Ville marxiste terre de mission« (dt. »Auftrag des Christen in einer Welt ohne Gott«) und stammt aus dem Jahr 1957. Und selbst dieses ist von ihr als »Arbeitsinstrument«[32] qualifiziert worden, als »fliegende Blätter«, die in der »Anarchie zu landen [drohten, MS], so dass der dreijährigen Wanderschaft dieser Aufzeichnungen ein Ende gesetzt und ein rechtmäßiger Zivilstand für sie gefunden werden musste.« So schreibt sie im Vorwort.

Fliegende Blätter, die ihren Ort und ihre Nützlichkeit für die Anderen suchen – man kann zu dem Schluss kommen, dass diese Metapher nicht nur für ihr publizistisches Werk passt, sondern für ihr ganzes Leben. Unverkennbar ist eine bestimmte Rastlosigkeit und eine bestimmte Unorthodoxie typisch für sie. Dieses Getriebensein ist dann auch das dominierende Motiv, sowohl für ihre zahlreichen Biograf:innen wie in ihrer eigenen Selbstbeschreibung.[33]

Kurz gefasst liest sich dieser Narrativ so: Ein einfaches Mädchen, geboren 1904, wächst in einer schwierigen Familie auf. Die Eltern sind sehr verschieden; die Ehe ist kompliziert, später zerrüttet. Aufgrund des Berufes des Vaters bei der Bahn zieht man oft um; Madeleine erlebt keine normale und ruhige Schullaufbahn, und damit auch keinen regelmäßigen Kontakt zu Gleichaltrigen, sondern wird oft privat unterrichtet. Sie soll sogar Pianistin werden, und diesem exklusiven Ziel wird alles untergeordnet, was sie betrifft. Als man ab 1916 in Paris sesshafter wird, kann die junge Madeleine in den intellektuellen Zirkeln ihres philosophisch und emanzipativ ausgerichteten Vaters reüssieren. Sie philosophiert, dichtet und musiziert, und mehr und mehr wird ihr

---

kurzgefasste biografische Spotlights: Schleinzer 2015b; Balthasar 1991; Matheis 1984; Böhme 2020b.

32 Delbrêl NK/1975:43. Die nachfolgenden beiden Zitate ebd.:42.

33 Delbrêl hat immer wieder ihre Gedanken und Einsichten biografisch grundiert; sie spricht auffällig häufig in der Ich-Form. Am deutlichsten wird das in Delbrêl NK/1975; vgl. aber auch etwa Delbrêl AdC/2006:189–197.

der Nihilismus zur einleuchtendsten Weltanschauung. Es ist der Tod, der sie umtreibt, und das beileibe nicht nur auf Abstand, sondern gleich dreifach: im Leiden ihrer Eltern aneinander, vor allem ab einer durchbrechenden Krankheit des Vaters; im Schrecken des Ersten Weltkriegs, den sie als Teenagerin erlebt; und in der Nihilierung alles Schönen, Besonderen und Heldenhaften. Denn der Tod, so wird ihr klar, ist das, wonach nichts mehr ist.[34] Die junge Madeleine Delbrêl lebt somit äußerlich das typische Leben der ›Golden Twenties‹. Sie studiert an der Sorbonne; sie dichtet, sie zeichnet, entwirft ihre Kleider selbst, trägt die Haare kurz. Sie ist stolz, sehr stolz über ihre geistige Unabhängigkeit. Und sie liebt: Mit 19 Jahren verlobt sie sich, und um sie herum plant man bereits die Hochzeit. Nihilismus hin, Nihilismus her – alles scheint den besten Weg zu gehen.

Da bricht in mehrfacher Hinsicht und sehr schnell alles in sich zusammen: Der Verlobte entschließt sich, in den Orden der Dominikaner einzutreten; er erklärt sich nicht und ist quasi über Nacht jahrelang nicht erreichbar; der Vater erblindet fast und schikaniert in Folge die Familie noch mehr, als man ertragen kann. Die junge Madeleine ist getroffen, schockiert, sie erkrankt schwer. Zwei Wege öffnen sie wieder zum Leben: das Dichten und das Denken. Sie verfasst den Band ›La Route‹ (dt. ›Der Weg‹), der einen bedeutenden Literaturpreis erringt. Diese Gedichte lassen sich in der Tat als die Phasen ihrer eigenen innere Reise lesen, die sich von der schwermütigen Verzweiflung in die vorsichtige Annahme bis in die Frage nach einer möglichen Hilfe erstrecken, die von außen kommen soll.[35] Von wem, das weiß die junge Frau da noch nicht. Ihr Denken nimmt ebenfalls eine Gestalt an, die sich immer stärker der Frage aussetzt, mit welcher rationalen Sicherheit man denn eigentlich bestreiten könne, dass kein Sinn, kein Leben, kein Gott über den Tod hinaus existiert? Sowohl die Behauptung der Existenz wie der Nicht-Existenz ist

34 Vgl. nur ihren eindrücklichen Text »Gott ist tot, es lebe der Tod« (= Delbrêl NK/1975:42–44), den sie mit 18 Jahren verfasst.

35 Vgl. die eindrückliche Lektüre des Gedichtbandes bei Schleinzer 2015a:64–67.

idealistisch, so geht ihr auf. Wie aber sieht eine anti-idealistische Haltung zur Welt aus?

Mit diesen typischen Vorstufen eines Zusammenbruchs körperlicher, existenzieller, familiärer und weltanschaulicher Sicherheiten bereitet sich das vor, das die Delbrêl zeit ihres Lebens als ihren Wendepunkt betrachten wird: eine Bekehrung; eine hochgradig umstürzende Einsicht; eine Wende. Dieser Bruch in ein klar benennbares biografisches ›Vorher‹ und ›Nachher‹ bezeichnet den Ausgangs- und den Dauerpunkt für jene Dimension, die uns hier im Rahmen der DYNAMIS-Kompetenz am meisten beschäftigen wird. Madeleine Delbrêl erlebt tagesgenau am 29. März 1924 einen Einbruch von außen, den sie in sehr eindrücklichen Bildern beschreibt.[36] Der nächste Abschnitt wird das ausführlich vorstellen.

Daher hier zurück zu dem Narrativ, über den ihr Leben beobacht- und strukturierbar wird. Die Bekehrung geschieht im Einflussbereich junger Leute, zu denen Madeleine sich hingezogen fühlt, weil sie leben wie sie, tanzen, diskutieren, protestieren wie sie – aber im Glauben an Gott. Davon in ihrer atheistischen Haltung verunsichert, wendet sie sich Gebetsübungen zu und erlebt den eben genannten unerwartbaren Kraftschub von außen.

Dieser erfasst sie völlig, krempelt sie und ihr Leben um. Es zieht sie zunächst in den Karmel als Ordensfrau; doch weil ihre Familie sie braucht, geht sie dem nicht weiter nach. Sie lernt wichtige Weggenoss:innen kennen, und im Kontakt mit ihnen versteht sie mehr und mehr das Typische ihres Weges. Sie engagiert sich in der Jugendarbeit der Pfarrei; bildet sich als Sozialarbeiterin aus; gründet eine Gemeinschaft mit anderen Frauen; zieht 1933 nach Ivry, einer durch und durch proletarisch und kommunistisch geprägten Vorstadt von Paris. Dort bekämpfen sie nach Kräften das Elend der Fabrikarbeiter:innen; stellen sich in den Jahren des Kriegs dem Sozialmanagement der Stadt zur Verfügung; initiieren den Dialog zu den Kommunist:innen. Ab 1946 widmet sich Madeleine ganz der um sie entstehenden geist-

---

36 Vgl. zu diesem Datum Böhme 2004:22; vgl. auch Heimbach-Steins 1994:3.

lichen Bewegung; sie gründet, schreibt, reist, berät. Sie wächst heran zur vielgefragten Gesprächspartnerin von Politikern und Bischöfen. Ihr Leben ist eingetaucht in die Wirren um die ›Mission de France‹, die Arbeiterpriester und die Nouvelle Théologie vor dem Zweiten Vatikanischen Konzil.[37] 1964 stirbt sie, ohne ersichtliche Vorzeichen, an einem Schlaganfall.

Hat es erst den Anschein, ein zwar schillerndes, aber eben dann doch eher eng begrenztes inneres Leben sei nun abgeschlossen, setzt recht bald nach ihrem Tod eine rege Rezeption ihres Werkes ein. Schon 1974 zählt der bekannte Theologe Hans Urs von Balthasar Madeleine Delbrêl zu den bedeutendsten Frauen des 20. Jahrhunderts, was Mystik und Spiritualität angeht.[38] 1993 wird von Papst Johannes Paul II. der Seligsprechungsprozess eröffnet. 1996 nennen die französischen Bischöfe in ihrem bekannten Schreiben »Proposer la foi« nur zwei Französinnen als Vorbild: Therese von Lisieux und Madeleine Delbrêl.[39] Ihre ›fliegenden Blätter‹ werden von ihren Gefährtinnen gesammelt, sortiert und übersetzt. Schnell wird sie als Vordenkerin des Zweiten Vatikanischen Konzils identifiziert; ihre Mystik fasziniert alle, die unter ›Spiritualität‹ keine Abwendung von der ›Welt‹ verstehen wollen – jedenfalls keine, die aus Angst, Bequemlichkeit oder Feigheit resultiert. Mehr und mehr erkannte man, dass gerade diese unkonventionelle Biografie in ihrer so deutlichen Zweiphasigkeit eines ›Davor‹ und eines ›Danach‹ helfen kann, das Christentum eben nicht aus einer selbstverständlichen Gegebenheit und einer zu reflexhaft für selbstverständlich zu haltenden Seinsphilosophie abzuleiten und nur in seinen verfestigten Formen zu tradieren. Mit Madeleine Delbrêl sieht man schon ein wenn auch nur angedeutetes »fernes Wetterleuchten der Post-

37 Eine konzise Einordnung des Lebens der Delbrêl in den französischen Katholizismus der 1940er- bis 1960er-Jahre geben Heimbach-Steins 1994:45–53; sowie Steiof 2013:197–205.

38 Vgl. Balthasar 2013:7; vgl. auch ders. 1991:7. Ders. 1975:8 vergleicht sie gar mit Jeanne d'Arc und fährt fort: »Die Art des Kämpfens hat sich geändert, der volle physisch-geistige Einsatz ist der gleiche geblieben.«

39 Vgl. Quisinsky 2015:63–66.

moderne«[40], das sich bereits ansatzhaft in jene Herausforderungen weltanschaulicher Pluralität und zerreißender Gleichzeitigkeit des Ungleichzeitigen hineinhält, die die Gegenwart ausmachen.

Studiert man mit der Biografie der Delbrêl die ›fliegenden Blätter eines Lebens‹, so illustriert diese Metapher auch jene Kraft, die diese Lebensblätter zum Fliegen gebracht haben – und damit jenes Phänomen, das wir als DYNAMIS fassen wollen.

8.3.2. Eine »gewalttätige Konversion«: Madeleines Dauerbeziehung zu ihrem biografischen Wendepunkt

Besonders eindrücklich wird dieses Zusammenspiel mit einer externen Kraft, wenn wir jenes umstürzende Ereignis näher heranzoomen, das Madeleine Delbrêl als ihre Bekehrung bezeichnet hat. So oft man auf dieses Schema in den Biografien prominenter Persönlichkeiten gestoßen wird[41], so ist es doch bei wenigen so monothematisch prägend geworden wie bei Delbrêl.[42] Ihre

---

40 Heimbach-Steins 1994:52.

41 Übrigens auch bei bekannten Zeitgenoss:innen Madeleines; so etwa bei León Bloy, Jacques Maritain, Edith Stein, Jacques Löw oder Paul Claudel; vgl. dazu Heimbach-Steins 1994:45 FN 68; Schleinzer 2015a:83.

42 Dieser Befund ist Konsens der Sekundärliteratur. Vgl. nur folgende Belege: »Bekehrung ist das Schlüsselwort im Leben von *Madeleine Delbrêl*, Bekehrung prägt ihr ganzes Leben und Handeln.« (Georgens 2014:4, H. i. T.). »Der Glaube von Madeleine Delbrêl behält aufgrund ihrer eigenen Bekehrungsgeschichte eine besondere Frische und Nicht-Selbstverständlichkeit. (...) Sie bleibt die Neubekehrte, die ihren eigenen Glauben in einem lebenslangen Bekehrungsprozess zu erneuern und zu vertiefen versteht.« (Steiof 2013:206f). »Die Einheit des Lebens und Denkens Madeleine Delbrêls ist allein schon in der erstaunlichen Tatsache spürbar, dass die Themen ihres spirituellen Denkens von dem Moment ihrer (1933 realisierten) Entscheidung an, ein an Gott hingegebenes Leben zu verwirklichen, bis zu ihrem Tod im Jahre 1964, keine grundlegende Veränderung erfahren. (...) Dieses einheitliche Denken und Leben (...) nährt sich aus der *einen* wesentlichen Berufung des Christen, der Taufe. (...) Die Berufung der Taufe zu verwirklichen, heißt für Madeleine Delbrêl: Bekehrung. Im Geheimnis einer radikalen Hinkehr und Zuflucht zu Gott liegt das Geheimnis ihrer verschwenderischen Hingabe an die Welt begründet.« (Böhme 2020a:10f, H. i. T.); vgl. auch die Anmerkung der Herausgeber in Delbrêl

eigene Dauerreflexion auf dieses Ereignis im März 1924 ist daher wie eine Mikrosonde besonders geeignet, ihre DYNAMIS-Kompetenz zu illustrieren. Dies soll in drei Annäherungen geschehen: a) Zunächst wird ihr eigener Berufungsbericht referiert. b) Dann werden die für unseren Zusammenhang einschlägigen Metaphern erarbeitet, mit denen sie ihre Bekehrung eindrücklich versprachlicht. Dies geschieht ausführlich, dies auch, um die poetische Sprachkraft Madeleines vor Augen zu führen. c) Diese Metaphern werden abschließend auf ihre hervorstechend passivische grammatische Struktur hin beleuchtet.

Die Bekehrung im eigenen Bericht

Ihre letzte öffentliche Ansprache hält Madeleine Delbrêl am 16.9.1964 vor Studierenden. Sie wählt als Titel »Atheistische Umwelt als günstige Voraussetzung für unsere eigene Bekehrung«.[43] Nirgendwo in ihrem Werk wie in eben dieser letzten öffentlichen Äußerung[44] markiert sie so klar die Essenz ihrer Lebenserfahrung. Auch wenn sie hier eingangs betont: »Ich habe nicht die Absicht, Ihnen meine Memoiren zu erzählen!« (262), findet sie doch klare Worte für ihren Narrativ der Wende: »Mit Fünfzehn war ich strikt atheistisch und fand die Welt täglich absurder. (...) Mit Zwanzig erfolgte eine stürmische Konversion nach einer Zeit vernünftiger religiöser Suche.« (263). Ihre Zeit im strikt kommunistischen Ivry wird ihr zum Ausbildungsprogramm einer immer klareren Erkenntnis: Weil sie eine Ent-

---

NK/1975:259. In ihrer letzten öffentlichen Rede im September 1964 formuliert Delbrêl prägnant: »Ich erinnere daran, dass ich Neukonvertierte war – ich war von Gott überwältigt worden *und bin es noch.*« (NK/1975:266; H. MS). Ihr Weggefährte Jacques Löw berichtet von ihrer Bekehrung und hält fest: »Dieses unerhört bestürzende Glück bleibt 30 Jahre nach ihrer Konversion ebenso kostbar wie am ersten Tag ...« (Löw 1975:25).

43 Abgedruckt in Delbrêl NK/1975:261–274. Sekundär vgl. Schleinzer 2015a:213–215.

44 Boismarin 1986:173 hält fest: Hier »äußert sie Gedanken über ihr Leben, von denen sie nie vorher gesprochen hatte.« Beachte auch den biografischen Bericht Delbrêl AdC/2006:192–194 sowie die etwas abstraktere Schilderung ebd.:40.

scheidung für ein bestimmtes Ideal getroffen hat, ist kein Platz für andere oder für Kompromisse. So wie in dieser Rede argumentiert die Delbrêl in fast allen ihren Schriften in einem Schema von »vor Ivry« und »nach Ivry«. In der dieser Wende geschuldeten Kompromisslosigkeit ist aber die Ebene der mitmenschlichen Achtung deutlich von der Ebene der konzeptionellen Programmatik zu trennen. Bezogen auf die konkreten Begegnungen mit der Lebensleistung ihrer Mitbürger:innen heißt es: »Ich habe damals bei ihnen die Großmut, die Selbstlosigkeit, die Opfer ihrer Militanten kennengelernt, ich habe auch – unterschieden vom Proselytismus – ihren warmen, herzlichen Empfang erfahren, nachdem einmal das apriorische Mißtrauen geschwunden war. Die Achtung und Zuneigung, die ich ihnen zollte, habe ich nie zurückgenommen.« (265)

Die ideologische Ebene der Auseinandersetzung hat dagegen einen anderen Ton. Nach klarer Analyse, dass der Leninismus die bewusste Eliminierung der Religion betreibt, geht Madeleine Delbrêl in die Unterscheidung und den Konflikt.[45] Sie fühlt sich dazu verpflichtet, weil sie ihre biografische Wende nicht etwa wie eine graduelle, langsam wachsende Überzeugung erfahren hat, die ihr Spielraum der Interpretation gelassen hätte. Vielmehr nutzt sie ganz andere Bildvokabeln, die den fast chirurgisch exakten Schnitt bezeichnen, der ihr Leben in zwei Hälften teilt.

Die Bekehrung in der Sprache von Metaphern

Schaut man diese letzte Rede genauer an,[46] kann man drei Metaphernfelder unterscheiden. Es wird schnell deutlich werden, dass alle drei auf eine externe Kraftwirkung rekurrieren. Das erste ist das der Gewalt: »Wir müssen lernen, dass der Glaube der

45 Ausführlich dazu Zeder 2007:53–60. Wie schwer es ihr fiel, von ihren kommunistischen Freunden nicht in falscher Weise missdeutet zu werden – und wie schwer es diesen Freunden fiel, diesen schmalen Grat zu identifizieren, belegt eindrücklich der abgedruckte Briefwechsel zwischen Delbrêl und dem langjährigen Bürgermeister von Ivry (und damit ihrem Vorgesetzten) Venise Gosnat in Delbrêl AdC/2006:18–32.

46 Alle folgenden Zahlen in Klammern beziehen sich auf Delbrêl NK/1975.

streitenden Kirche ein gewaltsamer Zustand ist. Bekehrung ist ein gewaltsames Ereignis. (...) Bekehrung ist ein entscheidender Augenblick, der uns abkehrt von dem, was wir über unser Leben wissen (...)« (267f) Es geht hier um den »höchsten, überwältigenden Primat des lebendigen Gottes, der uns einfordert (...)« (268)

Die zweite Bildwelt ist die des Lichtes: Bekehrung ist das »blendende Hingerissensein unseres ganzen Ich zu Gott. (...) Den lebendigen Glauben haben heißt von ihm geblendet sein, um von ihm gelenkt zu werden (...)« (268) In diesem Zusammenhang fällt auch ihre rätselhafte Rede vom »schwarzen Licht«: »(...) es wird uns schwer, uns ihm, den man ›das schwarze Licht‹ genannt hat, anzuvertrauen.« (268)[47]

Neben die Licht-Metaphorik tritt drittens die Bildwelt des Dynamits. Madeleine pointiert, dass die »selbstlose christliche Liebe jede sinnliche Liebe sprengt« (268); an anderer Stelle fällt das Wort von der »Explosion des Evangeliums«.[48]

Man erkennt unschwer die ähnliche Sinnspitze der drei Bildwelten von der überwältigenden Macht, dem blendenden Licht und der umwälzenden Sprengung, die in der Kraftwirkung einer externen Macht liegt. Am irritierendsten mag dabei der Ausdruck der Gewalt sein. Im Französischen heißt es »conversion violente«. Heimbach-Steins versammelt verschiedene Übersetzungen der sekundären Delbrêl-Literatur wie: ›stürmisch‹ (...), ›plötzlich‹ (...), ›heftig‹ (...), sogar ›brutal‹. Sie selbst plädiert für die Übersetzung ›überwältigend‹.[49] Wie auch immer man sich entscheiden wird – man kann kaum übersehen, dass Delbrêl mit diesen Metaphern besonders eines betonen will: dass diese ihre Kehre nicht von ihr her zu begründen ist, sondern sich eines Eingriffes von außen verdankt.

Dies zeigt auch eine bewegende Notiz, die Katja Böhme referiert und die auf die eigene Interpretation verweist, über die

47 Die Sekundärliteratur arbeitet hier eine mystische Verwandtschaft mit der karmelitischen Tradition zu Johannes vom Kreuz und Teresa von Ávila heraus. Tatsächlich wollte Madeleine Delbrêl direkt nach ihrer Bekehrung in den Karmel eintreten; vgl. Böhme 2009:178f; Schleinzer 2015a:73–75.

48 Brief an die Gruppe vom 11.7.1956; zit. bei Böhme 2004:38.114.

49 Vgl. Heimbach-Steins 1994:61f FN 21; vgl. auch ebd.:37 FN 20.

Madeleine Delbrêl sich ihre Bekehrung selbst spirituell gedeutet hat. Erst vier Jahre nach ihrem Tod finden die Gefährtinnen der Madeleine in ihrem Messbuch einen handgeschriebenen Notizzettel, in dem diese offenbar das 30-jährige Gedenken an ihre Bekehrung festhalten wollte. Sie schreibt dort:

> »*Ich will das, was du willst*
> *ohne mich zu fragen*
> ob ich es kann
> *ohne mich zu fragen*
> ob ich Lust darauf habe
> *ohne mich zu fragen*
> ob ich es will
> 29.3.1924
> – – – 1954«[50]

Hier ist nicht der Ort für die natürlich berechtigte Frage, wie eine solche Willensübergabe mit der Forderung an eine erwachsene, selbstverantwortete, selbstbestimmte Lebensführung verbunden werden kann. Man muss diese Frage nicht fürchten, denn dass die Französin sogar sehr auf ihre individuelle Autonomie bedacht war, ließe sich unschwer nachweisen.[51] Aber uns beschäftigt hier ja gerade, warum dieser Zweifel überhaupt aufkommen kann. Genau das ist ein deutlicher Beleg dafür, dass Madeleine Delbrêl die entscheidende Wende ihres Lebens eben nicht ihrer eigenen Wirksamkeit zugeschrieben hat, sondern einer externen Größe. Sie nennt diese: ›Gott‹. Und fasst zusammen: »Seitdem habe ich lesend und nachdenkend Gott gefunden. Aber betend habe ich geglaubt, dass Gott *mich gefunden* hat.«[52]

---

50 Böhme 2004:22 (H.i.T.); dort auch eine fotografische Abbildung der Notiz.

51 Vgl. nur das Lob aus dem Mund von Jaques Löw: »Madeleine war eine höchst originelle, aber in keiner Weise exzentrische Person.« (Löw 1975:12). Trocken kommentiert Hans Urs von Balthasar: Madeleine kennzeichnet »Kirchlichkeit bis in die Knochen und völlige Freiheit von kirchlichen Schablonen ...« (Balthasar 2013:13). Zum Verhältnis von Passivität und höchster biografischer Aktivität vgl. die Skizzen im folgenden Abschnitt 8.3.3.

52 Delbrêl AdC/2006:194 (H.MS.).

Der analytische Befund einer biografiekonstituierenden Ergriffenheit kann über die letzte Rede der Delbrêl hinaus noch deutlich reicher illustriert werden, nimmt man ihr ganzes Werk in den Blick. Als literarisch hochbegabte Frau produziert sie eine Metapher nach der anderen, um ihre Gottesbeziehung zu beschreiben. Und sicher sind es besonders jene originellen Sprachbilder, die ihre Schriften bis heute so bekannt und beliebt machen. Sie haben ihre Ausdruckskraft bis heute gerade darum behalten, weil sie zum einen so unerwartbar und unorthodox gebildet werden; zum anderen, weil sie oft urbanen, technisierten und eben einmal nicht naturalen und agrarischen Kontexten entstammen.

Es wäre dem Lesefluss abträglich, diese Bilder hier extensiv in den Haupttext zu übernehmen. Wer die Zeit dazu einbringt, kann sich aber in den Fußnoten über die dortigen ausführlicheren Zitate von der Sprache Madeleines faszinieren lassen. Unser Fokus liegt in einer einfachen These: dass nämlich diese Bilder, so verschieden sie sind, ausnahmslos dieselbe Struktur aufweisen: sie versprachlichen, dass da eine externe Kraft ruft, wirkt und verändert. Ja: dass sie überwältigt.

- Im Bild des Tanzes auf dem »Ball des Gehorsams« ist es Gott, der führt; ihm will man sich überlassen; er bestimmt die Musik, das »große Orchester deiner Heilspläne«; ihm tanzt man vor; als Ballkleid nimmt man die Umstände des Alltags und schmückt sie mit Hingabe. »Gib, dass wir unser Dasein leben (...) wie einen Ball, einen Tanz, in den Armen deiner Gnade, zu der Musik allumfassender Liebe.«[53]
- Im Bild des elektrischen Stroms wird der Auftrag betont, ein Medium der Weiterleitung zu sein, das möglichst keinen eigenen Energieverbrauch verlangt.[54]

---

53 Vgl. Delbrêl NK/1975:67–69. Ebd.:68: »Will einer ein guter Tänzer sein, mit dir oder sonstwie (sic!), darf er nicht wissen, wohin es führt. Nur folgen muss man, aufgelegt sein und schwerelos, und vor allem sich nicht versteifen. Man soll dir keine Erklärungen abverlangen über die Schritte, die du zu tun beliebst, sondern sein wie eine Verlängerung deiner, behende und wendig, und durch dich hindurch den Takt des Orchesters aufnehmen.«

54 Vgl. Delbrêl LS/1992:27: »Die Christen sind in der Welt wie eine ›elektrische Leitung‹. Sie leiten das weiter, was die Welt weder in sich selbst

- Im Bild des Fahrradfahrens wird die christliche Existenz als eine dynamische beschrieben, deren Stabilität gerade in der Bewegung und der Lenkerausrichtung besteht.[55]
- Die rettende Funktion des Evangeliums wird verglichen mit einem gespannten Drahtseil über Abgründen.[56]
- Eng mit diesem Bild ist das Bild des Sturzes gekoppelt: »Wir dürfen diese Art Sturz des Wortes in unsern untersten Grund nicht hemmen, müssen den passiven Mut aufbringen, es wirken zu lassen, innen in uns. ›An mir geschehe nach deinem Wort.‹«[57]
- Eine Art ozeanischer Einbergung in das geistliche Leben verrät die Selbstbezeichnung, man sei eine Missionarin ohne Schiff.[58]

---

trägt, noch aus sich selbst hervorbringen kann. Je mehr die Christen für die Welt ›geladen‹ sind, um so mehr sind sie für die Welt bestimmt. Ihr alltägliches Kreuzt besteht in der Hoch-Spannung zwischen ihrer eigenen Zugehörigkeit zur Welt und ihrer Berufung, die zwar der Welt innewohnt, aber ihr fremd ist.«

55 Vgl. Delbrêl KM/1984:76–78. Ebd.:76f heißt es: »›Immer weiter‹ sagst du zu uns in allen Kurven des Evangeliums. Um die Richtung auf dich zu behalten, müssen wir immer weitergehen, selbst wenn unsere Trägheit verweilen möchte. (...) Es ist wie mit einem Fahrrad, das sich nur gerade hält, wenn es fährt; es lehnt schief an der Wand, bis man es zwischen die Beine nimmt und davonbraust.«

56 Vgl. Delbrêl NK/1975:58: »Man muss sich der beiden dunklen Räume bewusst geworden sein, zwischen denen unser Leben sich abspielt: unergründliches Dunkel Gottes und Finsternis der Menschen. (...) Man muss in das Todesmilieu eingetaucht sein, dem unser menschliches Lieben gilt (...) Und am anderen Pol muss man die unsichtbare Welt des Insichseins Gottes angerührt haben, um in sich ein solches Grauen vor der Finsternis zu entdecken, dass das Licht des Evangeliums uns nötiger wird als Brot. Nur dann klammern wir uns daran wie an ein über einem doppelten Abgrund gespannten Seil.« Weitere Texte zur Bildwelt der Finsternis bei Schleinzer 2015a:112f.

57 Delbrêl NK/1975:60.

58 »Uns Missionare ohne Schiff, die von der gleichen Liebe getrieben sind [wie die richtigen Missionare], treibt derselbe Geist anderen Wüsten zu. Von einer Sanddüne aus betrachtet der weiße Missionar die Weite der ungetauften Länder. Oben an der großen Treppe zur Metro blicken auch wir (...) von Stufe zu Stufe – es ist Stoßzeit – über eine weite Menge von Menschenköpfen hin, (...) die auf die Öffnung des Tores wartet.«; zit. bei Bauer 2015:80; vgl. auch den ganzen Aufsatz.

Oder, jetzt sozusagen, schwimmend: »Man treibt in der Vorsehung wie ein Korkzapfen auf dem Wasser.«[59]

- Amüsant sind immer wieder eingestreute Bemerkungen, die das Leben des Gehorsams illustrieren. So etwa in der Aphorismensammlung »Der kleine Mönch«: »Schau, dass du nicht am letzten Platz ankommst, als seist du der Sieger der Tour de France.«[60] Oder: »Wenn man dich nur braucht zum Drunterbuttern, dann denke daran, dass ohne Butter alles anbrennt.«
- Das letzte Beispiel unserer Auswahl kommt aus der Bildwelt des Militärs. Madeleine inszeniert sich als abrufbare Soldatin: »Gott hat mir eine Pause gegeben. Ich nehme sie ohne Ziererei an. Danach erwarte ich meinen Marschbefehl.«[61]

Acht Bildwelten, die von Delbrêl selbst in aller Klarheit gedeutet werden. Ob dramatisch-existenziell oder augenzwinkernd-alltäglich, für sie steht fest, dass sie ein Mensch ist, »von dem Gott Besitz ergriffen hat«.[62] Und daraus folgt: »Je gottverbundener ein Mensch ist, umso weniger wird er Opfer an Opfer reihen, sondern wird selbst ein Geopferter und, wenn Gott noch intensiver eingreift, ein Opfer.«

Die passivische Struktur der Bekehrungserfahrung

Natürlich wäre nach dem Letzten wiederum viel zu erklären. Die Opfer-Theologie ist mehr als missverständlich; und wird sie sogar in das Selbstopfer gesteigert, ergeben sich Fragen über Fragen. All das kann hier nicht näher eingeordnet werden. Unser Beweisgang geht lediglich darauf, dass mit Madeleine Delbrêl eine Persönlichkeit begegnet, die sich wie kaum eine andere spirituelle Figur der Gegenwart so klar vom Magnetfeld einer singulären, überraschenden, umwerfenden Neuordnung ihres

59 Delbrêl NK/1975:51.

60 Delbrêl KM/1984:56; folgendes Zitat ebd.:32.

61 Zit. bei Boismarin 1986:58. Vgl. auch Delbrêl FG/1991:102 die Selbstbezeichnung der Gruppe um Madeleine Delbrêl als »Freischärler, Partisanen, Geheimtruppen, Buschkämpfer usf.«.

62 Delbrêl AdC/2006:159. Das nachfolgende Zitat ebd.

Lebens her begreift und sich fortwährend ausschließlich von hierher definiert.[63]

Dieses Profil wird im Übrigen, um den Beweisgang abzurunden, auch von der Sekundärliteratur klar bestätigt. Hier erkennt man schon an den Titeln, dass es offenbar diese Dauererfahrung eines extern begründeten Wendepunktes ist, die das Leben der Delbrêl wie in einer Mikrosonde fokussiert. Ihre Promotion beginnt Katja Böhme mit zwei Kapiteln zur Bekehrung der Delbrêl.[64] Ähnlich betont auch die Habilitation von Marianne Heimbach-Steins die fundamentale Bedeutung dieses Ereignisses zum Verstehen der französischen Mystikerin.[65] Ihr kleines Exerzitienbüchlein titelt Rosemarie Nürnberg: »Ergriffen von Gott«.[66] Ein aktueller Sammelband zu ihrem 50. Todestag greift ein Bild auf, mit dem Madeleine scheinbar unbedeutende Augenblicke der Alltagsbewährung adelt: »Lauter Sprungbretter in die Ekstase«.[67] Ein älterer Sammelband zum 30. Todesgedenken macht auf mit ihrem Wort »... in ihren Armen das Gewicht der Welt«.[68] Und ihr erstes Kapitel einer neueren Textsammlung überschreibt Annette Schleinzer mit: »Gott hat mich überwältigt. Gotteserfahrung und Konversion«.[69] Auch in der Sekundärliteratur wird also ein Sprachreichtum deutlich, der trotzdem monothematisch auf externe Einwirkung verweist: Ergriffenheit, Ekstase, die schwere Gewichtigkeit der Welt, die Überwältigung.

Ohnehin kann für die Sekundärliteratur gezeigt werden, dass der oben skizzierte Narrativ einer Spaltung in ›vorher‹ und ›nachher‹ je deutlicher die argumentative Linie dominiert, je kürzer die Lebensbeschreibungen angelegt sind. Madeleines Leben in der Dauerwende ist das Erste und Auffälligste, was den Beobachten-

---

63 Beachte aber den folgenden Abschnitt 8.3.3.

64 Böhme 1997:15–37.

65 Heimbach-Steins 1994:37; vgl auch dies. 1995:92f.

66 Nürnberg 2010; einführend heißt es ebd.:17: »Gottes Wirklichkeit ist Madeleine ›geschehen‹: Sie erfährt, besser: ihr *widerfährt* die Wirklichkeit Gottes, die lebendige Wirklichkeit seines Seins.« (H.i.T.); vgl. auch Nürnberg 2015:10.

67 Vgl. Böhme/Herkert 2015.

68 Vgl. Fuchs 1995.

69 Delbrêl GO/2015:25.

den in den Blick gerät; das Schema greift sozusagen reflexhaft. Auch dazu aus der Fülle nur ein sprechendes Beispiel:

> »So kam es, dass sie mit 20 Jahren eine plötzliche Bekehrung erlebte. (…) Diese Gottbegegnung schrieb sie aber dennoch nicht ihrer eigenen Kraft oder ihrer Umwelt zu; zeitlebens hat sie den ihr zuteil gewordenen Glauben als ein Geschenk des Himmels empfunden.«[70]

Fazit

Es sollte nun reich belegt sein, dass mit Madeleine Delbrêl eine Expertin gefunden wurde für das, was wir hier in diesem Buch als DYNAMIS-Kompetenz bezeichnen. Kraft von außen aufnehmen, aus dieser Kraft leben, in dieser Krafterfahrung verbleiben können – das wird man von kaum jemand anderer so lernen können wie von der französischen Sozialarbeiterin mit ihrem wachen Blick, ihrem tiefen Geist und ihrer ausgesucht feinen Sprache.

8.3.3. Aktive Lebensführung im Passiv? Kurze sozialphilosophische Einordnung der Passiv-Struktur der DYNAMIS-Erfahrung bei Madeleine Delbrêl

Stärker als in den Kapiteln zur PHYSIS- und zur KENOSIS-Kompetenz musste der Gedankengang zur DYNAMIS bisher für Übersetzungen sorgen. Auch wenn ein Dietrich Bonhoeffer und eine Chiara Lubich keineswegs einfach verstehbare Persönlichkeiten sind und auch nicht sein wollen, so scheint doch ihre spezielle Lebensklugheit näher dran am neuzeitlichen Ideal einer selbstbestimmten Lebensführung. ›Nicht wegrennen müssen‹ und ›aus sich herausgehen können‹ scheinen zwei Kompetenzen zu sein, die man auf Anhieb plausibler zu verstehen meint als diese dritte Variante: ›Kraft von außen aufnehmen können‹. Für religiös Inspirierte mag es selbstverständlich sein, dass der Gottesbezug eine externe Größe errichtet, von der her sich auch

70 Matheis 1984:3.

eine christliche Autonomie eigentlich als Theo-Nomie darstellt. Klassisch ist das, was Madeleine Delbrêl als den großen Eingriff in ihr Leben erfahren hat, eine Gnadenwirkung des Geistes, und fällt in den dogmatischen Traktat der Soteriologie.

Solche Gedankenfiguren werden allerdings problematisch, wenn die hier angebotenen drei spirituellen Persönlichkeiten auch für jene Menschen diskutable Gesprächspartner:innen von Lebensklugheit sein sollen, die nicht planen, sich religiös zu verankern. Bei der obigen Begriffserläuterung von *dynamis* im Neuen Testament, als es um ›Mächte und Gewalten‹ ging, war schon erkennbar, dass ein einfacher Übertrag in eine Lebenskunst ohne Gottesbezug nicht einfach so von der Hand gehen wird. Und die Zuspitzungen bei Madeleine Delbrêl, wenn sie etwa den Opfer-Begriff einbringt, nähren weiter den Verdacht, dass es dann doch mit dieser Betonung einer externen Kraftaufnahme zum Abbruch des Gespräches kommen muss. Zu stark konkurriert doch das Gegenwartspathos der Selbstführung bis hin zur Selbstoptimierung[71] mit den religiösen Sprachausdrücken einer Lebensübergabe, eines Einstimmens in den Gotteswillen (›Dein Wille geschehe‹, heißt es im Grundgebet des ›Vater unser‹) oder gar des Bekenntnisses, ein schwacher, sündiger Mensch zu sein.

Anders als in den beiden Kapiteln vorher soll daher eine Zwischenbetrachtung eingefügt werden. Unter Bezug auf zwei aktuelle und sehr prominente nicht-theologische Autoren soll gezeigt werden, dass der Bezug zu einem Passiv in der Lebensführung keineswegs die Logik moderner Zeitgenossenschaft negiert.

Die Rede ist von Hans Joas und Hartmut Rosa. Beide können den Anspruch erheben, zur Deutung der kulturellen Gegenwart enorme Erkenntnisgewinne beizutragen. Beide sprechen aus soziologischer, eigentlich sozialphilosophischer Warte. Beide sind im engen kritischen Dialog mit theologischen Gesprächspart-

---

71 In einem theologischen Buch ist eigens zu betonen, dass ich den Begriff der ›Selbstoptimierung‹ hier nicht ironisch oder anders kritisch konnotiere. Mit geht es um wechselseitiges weltanschauliches Lernen. Und ich bin sicher, dass viele christliche Traditionen sehr viel von einem Ideal maßvoller Selbstoptimierung profitieren würden. Wie immer geht es auch bei diesem Ideal daran, was man an den ›Früchten erkennt‹.

ner:innen.[72] Und beide werben dafür, in der sowohl individuellen wie kollektiven Selbstbeschreibung post-moderner Existenz zu einer neuen Balance aus Aktiv und Passiv zu gelangen.

Beide Ansätze können hier nur skizzenhaft erfolgen. Mehr als die Diskutabilität der DYNAMIS-These kann hier nicht als Ziel verfolgt werden. Dies aber scheint möglich.

›Mediopassiv‹ bei Hartmut Rosa

Hartmut Rosa ist bekannt als Zeitdiagnostiker der ›Beschleunigung‹.[73] Seine These schlägt Alarm: Zur Erhaltung ihres Status quo sei die moderne Gesellschaft auf stetiges Wachstum angewiesen. Sie befindet sich, um zu bleiben, was sie ist, in Steigerungszwängen. Dies produziert eine vierfache Ressourcenkrise, nämlich ökonomisch, ökologisch, politisch und psychologisch. Um diese Eskalationsspirale zu durchbrechen, muss die Gesellschaft sowohl an institutionelle Reformen gehen, aber auch an die Wurzel ihres für sie typischen Weltverhältnisses. Für diese neue Weltbeziehung findet Rosa den Begriff der ›Resonanz‹.[74]

> »Wenn ich diesen Begriff [Weltbeziehung, MS] verwende, so meine ich damit nicht, dass Welt und Subjekt einfach immer schon da sind und sich Kulturen und Sozialformationen nur darin unterscheiden, auf welche Weise sie eine Beziehung herstellen, sondern ich habe eine relationale Ontologie im Sinn, die davon ausgeht, dass wir als Subjekte ebenso wie das, was uns als Welt erscheinen oder gegenübertreten kann, aus der Beziehung selbst hervortreten oder jedenfalls durch sie entscheidend geprägt werden.« (39)[75]

---

72 Vgl. aus vielen möglichen Belegen nur die beiden Dialogbände Laux 2013 (zu Joas) und Kläden/Schüssler 2017 (zu Rosa). Dort auch jeweils nähere Angaben zu Person und Werk der beiden Forscher.

73 Vgl. ausführlich Rosa 2005; die folgenden Seitenzahlen in Klammern beziehen sich auf Rosa 2019a. Vgl. in essayistischer Kürze auch Rosa 2019b.

74 Ausführlich Rosa 2016.

75 Rosa wird wissen, dass er mit dem Terminus der ›Relationalen Ontologie‹ und dem der »Gleichursprünglichkeit«, auf den er in der entsprechenden Fußnote (Rosa 2019a:39, Anm. 3) verweist, zentrale Topoi der christlichen Trinitätslehre aufruft; vgl. nur Böhnke 2000.

Eine resonante Weltbeziehung muss nach Rosa das die Neuzeit antreibende Prinzip der Souveränität anspruchsvoller zu fassen bekommen (40–46). Wenn darunter nur verstanden wird, den, die oder das Andere unter die eigene Verfügung zu bekommen, degeneriert im Ergebnis individuelle Unabhängigkeit in kollektive Not. Rosa scheut sich nicht, dieses instrumentelle Verhältnis zur Welt, diesen Verzicht auf jede Form einer konstitutiven »existenziellen Bezogenheit« (43, H. i. T.), als eine ›Spiritualität‹ zu bezeichnen. Mit dem kanadischen Philosophen Charles Taylor kritisiert er das skizzierte Souveränitätsstreben als »spirituelle Unabhängigkeitserklärung« (41f. u. ö.). Er kommt damit dem in diesem Kapitel weiter oben angebotenen Begriff einer ›Mentalität‹ nahe. Nur fasst er sie hier kollektiv: Im Streben nach eindimensionaler Autonomie mit allen Epiphänomenen wie überfordernder Selbst- und Fremdkontrolle, akkumuliertem Privateigentum, grassierendem Ressourcenverbrauch usw. zeigt sich eine Geisteshaltung der Negation des Anderen als Anderem. Hiergegen setzt Rosa eine Weltbeziehung der Resonanz, wie er das nennt. Sie ist im Kern durch vier Merkmale gekennzeichnet (45f): »Affizierung« als Fähigkeit, von Anderem berührbar zu bleiben; »Selbstwirksamkeit« als produktives Verhältnis zum Anderen ohne seine Beherrschung; »Transformation« als Nutzung wechselseitiger, ko-produktiver Beziehungen; und »Unverfügbarkeit« als Einwilligung in ergebnisoffene Prozesse. Schon diesen vier Merkmalen wie dem ganzen Gedankengang merkt man deutlich die Drift an, auch passivisch strukturierte Erfahrungen positiv zu bewerten, ohne sie als kulturpessimistischen und konformistisch-fremdbestimmten Entwurf gegen das Ideal eines selbstbestimmten Lebens aufzurichten.

Das geht so weit, dass Rosa im Weiterdenken über seine bisherige ›Resonanz‹-Konzeption sogar zur Forderung nach einer »spirituellen Abhängigkeitserklärung« (46–53) kommt. Es geht ihm um die Struktur werdende »Anerkennung eines konstitutiven, aber selbstwirksamen *Bezogenseins.*« (46, H. i. T.) Zur Pointierung des Gemeinten benutzt Rosa den sperrigen Ausdruck des Medio-Passivs. Ein Medio-Passiv ist eine Sprachform, die zwischen dem Aktiv und dem Passiv eine dritte Größe einspielt und damit zwischen beiden Polen zu changieren erlaubt. »Es schneit, es begab sich, so geschah es, dass« (46) sind Formulierungsbeispiele. Mit einer mediopassiven Weltbeziehung geht man heraus aus der scheinbaren alternativlosen Wahl, ein handelnd Aktiver oder ein erleidend Passiver zu sein. Rosa geht die wichtigsten Krisenmanegen der Gegenwart durch und empfiehlt mediopassive Verhältnisse. So ginge es im Verhältnis zur Natur etwa darum, sie zu schonen – also weder auf Rücksicht noch auf Nutzung zu verzichten. Im Verhältnis zu kulturellen Traditionen ist man dann mediopassiv, wenn man diese weder normativ einfriert noch auf ihre Motivationskraft verzichtet. Oder, drittes Beispiel: Im Verhältnis zu anderen Bürger:innen, gerade zu denen mit konfligierenden Interessen, begründet Mediopassivität einen Politikstil der gemeinsamen Transformation: Niemand muss hier seine starken Werte aufgeben; alle aber laden sich wechselseitig ein, gerade aus den je eigenen Motiven heraus selbstwirksam auf ein Gemeinwohl hinzuarbeiten, für das möglichst alle Verantwortung übernehmen wollen.

Die Darstellung kann hier abbrechen. Es ist deutlich geworden, dass mit Hartmut Rosas Einführung einer mediopassiven Weltbeziehung keineswegs die Ideale einer souveränen und auch letztverantwortlichen Persönlichkeit unterlaufen werden. Gerade um diese Freiheitsgewinne aber auch positiv leben zu können, fordert er eine konstitutive Dimension von Passivität ein. Diese könnte man sogar als ›aktive Passivität‹ bezeichnen – so wie Rosa selbst auch davon spricht, dass der Wechsel von ›medio-passiv‹ zu ›medio-aktiv‹ nur einer des Ausgangspunktes ist (53 u. ö.). Denn der zweipolige Dualismus aus ›Täter‹ und ›Opfer‹ wird zugunsten einer dritten Größe, nämlich der produktiven Relation, überschritten.

Hier ist nicht der Ort, Rosas Überlegungen kritisch zu hinterfragen.[76] Vielmehr soll festgehalten werden, dass Madeleine Delbrêls Erfahrung von Ergriffenheit durchaus reformulierbar wäre mit dem Vokabular einer ›mediopassiven Resonanz‹. Denn die bisherigen Ausführungen zu ihrem Leben und Schreiben haben

76 Erste Reflexionen mit direktem Bezug auf Mystik und geistliche Theologie bietet Sojer 2020.

sie ja genau in dieser Sphäre des Dritten, des ›Zwischen‹ lokalisiert. Man käme nicht auf die Idee, ihr Lebenslogik als Ausdruck heteronomer Passivität zu markieren, ebenso wenig wie als Darstellung autonomer Aktivität. Trotz aller passivischen Metaphern und Sprachspiele inszeniert sie sich doch nie als willenloses Werkzeug einer höheren geistigen Macht. Redet sie etwa davon, Söldnerin im Auftrag Gottes oder Korken auf dem Meer zu sein,[77] so ist das immer metaphorisch zu verstehen. Dann betont sie nicht ihre Willfährigkeit oder gar die Abgabe ihrer Selbstverantwortung, sondern die Würde und Unabhängigkeit ihrer Entscheidung für die resonante Partnerschaft mit ihrem Gott. Die DYNAMIS-Kompetenz der Delbrêl, externe Kraft aufzunehmen, markiert ihren Respekt vor einem schützenswerten Großen, der sie selbst mit groß macht.

›Selbsttranszendenz‹ bei Hans Joas

Als weiterer Vertreter einer Entdeckung einer für gutes Leben konstitutiven Form von Passivität kann Hans Joas gelten. Joas geht seit seinem Buch »Die Entstehung der Werte«[78] aus dem Jahr 1997 in mannigfachen Ausführungen und Anwendungen der Grundfrage nach, wie sich in Menschen, Kulturen und Gesellschaften identitätsstiftende Überzeugungen bilden. Sehr klar umschreibt er seine Forschungsfrage wie seine kurze, aber äußerst gehaltvolle Antwort:

> »Dieses Buch hält nach den Handlungstypen und Erfahrungszusammenhängen Ausschau, in denen das subjektive Gefühl, daß etwas ein Wert sei, seinen Ursprung hat.« »Und es versucht, eine klare Antwort auf diese Frage zu geben: Werte entstehen in Erfahrungen der Selbstbildung und Selbsttranszendenz.«

Der ganze Ansatz kreist erkennbar um die Pole von ›Erfahrung‹, ›Handlung‹ und ›Selbst‹. Wieder, wie bei Hartmut Rosa, steht eine starke Idee vom Selbst im Raum. Nicht die Auflösung des

77 Vgl. ausführlich Kläden/Schüssler 2017.

78 Vgl. Joas 1997. Nachfolgendes Zitat ebd.:Klappentext und ebd.:10.

Ich in den Anderen, in Idealzustände oder in Gott steht Joas als erstrebenswerte Größe vor Augen, sondern gerade die Bildung des Selbst, die Arbeit des Selbst an sich selbst, die Verantwortung des Selbst für den eigenen Prozess.

Diese Selbstbildung aber wird in Korrespondenz zu Erfahrungen der sogenannten Selbsttranszendenz gebracht. Folgt man der identitätspsychologischen Kernthese, dass ein Subjekt aus Kernnarrationen besteht, aus prägenden Werten und diese ausdrückenden Handlungen, die einem Ich die Wahrnehmung von Kontinuität in der Zeit und von Selbstwirksamkeit in seiner Umwelt verleihen, dann präzisiert sich die Frage nach dem ›Ich‹ tatsächlich in die Joas-Frage hinein, wie solche Werte entstehen.

Hierzu beobachtet Joas, dass diese Prägungen eines Charakters im Letzten nicht gemacht, nicht explizit gewollt und schon gar nicht manipulativ organisiert werden können. Vielmehr unterliegen sie einer konstitutiven passivischen Struktur. Er nennt dies ›Erfahrungen der Selbsttranszendenz‹:

> »Erfahrungen, in denen eine Person sich selbst übersteigt, nicht aber, zumindest zunächst nicht, im Sinne einer moralischen Überwindung ihrer selbst, sondern im Sinne eines Hinausgerissenwerdens über die Grenzen des eigenen Selbst, eines Ergriffenwerden von etwas, das jenseits meiner selbst liegt, einer Lockerung oder Befreiung von der Fixierung auf mich selbst.«[79]

Joas argumentiert hier explizit anthropologisch. Die Rede ist von Erfahrungen – besser: von Widerfahrnissen –, die sich ereignen und die die Grenzziehungen des Ichs erweitern. Joas bietet eine breite Phänomenologie solcher Transzendenzkräfte an: die Selbstvergessenheit im Spielen; die Versunkenheit in Naturschönheit; das Einvernehmen in einem guten Gespräch; die Aufnahme in den Körper des Anderen in sexueller Hingabe; die Mobilisierung gemeinsamer Handlungsfähigkeit in erregten, z.B. politischen Versammlungen; das echte Mitleiden und fast reflexhafte selbstlose Helfen im Erkennen von Notlagen. Das sind die positiv konnotierten Erfahrungen. Doch auch negativ

79 Joas 2004:17.

kann sich die Transzendierung des Selbst erfahrbar machen: in Leid, Trennung, Tod, Täuschung, Gewalt. »Wie wir uns hinausgerissen fühlen können in unerhörtes Glück, so kann uns unsere ständige Verletzbarkeit, die Endlichkeit von allem, an dem wir hängen, das unheilbar Prekäre unserer Existenz in jedem Moment schockhaft bewusst werden.«[80]

Joas betont, dass es wenig nützt, sich zu fragen, ob solche beglückenden oder niederdrückenden Erfahrungen sein müssen, ob man sie machen muss oder ob sie nützen. Denn es ist ein Fakt, dass es sie gibt. Eigentlich ›macht‹ man diese Erfahrungen aber nicht, denn erkennbar sind sie nicht das Produkt von aktiver Planung. »Es geht vielmehr um Erfahrungen, die eine fundamental passive Dimension aufweisen – um Erfahrungen nicht des Ergreifens von Handlungsmöglichkeiten, sondern des Ergriffenwerdens etwa durch Personen oder Ideale«,[81] wie er es an späterer Stelle ausdrückt.

Diese passivische Struktur, dieses Ergriffenwerden zeigt sich so, dass man erst später bewusst realisiert, dass man über sich hinaus war. Der Moment der Erfahrung führt ja gerade über die Selbstkontrolle hinaus; erst später erfolgt ein Gewahrwerden, dass es so oder so war. Was man aktive Identitätsarbeit nennt und was sich in der Integration solcher Erfahrungen in das Selbst konkretisiert, darf nicht zu funktional verstanden werden: so, als sei das Selbst ein Baukasten, dessen Module man beliebig hin und her bauen kann. Joas legt Wert darauf, dass man als Subjekt und als Kollektiv in die eigene Geschichte eher verstrickt ist, als dass man über ihr stünde und in allem souverän entschiede, was prägen soll und was nicht. Ganz folgerichtig spricht er deshalb auch von »ergreifenden Kräften. Etwas muss am Werk sein, wenn Individuen oder Kollektive über die bisherigen stabilisierten Grenzen ihres Selbst hinausgerissen werden.«[82] Dieses ›Etwas‹ lädt die Situation auf, vor allem emotional, und es wirkt als »vorreflexive Bindungskraft«. Das Subjekt geht also aus solchen

80 Joas 2004:21.

81 Joas 2017:431.

82 Ebd.:434. Dort auch das folgende Zitat.

außeralltäglichen Situationen anders heraus als hinein, vor allem, wenn sie sich wiederholen; es sieht sich neu in einer Bindung, einer Verpflichtung. Es fand eine Prägung statt. In einem fast spektakulär zu nennenden intellektuellen Schritt scheut sich Joas nicht, genau diese vorreflexiv wirkenden Bindungskräfte als das zu benennen, was man mit dem Attribut ›heilig‹ qualifiziert.[83]

An dieser Stelle sind nun viele Verdachtsmomente zu entkräften. Joas wendet sich erkennbar entschieden gegen konstruktivistische und funktionalistische Theorien des Identitätsaufbaus. Das Setzen von Zwecken im Sinne des Aufbaus der eigenen Persönlichkeit erfolgt gemäß seiner theoretischen Analyse nie außerhalb von konkreten Situationen, sondern ist immer eingelassen in anstehende Problemwahrnehmungen und erstrebte -lösungen. Der Mensch ist immer situiert, und darum immer kreativ, wie es bei Joas heißt. Wer wir sind, das entsteht aus Prozessen sozialer Interaktion.[84] Natürlich behauptet er damit keinen Automatismus solcher Selbsttranszendenz-Erfahrungen – außer wohl, wenn man tatsächlich von einem pathologisierenden Trauma sprechen muss. Das Selbst wird ergriffen, aber es wird natürlich nicht einfach schlechthin für alle Folgezeit übermächtigt. Vielmehr, und das ist die eigentliche Pointe bei Joas, drängen solche Selbsttranszendenz-Erfahrungen in Deutungsaktivität hinein. Und welche Deutung ein Subjekt für sich findet und über welche Artikulation es diese Deutung zeichenhaft repräsentiert, ist eben keineswegs vorgegeben. So ›ist‹ auch etwas nicht ›heilig‹, sondern man findet dieses Wort und seinen Umkreis passend zu dem, was man erfahren hat – oder eben nicht. Joas geht es nicht um einen Beweis, dass es ›Heiliges‹ ontologisch ›gibt‹. Wohl aber insistiert er: »Dieses Buch behauptet keine anthropologische Universalität der Religion; (...) Behauptet wird allerdings die anthropologische Universalität der Erfahrungen der ›Selbsttranszendenz‹ und der sich daraus ergebenden Zuschreibungen von ›Heiligkeit‹.«[85]

---

83 Vgl. kurz ebd:434f; ausführlich ebd.:111–163 und Joas 2011:91–96.

84 Kurz dazu Joas 2017:425–430; ausführlich eines der Hauptwerke Joas 1992.

85 Ebd.:440; H.i.T.

Man sieht, wie weitreichend und trotzdem vorsichtig und respektvoll hier formuliert wird. Joas zwingt niemanden in eine religiöse Deutung von Transzendierungserfahrungen und hätte auch keinerlei Argument für einen solchen Zwang. Wohl sieht er religiöse Kultursprachen als sehr geeignete Grammatiken an, genau solche Ergriffenheitserfahrungen zu deuten und für sich zu kultivieren. Aber natürlich lassen sich auch in den anderen Deutungssprachen wie etwa Sport, Kunst, Politik, Volksweisheit usw. passende Artikulationschancen finden und nutzen.[86]

Die Freiheit des Selbst liegt in seiner Deutungsaktivität. Was Erfahrungen sind, wie sie wirken und wie sich aus ihnen Ideale, Ethiken, Weltanschauungen bilden, muss in der Verbindung von Phänomenologie und Semiotik geklärt werden. Menschen vergewissern sich ihrer selbst über Zeichen, die sie mit anderen teilen können und deren Passung sie permanent abgleichen. So kommt eine Dynamik in Gang, die die Opposition von Subjekt/Objekt oder von Subjekt/Subjekt überschreitet – und trotzdem die Freiheit des Einzelnen nicht unterminiert.

Fazit

Mit diesen kurzen Skizzen zu zwei hoch anerkannten Zeitdiagnostikern der Gegenwart kann die Behauptung einer DYNAMIS-Kompetenz von Missverständnissen befreit werden. Externe Kraft aufnehmen zu können und aus ihr sowohl persönlich wie sozial förderlich zu leben ist weder eine Absage an das Ideal der Souveränität (Rosa) noch eine Einbahnstraße in religiöse Geltungsansprüche (Joas). Vielmehr ist es Ausdruck intelligenter, weil resonanter Weltbeziehung (Rosa) und produktive Selbstbildung aus jenen Erfahrungen, die uns übersteigen (Joas).

---

86 Vgl. nur die Fußballromane Hornby 1999 oder Chladek 2002, in denen Fans mittels der Siege und Niederlagen ihres Lieblingsteams ihre eigenen Biografien rekonstruieren.

Ein theologisches Deutungsangebot: »Sazienz«

Das Erkenntnisangebot aus nicht-theologischer Sicht kann abschließend helfen, die Ergriffenheits-Erfahrung der Madeleine Delbrêl nun auch genuin theologisch präziser zu benennen. In seiner Praktischen Pneumatologie erinnert der Wuppertaler Systematiker Michael Böhnke an den vom Philosophen Jörg Splett starkgemachten Begriff der »Sazienz«.[87] Anthropologisch ist sehr Ähnliches gemeint wie die Selbsttranszendenz-Erfahrung bei Hans Joas. Das Ergriffen-Werden sei ein Phänomen, in dem Aktiv und Passiv zusammenwirken. Nur Anderes kann mich ergreifen; bewusstes Leben aber »fordere ein Ergreifen des Ergriffen-Seins.« (146) Böhnke kann zeigen, dass die biblischen Geschichten viele Propheten und Apostel als ergriffene Menschen erzählen; und er arbeitet heraus, dass sich dies auch immer in körperlicher Bewegung manifestiert. Wer vom Geist ergriffen wird, kann offenbar nicht ruhig sitzen bleiben: Er oder sie läuft herum, singt, reist, erntet, feiert, musiziert, spricht.

Und tanzt. Das ist die überraschende Pointe bei Böhnke. »Alttestamentlich scheint das Tanzen eine Möglichkeit zu sein, Ergriffen-Sein als Aus-sich-Herausgehen und In-Anspruch-genommen-Werden durch Gott zum Ausdruck zu bringen.« (148) Der Tanz des David vor der Bundeslade (2 Sam 6,12–23) oder der Tanz der Miriam (Ex 15,20f) sind eindrückliche Beispiele. Natürlich ist das Tanzen nicht das einzige Medium, um das Ergriffenwerden durch Gott zu feiern. Böhnke aber sieht den Tanz – und keinesfalls nur den aus religiösen Gründen aufgeführten – als »paradigmatischen Ausdruck für eine ›sazientale Pneumatologie‹« (152; H. i. T.) an. Denn Tanzen ist flüchtig, ganzheitlich, energetisch, leiblich, persönlich, kraftnehmend und -spendend, sozial, sphärisch, atmend – und nicht archivierbar. Ganz momenthaft, oft spontan, ist diese Kunstform einzigartig.

87 Vgl. Böhnke 2017:144–169. Die folgenden Seitenzahlen in Klammern verweisen auf dieses Werk. ›Sazienz‹ kommt vom Verb ›sacire‹, mittellateinisch für ›ergreifen‹.

Und: »Die Theologie kann ... [vom Tanzen, MS] lernen, die Gegenwart des Geistes besser zu verstehen.« (157)[88]

Für unser Buch hier ist spannend, dass der Gedankengang genau auf dieser Spur zu Madeleine Delbrêl führt. Böhnke zitiert ihr bekanntes Gedicht vom ›Ball des Gehorsams‹ (163) und leitet über in die These, dass vor allem das mystische Sprechen als das Pendant zur leiblichen Bewegung des Tanzens gelten kann. Ergriffenheit im christlichen Sinn ist dann »personal als Geisteinwohnung zu thematisieren (...) Geisteinwohnung bedeutet nach Röm 8, dass den Menschen eine sie verwandelnde (...) Dynamis [sic!] einwohnt, in welcher der einwohnende Geist als bleibend anderer in Anspruch genommen wird (...)« (166f)

Madeleine Delbrêl wäre eine solche Sprache fremd gewesen. Trotzdem ist sie wichtig, um das Phänomen der Ergriffenheit nun auch theologisch vor dem Verdacht des Selbstverlustes oder der Utopie einer möglichen mystischen Verschmelzung mit Gott zu sichern. Es ist ein Beleg für die hier vertretene DYNAMIS-These, dass Michael Böhnke zum Begriff der Sazienz, zu Delbrêl und zur Mystik kommt. Wie stark die Französin auch seiner differenzierten Pneumatologie zustimmen würde, ist ihm eventuell gar nicht so präsent. Denn an vielen Stellen versprachlicht Madeleine Delbrêl exakt poetisch, was er in systematischer Theologie erfasst sehen will. Die ›Geisteinwohnung‹ kann sie sehr sympathisch so beschreiben: »Uns willst du keine Landkarte geben. Unser Weg führt durch die Nacht. (...) Alles Übrige sei deiner Phantasie überlassen, o Gott, die es sich bei uns gemütlich macht.«[89] Und so sperrig in Zeiten souveräner Selbstbestimmung der Titel »Ball des Gehorsams« klingen mag: Wer die folgenden Zeilen liest, kann wohl kaum weder an der Tanzfreude noch an der Selbstbewusstheit derer zweifeln, die sie geschrieben hat:

---

88 Böhnke illustriert diese These ebd.:152–157 am Wuppertaler Tanztheater von Pina Bausch. Theologiegeschichtlich erinnert er außerdem ebd.:208–214 an den trinitätstheologischen Begriff der ›Perichorese‹, den er mit Greshake als gegenseitiges Umtanzen der drei göttlichen ›Personen‹ deutet.

89 Delbrêl GO/2015:164; vgl. auch (leicht anders übersetzt) Delbrêl KM1984:78.

»(...) Um gut tanzen zu können – mit dir oder auch sonst,
Braucht man nicht zu wissen, wohin der Tanz führt.
Man muss ihm nur folgen,
Darauf gestimmt sein,
Schwerelos sein,
Und vor allem: Man darf sich nicht versteifen.
Man soll dir keine Erklärungen abverlangen
Über die Schritte, die du zu tun beliebst,
Sondern ganz mit dir eins sein – und lebendig pulsierend
Einschwingen in den Takt des Orchesters,
Den du auf uns überträgst.
Man darf nicht um jeden Preis vorankommen wollen. (...)«[90]

8.3.4. Praktische Entfaltungen der DYNAMIS-Kompetenz

Wer einer Expertin für Basketball begegnet, wird von ihr lernen wollen, wie man den Ball in den Korb geworfen bekommt; wer einen Experten für das Ausfüllen von Steuererklärungen am Tisch hat, weiß schnell, worauf man das Gespräch zu lenken hat. Ähnlich ist es beim Thema Lebensklugheit: Hat man einmal die Französin Madeleine Delbrêl als Expertin für DYNAMIS identifiziert, und hat man die wichtigsten Verdachtsmomente gegen eine vorgebliche Kapitulation des modernen, souveränen Ich ausgeräumt, ist die weitergehende Frage klar: Wie genau macht man das, dass man in jener Kraft bleibt, die einen mal überzeugt und ergriffen hat? Geschieht das einfach so? Oder kann man da Wichtiges lernen?

Die Frage würde der Delbrêl gefallen. Denn sie hat viel von Kompetenzen gehalten, von Fachwissen, und auch von Effizienz. An einer Stelle schreibt sie, unkonventionell wie so oft, über einen Ofen: Er ist »wirksam, wenn er heizt. Aber selbst wenn er leer ist, wird man wissen, dass es ein Ofen ist, und man verlangt nicht von ihm, dass er die Heringe vom Markt zwei Tage lang

---

90 Delbrêl GO/2015:74–78; vgl. auch (leicht anders übersetzt) Delbrêl NK/1975:67–69.

frisch hält.«[91] Analog würde sie wohl ausführen, dass man natürlich als Ergriffene eines durch und durch prägenden Ideals das Wesentliche nicht selber ›machen‹ kann. Ein Ofen ist kein Kühlschrank. Aber auch wenn man Ideale nicht ›produzieren‹ kann: in ihrem Magnetfeld bleiben, dauernd aus ihrer Kraft schöpfen, in ihnen selbst für andere kraftspendend werden, das kann man; das ist Inbegriff von Klugheit.

Für sie wäre es wohl sogar eine Verpflichtung. Die Gabe wird zur Aufgabe. Aber das ist schon Typensache und Interpretation und vielleicht nicht für alle Ideale übertragbar.

Was also sind die Kniffe und Tricks, die Erkenntnisse und Erfahrungen rund um die DYNAMIS-Klugheit von Madeleine Delbrêl? Und sind sie, entsprechend der Ambition dieses Buches, übertragbar auch auf nicht-religiös bindende Ideale und Kräfte? Dies so zu fragen, stellt eine Herausforderung an die Primär- und Sekundärliteratur rund um die Französin dar. Denn weder sie selbst noch ihr Umfeld hat diese Frage jemals so gestellt, und schon gar nicht hat sie sie systematisch beantwortet. Weiterhin erschwerend muss man feststellen, dass es nicht einfach ist, analytische und konzeptionell-differenzierende Linien durch ihr Werk zu ziehen. Ihre Schriften sind zum allergrößten Teil Gelegenheitspublikationen, hineinverfasst in konkrete Situationen und an konkrete Bedarfslagen bei Personen. Madeleine Delbrêl war nun wirklich keine Systematikerin, sie war Poetin; zeit ihres Lebens hat sie sich dagegen gewehrt, eine klassifizierende Regel für ihre Gemeinschaften auszuformulieren[92]; und eines ihrer Me-

91 Delbrêl FG/1991:147. Der ganze Aufsatz (ebd.:147–152) trägt den Titel »Überlegungen zum Diktum: ›Die Christen sind nicht effizient‹.«

92 Diese Abstinenz hat ihr viele Missverständnisse und sowohl kanonistische wie kollegiale Zuordnungsprobleme eingehandelt; vgl. nur die ausführliche Schilderung bei Böhme 1997:48–90. Als einzige regelähnliche Formulierung gilt die erkennbar weite Formulierung aus dem Jahr 1936: »Die CHARITÉ Jesu wurde gegründet, um Gott und der Kirche eine Gruppe von Laien zur Verfügung zu stellen, die entschlossen sind, das Evangelium ganzheitlich mitten in der Welt zu leben. (...) Diese Gruppe will das Evangelium leben: Sie setzt sich der Botschaft Christi aus und will von dieser mit ihrem eigenen Leben eine kühne und realistische Ausgabe [frz. édition] sein. (...)« (Böhme 1997:111). Es zeichnet die Dissertation von Katja

taphern für ihr geistliches Leben ist sogar die des Söldners – also jener Kämpfer:innen, die gerade keine eigene Agenda verfolgen, sondern ausschließlich die jener, die sie bezahlen.[93]

Um dem Handwerkszeug ihrer DYNAMIS-Klugheit näherzukommen, muss man daher eine externe Matrix an ihre Schriften herantragen. Dies geschieht im Folgenden unter Nutzung der drei Dimensionen sinnhafter Kommunikation, wie sie der bekannte Systemtheoretiker Niklas Luhmann entwickelt. Hiernach kann eine Bedeutungszuschreibung entweder in der Sach-, in der Sozial- oder in der Zeitdimension erfolgen. Sachlich differenziert man etwa zwischen Gegenständen, Orten und Themen; sozial differenziert man zwischen verschiedenen personalen Zurechnungen; und zeitlich differenziert man in vergangene oder zukunftsbezogene Horizonte und Konstellationen.[94] Dies als plausibel unterstellt, kann man die DYNAMIS-Erfahrung der Delbrêl dreifach befragen: *sachlich* danach, wie sie die Bezogenheit auf die sie ergreifende Kraft immer wieder zu fokussieren und von anderen Krafteinflüssen zu unterscheiden weiß; *sozial* danach, in welche Zugehörigkeit sie durch ihre Lebensentscheidungen katapultiert wird und in welche Lebensform sie das bringt; und *zeitlich* danach, in welches Verhältnis zu Zukunft und Vergangenheit sie ihre Lebensklugheit versetzt.

Unter dieses dreifache Mikroskop gelegt, ordnen sich bestimmte Hauptthemen ihrer Schriften in übersichtlicher Form

---

Böhme aus, dass sie wichtige Begriffe bei Delbrêl theologisch differenziert und spiritualitätsgeschichtlich einordnet (Überblick ebd.:7). Man merkt in der Durchführung allerdings auch, wie schwer einem dieses Unterfangen gemacht wird.

93 Vgl. Delbrêl FG/1991:101–105. Wörtlich identifiziert sie ihre Équipes als »Freischärler, Partisanen, Geheimtruppen, Buschkämpfer« und parallelisiert: »Unser Leben hat in der heutigen kirchlichen Situation viel Ähnlichkeit mit einer solchen Freischar.« Denn »unsere Übergabe an Gott [hat, MS] kein anderes Motiv hat als das, ihm anzugehören (...)« (alles ebd.:102). Man beachte wiederum die für Delbrêl typische und oben im Text bereits benannte passivische Bildstruktur.

94 Vgl. Luhmann 1996:112–122; sekundär Corsi 1999.

an. Es wird deutlich, dass sich auf jede der drei Sinndimensionen jeweils eine zweipolige, elliptische Antwort ergibt.[95] Und außerdem wird es über diesen Kunstgriff in einer bestimmten Weise möglich, die genuin religiösen Einsichten bei Delbrêl auch auf nicht-religiöse Bereiche zu übertragen.[96] Als Überschriften ergeben sich:

Kraft aufnehmen in der Sachdimension: Kompromisslosigkeit und Respekt Kraft aufnehmen in der Sozialdimension: Einsamkeit und Güte Kraft aufnehmen in der Zeitdimension: Präsenz und Ewigkeit.

Drei ganze Tipp-Regionen sind es also, über die man von Madeleine Delbrêl lernen kann, wie man in der Kraftwirkung eines Ideals bleibt, das einen einmal zutiefst überrascht, überzeugt und überrumpelt hat. Setzt man voraus, dass das betreffende Ideal frei gewählt werden konnte und in seinen Horizonten auf das Gemeinwohl aller ausgerichtet ist, bilden diese Ellipsen den praktischen Inhalt der DYNAMIS-Kompetenz. Wer sie trainiert und praktiziert, bleibt robust in der Lebenskraft seiner Identität – und wird doch nicht hermetisch.

95 Die Beobachtung elliptischer Spannungspole im Werk Delbrêls teilt auch Fuchs 2014:4. Man kann auch von einer dialektischen Grundanlage im Werk Delbrêls sprechen. Unter diesem Begriff entwickeln etwa Böhme 1997:164–189 und Heimbach-Steins 1994 (vgl. nur ebd:207–213.214–225) ihre Rekonstruktionen. Im Gefolge von Hans-Joachim Sanders topologischer Dogmatik interpretiert auch Steiof 2013:208–210 die Schriften der Delbrêl polar im Sinne von Innen-Außen-Spannungen. Wichtig ist aber die Erinnerung, dass Delbrêl keinen systematischen Theorieanspruch hatte und alle geistliche wie biografische Bedeutsamkeit von einem Primat der Praxis her bezog.

96 Bei diesem Versuch hilft Madeleine Delbrêl tatkräftig mit. Schließlich liegt ihre Lebensleistung darin, ihr Christsein inmitten explizit atheistischer und kommunistischer Umwelten zu entfalten. Wenn es Spezialist:innen für den Dialog mit säkularistischen Weltanschauungen gibt, dann gehört sie definitiv dazu. Sie hat sich immer dagegen gewehrt, nicht-religiös motivierten Lebensleistungen den Respekt zu versagen.

Kraft aufnehmen in der *Sach*dimension: Kompromisslosigkeit und Respekt

Man muss sich mit Madeleine Delbrêl nur flüchtig befassen und ist schnell mit einem ihrer auffälligsten Charakterzüge konfrontiert: ihrer Kompromisslosigkeit bezüglich der Treue zu ihrem Ideal. Das Kapitel hatte ja anfangs an vielen Belegen erarbeitet, dass ihr Leben und Schreiben fast monothematisch zu nennen ist: Nach ihrer Bekehrung blieb genau dies – in der Bekehrungsbewegung zu verbleiben – ihr wichtigstes und in bestimmtem Sinn auch einziges Thema. An vielen äußeren Stationen ihres äußeren Werdeganges ist ablesbar, dass sie ab dieser so kraftvollen Ersterfahrung ihres Ideals über eine einzige innere Ambition verfügte: nämlich ihrer neuen Ausrichtung in größtmöglicher Präzision zu entsprechen. Diese Fokussierung wurde ihr zum inneren Gradmesser, der es ihr unmöglich zu machen schien, auch nur Millimeter von dem abzuweichen, was sie als Folge dieser ihrer Wahl verstand. Hierfür nur drei Beispiele:

- Madeleine Delbrêl ließ ihre Gemeinschaften in keine einzige der sich anbietenden kirchlichen Formen einfügen: Sie sah sie weder als Orden, noch als Säkularinstitut, noch als spirituelle Bewegung, noch als Ausfluss eines Privatversprechens, noch als diakonische Aktionsgemeinschaft, noch als Teil der Mission de France mit ihren Arbeiterpriestern – und schon gar nicht als Laienapostolat in einer Pfarrei.[97] Obwohl eine kirchliche Anerkennung für Madeleine Delbrêl äußerst wichtig war, hatte sie über große Phasen ihres Wirkens nur die Sicherheit, dass die kirchlichen Autoritäten ihren Weg nicht explizit verboten hatten. Wir besitzen, so schreibt sie 1956/1957, »nichts anderes als mündliche Zusagen auf mündliche Darlegungen hin«, und fügt fast lakonisch hinzu: »wenigstens größtenteils.«[98] Wer kirchenrechtliche Anerkennungsprozesse von neuen geistlichen Aufbrüchen kennt, weiß auch um die Härte und sogar mitunter

97 Zur kirchenrechtlichen Platzierung der Équipes von Madeleine Delbrêl vgl. ausführlich Böhme 1997:48–90.

98 Delbrêl FG/1991:104.

verletzende Brutalität solcher Verfahren. Dies unterstellt, kann man den Preis solcher Kompromisslosigkeit nur erahnen, die die Delbrêl alles gekostet haben muss, was sie an innerer Loyalität zur Kirche hatte. Trotzdem verortete sie sich in keiner der genannten Strukturen, nichts schien ihr richtig zu ihrem Aufbruch zu passen. Zu allen Sozialformen gab es Nähe, in keiner aber echte Heimat. Erst 1987 ließen sich die *équipes* als *pia unio* kirchlich anerkennen.[99] Typisch für Madeleine ist es, dass sie irgendwann genau diese kanonische Ortslosigkeit als den zutreffenden ›Ort‹ konzipierte und ihn mit dem so gewonnenen radikalen Weltbezug kompensierte.[100] Hier lag für sie der Fokus, von dem her sich Treue oder Abweichung zu ihrem inneren Kompass manifestierten: »Was diesen Punkt angeht, bekennen wir uns als extrem empfindlich (...) Wir wissen uns angesichts der gegenwärtigen Lebensformen in der Kirche als ›unklassifizierbar‹.«[101] Madeleine Delbrêl erkannte also klar die Schutzwirkung von kirchlichen Anerkennungsstrukturen. Genau solchen Schutz aber wollte sie eben deswegen nicht, weil damit der Weltbezug geschmälert würde. In ihren Worten: Was Laiengemeinschaften brauchen, »ist nicht, dass man ihnen eine Struktur gibt, sondern dass man sie davor bewahrt. Das bedeutet, sie vor dem zu schützen, was sie daran hindern könnte, *ganz und gar in der Welt zu sein* (...).«[102]

---

99 So Böhme 1997:67 gegen von Balthasar 1991:7.

100 Einen plastischen Ausdruck dieses intuitiven Reflexes gegen ekklesialistische und parochialistische Vereinnahmung bekommt man, wenn man registriert, dass die Delbrêl und ihre Gefährtinnen schnell nach ihrer Ankunft in Ivry ihre Scout-Kleidung ablegen, um eben kein Unterscheidungsmerkmal zu ihrer proletarischen Umwelt zu produzieren. Schon nach zwei Jahren ziehen sie zudem aus der Pfarrei heraus in die Nähe des kommunistischen Rathauses – wiederum mit dem Ziel, ihrer Umwelt gegenüber osmotisch und eben nicht katholisch-gegenweltlich zu erscheinen; vgl. de Boismarin 1986:44–49.

101 Arch.MD II (1952) 24, Notiz Madeleine Delbrêls zum Gruppentreffen am 1.2.1952; zit. bei Böhme 1997:63 (FN 274). Vgl. auch weitere Zitate zur ›Regellosigkeit‹ der Équipes ebd.:50.73.75 u.ö.

102 Brief aus dem Jahr 1950, zit. Böhme 1997:69 (H.i.T.).

- In eine sehr konfliktreiche Herausforderung ihrer kompromisslosen Ausrichtung geriet Madeleine Delbrêl mit der ›Mission de France‹ und dem sogenannten ›Experiment‹ der Arbeiterpriester. Das ganze Ausmaß, vor allem aber die Symbolizität dieses katholischen Konfliktes in den 1950er-Jahren kann hier nicht entfaltet werden.[103] Was wieder ins Auge fällt, ist die Geradlinigkeit, die die Delbrêl sogar unter den Verdacht des kirchlichen Konformismus geraten lässt. Obwohl sie eine klare Unterstützerin, sogar Lobbyistin der Arbeiterpriester war; obwohl sie nun wirklich beanspruchen konnte, wie kaum jemand anderes dem Kampf gegen proletarische Armut und Ungerechtigkeit verschrieben zu sein; und obwohl sie sehr genau erkannte, wann sich jemand eine Komfortzone gönnte, die ihm nicht zukam – und seien es die römischen Behörden –, so verweigerte sie doch der Mission de France die Gefolgschaft, als es dort antivatikanisch und antibürgerlich wurde. Sie versuchte zu vermitteln, was ja oft bedeutet, auf keinem Stuhl mehr sitzen zu dürfen. Programmatisch kam es für sie nicht in Frage, die Autorität des römischen Lehramts zu unterlaufen. Und so sehr sie unberechtigt erworbene Privilegien kritisierte, so weigerte sie sich doch, Reiche und Begünstigte aus ihrer Sendung auszuschließen und ihren Einsatz für das Reich Gottes auf einen immanenten Kampf für bessere Lebensverhältnisse zu reduzieren. Für ihre Zeit- und Streitgenossen kam es zu einem Paradox: Die Kompromisslosigkeit der Delbrêl war so ausgeprägt, dass sie sogar bereit war, um ihrer willen der Außenwelt als diffus, angepasst und unentschlossen zu erscheinen.
- Ein drittes Beispiel, das die wie skrupulös wirkende Linientreue der Madeleine Delbrêl veranschaulicht, ist ihr Dialog mit dem Marxismus und den Kommunist:innen. Dies ist in der Sekundärliteratur vielbeschrieben. Und wieder, ähnlich wie im Konflikt mit der Mission de France, katapultiert sie ihre Kompromisslosigkeit in intellektuelle und zwischenmensch-

103 Vgl. ausführlich Böhme 1997:118–142 u. ö.; Heimbach-Steins 1994:134–174.277–287; sowie Bauer 2010; als persönliches Zeugnis vgl. Koolen 2015.

liche Zerreißproben. Am Anfang ihrer Geschichte als Christin erscheinen ihr die Ziele des Kommunismus und die des Reiches Gottes, denen sie zur Durchsetzung verhelfen wollte, deckungsgleich. Da mit der Verelendung der Industriearbeiter im Ivry der 1930er-Jahre und dem Faschismus der Deutschen auch noch zwei sehr starke gemeinsame Gegner im Raum waren, bot der Verbund mit der kommunistischen Partei die Chance großer Kohäsionskraft. Wenn es schon keine echte kirchliche Heimat gab – konnte es eventuell eine politische für sie geben? Ivry war eine Musterstadt des frühen französischen Kommunismus der Arbeiter, eine Hochburg. Wenn es hier gelingen würde, Katholiken und Marxisten zu einer Phalanx zu vereinen, hätte das große Symbolkraft. Allen enormen wechselseitigen Antipathien zum Trotz proklamierte der damalige Generalsekretär der kommunistischen Partei, Maurice Thorez, im Jahr 1936 sogar die ›Politik der ausgestreckten Hand‹, eine Einladung aller antifaschistischen Kräfte zum Kampf für das Gemeinwohl. Madeleine zögerte keine Sekunde, dieses Angebot anzunehmen; sie wird eine der wichtigsten Figuren der Sozialarbeit von Ivry, gerade im Krieg, immer in enger Zusammenarbeit mit den Behörden.[104] Madeleines Erinnerungen an diese ersten Jahre stärkster solidarischer Zusammenarbeit mit den kommunistischen Freunden unter Einsatz des Lebens und in voller Nutzung der Synergien dieser beiden Weltanschauungen sind voller Zuneigung und Respekt. Als es jedoch an die Frage einer engeren expliziten Bindung geht, erkennt sie eine prinzipielle Kluft zwischen ihrer Gottesbeziehung und der antireligiösen Programmatik des Leninismus. Fortan sieht sie sich zu einer enorm anspruchsvollen Unterscheidung gezwungen:

---

104 Vgl. ausführlich Schleinzer 2015a:106–124. Welches (ihre Umwelt überfordernde) Energiepaket die Delbrêl gewesen sein muss, schildert de Boismarin 1986:75. Dort heißt es auch: Ihre Umwelt verstand »nicht immer die Kühnheit, mit der sie ihre Auffassungen in der Stadtverwaltung vertritt, ihre Bewunderung für die Kommunisten, ihr Einverständnis mit manchen ihrer politischen Ansichten.«

»In Ivry war es mir recht, mit ihnen [den Kommunisten, MS] zusammen für bestimmte zeitlich begrenzte Ziele zu arbeiten, jedesmal wenn diese Ziele mit den Geboten des Herrn übereinstimmten. Jedesmal aber, wo gemeinsames Handeln mit den Kameraden ein direktes oder indirektes Tun gegen Gott war, habe ich mich geweigert. Und wann immer es nötig war, gab ich meine Gründe an: die Worte Christi.«[105]

In der Sekundärliteratur gilt dieser Schritt als ›zweite Konversion‹ der Delbrêl.[106] Und da oben unzweifelhaft erkannt werden konnte, welche nicht steigerbare Bedeutung das Ereignis einer Konversion für sie hatte, ahnt man, welche innere Arbeit hier zu leisten war. Hinter der Entscheidung, sich programmatisch vom Marxismus zu trennen, liegt die Reflexion des Doppelgebotes der Liebe. Bei aller Anerkennung der horizontalen Liebeskraft der Kommunist:innen kam Madeleine Delbrêl nicht umhin, den Atheismus des Marxismus als Gewalt gegen Gott zu identifizieren.[107] Und so gebot wiederum die innere Treue zur ersten Konversion, dass sie hiergegen Widerstand anmeldete. Ihr Buch von 1957 »Ville marxiste terre de mission«[108] ist neben der Aufgabe ihrer Berufstätigkeit im Jahr 1946 der sichtbarste Ausfluss dieses Bruchs. Denn hier macht sie unmissverständlich klar, dass man als Christ:in nicht Kommunist:in sein kann. So bewundernd auch hier über viele Seiten hinweg wieder von ihrer strategischen und sozialen Kraft gesprochen wird, so klar ist auch die Konsequenz: »immer wird uns allen derselbe Verrat angeboten: die

105 Delbrêl NK/1975:266. Vgl. ebd:265f den weiter ausgreifenden biografischen Bericht.

106 Vgl. nur Schleinzer 2015a:164–170; Heimbach-Steins 1994:193–196. Beachte ebd:193 (FN 234), dass Heimbach-Steins die zweite Konversion noch vor der ›Politik der ausgestreckten Hand‹ datiert. Ein biografischer Kurzbericht liegt vor in Delbrêl NK/1975:204.

107 Im Hintergrund der ›zweiten Bekehrung‹ steht die tiefgründige Reflexion der Delbrêl auf das Doppelgebot der christlichen Liebe. Hier ist nicht der Raum und der Bedarf, dies ausführlich zu entfalten. Vgl. ausführlich Zeder 2007; wichtige Zitate bei Heimbach-Steins 1994:194–196 sowie bei Schleinzer 2015:168–170.

108 Deutsch: Auftrag des Christen in einer Welt ohne Gott.

Treue gegen den Menschen und die Treue gegen Gott auf die gleiche Ebene zu stellen.«[109]

Die Reaktionen ihrer Weggefährt:innen ließen nicht lange auf sich warten. Sie waren enttäuscht, witterten sogar Kollaboration mit dem bürgerlichen System. Mehr und mehr schlug Madeleine Delbrêl enormes Unverständnis entgegen, nun nicht mehr nur seitens der Christ:innen. »Gerade das letzte Lebensjahrzehnt Madeleines ist stärker denn je vom Leiden gezeichnet.«[110] Sie war davon überzeugt, dass sie kein Recht habe, um harmonischer Beziehungen willen letzte Konfliktgründe zu umwandern.

Soweit die Hinweise zum Pol der Kompromisslosigkeit der Delbrêl. Er wäre falsch verstanden, legte man ihn als ängstliche Identitätsfixierung aus. Es ist keineswegs so, dass sich Madeleine an ihre Bekehrung klammert und links und rechts alles ausblendet, was ihre Selbstsicherheit zu erschüttern drohte. Denn so sehr sie sich und ihrer Umgebung diese Klarheit der Ausrichtung abverlangte, so fundamental oszilliert ihre DYNAMIS-Kompetenz auch um einen zweiten Pol der Sachdimension: dem Respekt vor den ideologisch Andersdenkenden. Ihre teilweise trotzige Eigensinnigkeit in der erkannten Treue zu ihrem göttlichen Ideal führt nämlich nicht dazu, andere weltanschauliche Ideale dort abzuwerten, wo diese ihre Anhänger zu großen Taten und Gesten der Menschlichkeit und des Einsatzes für das Gemeinwohl motivieren.[111]

Dies ist eigens zu betonen, denn hier liegt der Unterschied von kompromissloser Treue zu einer Überzeugung und blindwütigem Fanatismus – zu dem die Delbrêl allemal die charakterliche Kraft

---

109 Delbrêl AdC/2006:72. Zum Hintergrund dieses Buches vgl. Schleinzer 2015a:195–199. Heimbach-Steins 1994:175 kommentiert: »Die Verfasserin ist sich (...) des Risikos, von beiden Seiten mißverstanden zu werden, sehr bewusst.«

110 Schleinzer 2015a:210. Eindrücklich zu dieser Phase de Boismarin 1986:149f.

111 Einem ideologischen Gegner schrieb sie einmal eine Postkarte mit dem Satz, er möge »den Irrtum vernichten, aber (...) das Leben seiner Opfer schonen«; zit. bei Heimbach-Steins 1994:213 FN 325.

gehabt hätte. Man kann ohne Übertreibung sagen, dass Madeleine Delbrêl die Kommunist:innen bewundert hat, und das bis zuletzt. Sie hat unterschieden in dem, wer sie sind und was ihre Lehre ist.[112]

An einer Stelle berichtet sie

> »aus dem ersten wirklich marxistischen Gespräch, das ich mit einer mir bisher unbekannten Kommunistin hatte. Nachdem wir den Tag über zusammen Bereitschaftsdienst geleistet hatten, sagte sie zu mir: ›Wenn Sie nun hier weggehen und jemand Sie an einer Straßenecke auffordern würde, zwischen Ihrer ›Ideologie‹ und Ihrer Haut zu wählen, was würden Sie wählen?‹ – ›Man soll nicht den Klugen spielen wollen, aber ich hoffe, ich würde meine Haut hergeben.‹ – ›Sehen Sie, deshalb verstehen wir uns, denn bei mir ist es auch so.‹«[113]

An vielen Stellen hat die Delbrêl diese Freundschaft über die weltanschaulichen Grenzen gesucht und gelebt. Ja, Katja Böhme kann sogar zeigen, dass die Französin ihr Kirchenideal und ihre Forderung an authentische christliche Praxis aus der Begegnung mit überzeugten Kommunist:innen und ihrer Partei gelernt hat.[114] Hier liegt für sie ein fremdprophetischer Einfluss vor. Delbrêl hat auch zeit ihres Lebens christliche Gemeinschaften am Ideal kommunistischer Radikalität und ihrem Missionseifer bemessen. Und sehr oft kam sie zu dem Schluss, dass die

---

112 Vgl. auch Delbrêl NK/1975:265. Vgl. ausführlich zu Delbrêls Beziehung zu den Kommunist:innen Heimbach-Steins 1994:174–197 sowie Schleinzer 2015a:106–124.

113 Delbrêl AdC/2006:143. Ebd.:143f heißt es: »Hinzu kam eine tiefe menschliche Zuneigung zu diesen Menschen, die als Atheist ihr Leben wagten (…). Weniger durch die ›Gefühle‹ als durch ihren hartnäckigen Willen, zu werden, was sie sich zu werden vorgenommen hatten, haben die Kommunisten meine Freundschaft gewonnen.« Vgl. zum Ganzen auch die leidenschaftlichen Reden »Christlicher Glaube und Marxismus« und »Für Jugendliche: Christliche Fragen zum Kommunismus« (beide ebd.:195–197 bzw. 198–202). Hier bekennt sich Delbrêl klar und offen zu der für sie vorbildlichen Radikalität kommunistischer Lebensführung.

114 Vgl. Böhme 1997:267–275.

Christ:innen gegenüber ihren atheistischen Brüdern und Schwestern in Intensität und Qualität abfallen.

Diese Signale wurden gehört und verstanden. So hart, aber auch so ehrlich die ideologische Auseinandersetzung geführt wurde, so robust und herzlich blieben wichtige Beziehungen zu ihren atheistischen Weggefährt:innen bestehen. Wer ein literarisches Beispiel für höchste menschliche Qualität weltanschaulicher Dialoge sucht, findet diese etwa im Briefwechsel zwischen Madeleine Delbrêl und ihrem langjährigen väterlichen Freund Venise Gosnat.[115] Hier wird das Bangen, ob die Klarheit der Abgrenzung als Ausdruck einer letzten Ehrlichkeit und damit positiv verstanden werden kann, unübertrefflich greifbar.[116] Noch mehr: Dieser Briefwechsel ist wie eine Blaupause für das, was das Zweite Vatikanische Konzil in seiner Erklärung zur Religionsfreiheit ›Dignitatis humanae‹ in der Nummer 3 empfiehlt, wenn es um weltanschauliche Dialoge geht. Die Delbrêl und viele ihrer kommunistischen Freunde sind sich gegenseitig bei ihren Wahrheitssuchen zu Hilfe gekommen und haben sich hier nichts aus falscher Rücksicht geschenkt. Und so hart die Entfremdung der ›zweiten Konversion‹ auch war: Die französische Katholikin bekam den Respekt zurück, den sie ihren Zeitgenossen entgegenbrachte. Als eine Stimme sei der Nachruf eines Freundes zitiert, den dieser nach ihrem plötzlichen Tod in der kommunistischen Wochenzeitung »Le Travailleur« publizierte: »Du hast nicht nur mit den Kommunisten für die allergerechteste Sache gekämpft – du hast die Fähigkeit gehabt, sie zu verstehen. Dies zu sagen ist zweifellos

115 Abgedruckt in Delbrêl AdC/2006:18–32.

116 Nur ein Einblick: Als Madeleine ihm das Buch gesendet und gewidmet hat, schreibt Gosnat (ebd:21): »Nachdem nun der Marxist, der ich bin, Ihnen, der Christin, die Sie sind, den Hauptgrund unserer tiefen Uneinigkeit in der sozialen Frage erklärt hat, möchte jetzt der Freund Ihnen sagen, dass Sie sich nicht getäuscht haben in Ihrem Vertrauen, dass ich Sie verstehen werde.« Madeleine antwortet postwendend und in Ankündigung eines ausführlicheren Briefes, dass sie, die als unsentimental gilt, geweint habe: »Ich hatte eine solche Angst, Ihre Freundschaft zu verlieren …« (ebd.:22).

die größte Ehre, die wir Dir erweisen können, meine Kameraden und ich.«[117]

Mit diesen Hinweisen soll die erste Konkretisierung einer DYNAMIS-Kompetenz abgeschlossen werden. Man erkennt, wie Madeleine Delbrêl vorgeht: Um in der für sie konstitutiven Krafterfahrung zu bleiben, hält sie kompromisslos ihren Kurs. Sie vertieft ihr Ideal durch eine Praxis, die ihr entspricht; und sie hält keine Ausschau nach einem Zweiten oder Dritten, das hinzutreten solle. Doch genau um in dieser ihrer Ideallinie zu bleiben, verbietet sie sich jedes Ressentiment gegenüber Andersdenkenden. Klar in der Sache ist sie ebenso klar in der Beziehungsqualität, die eben jene Sache fordert. Sie pflegt eine Untergrenze des Dialoges, die sie auch dann nicht unterschreitet, wenn der andere es tut. Ja, sie legt offensiv frei, wenn jemand den ideologischen Gegner diskriminiert, um die eigene Position zu plausibilisieren.[118]

DYNAMIS-Kompetenz bei Madeleine Delbrêl lehrt also eine anspruchsvolle Doppelform der Ergriffenheit: Gerade um in der Bindung an das prägende Ideal zu bleiben, wird es nicht hermetisch konserviert und gegen die Bewährungsproben des Alltags sowie gegen die Befragungen der Umwelt abgeschirmt. Ergriffen zu werden und in dieser Kraft zu bleiben, bedeutet: diese Kraft jeweils wieder neu zu riskieren und zu investieren. Dies erfordert Konzentration ebenso wie Dezentration. Handelt es sich um ein vitales Ideal – ein *wahres*, wie ›Dignitatis humanae‹ sa-

117 M. Langignon, in: Le Travailleur 5/1967; zit. bei Schleinzer 2015a:170. Fuchs 2019 zitiert (ohne Quellenangabe) eine zweite Stimme zum Tod Madeleines, diesmal vom kommunistischen Bürgermeister von Ivry: »Ich glaube auch jetzt nicht an Gott, aber wenn es ihn gibt, trägt er die Züge von Madeleine.«

118 Dies wird besonders sichtbar in der Kontroverse mit dem Jesuiten Gaston Fessard, auf die hier aus Platzgründen nicht eigens rekurriert werden soll. Fessard hatte Delbrêls Buch »Ville marxiste, terre de mission« theologisch in einer Weise interpretiert und kommuniziert, die Delbrêl empörte. Sie sah sich vor einen antiprogressistischen Karren gespannt und in eine Allianz mit Konservativen gestellt, die ihr missfiel. Besonders aber wehrte sie sich gegen den zersetzenden Stil der Polemik bei Fessard. Dieser schien ihr anderen Menschen gegenüber schlicht respektlos. Vgl. Heimbach-Steins 1994:197–213; Böhme 1997:176–184.

gen würde – dann rekonstruiert sich seine Orientierungskraft je neu. DYNAMIS als Kompetenz zur Ergriffenheit oszilliert also elliptisch, dialektisch zwischen den zwei Kraftpolen hin und her: einer Treue zur Berufung einerseits, die man aber andererseits genau dadurch beweist, dass man sie je neu auf Bewährung und Zukunft ausrichtet. Nur wenn man den anders geprägten Menschen und den herausfordernden Situationen gegenüber respekt*voll* ist, kann man in kraftspendender Weise kompromiss*los* sein.

Kraft aufnehmen in der *Sozial*dimension: Einsamkeit und Güte

In eindrücklicher Weise spiegelt sich die soeben erarbeitete Ellipse der Sach- im nun folgenden Blick auf die Sozialdimension der DYNAMIS-Klugheit. Hier wird die eben pointierte intellektuelle, programmatische Spannung von Konzentration und Dezentration für den Bereich der sozialen Interaktionen greifbar. Die Leitfrage lautet nun: Was bedeutet ›Ergriffenheit‹ für den Bereich der mitmenschlichen Begegnungen? Wie balanciert man den Umgang mit sich selbst und den Mitmenschen aus und bleibt genau deswegen im Kraftfeld eines prägenden Ideals? Auch hierzu hat Madeleine Delbrêl ein spannendes und vielseitiges Portfolio an Tipps und Empfehlungen zu bieten. Es gruppiert sich um die beiden Pole der ›Einsamkeit‹ und der ›Güte‹.

Für die Lektüre ist wahrscheinlich der Aspekt der Einsamkeit herausfordernder. Er läuft parallel mit der Konfliktbereitschaft sich selbst und anderen gegenüber, die im vorangegangenen Abschnitt als ›Kompromisslosigkeit‹ gefasst wurde. Tatsächlich gibt es wenige Themen, die in den mannigfachen ›fliegenden Blättern‹ der Delbrêl so klar ins Auge fallen wie ihr Hinweis darauf, dass ein ergriffenes Leben ein einsames ist.

Dieser Befund ist nicht im äußeren Sinne wörtlich zu nehmen. Das würde ja sehr verwundern. Schließlich hat sich Madeleine Delbrêl für ein aktives Leben entschieden, ein politisches, kämpferisches, urbanes, lautes und geselliges Leben. Man findet im kirchlichen Personaltableau kaum eine geistliche Gestalt, die so klar als umtriebig, unsentimental, die sozusagen als chronisch-kreativ und unstetig beschrieben wird. Eine monastische

Existenz ist das definitiv nicht, die sie führt; auch keine zurückgezogene. Es kann sich bei ihren Reflexionen auf Einsamkeit also nicht um den klassischen Typ handeln, der bewusst in die soziale Isolation geht, in die Stille, die Wüste oder die Eremitage.

Denn hier spricht ja eine überzeugte Sozialarbeiterin von Einsamkeit. Und das lässt aufhorchen. Die einschlägigen Schriften der Delbrêl sind gerade bei diesem Thema von hohem Ernst, sogar von einer bestimmten Melancholie geprägt. Es braucht einen gewissen Mut, sie zu lesen. Fünf Aspekte sollen kurz benannt werden:[119]

(1) Zunächst ist biografisch daran zu erinnern, dass Madeleine Delbrêl viele schwere Lebenspassagen allein zu durchleben hatte: ihre Jugend als Einzelkind mit den dauernden Ortswechseln und der schwierigen Elternbeziehung; das Verlassenwerden von ihrem Verlobten; die nach der Bekehrung sofortige Entscheidung zu einem ehelosen Leben; die Heimatlosigkeit in der Kirche; die innere Trennung von der Mission de France und den Kommunist:innen; die durchaus konfliktreiche Führung der Équipes; der von außen aufgenötilgte Abschied aus ihrem Beruf.[120]

(2) Einsamkeit tut weh, solange sie nicht frei gewählt wird. Und auch dann verliert sie nicht ihre Schatten. Es ist sicher keine Rhetorik, wenn Madeleine aus eigener Erfahrung schreibt: »Wenn die Einsamkeit uns weinen, schreien, oder, gar nicht selten, wie einen Hund heulen macht, dann weil wir Gott nicht ›über alles‹ lieben, sondern ›irgendwie noch dazu‹ (...)«.[121] An anderer Stelle fordert sie den unbedingten

---

119 Vgl. ausführlich Steiof 2013: 279–296; ebd.:284 FN 726 eine ausgezeichnete Übersicht über die wichtigsten Primär-und Sekundärtexte zum Thema; eine Kompilation findet sich bei Delbrêl GO/2015:66–69. Vgl. sekundär Georgens 2004, der aber m. E. nicht die ganze, durchaus dramatisch zu nennende Tiefe der Texte auslotet.

120 Vgl. Nürnberg 2010:67–74. Nürnberg interpretiert die Einsamkeitserfahrungen der Delbrêl von Karl Rahners bekanntem Text »Von der Gnade des Alltags«, wo dieser frei gewählte (!) Einsamkeitserfahrungen aus Glauben als Chancen der Geisterfahrung deutet.

121 Delbrêl AdC/2006:176.

Realismus dafür, was die Einsamkeit in einem religiösen Leben »an Grausamkeit für uns und an Unentbehrlichem für unsere Aufgabe in sich birgt.«[122] Ja, es gibt eine »instinkthafte Panik« als eine Art Ur-Angst vor Einsamkeit.

(3) Vielleicht aus dieser extrovertierten Grundanlage, solche Ur-Ängste gut zu kennen und sogar ganz ungeschönt auf den Begriff bringen zu können, entlarvt Madeleine Delbrêl viele Bestrebungen, die solche bedrückenden Erfahrungen von den Menschen fernhalten wollen. »Gemeinschaftsgläubig, haben wir Gemeinschaften geformt, Gruppen aller Art, und dies teilweise wenigstens, um der Einsamkeit zu entrinnen.«[123] Soziale Heimaten wie Nationen, Gruppen, Parteien, Städte, aber auch Ehen, Freundschaften, Familien usw. werden oft nur zur Abwehr einer letzten Einsamkeit gebaut. Und das gilt auch für Kirchen und Gemeinden. Auch diese können aus defensiven Gründen für bedeutend gehalten werden, nämlich um nur ja nicht allein zu sein. Delbrêl im Originalton: »Diese menschliche Flutwelle bescherte uns eine andere Einsamkeit, eben die unserer Glaubensgemeinschaften.« Man ahnt, wohin das Argument geht: Es gipfelt in einer sehr scharfen Kirchenkritik. Statt sich zur Verehrung des einen Gottes zu versammeln und sich von ihm zu denen senden zu lassen, die ihn nicht kennen, machen es sich die Christ:innen in einer eigenen Welt behaglich; bestätigen sie sich unablässig; beobachten und kontrollieren sie sich; unterwerfen sie sich eigenen Logiken und Konzepten; vor allem aber: halten sie andere, die den Frieden stören könnten, aus ihren Komfortzonen heraus. Denn im Kern, so Delbrêls Verdacht, sind sie vor allem versammelt, um sich untereinander vor dem Schreckgespenst eines individuellen Gottesrufes abzusichern, der sie in die Einsamkeit einer eigenen unvertretbaren Biografie rufen würde. Kirche, Pfarrei, Gemeinde, Orden, welche Sozialform auch immer,

122 Delbrêl FG/1991:73. Das folgende Zitat ebd.:75.

123 Ebd.:74. Hier spricht sie sogar davon, dass man gemeinschaftssüchtig werden kann. Das folgende Zitat ebd.

kann also zur organisierten Abwehr jenes Gottes werden, dem sie sich doch eigentlich verdankt.
Diese Ausführungen zu einem Gott, der in die Einsamkeit ruft, scheinen zunächst nur für religiös gebundene Menschen relevant zu sein. Doch dieselbe Kritik der Delbrêl trifft auch die kommunistische Partei. Madeleine kritisiert, dass aus ihrer Sicht der Marxismus eine Konzeption von Solidarität verfolgt, die die Würde des einzelnen Subjekts in die Würde des agierenden Kollektivs aufgehen lässt.[124] So faszinierend das sein kann und so geschichtsmächtige Folgen das aus sich heraus entlässt, so sehr fürchtet sie, dass so Menschen von Menschen abhängig und in egoistische Kalküle verrechnet werden. Auch die geteilte Weltanschauung politischer Art kann also dann ideologisch werden, wenn es ihr eben nicht mehr nur um die bestmöglich erkannte Wahrheit geht, sondern um ihre Durchsetzung im Sinne einer Gruppenmeinung – und damit um einen Sekundärzweck. So mystisch Delbrêls Ausführungen zur Einsamkeit auch sind – im Kern geht es ihr um eine Idee von Freiheit als letzter Unbindbarkeit, Unverfügbarkeit, Unverrechenbarkeit. Um diese Freiheit zu sichern, geht es ihr um Gott. Denn nur über eine transzendente Größe, so scheint ihr, kann man sich wechselseitig immanent wirklich freilassen.

(4) So gelangt man zum positiven Kern der delbrêlschen Konzeption von Einsamkeit. Erkennbar geht es um die Reflexion auf gewichtige anthropologische Fragen. Etwa die Nähe zu Immanuel Kants Fassung des kategorischen Imperativs, dem gemäß man andere nicht zum Mittel von Zwecken machen soll, weil die Würde des Menschen indisponibel ist, ist deutlich.[125] Madeleine Delbrêl hat aber nach ihrer Bekehrung keine philosophischen Ambitionen mehr, schon gar keine systematischen. Ihr Grundgedanke ist daher einfach zu fassen, und er wird sprachlich in einfachen Worten ausgedrückt: Die Fähigkeit und die Erlaubnis zur Einsamkeit ist bei ihr die Garantie

124 Vgl. nur Delbrêl AdC/2006:175.
125 Vgl. zu Kant nur Recki 2001.

für die Freiheit der Person. Erst wenn sich das Subjekt keiner Bindung deswegen anschließen *muss*, weil es einen Schutz vor letzter Leere zu benötigen meint, erst dann sind zwei Konsequenzen lebbar, die aber beide die Würde des Menschen fundieren wie zeigen: Erst dann kann das Subjekt jene Bindungen frei wählen, die es eingehen will; und erst dann kann es andere Subjekte seinerseits wirklich frei lassen und muss sie nicht zur Absenkung seiner Einsamkeitspanik instrumentalisieren. Wichtig dabei: Diese ›Fähigkeit‹ zur Einsamkeit ist keine geforderte charakterliche Höchstleistung, sondern im religiösen Sinn handelt es sich um ein Beziehungsgeschenk. Über eine reife und im Höchstmaß eigene, selbstbestimmte Beziehung zu Gott kann das Subjekt einen Ermöglichungspunkt von Freiheit gewinnen, der es aus einer verzweckenden Letztbindung an Dinge, Personen, Zwecke und sogar Ideale loslöst. Mit dem bekannten dänischen Existenzphilosophen Sören Kierkegaard könnte man sagen: Die freie Wahl Gottes ermöglicht die freie Wahl seiner selbst und die freie Wahl der Anderen sowie die freie Anwählbarkeit durch die Anderen. Man muss ein ›Einzelner‹ werden, sagt Kierkegaard an vielen Stellen seines Werkes. Dies aber, so würde die Französin dem Dänen sekundieren, hat zur Voraussetzung die Wahl der Einsamkeit.

(5) Diese Wahl ist natürlich erst dann ein Ausdruck und eine Voraussetzung von Freiheit, wenn sie selbst frei gewählt werden konnte. Delbrêl sieht sehr klar, dass Einsamkeit destruktiv sein kann, »lebenertötend«,[126] wie sie schreibt, »als sie nicht im Sinne eines Gewählten übernommen worden ist.« Diese Entscheidung ist nie für immer gewonnen, muss dauernd neu erkämpft werden.

Was sind die Motivationen für ein solches biografisches Wagnis?

126 Delbrêl FG/1991:75. Dort auch das folgende Zitat. Vgl. auch Delbrêl FG/1991:76: »Am fruchtbarsten wäre es, wenn man sie [die Einsamkeit, MS] nicht bloß erduldete, sondern lieben könnte.«

(6) Eine wichtige Motivation ist der Durchbruch zu einer neuen Intensität der Beziehung zu anderen Menschen. Für die Delbrêl bedeutet es das Ideal, wenn Menschen im Tiefsten frei füreinander sind; wenn sie nicht aneinanderklammern, sondern einander freisetzen, unterstützen und fördern. In einer eindrücklichen Formulierung kann sie die Abwesenheit von und die Intimität mit Menschen parallel setzen: »Lieben heißt nicht, über einen anderen sich Gedanken machen, vielmehr diesen anderen in uns haben wollen. Einsamkeit bedeutet nicht, hier oder dort zu sein, sondern dass dieser andere fehlt.«[127] Einsamkeit ist eben kein Rückzug und bei der Delbrêl schon gar kein infantiler, romantischer Rückzug in die vertraute Gottesumarmung. Einsamkeit ist sogar Dienst an Beziehungsqualität: Man kehrt um, man wendet sich um, »aber im Namen aller«[128]. Nicht individuelle Askese, sondern soziale Fülle ist ihr das Ziel von Einsamkeit – so paradox das scheinen mag. Ohne über die Härte des Weges Illusionen zu verbreiten, ist die so gefasste Einsamkeit gerade positiv darauf ausgerichtet, dem menschlichen Leben Würde, Humanität und Schönheit zu sichern. Man wird zum »Gegensatz (…) der Gemeinschaft, in der man lebt, und wird ihr Gegner, ohne dass die andere Seite etwas davon weiß.«[129] – das ist richtig. Aber diese Gegnerschaft ist keine feindliche. Sie ist die fundamentale Bedingung für die Möglichkeit einer nicht instrumentalisierenden, einer nicht verzweckenden Gemeinschaft überhaupt. Diese Einsamkeit zu bejahen und zu leben – also bereit zu sein, wie ein Hund zu heulen, wie es oben hieß –, das ist Inhalt und Ausdruck von tiefer Liebe. Solche Einsamkeit ist dann Solidarität, wie es in einem französischen Wortspiel heißen kann.[130]

---

127 Delbrêl AdC/2006:176.

128 Delbrêl AdC/2006:173.

129 Delbrêl AdC/2006:172.

130 Öfter kombiniert Delbrêl das französische ›solitaire‹ (einsam) mit dem Wort ›solidaire‹ (solidarisch); vgl. nur Delbrêl AdC/2006:173: »Das heißt auch eine Einsamkeit annehmen, die mit keiner anderen vergleichbar ist, nämlich absolut einsam und absolut solidarisch zu sein.« Ähnlich Delbrêl

(7) Die zweite Motivation zur Einsamkeit führt tief hinein in die typische Mystik der Delbrêl. Sie führt den zunächst befremdenden Gedanken aus, dass Gott der Einsamkeit derer bedarf, die mit ihm leben wollen. Wörtlich heißt es: »Und ich glaube auch, dass Gott diese Einsamkeit braucht, um in die Welt zu gelangen und sie umzugestalten.«[131] Sie verdeutlicht diesen Gedanken räumlich, wie so oft: »Die Rolle der christlichen Einsamkeit wird wohl darin liegen, einen freien Durchgang für Gott zu schaffen, damit er die Welt befruchte.«[132] »Sie ist eine der tiefsten Risse, die dem Herrn und seiner Erlösung erlauben, durch uns in die Welt einzudringen«.[133] So wird die Einsamkeit »eine Art Sakrament für die Welt«.

Auch diese geistlichen Spitzensätze scheinen nur für religiöse Menschen anschlussfähig zu sein. Und doch kann eine Erinnerung an den eben ausgeführten Zusammenhang zum Freiheitsbegriff bei Madeleine Delbrêl eine Brücke bauen. Theologisch drückt sie hier nichts anderes aus als den zweifachen Gedanken der Freiheit Gottes. Als *genitivus subjectivus* heißt das: Gott achtet die Freiheit der Menschen so stark, dass er sie nicht überwäl-

---

FG/1991:76. Beachte zum Ganzen auch die Uminterpretation, die Delbrêl mit der klassischen Einsamkeitsmetapher der ›Wüste‹ vornimmt: Nicht der Rückzug von den Menschen ist ihre geistliche Empfehlung, sondern die volle Hinwendung zu ihnen, in der Stadt, dem Gedränge, der Arbeit, der mehrdeutigen Wirklichkeit – allerdings nicht mit der bindenden Erwartung, geliebt zu werden, sondern selbst in vollem Sinne pro-existent, pro-aktiv, pro-solidarisch sein zu können. In das Lesebuch der großen geistlichen Texte unserer Gegenwart gehört sicherlich ihr Manifest »Missionare am Ort«, das diesem Zusammenhang aus Wüste und industrieller Stadt gewidmet ist; vgl. Delbrêl NK/1975:54–57. Hier nur ein Auszug, um die Sprachkraft dieses Textes anzudeuten: »Alle Straßen sind uns begehbar, in jeder Untergrundbahn kann man sitzen, alle Treppen steigen, den Herrn überallhin tragen (...) Wüste der Massen. In die Masse eintauchen wie in den weißen Sand. Wüste der Massen, Wüste der Liebe. Nacktheit der wahrhaften Liebe. (...) Diese so traurige Frau mir gegenüber (...) Dieses vor lauter Bleichsein fast graue Kind (...) Dieser so müde, so müde Mann (...)«

131 Delbrêl GO/2015:69; vgl. auch Delbrêl LU/2020:91.

132 Delbrêl FG/1991:76.

133 Delbrêl LU/2020:91. Dort auch das folgende Zitat.

tigt. Inkarnation im jesuanischen Sinn ist nicht Gewalt, sondern Geburt. Ohne die freie Zustimmung von Menschen kann Gott sozusagen nicht nur nichts tun – er will es auch gar nicht. Nichts widerstreitet dem Wesen Gottes mehr, als sich aufzuzwingen. Diese Einsicht ist breit bekannt. Sie hat aber eine weniger rezipierte Rückseite, einen *genitivus objectivus* – und diesen betont Madeleine Delbrêl mit gleicher Stärke. Gott beansprucht auch selbst in gleicher Weise, freigelassen zu werden. Das aber können nur Menschen, die sich auch an Gott nicht binden, um nicht einsam zu sein. Gott braucht Menschen, die ihn nicht (ge)brauchen. Ähnlich wie es eben für den ›horizontalen‹ Bereich skizziert wurde, ist es auch ›vertikal‹: Auch eine vitale Gottesbeziehung ist kein Narkotikum gegen die Ängste der Leere; auch Gott ist kein Mittel zum Zweck. Auch Gott will um seiner selbst geliebt werden, nicht wegen der Effekte einer Beziehung mit ihm. Mit anderen Worten, und das ist in der geistlichen Literatur durchaus ungewöhnlich: Gott sendet einen Menschen nicht in die Einsamkeit, damit er sich von dort aus, in seiner Not, in Gott verankere. Dies wäre ja eine rein kompensatorische Lösung, die auf eine wenig partnerschaftliche Beziehung zu Gott zuliefe. Nein, mit Madeleine Delbrêl wird denkbar: Weder Gott noch der gottsuchende Mensch wollen Einsamkeit; diese aber ergibt sich folgerichtig aus der tiefen Bereitschaft, weder sich noch den Anderen – und sei es Gott selbst – an die Kette der eigenen Bedürftigkeit zu legen. Aus der radikalen Weigerung, den Anderen zu binden, ergibt sich – als Konsequenz, nicht als Absicht – Einsamkeit.[134]

Wo eine so fundamentale Freiheitsqualität in eine Menschen- oder auch Gottesbeziehung einzieht, strahlt sie aus und kann ebenso fundamentale Erfahrung von Gemeinschaft bewirken. Durch den Riss fällt Licht. Ja, wenn man so will: Die Bereitschaft zum Riss macht das Licht. »Seine großen Begegnungen mit Gott hat der Mensch allein.«[135]

---

134 Vgl. zur Anwendung dieses Gedankens auf Sakramente und die Bedeutung des Priesterlichen in der Kirche Sellmann 2022.

135 Delbrêl LU/2020:91.

Hier liegt der Anschluss an eine DYNAMIS-Klugheit für Menschen ohne religiöse Bindung. Madeleine Delbrêl hat erfahren, dass man in der Kraft des prägenden Ideals bleibt und andauernd seine Kraft empfängt, wenn man sich nicht von ihm binden lässt. Auch ein lebensbestimmendes Ideal – sei es ein Wunschtraum, ein großes unerfülltes Bedürfnis, ein Mensch, eine Gruppe, eine politische Lehre, ein besonderes Lebensziel – wird freiheitseinschränkend, wenn man von ihm die ganze Bewältigung der Existenz erwartet. Es degeneriert dann schnell zur Ideologie; und die Kritik an diesem Ideal kann so gefährlich werden, dass man sich mit Gewalt dagegen verwahrt. Kein Ideal, sei es ein religiös oder nicht-religiös formatiertes, kann einem als frei gedachten Menschen diese Freiheit abnehmen.[136] Kraft wird paradoxerweise nur von einem Ideal vermittelt, das man auch lassen kann. Eine große, mitunter vielleicht sogar tragische Paradoxie prägt die Lebensklugheit der DYNAMIS: In guter, konstruktiver Weise wird dich nur das prägen, was Dich loslässt, weil Du es loslässt. Oder im O-Ton der Französin:

> »Uns Leuten von der Straße [damit meint sie sich und ihre Gefährtinnen, MS] scheint die Einsamkeit nicht die Abwesenheit der Welt zu sein, sondern die Anwesenheit Gottes. Dass wir ihm überall begegnen, macht unsere Einsamkeit aus. Wahrhaft einsam zu sein heißt für uns, an Gottes Einsamkeit teilzuhaben.«[137]

---

136 »Die Welt retten heißt nicht, ihr das Glück bringen, sondern ihr den Sinn ihres Leidens und eine Freude vermitteln, die niemand ihr rauben kann.« (zit. bei Löw 1975:38).

137 Delbrêl NK/1975:50. Vgl. auch Delbrêl GwL/2013:115: »Die Einsamkeit, o Gott, besteht nicht darin, dass wir allein sind, sondern darin, dass du da bist.« Im Rückbezug auf die Geschichte vom Löwen im Stein aus Kapitel 3 kann man also sagen: Delbrêl entdeckt in der Wüste der Massen den Löwen im Stein, wo andere nur Sand sehen. Das macht ihre Einsamkeit aus. Mit Blick auf die Kompetenz der DYNAMIS ist das ausdrucksstark: Das kraftspendende Ideal wird eben nicht wie ein goldener Löwe vor sich hergetragen, sondern DYNAMIS ist das Vermögen, den Löwen auch dort zu ahnen und zu entdecken, wo er auf den ersten Blick nicht vermutet werden konnte – wie eben hier in der Einsamkeit. Ich danke Björn Szymanowski für diese Hinweise.

Madeleine Delbrêl hat diese Einsamkeitsbereitschaft gehabt. Und je länger sie solche Erfahrungen des Risses gemacht hat, desto mehr kam sie offenbar auch in eine entsprechende Ausstrahlung. Dies ist der zweite Pol der Ellipse in der Sozialdimension, den wir kurz anzusprechen haben: die Güte. Ohne Güte wäre, das ist sicher plausibel geworden, ihre frei gewählte Einsamkeit einfach nur das Fehlen von etwas. Ihr Freund Jacques Löw berichtet jedoch, dass nicht ein Fehlen, sondern eine Fülle das Leben der Delbrêl geprägt hat: »Ihre letzten Jahre werden ein Hymnus auf die Güte sein, sie wird keine Gelegenheit versäumen, davon zu reden, sie wird das abgewertete Wort aufwerten und es mit der göttlichen Liebe verknüpfen: ›Sie ist das ABC; wo keine Güte ist, ist auch keine Liebe.‹«[138]

Über den Pol der Güte materialisiert sich, was eben erarbeitet wurde. Es geht in der Sozialdimension der DYNAMIS immer um Begegnung aus Freiheit. Die Einsamkeit ist das, was sich ergibt, wenn man den anderen aus Güte radikal freilässt. Nicht die heroische Einsamkeit ist das Ziel, sondern die Güte. Hier greift ein Zusammenhang, den Madeleine Delbrêl an anderer Stelle in ihren augenzwinkernden Aphorismen vom Kleinen Mönch so ausdrückt: »Mühe dich nicht zu schweigen, hör lieber zu.«[139] Analog hieße der Satz: Mühe dich nicht, bewusst einsam zu sein – sei lieber in radikalem Sinne gütig –, dies wird dich in die Einsamkeit bringen.

Dieses Ziel einer Güte, die keine Bedingungen macht, wird der Delbrêl in ihrem Leben immer intensiver deutlich. In ihrer ausführlichen Interpretation kommt Dorothee Steiof zu demselben Ergebnis wie der eben vorgestellte Angang: Güte bei Delbrêl ist die konkrete, sinnenfällige, dreidimensionale Hervorhebung des

---

138 Löw 1975:35. Vgl. auch ebd.:9–12 die Zeugnisse von dankbaren Menschen, die Madeleine Delbrêl getroffen haben. Auch wenn diese Berichte alles andere als objektive Charakterstudien sind oder sein wollen, zeigen sie doch eindrücklich die Erfahrung von »echtem Verständnis« (10), ermutigender »Intuition« (11) oder den »Erfindungen ihres Herzens« (12). Auch Steiof 2013:296 bestätigt, dass Delbrêl in den letzten Jahren vermehrt von der ›Güte‹ spricht; ähnlich Schleinzer 2015a:219.

139 Delbrêl KM/1984:20.

Eigenwertes des Anderen; ja: jedes Anderen.[140] Jemandem zu begegnen, der wirklich und kraftvoll gütig ist, hat den Effekt von »Sauerstoffzufuhr für die Herzen«.[141]

Über die Polarität von ›Einsamkeit‹ und ›Güte‹ erhalten wir damit eine zweite Konkretion der DYNAMIS-Kompetenz. Offenbar hat Madeleine Delbrêl die paradoxe Erfahrung gemacht, dass man in der Bindewirkung eines positiven Ideals genau dann bleibt, wenn man sich eben nicht vollendet binden lässt. DYNAMIS beinhaltet eine letzte unaufgebbare Distanz. Nicht das Ideal ist das Höchste, sondern der Mensch in seiner Freiheit selbst. Das Leben in der DYNAMIS-Kompetenz ist daher auch keine Folge eines Leistungs-Automatismus, kein Resultat von Kraftanstrengung. DYNAMIS ergibt sich nicht dann, wenn man es will oder braucht. Theologisch würde dies ohnehin der Freiheit einer Geistwirkung widersprechen. Und um Freiheit geht es hier. DYNAMIS ist damit auch keine Droge, keine jederzeit besuchbare Zuflucht in einer guten bergenden Macht. DYNAMIS, so arbeitet Madeleine Delbrêl fast ätzend scharf heraus – und kommt hier übrigens Dietrich Bonhoeffer sehr nahe – soll das alltägliche Leben nicht abpuffern, umhüllen oder romantisieren. Vielmehr ereignet sich die Kraftwirkung dann, wenn man es riskiert, selber frei zu sein. Gradmesser für dieses Wagnis, ›jemand zu sein‹ – so würde es die Französin ausdrücken – ist aber auch wiederum nicht die heldenhafte, im falschen Sinn existenzialistisch verstandene Verweigerung jedweder Abhängigkeit. Viel-

140 Vgl. Steiof 2013:296–302. Übereinstimmend auch Böhme 1997:116f; Schleinzer 2015a:219–223; Heimbach-Steins 1994:90f. Alle vier Autorinnen beziehen sich besonders auf den Originaltext ›Güte‹ von Delbrêl (NK/1975:135–142; vgl. auch ebd:230–232). In einer schönen Formulierung heißt es hier: »In einem Mitmenschen der Güte Christi begegnen, heißt für einen Menschen vor allem, dass er selber in seinem Eigenwert angetroffen wird. Die Welt zwingt uns, wir selbst plus etwas anderes zu sein: Familie, Beruf, Nationalität, Klasse … Sie stellt uns gewaltsam in die Serie. (…) Für die Güte Christi existiert ein jeder einzeln, und alles übrige wird damit relativ.« (ebd.:140).

141 Ebd.:139. Der Vollständigkeit halber sei noch hinzugefügt, dass vor allem Papst Johannes XXIII. für Delbrêl ein Vorbild von Güte war; vgl. ebd.:272–274.

mehr zeigt sich das freie Personsein darin, wie frei man andere lassen kann. Das ist der Pol der ›Güte‹.

Dann kommt Kraft und dann bleibt sie, so kann man Madeleines Lebensklugheits-Tipp zusammenfassen, wenn man sogar diese Kraft frei lässt.

Kraft aufnehmen in der *Zeit*dimension: Präsenz und Ewigkeit

Eine dritte Präzision zur DYNAMIS-Kompetenz erbringt die interessierte Nachfrage, wie Madeleine Delbrêl mit Zeit umgegangen ist: also mit Hektik, Älterwerden, Terminplanung, Tagesgestaltung usw. Auch diese ihre Ausführungen ergeben eine dialektische Spannung zweier Pole. Sie sollen ›Präsenz‹ und ›Ewigkeit‹ genannt werden.

Die Frage nach einem intelligenten Zeitmanagement kann ja schnell als ein Grundzug der Frage nach Lebenskunst identifiziert werden. Hier muss man wirklich kaum tiefer graben; ganz offensichtlich fordert ein aktives, kreatives und selbstbestimmtes Leben in der Gegenwartsgesellschaft besonders dazu heraus, sich mit ihrer typischen Zeitsignatur ins Benehmen zu setzen. Hartmut Rosa hat in sehr bekannten Analysen den Beschleunigungscharakter modernen Lebens beschrieben.[142] Allgegenwärtig ist die Rede von der zu findenden *Work-Life-Balance.* Und auch das so vielbeschworene antike Lebensklugheitsmotto ›carpe diem‹ zielt ja erkennbar auf die Zeitdimension. Ein letzter Beleg: In seinem auflagenstarken Buch zur Stressbewältigung lässt der Erfolgsautor Gerd Kaluza keinen Zweifel daran, dass gerade die innere Hektik angesichts vieler Wahloptionen in einen Zustand führen kann, für den schon das Ablaufen von Zeit an sich zur chronischen Bedrohung heranwächst.[143]

Wie nützt man also Zeit so, dass man nicht ausgenutzt wird? Wie vertreibt man sich eine Zeit, die einen doch angesichts des

---

142 Vgl. Rosa 2005; für die Theologie vgl. den Sammelband von Kläden/Schüssler 2017.

143 Vgl. Kaluza 2018. Zur Zeitdimension in der Lebenskunstphilosophie vgl. auch den Klassiker Schmid 1998:355–361; für die theologische Reflexion vgl. die Beiträge in Karle 2011.

unausweichlichen Todes permanent vor sich hertreibt? So lauten Fragen, an denen kein Konzept von Lebensklugheit vorbeikommt. Jeder seriöse Beitrag zur Lebensklugheit muss zu diesem Thema nicht nur Sinnvolles, sondern auch Praktisches beitragen. Das gilt auch für geistliche Theologie.

In unserem Zusammenhang fokussiert sich die Frage noch etwas: Denn uns geht es ja um die DYNAMIS-Kompetenz, also um die produktive Offenheit für die ›guten Mächte‹, für die kreativen Energien, die durch ein entschlossenes Leben von PHYSIS- und KENOSIS-Klugheit zugänglich werden. So gestellt, wird das forscherische Interesse zweifach: Wie kann man mit seiner Zeit erstens so umgehen, dass sie in diese Kraftfelder führt – und nicht von ihnen weg? Und zweitens: In welchen Zeitumgang führen mich diese Kräfte ihrerseits hinein? Wie verändern sie mein lebensgestalterisches Verhältnis zu Uhr, Kalender und Tagesplanung?

Auch zu diesen Fragen kann man mit großem Gewinn die Schriften von Madeleine Delbrêl konsultieren. Kenner:innen werden dabei schnell gewahr, dass die französische Christin eine bestimmte Fähigkeit an den Tag legt, die als typisch für bewusstes geistliches Leben gelten kann. Chiara Lubich etwa nennt es ›das Leben des gegenwärtigen Augenblicks‹, Meister Eckart spricht vom ›Nu‹, Johannes XXIII. von der ›einen Aufgabe‹, Therese von Lisieux vom ›Heute‹.[144] Gemeint ist das vorbehaltlose Sich-Einlassen auf den gerade jetzt gegebenen Moment. Das, was sich Dir jetzt als Aufgabe zeigt, als Herausforderung, Anruf, Chance, als Dein unvertretbarer Platz – dem widme dich ganz, und zwar: jetzt. Da man weder über die Zukunft verfügen kann noch über die Vergangenheit, kann sich ein biografisches Gestaltungsinteresse ausschließlich auf die Konstellation der Gegenwart richten. Klug ist es, das Leben nicht dadurch zu verpassen, dass man den nicht genutzten Chancen von früher hinterhertrauert oder den noch nicht nutzbaren von gleich entgegenfiebert. Denn wäh-

144 Vgl. nur Lubich 2005. Das Buch bietet eine Fülle von geistlichen Texten (auch anderer Autor:innen), Bibelstellen, Bildern und kurzen Erläuterungen zu diesem zentralen Topos christlicher Spiritualität.

rend man das tut, könnte man bereits das tun, was man früher wollte oder zukünftig plant: aktiv da-sein, sich einbringen, aufmerksam leben.

Diese bestimmte Form von Sorglosigkeit – denn Sorge ist ja nichts anderes als die Vorwegnahme von potenziell negativen Zukünften – ist christlich deswegen möglich, weil man in einem starken Vertrauen auf jenen ›Gott-mit-uns‹ lebt, den man nicht nur abstrakt, sondern radikal konkret als Begleiter jedes Momentes voraussetzt. In dieser Form von Unmittelbarkeit der Gegenwart gegenüber sehen viele Lehrer:innen geistlicher Lebensklugheit den Widerhall zum Jesus-Ruf der Bergpredigt aus dem Matthäus-Text: »Sorgt euch (...) nicht um morgen, denn der morgige Tag wird für sich selbst sorgen.« (Mt 6,34).[145]

Madeleine Delbrêl bietet zunächst dasselbe Konzept eines radikal präsentischen Christseins an. Darin ist sie wenig originell und will das auch gar nicht sein. Schaut man jedoch genauer hin, wie sie das umsetzt, hält sie ihren nun schon bekannt unkonventionellen Kurs und erarbeitet hilfreiche Akzente eines solchen Lebensstils voller achtsamer, wirkungsvoller Präsenz.

Es gibt eine Beobachtung, die wie in einer Miniatur das besondere Zeitklugheits-Profil der Delbrêl aufscheinen lässt. So wird von einer ihrer Weggefährtinnen berichtet, Christine de Boismarin. Diese schildert, dass die Delbrêl viel zu viel geraucht hat. Zu Beginn jeder Besprechung, zu Beginn jeder neuen Aktion und gerne immer wieder zwischendurch zündete sie sich erst einmal eine Kippe an. Das hatte mit Sicherheit mit Genuss zu tun, mit Stil, mit Gewohnheit, mit Zeitgenossenschaft. Boismarin aber berichtet: »Durch Zufall entdeckte ihre Umgebung, dass sie diesen kurzen Augenblick [des Anzündens, MS] zu Sammlung und Gebet benutzte, die für diese Begegnung notwendig

145 Vgl. den ganzen Abschnitt ebd.:19–33 mit den bekannten Bildern von den Lilien auf dem Felde und den Vögeln des Himmels. Beachte auch die Bitte Jesu im Vaterunser: »Unser *tägliches* Brot gib uns *heute*«. Viele weitere Perikopen lassen sich benennen. Spiritualitätsgeschichtlich ist der Bezug auf das Motiv der ›Wachsamkeit‹ bedeutend; vgl. nur Mt 24,42f; Lk 12,37; Apg 20,31; 1 Thess 5,6. Ähnlich wichtig für das Motiv des dauernden ›Neu-Beginnens‹: Phil 3,13.

waren.«[146] Kettenrauchen als Kniff, um in der Lebensklugheit zu bleiben; Kettenrauchen als kurzer unbeobachteter Moment der inneren Sammlung; als Konzentrationsmoment für das, was anschließend zu tun sein wird; Kettenrauchen als kleines Date mit Gott, immer wieder zwischendurch – das kann man sicher als originell betrachten. Niemand sage, in der christlichen Spiritualitätsgeschichte würde man nur skurrilen, weltfremden Leuten begegnen!

Für die Delbrêl war dies einer ihrer unzähligen »Tricks«,[147] wie Boismarin notiert, um im Jetzt zu leben. Und sie wollte diese Kleinkunst auch vermitteln. Es liegen eine ganze Reihe von solch konkreten Überlegungen und Hilfen vor. Alle zielen sie ab auf ein zeitgenössisches, urbanes und proletarisch-armes Leben, das geprägt ist von oft dramatischer Zeitknappheit. Hier liegt die Originalität von Madeleine Delbrêl: Sie hat wie wohl keine andere Persönlichkeit die großen kontemplativen Traditionen des präsentischen Lebens auf die aktivische Lebenssituation der Städte bezogen: auf den Verkehr der Massen, die Typik der zahllosen anonymen Begegnungen, die Schnelligkeit der zu fällenden Entscheidungen, die Ermüdung der dauernd wechselnden Reizumgebungen.[148] Die Stadt wird ihr zum Lernort des Glaubens-

---

146 Boismarin 1986:152.

147 Ebd.

148 Vgl. nur das starke Statement in Delbrêl GwL/2013:64: »Der Rückzug in die Wüste kann aus fünf Stationen Untergrundbahn am Schluss eines Arbeitstages bestehen (...) Dagegen kann uns die Wüste selber keine Sammlung bieten, wenn wir gewartet haben, um erst in ihr die Begegnung mit dem Herrn zu ersehnen.« Oder kürzer, ironischer: »Es ist ungewiss, ob der Duft der Felder dich sicherer zu Gott führt als der Lärm der Großstädte.« (Delbrêl KM/1984:66). – Es ist eigens und stark zu betonen, wie selten in der christlich-spirituellen Literatur eine solche unbedingt ressentimentfreie Wahrnehmung des Urbanen zu finden ist, wie sie Madeleine Delbrêl kultiviert hat. Gewinnbringend wäre es, diese Anerkennung des Großstädtischen mit den Reflexionen des Begründers der Stadtsoziologie, Georg Simmel (1858–1914), zu vergleichen. Dieser lebte in Berlin, sie lebte in Paris. Beide analysieren, wie die Industrialisierung auf die Gestaltung der sozialen und mentalen Beziehungen wirkt; beide sind sehr aufmerksam auf die Zeitsignatur dieses Wandels vom Agrarischen zum Urbanen. Simmel aber ist beschreibend; Madeleine Delbrêl geht es um Intervention.

lebens. Darin liegt ihre Größe. Wie kaum eine andere versucht Madeleine Delbrêl gar nicht erst, bestimmte monastische Ideale oder des aszetischen Rückzuges in diese urbane Kultur hinein zu implementieren. Vielmehr fordert sie, dass diese Tradition selbst verändert werden muss, damit es passt.

Wie so oft, bietet sie für diese fällige Transformation des geistlichen Stils ein starkes Bild an, das – natürlich! – wieder aus dem Assoziationsfeld des Technischen und Industriellen stammt.

> »In weiten Gebieten der Welt kennen die Leute als Brennstoff nur Holz und anderswo Holz und Kohle, aber es gibt auch Öl. Um eine Öl-Schicht zu erreichen, spielt die Ausdehnung keine Rolle. Man braucht nicht Tausende von Quadratkilometern auszubeuten (…) Man bohrt senkrechte Schächte, deren Öffnung lächerlich eng ist, dringt aber so tief hinunter als nötig, um die Ölschicht zu erreichen.«[149]

Die Französin parallelisiert im Kontext dieses Bildes die Dimension des Raumes mit der der Zeit. Das gemeinsame Dritte ist das Bedürfnis nach Energie. So wie das vormoderne Leben Wohlstand aus der agrarischen Raumnutzung in der Weite gezogen hat, generiert das städtische Leben denselben Effekt, allerdings in Folge von Maschinenbau mit immer weniger Intervention in den Raum. Dieser steht städtisch ja auch gar nicht mehr zur Verfügung.

Wir müssen hier keine siedlungs- und technikgeschichtlichen Runden drehen, denn auch die Delbrêl hat hierzu keine Ambitionen. Ihr Ziel ist es ausschließlich, diesen Vergleich auf die Gewinnung inneren Wohlstands zu legen, auf die Ausbeutung innerer Energieressourcen. Als Christin bezieht sie sich dabei auf die Praxis des Betens. Beten ist nämlich für sie – und für die

---

Vgl. theologisch zu Simmel generell Sellmann 2007:331–462; speziell zur Stadtsoziologie und Citypastoral Sellmann 2013.

149 Delbrêl GwL/2013:82. Vgl. ähnlich auch ebd.:61–63. Ebd.:62 heißt es augenzwinkernd »Zuweilen denke ich, wenn der Herr unter uns weilte, kämen in seinen Gleichnissen Bohrtürme vor.« Die folgenden Ausführungen folgen vor allem der Gedankensammlung im Buch »Gebet in einem weltlichen Leben« (= Delbrêl GwL/2013).

eingangs bereits benannte christliche Spiritualitätsgeschichte – der Königsweg, um im Jetzt zu leben. Indem die bewusste Gestaltung des jetzigen Augenblicks nicht nur eine äußere ›weltliche‹, sondern auch eine innere ›geistliche‹ Begegnungsqualität bekommt, degeneriert sie nicht in Planlosigkeit oder Vergangenheitsvergessenheit. »Betet allezeit«, wie Paulus es im Brief an die Thessalonicher rät (1 Thess 5,17) – das kann ja nicht bedeuten, das normale Leben verantwortungslos zu führen. Allezeit beten, das heißt für die großen Lehrer:innen geistlichen Lebens, jetzt zu beten. Und ›jetzt‹ betet man, wenn der aktuelle Moment in vitalem Dialog mit Gott gelebt wird – in aller Normalität dessen, was eben ›jetzt‹ zu tun ist.

Das Zitat fährt daher fort:

> »Heutzutage ist in manchem städtischen Leben das Gebet nur durch Bohrungen möglich, wobei Intensität die Dauer ersetzt. Solch kräftiges und sichtloses Hinabtauchen strebt in der Tiefe zu Gott hin, in konzentrierten Akten des Glaubens, des Hoffens und der Liebe. Ihre Beharrlichkeit besteht in einer gebrochenen Linie, aber ihr wiederholter Vorstoß erreicht die Tiefe zu der Stunde, die Gott bestimmt, an der Stelle, wo man Gott schöpft.«[150]

Anschaulicher geht es kaum. Das Gebet ist wie ein Öl-Bohrturm, dessen Maschine in die Tiefe stößt, dafür wenig Raum und Zeit benötigt und doch Unmengen an Kraftstoff hervorholt. Diese Analogie ist voller Anerkennung für ein modernes beschleunigtes Leben, gerade auch in der Gestalt von prekären Lebenswelten, in denen das Zeitdiktat andere setzen.[151] Sie ist voller Aberkennung für das Recht romantischer Sentimentalitäten, denen gemäß in früheren Zeiten geistliches Leben einfacher war, weil angeblich alles ruhiger, vertrauter und kleinformatiger vor sich ging. Und sie ist voller Anspruch: Denn aus dem Gesagten wird ja eben nicht gefolgert, grassierende Zeitnot müsse am Beten hindern.

---

150 Ebd.:82.

151 Vgl. ebd.:60: »Arm sein, heißt in vielen Gebieten, an eine Arbeit gefesselt zu sein, die auf die Zeit, die ein Menschenleben für sich braucht, keine Rücksicht nimmt.«

Im Gegenteil: Madeleine Delbrêl wird geradezu zur Klugheits-Trainerin, wie man auch in hektischen und bedrängenden Taktungen jenen Draht zum Augenblick nicht nur nicht verliert, sondern andauernd kultiviert. Hierzu hält sie eine ganze Fülle an Ratschlägen bereit – und diese beinhalten nicht nur, man möge Kettenraucher:in werden ...[152]

Zum Beispiel beobachtet sie aufmerksam, dass gerade das moderne Leben eines der dauernden Wechsel ist. Termine werden nacheinander aufgeschichtet, schnelle Ortswechsel werden abverlangt. Mobilität ist nicht nur eine Anforderung an die Nutzung von Verkehrsmitteln, sondern auch eine an mentale Dauerbereitschaft zur Veränderung. Statt dies zu beklagen, erkennt Madeleine die Chance, dass dauernde Wechsel auch dauernde Transformationszeiten bedeuten. Man wechselt von Zimmer zu Zimmer, von Person zu Person, von Thema zu Thema. Oft bewegt man sich also in Transit-Momenten. Diese gelte es aufmerksam zu nutzen. Das innere Zwiegespräch mit Gott; das kurze Abschiednehmen von der gerade abgeschlossenen Situation; das innere Hervorholen dessen, was nun folgt; das Sammeln der Konzentration; der Aufbau innerer Distanz – all das ist nicht nur kluger Gegenstand von Stressbewältigungsseminaren, sondern zugleich Anleitung zum Beten.[153] Allgemein gesprochen, lautet ihr Tipp also, gerade diese Transits als inneren Dialog mit dem eigenen Ideal zu nutzen; einen Abgleich durchzuführen: Bin ich auf der Linie meiner Selbstbestimmung? Geschieht hier das, wozu ich ›ja‹ sagen kann; kann ich meine innere Passung zu dem Äußeren neu justieren? Dies ist nicht als quälende Dauerreflexion gemeint, auch nicht als skrupulöse Innenschau – sondern als Chance für Kraftbegegnung. Madeleine kann sogar erwägen, dass man ex-

---

152 Eine schöne Kompilation dieser Tricks und Ratschläge bietet Nürnberg 2015.

153 Vgl. Delbrêl LU/2020:86f: »Das Leben enthält nicht nur viele Handlungen, die gebetet werden sollten, sondern auch winzige Leerräume, die das Gebet benützen und zu tiefen Quellen machen kann.«; ähnlich Delbrêl NK/1975:65 – hier spricht sie von der Bereitschaft zu den vielen kleinen ›Einsamkeiten‹. Ähnlich Delbrêl KM/1984:90–93; Delbrêl NK/1975:53.61.63; Delbrêl GwL/2013:64f.

tra ein wenig zu spät kommt, damit man solche Unterbrechungsmomente für die innere Energieaufnahme gut nutzt.[154]

Als Metaphern für die chancenreichen kleinen Zeiten hat sie weitere starke Bilder: Wir sind umgeben von »Zeit-Staub«;[155] es gibt kleine »Zeitmulden«,[156] die man klug füllen kann. Die Kunst besteht in einer trainierbaren Fähigkeit zur »Blitz-Hinwendung«[157] zur ichbegründenden Kraft.

Solche ›Bohrungen‹ können allerdings, ganz im Sinne der Metapher, nicht spontan durchgeführt werden. So klein der Einstich in den Boden auch sein mag, und so groß die Öl-Menge, die man potenziell gewinnt: vorbereiten muss man auch solch einen Schritt. Dies ist der dritte Tipp zum energieförderlichen Zeitumgang im Sinne der Delbrêl. Sie formuliert es so:

> »Um in unserem Leben zu bohren, darin Gebetsschächte einzurichten, gilt es, *im voraus* die spärlich verfügbaren Räume zu entdecken, die dafür günstigsten Augenblicke auszukundschaften; wahrzunehmen, welche am besten jene Stunden versorgen können, da unser Glaube, unsere Hoffnung, unsere Liebe sich abzunutzen, zu versiegen scheinen.«[158]

Jede:r Stresstrainer:in würde hier zustimmen, wenn auch in anderer Sprache. Es ist klug, jene Phasen zu antizipieren, in denen man besonders gefordert sein wird; und daher die Energiespei-

---

154 Vgl. Delbrêl GwL/2013:83.

155 »In das beschäftigste, umhergeworfenste Leben dringen doch, wie feiner Staub, leere Zeitteilchen ein. Sieht man sie – man sieht sie nicht immer –, so müsste man auf den Gedanken kommen, sie zusammenzulegen und dadurch ein Stück verwendbare Zeit zu gewinnen. Wenn wir behaupten, beten sei unmöglich, so müssen wir uns auf die Suche nach diesem Zeitstaub machen und ihn, *so wie er ist*, verwerten.« (Delbrêl GwL/2013:82, H. i. T.).

156 Ebd.:64. Sehr anschaulich ebd.:64f »… das heißt, wir denken zehn Minuten lang ohne jeden ersichtlichen Grund an die Persil-Reklame auf dem Bahnsteig der Untergrundbahn.« Diese Zeitmulde kann ihrer Meinung nach kraftspendender gefüllt werden!

157 Ebd.:83. Ähnlich Delbrêl KM/1984:91: »Stundenlange Fast-Einsamkeit ist für die Seele weniger erholsam als ein Augenblick völligen Eintauchens in deine Gegenwart.«

158 Delbrêl GwL/2013:83 (H. i. T.).

cher vorher ausreichend zu füllen. Es ist klug, den eigenen Bio-Rhythmus zu kennen und einzuteilen, für welche Anspannung man die wertvollsten Ressourcen benötigen wird. Es ist klug, von sich zu wissen, zu welcher Tageszeit man am besten in seine mentalen Keller wandern kann, um sich seiner Fundamente zu vergewissern. Es ist klug, sich Umgebungen zu schaffen, die solche inneren Wanderungen nicht stören. An keine andere Klugheit appelliert Madeleine Delbrêl, wenn sie von der Schaffung der ›Gebetsschächte‹ spricht. Diese Momente der Krafterinnerung und der aktiven Energieaufnahme, die für sie aus Gebeten bestehen, sollen nicht improvisiert werden.[159] Sie setzen eine bestimmte »Disposition unserer selbst« voraus, »die wir so gern unterlassen oder aus Unwissenheit mißachten: die Sammlung.«[160]

Diese Arbeit an solcher Disposition[161] beinhaltet viele Akzente der geistlichen Tradition – nicht nur der christlichen! –, die auch Madeleine Delbrêl wiederholt: so etwa, sich nicht auf Störungen der Sammlung fixieren, sondern sich wieder in die Präsenz des kontemplativen Momentes zurückkommen lassen;[162] vorgefertigte Gebete und Rituale zu nutzen, weil sie Räume bieten, die man nicht erst selber aufwändig aufbauen muss;[163] oder sich nicht durch komplizierte Ratschläge Anderer zu den angeblich perfekten Gebetshaltungen oder -zeiten irritieren lassen.[164]

Überhaupt geht es im ›Leben des Augenblicks‹ ganz offensichtlich nicht darum, eine religiöse oder charakterliche Finesse zur

---

159 »Das Gebet benötigt die Zeit für das, was es mit der Zeit tun muss: Führer sein, Aufmerksamkeit, Energie, Werkzeug überall dort, wo es eingreifen muss. (...) Aber das lässt sich nur selten improvisieren.« (Delbrêl LU/2020:87).

160 Beide Zitate ebd.

161 Vgl. zum Dispositions-Begriff auch das Kapitel 4 zum Kompetenzverständnis in diesem Buch.

162 Beachte das intuitiv einleuchtende Bild Delbrêl GwL/2013:78: Störungen der Sammlung sind wie Mücken, mehr nicht. Erst wenn man aktiv Jagd auf sie macht, stören sie wirklich. Ähnlich Delbrêl KM/1984:67: »Die Zerstreuungen werden zum Gebet, wenn man mit Gott an sie denkt; gegen sie zu kämpfen, macht sie manchmal noch größer.«

163 Delbrêl GwL/2013:84.

164 Ebd.:78.

Virtuosität zu bringen; oder einen Betrieb zu errichten, der dann wieder Energie raubt, statt sie zu spenden. Das Ziel ist dauernder, vitalisierender Kraftkontakt, und das im ›Jetzt‹. Für solches Beten gilt: Es wird

> »hervorgelockt durch die Welt, nicht verhindert durch sie. (...) Wie der elektrische Strom den Leitungen entlangläuft, so folgt dieses Beten den Phasen unserer Tage, füllt ihre Hohlräume. Es lebt da, wo wir sind, es ist in den Werkstätten, wo wir arbeiten, am Tisch, an dem wir schreiben, in unseren Häusern, auf unseren Straßen. Es lauscht mit uns, spricht mit uns, es schenkt, tröstet, umsorgt, beruhigt. Es ist frei aus der Freiheit Gottes.«[165]

– – –

In all diesen kleinen Tipps und großen Erfahrungen wird eine dritte Dialektik deutlich, die die Sekundärliteratur zu Madeleine Delbrêl als ›präsentische Eschatologie‹ benennt.[166] Die Pole ›Ewigkeit‹ und ›Zeitlichkeit‹ werden originell verknüpft. Die Französin vermeidet bestimmte, in der christlichen Spiritualitätsgeschichte durchaus populäre Varianten: Weder vertröstet sie den Glaubenden weltflüchtig auf die Ewigkeit; noch verklärt sie den gegebenen Moment als vollständige Offenbarung des Gottesgeistes; noch versteht sie die Ewigkeit als regungslose Sphäre eines unbeweglichen Gottes; noch materialisiert sie die gegebene Geschichte als Kampfplatz für das Herbeizwingen einer besseren Zukunft; noch sortiert sie das geistliche Leben in eine Sphäre neben den Alltag oder für den Alltag; noch individualisiert sie das eigene Leben als Bewährungsstrecke für die Rettung der Seele.

Es ist angesichts dieser vielen ausgeschlossenen Alternativen nicht ganz einfach, die genaue Typik ihres Konzepts zu identifizieren. Auf jeden Fall aber kommt man ihrer feinen und speziellen Kunst eines kraftvollen Zeitumganges nur dann auf die Schliche, wenn man sich mit ihr voll in den jetzt gegebenen Augenblick hineinbegibt; indem man sich geradezu in die jetzt

---

165 Delbrêl FG/1991:16.

166 Wörtlich bei Böhme 1997:197; vgl. ebd.:189–203 sowie bei Heimbach-Steins 1994:72; vgl. ebd:69–72.

gegebene Geschichte verstrickt: mit diesem Menschen als Gegenüber, als die Person, die man eben ist; in dieser Stadt; in dieser Aufgabe usw. Folgt man der Delbrêl, lautet die Frage nicht: ›Wie konkret, wie real, wie zeitlich muss man sein?‹, sondern vielmehr: »Sind wir zeitlich genug?«[167] Denn paradoxerweise nur in, mit und durch die konkrete Gegenwärtigkeit gelangt man zu jener Größe, die den gegebenen Augenblick hält. Theologisch spricht man von ›Ewigkeit‹ ja nicht als einer anderen Zeitlichkeit in einer Art multiversaler Kosmisierung, sondern als Rahmung der Zeit, Begründung der Zeit, ja: Zeitigung der Zeit.[168] Dieses Motiv begegnet auch bei Delbrêl, allerdings praktisch: »Wir können durch den Glauben zu diesem ewigen Leben nur gelangen in der Zeit und durch die Zeit«, schreibt sie 1961.[169] Ewiges Leben ist also kein Gegenstück zum Realismus, sondern sogar ein anderer Name jener DYNAMIS-Erfahrung, die sich ergeben kann, wenn man die Wirklichkeit unbedingt anerkennt. Einfach gesagt: Je mehr radikale Einwilligung in konkrete Zeitlichkeit, desto mehr Begegnung mit der Dimension, zu der Zeitlichkeit – jedenfalls nach christlicher Deutung – hindrängt. Dies ist die Dimension des ›Lebens‹, wie es bei Madeleine heißt.[170] Passiv erlittene Zeitlichkeit steht unter dem Gesetz des Todes als dem Faktum, aus dem heraus überhaupt erst Zeit entsteht. Geliebte, gewollte, gemeinsam getragene Zeitlichkeit aber aktiviert die Energie des Lebens und Überlebens. Diese Lebenskunst der Hingabe an das Jetzt kann die Todessignatur der Zeit überwinden und eröffnet die Chance, in der Zeit dem zynischen Drama der Zeit zu entrinnen. Sie er-

167 Delbrêl NK/1975:175. Der kurze Text ebd.:175–177 mit dem Titel »Seinen Glauben prüfen« ist eine Art Miniatur für ihre Typik der Zeitklugheit.

168 Vgl. nur Haep 2007:158–174.

169 Delbrêl NK/1975:203; vgl. ebd.:201–213 den ganzen für die Analyse des Zeitumgangs bei Madeleine bedeutenden Text mit dem Titel: »Unsere Zeit als Zeit unseres Glaubens«.

170 Eine Deutung des Begriffes ›Leben‹ bei Delbrêl bietet Böhme 1997:200–202 (u.ö.), und zwar im Bezug zur johanneischen Theologie.

laubt, »die Umstände und Ereignisse unseres Lebens in ewige Ereignisse umzuwandeln.«[171]

Es gehört zur Redlichkeit der Delbrêl, dass sie diese Verwandlungskraft der Zeit vom Todesschicksal zur kreativen Lebenshoffnung nicht romantisiert. Hier geht es nicht um billige Hoffnung und schnelles Glück. Sie spricht vom Schmerz, den die Transformation kostet, vom »Höchstpreis«, der zu zahlen ist; Glaube ist ihr ein »gewaltsamer Zustand« voller »Anfechtung, Versagen, Ekel, Überdruß«.[172] Gerade wegen dieser Investitionen erweist sich glaubendes Leben als entschlossen reales Leben. Das, was geschieht, trägt die Chance möglicher Ewigkeit; kann Moment des guten Ewigen sein; kann gerade darum mehr sein, als es aus sich ist, weil es anerkennt zu sein, was es ist. »Der Glaube ist allen Ernstes die Wissenschaft von etwas Realem, das uns übersteigt und das uns angeht«,[173] sagt Delbrêl. ›Ewigkeit‹ muss nicht herbeigebetet, herbeigeschuftet oder herbeidoziert werden; Ewigkeit ist das, worin man schon ist, wenn man konkret ist. Mit den Worten des kleinen Mönch Alcide, den die Delbrêl erfunden hat, um große Wahrheiten gelassen auszusprechen: »Beten heißt nicht begabt, sondern da sein.«[174]

Drei Dimensionen: Kurze Zusammenfassung des Ertrages

Der Durchgang durch die DYNAMIS-Trainingsfibel der Delbrêl kann hier abbrechen. Vieles sollte deutlich geworden sein: ihr enormer Sprachreichtum; ihre spiritualitätsgeschichtliche Originalität; ihr Koffer voller konkreter Tipps; ihre Konkretheit; ihre Urbanität und ›Heutigkeit‹. Aber auch: ihr persönliches

171 Delbrêl NK/1975:229. An anderer Stelle (ebd.:176) derselbe Gedanke, nur sehr anschaulich: »Gott serviert uns die Umstände nicht wie fertig Gekochtes, Abgeschlossenes. Er reicht sie uns so, dass wir sie vollenden, dass wir daraus seinen Willen machen (sic!) können.«

172 Alle Zitate ebd.:229.

173 Delbrêl NK/1975:206; vgl. ähnlich ebd.:241: »Der Realismus des Glaubens kann ein übernatürlicher Realismus nur sein, wenn er ein natürlicher ist.« Sehr dicht auch die Metapher ebd.:203: Der Glaube ist ein »Passant«, denn er ist »dazu bestimmt, zu vergehen«.

174 Delbrêl KM/1984:69.

Drama; ihre Radikalität; ihre Ehrlichkeit; ihre Kritik an einem verbürgerlichten Christentum; die dialektische Grundanlage ihres Denkens und Glaubens.

In den drei Ellipsen der drei Sinndimensionen haben sich drei Wege gezeigt, aus der DYNAMIS-Erfahrung zu leben. Die Disposition zu Kompromisslosigkeit, Einsamkeit und Präsenz wurden als die Pole erkennbar, für die es Krafteinsatz braucht, vor allem Mut und Risikobereitschaft. Die Größen des Respektes, der Güte und der Ewigkeit schienen auf als die Pole der Kraftwirkung. Theologisch: der Gnadenerfahrung. Geistlich: des Hundertfachen.[175] Natürlich sind beide Pole einander zugeordnet und bedingen einander. Gerade das ist ja das Besondere der Ellipse, dass jeder Kraftpol aus der Kraft des jeweils anderen schöpft.

So entsteht ein Gesamtkonzept, das man, wie gesehen, sehr klar als Kompetenz beschreiben kann. Man kann DYNAMIS ebenso kultivieren und wahrscheinlicher machen wie PHYSIS und KENOSIS. Madeleine Delbrêl sagt, wie.

Ein Gedanke kann als zentrale Figur abschließend auf alle drei Dimensionen gelegt werden, um die erreichte Komplexität wieder in jene Richtung zu lenken, um die es der Delbrêl immer ging: die einfache Tatkraft; die Umwandlung des Großen in das jetzt Gebotene. Nicht jeder ist Mose und muss den Sinai besteigen; aber viele stehen vor einer Treppe, die sie in Konsequenz ihrer Überzeugung hochzugehen haben. Also dann: »Für einen, der Gott sucht wie Mose, kann eine Treppe der Sinai sein.«[176] Sucht man eine ähnlich einfache Formel, über die man schnell und präzise synthetisieren kann, was wir oben hinsichtlich Sache, Sozialität und Zeit entfaltet haben, landet man bei einem Wort, das man getrost als genial bezeichnen kann und das weiter theologisch auszuloten enorme Gewinne verspricht.

Ob jemand wirklich als Christ:in lebt oder doch noch im Reich der Ideen herumschwebt, entscheidet sich für Delbrêl daran, ob man nicht irgendwie für alle und im allgemeinen ein guter Mensch ist, sondern ob man ›jemand‹ für ›jemanden‹ wird. In ei-

175 Nach Mk 4,8.

176 Delbrêl KM/1984:70.

ner Spitzenformulierung bekennt sie: »Dass Gott ein Jemand ist, ist für mich die beste Übersetzung von ›Ich glaube an Gott‹.«[177] Ähnlich: »Wir müssen diese persönliche Liebe eines Jemand zu einem Jemand wiederfinden.«[178] Oder: »Mit brennendem Realismus das Wort ›Bruder‹ wörtlich nehmen, mit dem er von uns angeredet werden will.«[179] »Es ist schwieriger als man denkt, Frau X., Herrn Y, Fräulein Z und nicht ›die Leute, die zum Bereitschaftsdienst kommen‹, zu empfangen.«[180]

Es ist klar, was gemeint ist; und es ist sofort deutlich, dass diese Fähigkeit zum ›Jemand-Sein‹ sowohl sachlich wie sozial wie zeitlich ausrichtet. Wer den Anderen nicht nach Kategorien sortiert, sondern ihm die Chance eröffnet, sich als unverfügbare, einzigartige und niemals wiederholbare Person zu erleben, der lebt in der Sachdimension die Pole des Kompromisslosen und des Respektes. Er sieht ihn nicht unter seriellen, funktionalen Aspekten – nicht als Nummer, Vertreter:in, Kund:in, Betroffene:r o. ä. – sondern als Mensch mit einem Namen und einer unvertretbaren Geschichte.[181] Wer selbst ein Jemand ist, der sich selbst als unableitbares und unabhängig selbstbestimmtes Subjekt führt, und der darum niemanden kompensatorisch instrumentalisieren muss, der ist in der Sozialdimension ein Einzelner, ein Einsamer im Wortsinn und genau deswegen fähig zur Güte. Und wer seine Zeit einsetzt, um Anderen solche ›Jemand-mit-Jemand‹-Begegnungen anzubieten, taucht ganz präsentisch in das Jetzt ein, um seine Potenzialität zum Leben freizulegen.

Diese Jemand-Idee muss hier nicht näher ausgeführt werden. Man kann sie aber zweifach erweitern. Zum einen in Richtung expliziter Religiosität: Für Madeleine ist klar, dass auch Gott in dieser radikalen Geschichtlichkeit lebt und wirkt. Er ist ein ›Je-

177 Delbrêl NK/1975:180.

178 Ebd.:103.

179 Delbrêl FG/1991:16. Weitere aussagestarke Belegstellen finden sich bei Zeder 2007:39ff sowie Delbrêl NK/1975:77.90f.

180 Delbrêl, Madeleine: Ampleur et dépendance du service social, Paris 1937, 34; zit. bei Zeder 2007:43.

181 Vgl. weitere Belege zum Zusammenhang aus schwer zugänglichen Quellen bei Zeder 2007:44.

mand‹. Auch er liebt nicht irgendwie ›die Menschen‹, sondern jede:n einzeln. Auch er ist einsam im Sinne eines Selbstschutzes vor der Instrumentalisierung für alle möglichen Interessen. Auch er erweist Respekt, kommt zur Güte und hat in seiner Schöpfung jeden Moment mit Potenzialität aufgeladen.[182] Diese radikale Geschichtlichkeit ist ein Grundzug biblischer Gottesrede. Sie muss so ernst genommen werden, dass neueste Theologie sogar diskutiert, dass Gott wegen dieser seiner ›Verstrickungen‹ in die Schicksale der Menschen an seinen eigenen Versprechen auch scheitern kann.[183]

Der Gedanke des ›Jemand‹ ist dann aber auch zweitens auf jene Lebensklugheiten beziehbar, die eben nicht in die religiöse Bindung einsteigen. Dies ist direkt am Werk der Delbrêl abzulesen. Es ist ein Leichtes, ihre Wertschätzung ihrer kommunistischen Freund:innen auf der gewonnenen Matrix der drei Dimensionen und der unbedingten Treue zum ›Jemand‹ zu rekonstruieren. Auch wenn diese ihre DYNAMIS nicht aus einer expliziten Gottesbeziehung her erfahren; und auch wenn deren Kontaktaufnahme mit der sie begründenden Kraft nicht als Akt des Betens erfolgt; so kann Madeleine Delbrêl doch gerade an ihren kommunistischen Zeitgenoss:innen ablesen, dass das Phänomen bestärkender Kraftaufnahme im allgemeinen Geheimnis engagierten Lebens begründet liegt, nicht notwendig in einem religiös motivierten. Liest man mit ihr die drei Dimensionen zwar weltanschaulich, aber unreligiös, so ergibt sich: Auch in der Entscheidung für ein politisches Ideal gibt es so etwas wie eine kraftvolle Konversion, also eine Erkenntnis, dass eben diese Überzeugung das eigene Leben bestimmen soll. Auch politische Überzeugungen sind nicht wahlförmig beliebig vermehrbar; auch der Kontakt zu einem politischen Ideal muss permanent gesucht und gepflegt werden. In der Sachdimension wird man ein förderliches politisches Ideal daran erkennen, dass

182 »Das Heil ist keine kollektive Abstraktion. (…) Das Reich Gottes ist die Begegnung Gottes mit einer Menschheit, die aus einem, plus einem, plus einem besteht. Es taucht nicht aus einer unbekannten Masse auf, sondern wird von Peter, Jakob und Hans empfangen.« (Delbrêl NK/1975:98).

183 Vgl. nur Krebs 2021.

man auf der Basis der kompromisslosen eigenen Überzeugung jene Werte schützt, die den Respekt vor den Andersdenkenden implizieren. Man wird in der sozialen Dimension ebenso gehalten, eine Persönlichkeit zu werden, die von einem inneren Überzeugungskern geprägt ist, der sich geradezu instinktiv dagegen wehrt, von anderen korrumpiert zu werden und andere zu manipulieren – was die Fähigkeit zu einer bestimmten Form von Einsamkeit mit beinhaltet. Neuere und seriöse Lebenskunst spricht von einer solchen inneren Unabhängigkeit als von einer Konsequenz der Selbstwahl.[184] Der Verbund mit Anderen im Namen der einenden Idee ist dann natürlich keine Gemeinde oder Kirche, sondern hat die Sozialform einer Partei, einer Nicht-Regierungsorganisation oder einer Protestbewegung. Nicht das ist die Parallele, sondern dass man überhaupt die Nähe zu Gleichgesinnten sucht, um sich gemeinsam stärker in der alle motivierenden Idee zu verankern. Und auch in der Zeitdimension zeigen sich dieselben Phänomene wie zum religiösen Engagement: Auch wer von einem politischen Ideal fasziniert ist, will die Zeit präsentisch nutzen; ja gerade weil ausschließlich mit immanenter Zeit kalkuliert werden kann, verknappt sich die verfügbare Zeit sogar noch mehr als in einem religiös-glaubenden Leben. Madeleine analysiert sehr exakt, dass der Einzelne hinter dem großen Ideal einer sozialisierenden Gerechtigkeit verschwindet und somit ebenso eine Eschatologie bestimmend ist, wenn auch keine personal zugängliche wie im Christentum.

Schon diese kurze Skizze zeigt: Die kompetente Erschließung der DYNAMIS-Erfahrung ist kein Sondergut der christlich Religiösen. Es mag sein, dass diese eine kraftvollere Sprache für dieses Phänomen gefunden haben; und dass sie wegen der ihnen möglichen personalen Aufladung über ein größeres Arsenal an theoretischen Reflexionen und an praktischen Nutzungs-Skills verfügen. Das

184 Vgl. nur Schmid 2018:27–38 u. ö. In ähnlicher Weise spricht auch der bekannte Philosoph Odo Marquard von der Kompetenz zur Einsamkeitsfähigkeit. Er formuliert sogar in Anspielung an das Ideal der Autonomie: »Mündigkeit ist Einsamkeitsfähigkeit.« (https://www.herder.de/el/hefte/archiv/2012/10–2012/plaedoyer-fuer-die-einsamkeitsfaehigkeit/), (Zugriff Mai 2022); vgl. auch Georgens 2004:364.

ändert aber nichts daran, dass es hier um ein allgemein erschließbares Phänomen geht; um eine Kompetenz, deren Erlernen nicht am Thema hängt, sondern an der biografischen Bereitschaft.[185] Madeleine Delbrêl hat zwar genau gewusst, worin sich die DYNAMIS-Kräfte des Christlichen und des Kommunistischen unterscheiden. Sie hat die Defizite des Letzteren aus ihrer Sicht auch ungeschönt kritisiert. Nie aber hat sie die gemeinsame Basis jener Lebensklugheit verlassen, die man dann mit anderen teilt, wenn man sich einem großen Ideal des Gemeinwohls verschreibt. »Die Achtung und Zuneigung, die ich ihnen zollte, habe ich nie zurückgenommen«,[186] so lautet einer ihrer letzten öffentlichen Sätze kurz vor ihrem Tod. Ja: Sogar mehr noch als bei vielen ihrer Mitchrist:innen hat sie bei ihren weltanschaulichen Gegnerinnen und Gegnern jenen Mut und jenes Durchhaltevermögen gefunden, zu dem sie selbst auf der Suche war. Man kann auch sagen: jene Einsatzbereitschaft, Hingabe, Begeisterungsfähigkeit und Großzügigkeit. Oder kürzer: jenen ›Glauben‹ im allgemeinen Sinn, ohne den man keine DYNAMIS erlebt.[187]

---

185 Vgl. allgemein zu diesem ›Reichtum der Großzügigkeit‹ Sellmann 2020.

186 Delbrêl NK/1975:265.

187 Vgl. unter unzählig vielen möglichen Belegen nur weiter oben den dort genannten Briefwechsel mit Venise Gosnat. Außerdem die Passage NK/1975:62–72, wo sie den Marxismus mit religiösen Vokabeln beschreibt und analysiert. Der Kampf gegen Armut ist das Ziel der Marxist:innen; es »wird in nahezu religiöser Weise ernst genommen.« (64) Auch sie appellieren »an eine in der ganzen Welt wirkende Kraft (sic!)« (64). Auch ihnen geht es um Erlösung von den Sünden, nämlich den strukturellen Sünden der ungerechten Systeme (64). Auch sie haben ein Ziel für die ganze Menschheit. Das Proletariat ist ihnen wie ein »auserwähltes Volk« (65), prägend ist die Idee der Befreiung. Man begegnet Menschen, die ihm – dem Marxismus – »ihr Leben hingeben« (65). Die Partei »scheint charakteristische Züge der Kirche mit erstaunlicher Symmetrie nachzuzeichnen.« (65) Auch sie beheimatet »Priester und Propheten« (66), auch sie pflegt »Dogmatismus« (66); was spirituell als ›Heiligkeit‹ gilt, heißt bei ihr »Heroismus« (66); auch sie ist apostolisch im Sinne von »expansiv«. Auch der Marxismus hat eine heilige Stadt (Moskau). Viele weitere Parallelen werden geboten. Der ›Ritterschlag‹, die grundlegende und kaum steigerbare Anerkennung folgt am Ende der Passage mit folgender Formulierung: »Unter anderen Namen (…) trifft man auf so etwas wie die ›äußere Schale‹ von Haltungen, deren Wurzel bei uns eine Forderung des Evangeliums ist.« (67).

Teil III: Verführungen

9. Die Lebenskompetenzen in der Zusammenschau

Zu Beginn dieses Buches hieß es, es gehe um ›Lebens-‹ und nur mittelbar um ›Lese-‹leistung. Wege kann man nicht lesend gehen, und Klugheit erprobt man nicht im Sessel. Ob stimmt, was Buchseiten sagen, muss sich praktisch bewähren – vor allem, wenn es um das ›Leben‹ selbst geht. Denn da reden alle mit, nicht nur die Belesenen.

Diese Absicht war in allen Kapiteln leitend und hat zu bestimmten Eigentümlichkeiten geführt: So wechselte die Sprache immer wieder von akademisch zu konkret. Es wurden drei Personen weniger von ihren Lehren als von ihren Biografien und spirituellen Lebensentdeckungen her vorgestellt. Das Ziel des Buches war nie die Diskussion aller denkbaren theologischen Untiefen einzelner Aspekte, sondern der Zugriff auf das Ganze. Und dieser Zugriff erfolgte über eine selbst geprägte Kurzformel. Und hinter allem: Das, was an Lebensklugheit vorgestellt wird, soll auch von jenen verstanden und vollzogen werden können, die keine religiöse Bindung anstreben. Was fehlt, wenn die Christen fehlen? – diese Frage wollte das Buch präzise beantworten und begründen, und zwar so, dass man sich damit nicht nur in die theologische Debatte, sondern auf die Straße trauen kann.

Ob das Projekt gelungen ist, wird zum einen von denen entschieden, die man intellektuell anregen, zum anderen von denen, die man zum Ausprobieren motivieren konnte. Jedenfalls sollte ein Stil von Theologie versucht werden, die den ›Leuten‹ gehört und die lebenspraktisch brauchbare Gedanken entwickelt. Dies ist man in jedem Fall solchen beeindruckenden Persönlichkeiten schuldig, die Dietrich Bonhoeffer, Chiara Lubich oder Madeleine Delbrêl heißen. Hoffentlich ist aufgeleuchtet, dass deren je typische Spiritualität sowohl dazu auffordert, sich intellektuell zu versichern, wie sie dazu drängt, gelebtes Leben auszudrücken.

Nach den ›Hinführungen‹ (Teil I) mit ihren Begründungen des Projekts ›Kurzformel‹ und den ›Durchführungen‹ (Teil II) mit ihren ausführlichen Präsentationen kann daher ein dritter Teil als ›Verführungen‹ tituliert werden. Teil I sollte die Einsicht in die Rationalität des Ganzen befördern. Teil II wollte Inhalte liefern, Konzeptionen und ihre Hintergründe. Was nun noch fehlt, wenn es nicht beim Lesen bleiben soll, das sind Motivationen, Überraschungen. Das ist Aufgabe von Teil III. Wenn man so will: Teil I informiert, dass es Schwimmbäder gibt. Teil II erklärt, wie das geht: schwimmen. Teil III macht Dir Lust auf Wasser und schubst Dich vom Startblock.

Weil dieses Runterschubsen nicht mehr viel mit Büchern zu tun hat, kann der Teil sich kurzfassen. Er besteht aus einem einzigen Kapitel. Im Wesentlichen wird auf viele Chancen hingewiesen, wie man sich zum Test der Kurzformel verführen lassen kann. Das geschieht in Abschnitt 9.2. – da geht es um Musik, Fernsehen, Bilder und Düfte. Abschnitt 9.1. richtet den Blick noch einmal auf die Kurzformel selbst und fokussiert sie als Ganzheit einer einzigen Bewegung.

9.1. Der Kreislauf von PHYSIS, KENOSIS und DYNAMIS

Lineares und zyklisches Leben – allgemein

Leben generell, aber geistliches Leben speziell, ist von einer zunächst paradoxen Tatsache geprägt: Es verläuft wesentlich linear, genau im linearen Verlauf dann aber zyklisch. Die lineare Bewegung ist schnell erkannt: Wir alle stehen unter dem Diktat des Alterns. Jede:r von uns kann sich auf einem virtuellen Zeitstrahl verorten und weiß: Die durchschnittliche Lebenserwartung ist die und die; ich bin so und so alt; also habe ich noch etwa zwei Drittel meiner Lebenszeit vor mir; oder die Hälfte hinter mir; oder welche Lebenszeitmathematik eben gilt. Jedenfalls wird das erwartungsgemäß so sein, wenn nichts Unplanbares eintritt, wie Unfall oder Krankheit. Diese eigene Zeitrechnung kann ganz individuelle Messgrößen haben. Neulich sagte etwa mein Nachbar: »Eine Fußball-WM werde ich noch erleben, ist ja nur alle 4 Jahre, und das war's dann – aber darauf freue ich mich.«

Zum einen spulen wir also Jahr um Jahr herunter und nähern uns unwiderruflich einem Ende. Zum anderen aber durchlaufen wir große Zyklen, die uns eher in kreiselnde als in lineare Bewegung versetzen. Die Jahreszeiten bilden ein Jahr, und in aller Vorwärtsbewegung präsentieren sie uns Wiederholungen, die wir schon kannten: der erste Schnee jedes Jahres; das Weihnachtsfest; die Blüte am Obstbaum; die fallenden Blätter. Dann die Dekaden: Viele der Leser:innen werden den Übergang in ein neues Jahrtausend bewusst erlebt haben, was natürlich eine Art Privileg ist. Aber schon der Eintritt in ein neues Jahrzehnt kann zu der biografischen Vergewisserung veranlassen, wie sich das bei dem Jahrzehnt davor angefühlt hat. Langsam zählen wir uns durch große Kalender, und wir wissen, dass wir nur kleine Vibrationen sehr großer Schwünge sind, die unsere Lebenszeit einpflegen, ohne sie wirklich zu brauchen: epochale historische Pendelbewegungen, klimatische Großwetterlagen oder umwälzende technische Erfindungen (Rad, Buchdruck, Strom, digitale Technik usw.) produzieren eine zyklische Zeit, die uns trotz aller Individualität der Gegenwart mit lang vergangenen Zeitabschnitten vergleichbar machen.

Auch zur Markierung der je eigenen Zeit kennen wir zyklische Routinen. Manches Paar feiert seinen ›Jahrestag‹ und misst an ihm, was in aller Veränderung der Jahre gleichbleibt und Kontinuität verspricht. Andere nutzen den regelmäßigen Urlaub zur Ausrichtung, wo man eigentlich steht, wenn man mal wieder viel herumgerannt ist. Und überhaupt ist ja Arbeit an der eigenen Identität im Grunde das Aufsuchen dessen, was in allem Wandel (linear) trotzdem bleibt (zyklisch).

Lineares und zyklisches Leben – religiös

Ohne dies in der gebotenen Ausführlichkeit einlösen zu können, kann man doch plausibel behaupten, dass gerade dieser Bedarf an sowohl zyklischer wie linearer Lebensdynamik eine Nachfrage nach Religion auslösen kann. Denn Religionen transportieren dieses Ineinander auf eine grundsätzliche Ebene. Es mag ja sein, dass Religionen generell wenig Konkretes wirklich können.

Das liegt aber an einem Vorteil, den sie nur deswegen anzielen können, weil sie eben nicht in die Details gehen: Religionen – im weiten Verständnis – sind spezialisiert darauf, das sogenannte ›Ganze‹ zu thematisieren. Dass es überhaupt solches ›Ganzes‹ gibt, ist bereits eine religiöse Spitzenbehauptung. Im Gefolge dieser These können Religionen dann die für sie typischen Paradoxa einbringen: So können sie zeigen, was man hat, wenn man wenig hat; und was fehlt, wenn man alles hat. Sie haben eine Sprache dafür, was unter und in allem liegt. Und sie feiern, dass es etwas gibt, was bleibt, auch wenn alles vergeht. Sie eröffnen eine Größe – die Transzendenz – die erst ermöglicht, sich in Freiheit von dem zu distanzieren, was ohne diese Distanznahme vereinnahmt und abhängig macht. Religionen reißen den Mund mächtig auf: sie behaupten den Horizont hinter dem Horizont, die Zeit jenseits der Zeit; und die Chance in allem Scheitern. Oben in Kapitel 3 fiel die Formel im Rückgang auf Sören Kierkegaard: Glauben ist die Leidenschaft für das Mögliche. Das ist typisch religiös: Angeblich gibt es immer noch eine Alternative zur resignierten Einsicht in die Vorläufigkeit alles Irdischen.

Um zum Christsein zu kommen: Lineare Zeit wird gerade in dieser Religion gesteigert, indem man nur eine Lebensspanne pro Person unterstellt. Es gibt hier keine Re-Inkarnation. Lebensbewährung bedeutet hier, dass man seine Jahre daraufhin befragt, ob man in der gegebenen Spanne klug mit Zeit umgeht. Das kann alles Mögliche heißen – eines aber nicht: Über allem steht, dass man sein Leben nicht verlängern kann. »Wer von euch kann mit all seiner Sorge sein Leben auch nur um eine kleine Spanne verlängern?« fragt der Weisheitslehrer Jesus von Nazareth (Mt 6,27). Und Palm 39,5 bringt den Zusammenhang von linearem Altern und dem Bedarf an Lebensklugheit auf den Punkt: »Unsere Tage zu zählen, lehre uns! Dann gewinnen wir ein weises Herz.«

Nüchtern kann man sagen, dass die lineare Lebenszählung des Christentums Moral und Ethik auf den Plan ruft. Die einzelnen Jahre und Tage werden aufgeladen mit einer bestimmten Wichtigkeit, die über den unmittelbaren Funktionszweck der einzelnen Situation hinausragt. Jenseits der Frage, wie man sich gesundhält, Geld verdient, seines Glückes Schmied ist usw. fragt das Christentum danach: Was für ein Typ bist Du eigentlich? Wie führst Du Dich und Dein Leben? Wie gehst Du mit anderen Menschen um? Und was bringst Du ein in den großen Lauf der Welt?

Als Normalmensch kann man hier nur stammeln. Es gibt aber Künstler:innen des geistlichen Lebens, die zu einer Sprache fähig sind, die das Ganze und das Große in den Alltag bringen, ohne es zu verkleinern. Den obigen Zusammenhang findet man beeindruckend bei einem Mann mit einer kantigen Spiritualität vom PHYSIS-Typ, hierin Dietrich Bonhoeffer verwandt. Die Rede ist vom Baptistenprediger Martin Luther King. Er bringt diesen typisch christlichen Ethos der genutzten Zeit so auf den Punkt:

> »Wenn jemand gefunden hat, wozu er geschaffen ist, sollte er alle seine Kräfte einsetzen, seine Möglichkeiten zu nutzen. Er sollte versuchen, irgend etwas so gut zu machen, dass niemand es besser machen kann. Er sollte es so tun, als habe ihn der allmächtige Gott eigens zu diesem Zweck gerade in diesem Augenblick der Geschichte gerufen. Ohne Sendungsbewusstsein und Entschlossenheit leistet niemand der Menschheit einen großen Dienst. Ohne dieses mächtige innere Triebwerk verwirklicht niemand seine wahren Möglichkeiten. Wir alle sind aufgerufen, unermüdlich zu arbeiten, um ein vollendetes Lebenswerk zu schaffen. Nicht jeder Mensch ist zu Höherem berufen, nur wenige erreichen Großes in Kunst und Wissenschaft. Viele sind berufen, in den Fabriken, auf den Feldern und Straßen zu schaffen. Aber keine Arbeit ist unbedeutend. Jede Arbeit zum Nutzen der Menschheit hat ihre Würde und Wichtigkeit, und jede sollte mit dem steten Streben nach Vollkommenheit getan werden. Wenn jemand Straßenfeger ist, dann soll er seine Straßen so fegen, wie Michelangelo sein Bilder malte, wie Beethoven seine Musik komponierte, wie Shakespeare seine Werke schrieb. Er sollte seine Straße so fegen, dass jeder Vorübergehende sagt: «Hier hat ein großer Straßenfeger gearbeitet, und er hat seine Sache gut gemacht.» Das meinte Douglas Mallock mit den Worten: «Kannst du kein Baum auf dem Berg sein, so sei ein Gebüsch im Tal, aber sei das beste Gebüsch weit und breit. Kannst

du nicht Strasse sein, so sei Pfad, kannst du nicht Sonne sein, so sei ein Stern. Nicht an der Größe entscheidet sich der Wert. Sei was du bist – aber das sei ganz.» Bemüht euch ernsthaft herauszufinden, wozu ihr geschaffen seid. Und dann macht euch leidenschaftlich daran, eure Arbeit zu tun. Dieser unablässige Drang zur Selbsterfüllung ist die Länge menschlichen Lebens.«[1]

Das ist echter Pathos des Linearen.

Trotzdem organisiert sich auch diese lineare Bewegung in zyklischen Runden. Und haben wir eingangs hierin schon ganz profan ein Paradox erkannt, so steigert sich dieses im religiösen Sinn noch erheblich. Denn auch wenn es auf der einen Seite um die Bewährung im Moment geht – wie Father King es ja fast einhämmert – so steht doch jeder Lebensäußerung eine Größe gegenüber, die sie auch wieder aufhebt und heilsam relativiert. Theologisch nennt man dies die Gnade Gottes, seine Liebe, seine Barmherzigkeit – es gibt viele Begriffe dafür. Sie alle wollen das Selbst- und Lebensverhältnis vor Verkrampfung bewahren; sie alle wollen dafür werben, sich zwar in allem um das Beste zu bemühen, am Ende aber nicht alles von sich selbst zu erwarten. Das ist paradox, zugegeben. Für manche:n ist es auch ärgerlich und schwer in eine einzige Konzeption zu packen. Denn auf der einen Seite behauptet das Christentum, Gott sei schon mal dagewesen und habe die Zeitenwende gebracht: Jesus als den Verkünder und Zeugen des angebrochenen Reiches Gottes. Auf der anderen Seite wartet man auf seine Wiederkunft und hat damit im Prinzip dieselbe Ausgangslage wie jene, die nicht in einem schon angebrochenen besseren Zustand leben. Das berühmte eschatologische Sein des Christen und der Christin zwischen ›schon‹ und ›noch nicht‹ ist lebenspraktisch nicht ganz einfach zu erklären.

Markantes Zeichen für diese zyklische Zeit ist das Kirchenjahr. Jahr für Jahr durchläuft die Überzeugungsgemeinschaft

1 King 1971:116f. Der Hinweis auf die ›Länge des Lebens‹ hängt mit der bepredigten Bibelstelle zusammen. Es geht (ebd.:111–126) im Anschluss an Offenbarung 21,16 (›das himmlische Jerusalem‹) um die »Drei Dimensionen des vollkommenen Lebens«.

der Christenheit die Erlösungsgeschichte ihres Gründers, Jesus Christus. Weihnachten ist das Fest der Menschwerdung, Ostern das Fest des Sieges über den Tod, Pfingsten das Fest der andauernden Präsenz Gottes im Geist. In aller linearen Bewährung spult sich in bestimmtem Sinn das Zugehen auf die endgültige Begegnung mit Gott ab. Und damit ist keineswegs nur der Tod am Ende des physischen Lebens gemeint. Nein: In vielen Einzelmomenten und -situationen kann sich das Spiel der gegenseitigen Beziehung mit Gott artikulieren. Geistliche Menschen erzählen, dass sie Gott in anderen und durch andere Menschen je mehr erfahren, je mehr sie sich voll und ganz von ihnen einnehmen lassen. Oder sie erzählen, dass sie in sich je lauter eine orientierende und irgendwie jenseitige Stimme hören, je mehr sie sich in der Welt engagieren. Viele Zitate aus dem Teil II dieses Buches haben solche Phänomene berichtet.

Eben wurde Martin Luther King zitiert, um die lineare Dimension des Christseins zu illustrieren. Zum Verständnis der zyklischen Dimension sei ebenfalls jemand aufgerufen, der als geistliche Persönlichkeit ersten Ranges gelten darf. Die Rede ist vom früheren Bischof des Bistums Aachen, Klaus Hemmerle. Er vergleicht in seinen letzten Jahren sein Leben mit einer Bergwanderung, die ihn auf Serpentinen immer wieder in ähnliche Panoramen schickt, obwohl er doch stetig nach vorne wandert:

> »Eine unerwartet intensive, ja einzigartige Erfahrung von Landschaft eröffnete sich mir beim Urlaub in den Bergen nach einer Zeit der Krankheit.
> Von dem Haus, in dem ich mit Freunden wohnte, führte ein Rundweg um eine Hügelkuppe. Von hier aus erschloß sich in immer neuen Konstellationen das Panorama der Alpen. Wie die Linien sich schnitten und zusammenstrebten, wie sie ihre Verhältniswinkel änderten und auseinanderliefen, wie sie sich in »Schößen« der Landschaft konzentrierten und Schichten von nahe und ferne zur einen Gestalt gerinnen ließen: Dies bedachtsam anzuschauen war eine unerschöpfliche Faszination – und es war mehr als nur ein gedankliches Spiel. Proportion, Konstellation, unabschließbare Vielfalt der Perspektiven im Einen und Selben ließen mich etwas von

Gott erahnen, in dem alle Beziehungen und Verhältnisse, alle Linien und Wege dieser Welt entspringen und aufgehoben sind in ihrer unermeßlichen Fülle. Gedanken aus dem »Pilgerbüchlein der Seele zu Gott« von Bonaventura oder von Nikolaus von Kues wurden mir aufs neue sprechend – und sprechend wurde mir zugleich das eigene Leben.

Welches Geschenk, dies einmal nicht als selbstverständlich verplanen und verbrauchen zu können, sondern als gewährt zu erfahren. Wie wichtig, in diesem gewährten Leben Linien zu entdecken, die so nicht die Hand der Willkür schreiben konnte. Wie kostbar, sich einbezogen zu finden in ein immer neues und immer weiteres Netz von Begegnungen und Verbindungen.

Unausweichlich traf dahinein freilich auch der Widerspruch: Bilder des Sinnlosen, zerbrochene Zusammenhänge, Schrecklichkeiten, die den Atem blockieren, bare Finsternis. Ich konnte und wollte dies nicht abweisen, aber ich konnte es dem Geheimnis zutrauen, das durch alles das nicht weggewischt wird in seinem stillen, heiligen Glanz. Und ich spürte, daß gerade dieses Geheimnis es fordert, sich dem anderen, dem Dunklen nicht zu entziehen, sondern zuzuwenden und auszusetzen.«[2]

Ganz nach vorne ausgerichtet ist man doch von einem Netz getragen, das einem Halt gewährt, über alle Fragmente und Fernstrebungen hinaus – das ist die Zyklus-Erfahrung, von der Klaus Hemmerle erzählt.

Die Kurzformel – linear und zyklisch

Auch unsere Kurzformel nimmt diese Paradoxie des linear-zyklischen Lebens auf. Erkennbar hat sie eine konsekutive Logik: Während die PHYSIS-Klugheit aushalten lässt, tendiert KENOSIS zur Bewegung und Gestaltung. DYNAMIS ist die Krafterfahrung, und sie ist üblicherweise gebunden an die Risikobereitschaft, die die beiden vorangegangenen Dispositionen bewiesen haben. Insofern scheint es schon einen Steigerungslauf zu geben;

2 Hemmerle 1993:353f.

PHYSIS scheint ›nur‹ die Basis zu sein; und DYNAMIS scheint irgendwie hochwertiger, weil hier jemand Externes eingreift; weil hier die Synthese aus PHYSIS und KENOSIS greifbar wird.

Andererseits sind alle drei Kompetenzen gebündelt als die eine Klugheit, die eine PHRONESIS. Die drei sind keine Entitäten, keine diskreten Phänomene; denn sie bauen aufeinander auf, komplettieren sich, drängen ineinander. Erkennbar tendiert PHYSIS in KENOSIS und die wieder in DYNAMIS. Umgekehrt aber ist der Mut zum Bleiben, den wir als PHYSIS bezeichnen, seinerseits schon Ausdruck einer vorhergehenden DYNAMIS und ohne diesen Geistesvorschuss weder zu begreifen noch zu leben. Außerdem waren die drei Kompetenzen mit den drei Christusfesten des Kirchenjahres verbunden worden. Und niemand würde ja sagen, dass mit Pfingsten die Notwendigkeit einer neuen Weihnachts-Erfahrung sinnlos geworden wäre. Vielmehr feiert die Kirche das Nacheinander aus Inkarnation, Erlösung und Geistsendung eben als Zyklus, als die eine Christuserfahrung. Und so erzählt es auch unser zentraler Referenztext, der Christushymnus aus dem Philipperbrief. Zwar endet das Lied mit der Ehrung im Himmel (V. 9–11). Aber vorher hieß es ja gerade in Vers 6, dass er seine Ehrungen nicht »wie einen Raub« behält, sondern sie investiert. Die Logik dieses Liedes ist zyklisch – Inkarnation, Hingabe und Kraftzuwachs sind Dauermomente christlicher Existenz, keine durchzulaufenden Stadien. Ganz ähnlich wird man auch kaum auf die Idee kommen, Madeleine Delbrêl für eine bessere Christin zu halten als Chiara Lubich, nur weil sie angeblich mit ihrer DYNAMIS-Erfahrung geistlicher gelebt habe.

Man kann den Zusammenhang sogar noch steigern: Wo man sich in der DYNAMIS-Erfahrung einrichtet und verbleiben will, verrät man sie gerade. Es hat einen guten Grund, warum man am Ende jeder katholischen Eucharistiefeier wieder aus der Transzendenz der Wandlung in die Immanenz der ›Welt‹ gesendet wird. Biblisch gesprochen: Das göttliche Manna verschimmelt, wenn man es aufbewahren und risikoscheu nur für sich konservieren will.

Man muss also die drei Kompetenzen vor interner Konkurrenz bewahren. Dies ist pastoral keineswegs ohne Belang. Das kann man gut an der Jugendpastoral sehen – und damit schließt sich ein Argumentationskreis dieses Buches.[3] Denn hier hält sich hartnäckig das Vorurteil, dass die liturgienahe Jugendpastoral – also etwa Messdienerarbeit, Gemeindejugend oder Berufungspastoral – wertvoller sei als die sozialpädagogische Jugendarbeit oder die intensiven Bemühungen um Jugendbildung, etwa zu Themen wie Entwicklungspolitik oder Kulturarbeit. Wer kennt nicht den vorwurfsvollen Satz: »Wir sehen, wie du dich für die jungen Leute engagierst und wieviele Angebote wir ihnen machen. Aber in die Messe kommen sie ja trotzdem nicht.«

Die Kurzformel kann zeigen, dass alle drei Lebensklugheiten zur Ausrüstung gehören. Und es ist gut, dass die neuen Leitlinien der Jugendpastoral aus dem Jahr 2021 genau diese Integration starkmachen.[4] Das ganze Papier argumentiert Im Gefolge einer von Papst Franziskus vorgeschlagenen Trias aus ›wahrnehmen – interpretieren – wählen‹. Die Dimensionen von Sozial- Kultur- und Berufungspastoral werden entwickelt, auch im Anschluss an den Philipperhymnus. Die Korrespondenz zum Dreiklang aus PHYSIS, KENOSIS und DYNAMIS ist schon beachtlich. Unter der Nummer 6 heißt es:

> »Wichtig ist dabei, dass die drei Formen keine Wachstumsstufen zu besserem Christsein darstellen. Es geht gerade nicht darum, etwa in der Dimension der Sozialpastoral den Beginn und in der Berufungspastoral das erstrebte und krönende Ergebnis der Jugendpastoral zu sehen. Das »Wählen« ist nicht reifer oder authentischer als das »Interpretieren« oder das »Wahrnehmen«. In Analogie zur trinitarischen Dynamik und gegenseitigen Durchdringung der göttlichen Personen muss jede Form die Intentionen der je anderen beiden in sich integrieren und ebenfalls ermöglichen wollen. Jedes Handlungsfeld möge von der Praxis und den Erfahrungen der je anderen Handlungsfelder lernen, keines in sich stehen bleiben. Wie in einem Kreislauf driftet jede Form zur je nächsten. So muss die

3 Vgl. ganz zu Anfang die Nummer 1.3.

4 Vgl. Sekretariat der Deutschen Bischofskonferenz 2021. Das Papier trägt den Titel »Wirklichkeit wahrnehmen – Chancen finden – Berufung wählen. Leitlinien zur Jugendpastoral«.

Dimension der Berufungspastoral sich aus sich heraus in den Horizont der sozialpastoralen Ziele stellen und die Dimension der Sozialpastoral aus sich heraus in den Horizont der kulturpastoralen Ziele und so fort. In christlichem Geist seine Berufung zu wählen, bedeutet immer, die Wirklichkeit neu wahrzunehmen und im Licht des so neu gelernten Evangeliums neu zu interpretieren.«[5]

Nicht nur Jugendpastoral atmet diesen einen Geist in drei Gestalten; das gilt auch für alle anderen Felder der Seelsorge. Vor allem aber wollte dieses Buch zeigen: Die Lebenspraxis selbst profitiert von dieser Dreierdynamik. Man beginne mit welcher drei Kompetenzen auch immer – und man wird von selbst in die beiden anderen hineingeführt. Hoffentlich sogar: Hinein ›verführt‹.

9.2. Zugänge in Bild, Duft, Ton und mehr

Mit dem Begriff der ›Verführung‹ ist noch eine weitere Dimension angesprochen: die der adäquaten Vermittlung einer Theologie der praktizierten Lebensklugheit. Das eine ist die konzeptionelle Gestalt, die Denkform, die überzeugen und optimalerweise zum Ausprobieren motivieren soll. Das andere ist die Darrcichungs form, in der man werbend kommuniziert, was man meint. Neuer Wein in neue Schläuche – das bedeutet ja bei weitem mehr, als dass man denselben Wein einfach umschüttet. Vielmehr ist die bekannte Bildrede Jesu weiterzuspinnen. Gemäß neuerer Forschungen zum Zusammenhang von Inhalt und Medium weiß man inzwischen genauer, dass der neue Schlauch auch den neuen Wein verändert. *Form follows function*, das stimmt schon. Aber es stimmt eben auch: *Form changes function.*

Und das ist ja wünschenswert. Gerade wenn man dem Pathos folgt – wie dieses Buch – dass der zentrale Zugang auf die Inhalte einer christlichen Lebensklugheit nicht und noch nicht einmal primär der kognitive, akademische sein kann, ist man eigentlich in der Pflicht, dasselbe auch anders zu sagen als im gewohnten

5 Ebd.:42.

Modus rund um Bildung und Belesenheit. Erst recht, wenn der letzte Wahrheitstest des Gesagten ein Bewährungstest in der Lebensführung selbst ist, kann ein Buch allein wohl kaum schon den ausreichenden Zugangsweg erschließen. Schon das Vorwort hatte das bekräftigt.

Außerdem gibt es ohnehin gute Gründe, Theologie in anspruchsvoller Weise wieder stärker zu popularisieren. Die Zeiten sind dahin, wo man große Theolog:innen kannte und mit hohen Quoten in Radioansprachen hörte; wo sie die Säle füllten oder die Talk-Shows bereicherten; und wo ihre Bücher auch von denen gelesen wurden, die nicht zur Kirche gehören. Man muss nüchtern feststellen, dass Theologie in einer Krise steckt, wenig Studierende anzieht und von vielen Führungspersönlichkeiten des gesellschaftlichen Lebens als entbehrlich angesehen wird. Gerade weil Theologie im Ruf steht, anstrengend und kompliziert zu sein (und dies mit einigem Habitusaufwand auch zu pflegen) und weil sie vor allem hermeneutisch arbeitet und daher in welcher Form auch immer Korrelationen zu besser Bekanntem und Gewohntem benötigt (und sei es nur, um in Kontraste zu gehen) – aus all diesen Gründen sollte es zum Ehrgeiz von Theologieprofis gehören, sich in neuen Weisen verständlich zu machen.

Um die gefundene und fundierte Kurzformel breiter und je anders zu erschließen, wird sie neben der Buchform in vier weiteren Medien erschlossen: als Late-Night-Show, als Bildzyklus, als aerothek und als Musikvideo.

Die Kurzformel als Late-Night-Show

Wer im obigen Bild der jesuanischen neuen Schläuche bleiben will, kommt flott zu youtube – *tube* ist englisch für ›Schlauch‹ oder ›Röhre‹ und meint den alten Röhrenfernseher. Deine Röhre, in der du sendest – das ist youtube. Dein Schlauch, den du füllst.

Großzügige Unterstützer konnten von der Idee überzeugt werden, die Theologie des Kirchenjahres als Fernsehproduktion zu konfektionieren. So kam es im Oktober 2019 zur Pilotfolge einer Theologischen Late-Night-Show mit dem Titel ›Sellmanns guter

Abend‹. Ort war das ›Alte Pfandhaus‹ in Köln.[6] Wie es sich für das Genre gehört, bildeten Gespräche das Herzstück des Abends.

Die Kurzformel gab die Dramaturgie vor. In einem ersten Abschnitt erlebten die Gäste ein Gespräch mit Bärbel Ackerschott, der Leiterin der Notschlafstelle für obdachlose Drogengebraucher:innen in Köln. Hier wird es plastisch, was PHYSIS-Klugheit meint. Denn im NOTEL geht es nicht um Therapie oder gar Heilung, sondern darum, wenigstens für eine Nacht den Kreislauf der Verwahrlosung zu unterbrechen. Frau Ackerschott berichtet bewegend und doch erstaunlich gelassen von ihren Übernachtungsgästen, ihrem Team, ihren Idealen, ihrer Geschichte und ihren Kraftressourcen. Jesus von Nazareth und als Auferstandener ist ihr Partner, für den sie sich entschieden hat. Und der ihr hilft, »das Leben eines Menschen zu leben« (Phil 2,7). Man sieht: Hier läuft jemand nicht weg, sondern hält aus.[7]

Zur KENOSIS-Kompetenz sprechen zwei Menschen, die sich mit dem Tod auskennen. Ulrich Slatosch ist Notfallseelsorger, der Bochumer Christian Fritz ist Bestatter und Thanatopraktiker. Beide erzählen im Interview, dass sie in jene Zonen hineingehen, aus der andere herauslaufen. Beide haben sich entschieden, ihre Komfortzone zu verlassen, um Leben zu retten bzw. den Toten ihre Würde zu sichern. Beide kommen also nicht nur je nach Situation, sondern qua Programm aus sich heraus. Sie bewegen sich in Grenzerfahrungen, die sie verändern.[8] Dabei geht es bei Christian Fritz nicht um explizite religiöse Motivation, sondern um die Entsprechung zum inneren Anruf.

Der dritte Abschnitt des Abends ist der DYNAMIS-Klugheit gewidmet. Hier begegnet man zwei jungen Menschen, die sich für einen sozialen Auslandsaufenthalt bereitgestellt haben und mit diversen Erfahrungen berichten, dass sie mehr Kraft zurückbekamen als sie investierten. Ihr Engagement erlebte eine mehr-

6 Die Sendung ist bei youtube eingestellt. Gehen Sie in die Suchmaske von youtube und schreiben hinein: Sellmanns guter Abend. (https://www.youtube.com/watch?v=TX0z9tGxSo8)

7 Vgl. Minute 6.15–6.33 der Show.

8 Vgl. Minute 24.26–40.28 der Show.

fache Multiplikation, was sich bei einem der beiden sogar als eine Art Fundraising-Eskalation darstellt.[9]

Diese Gespräche verlebendigen die Ausführungen dieses Buches zur Lebensklugheit enorm. Sie biografisieren sie. Die vier Gäste bewegen sich in einem der typischsten religiösen Sprachformen, die es gibt: dem Zeugnis.[10] So wird das Formelhafte aufgesprengt; die vier griechischen Begriffe werden plastisch, anschaulich und nachahmbar. Keine der bezeugten Erfahrungen ist so außerordentlich, dass sie einschüchtert. Alle vier aber haben eine derartige Drift, dass sie einladen.

Und wer dazu noch ein wenig Entertainment benötigt, kann das auch bekommen. Zu jedem der drei Klugheitskompetenzen hält das Show-Video auf youtube noch Comedy bereit. Der Comedian Dave Davies hat es sich nicht nehmen lassen, seine Witzchen auf das Programm des Theologen zu reißen: auch das ist sehenswert. Zu PHYSIS bemüht er seinen weisen Opa aus Uganda[11]; KENOSIS feiert er als Freude der Hingabe[12] und zu DYNAMIS teilt er alles mit, was man so alles zu *changemakern* wissen sollte.[13]

Die Kurzformel als Bilderzyklus

Für manche sind unbewegte Bilder geeigneter als Filme, um auf gute Gedanken zu kommen. Wenn diese auch noch großformatig sein sollen und dort ansehbar, wo schon die Umgebung für gute Kontemplation sorgt, dann gibt es einen Tipp: das Kloster Kornelimünster bei Aachen. Dort hängen die vier Bilder des sogenannten Elija-Zyklus der Künstlerin Janet Brooks Gerloff.[14]

9 Vgl. Minute 48.32–1.01.47 der Show.

10 Die Einsicht, dass ›bekennen‹ und ›bezeugen‹ typische Sprechakte religiöser Menschen sind, ist untrennbar mit den Forschungen von Edmund Arens verbunden; vgl. nur Arens 1989 und Arens 2008. Sekundär zu Arens vgl. Kreutzer 2010:119–147.

11 Vgl. Minute 16.33–19.30 der Show.

12 Vgl. Minute 40.28–43.38 der Show.

13 Vgl. Minute 1.01.50–1.05.24 der Show.

14 Zum Anschauen der Bilder googlen Sie die Begriffe: ›abtei kornelimünster‹ und ›elija‹.

In eindrücklicher Plastizität durchwandert man die bekannten Phasen des Propheten Elija aus dem einschlägigen Kapitel 19 des 1. Könige-Buchs. Die Überschriften gehören zum Grundbestand zahlreicher spiritueller, aber auch allgemein künstlerischer Aneignungen:[15] Elija flüchtet vor der Königin Isebel und will sterben; Elija wird durch einen Engel gestärkt und wandert zum Berg Horeb; dort wird ihm eine eigentümliche Gottesbegegnung zuteil: JHWH offenbart sich weder im Erdbeben noch im Sturm oder Feuer – sondern im Säuseln.[16] Ohne viel Mühe kann man den Dreischritt unserer Kurzformel wiedererkennen: Elija rennt weg, will aufgeben und schafft es doch, wenigstens dies Gott mitzuteilen: PHYSIS. Elija wird ermutigt und versorgt[17] und bricht neu auf – sowohl zum Gottesberg wie zu sich und seiner Sendung: KENOSIS. Elija erlebt Gott, ganz neu und ganz anders, immer aber als Kraft: DYNAMIS.

Die Bilder von Brooks Gerloff sprechen für sich. Und so sehr sie selbst Interpretationen des Elija-Prozesses sind, so sehr haben sie selbst wieder Deutungen inspiriert.[18] Zum Verständnis der Kurzformel, ja: zum kraftvollen Einstieg in die Elija-Erfahrung selbst und heute sind sie bestens geeignet.

Die Kurzformel als Chormusik

Einen vielfach bewährten und sogar geliebten Zugang zur christlichen Spiritualität hat Johann Sebastian Bach gelegt. Seine Kantaten zum Kirchenjahr, aber auch seine Oratorien und andere

15 Vgl. diverse Beispiele in dem instruktiven Elija-Buch von Albertz 2015:184–223.

16 Vgl. ebd.:139–150; ausführliche neueste Exegese bei Thiel 2019:215–294 und Knauf 2019:171–334.

17 Hier erkennt man klar, dass die drei Kompetenzen der Kurzformel eine Einheit bilden; denn Elija kann erkennbar erst dann PHYSIS und KENOSIS lebenspraktisch umsetzen, wenn er die DYNAMIS Gottes bereits vorgängig erfährt: in den rettenden Engeln (vgl. dazu übrigens auch 1 Könige 17,2–6; dazu auch Thiel 2019:15–52) und in den Erscheinungen am Horeb.

18 Interpretationen unter https://abtei-kornelimuenster.de/spirituelles/ (Reiter: Bilder Janet Brooks Gerloff) sowie bei Acht u.a. 2004; Sellmann 2021:87f.100f.112–114.

Vertonungen gehören zum bleibenden Schatz liturgisch inspirierter Kultur.

Zusammen mit dem Kölner Dirigenten und passionierten Bach-Experten Christoph Spering konnten wir einige bekannte und unbekanntere Werke Bachs als auditive Interpretation der Kurzformel erschließen. Mit ihm und dem ›Chorus Musicus Köln/Das Neue Orchester‹ entstand ein professioneller Musikfilm zum Kirchenjahr im Spiegel der Werke Bachs. Auf youtube findet man ihn problemlos.[19]

Die Kurzformel als Duftpaket

Was eine Biblio-Thek ist, weiß man genauso wie man eine Arto-Thek, eine Apo-Theke oder eine Video-Thek kennt: es sind Aufbewahrungs- und damit Verleih-Orte für Bücher, Bilder, Medikamente oder Filme. So erklärt sich auch der Begriff Aero-Thek. Hier geht es um Düfte. Und damit um den wohl unterschätzesten Sinn unserer Gegenwart. Denn so sehr wir trainiert sind, Inhalte zu sehen und zu hören und zu tasten, so untrainiert ist unser Geruchssinn.

Dabei spielen Gerüche in den Religionen und Spiritualitäten der Welt eine enorme Rolle. Man denke an Weihrauch im Christentum, an Räucherstäbchen in asiatischen Religionen, an bestimmte Gewürze im jüdischen Sabbath oder an komplett olfaktorisch konzipierte Kosmologien bei Naturvölkern.[20] Gerade dass Düfte so allgegenwärtig sind und so unmittelbar wirken, dabei aber für die Vermittlung von religiösen Gehalten kognitiv wenig reflektiert sind, hat uns am zap in Bochum eingeladen, auch Düfte als Medien der Kurzformel zu entwickeln.

Das Ergebnis ist dreifach: Zum einen liegt ein Raumduft-Ensemble vor, das man erwerben kann. Die Rede ist von der zap:aerothek. Das sind vier Düfte mit den Namen PHYSIS, KENOSIS,

19 Geben Sie in die Suchmaske von youtube folgende Begriffe ein: zap Bachkantate. Der Link lautet: https://youtu.be/c_Xyx7bMu2E. Weitere Informationen zum Film in Sellmann 2021:86f.100.112.114.

20 Religionswissenschaftliche Ausführungen zu Gerüchen bei Neumaier 2022.

DYNAMIS und PHRONESIS. Entworfen hat sie der bekannte Parfümeur Marc vom Ende, in Zusammenarbeit mit dem Riechforscher der Bochumer Ruhr-Universität Hanns Hatt. Das ungewöhnliche interdisziplinäre Team aus Parfümkomposition, Zellbiologie und Theologie hat sich hervorragend verstanden und viel Freude daran gehabt, aus den je einzelnen Expertisen ein ganz eigenes Produkt zu generieren. Die vier Düfte interpretieren und inszenieren in der Kultursprache von Duft, was die Kurzformel aussagen will.

So wird etwa das Reale, Irdische, Widerständige und Inkarnatorisch-Weihnachtliche der PHYSIS-Klugheit über den Duftstoff Vanillin vermittelt: das ist der substanzielle Botenstoff der Muttermilch, und das bei wirklich jeder stillenden Frau des Planeten. Oder in KENOSIS schwingt Myrrhe mit in den floralen Osterduft, bleibende Erinnerung jeder Freude an den Schmerz, an den Karfreitag. Bei allem sind die Düfte nicht einfach Kopien der Botschaft mit den Mitteln von Duftstoffen; das würde der künstlerischen Professionalität eines Experten wie Marc vom Ende deutlich widerstreben. Düfte sind eigene kulturelle Auftritte mit eigener Erschließungslogik. Und gerade im Kirchenraum bilden sie ganz eigene Zugangsmöglichkeiten zur spirituellen Erschließung des Kirchenraums.[21]

Dies kann alles nachgelesen und nachgeahmt werden. Ein eigenes Buch zur aerothek erklärt die Düfte und ihre Geschichte, ihre Bedeutung und ihre Komposition. Es gibt umfangreiche Hinweise zum praktischen Gebrauch mit Gebetsvorschlägen, Gottesdienstabläufen, Predigthilfen und Anregungen für Bibelgespräche und andere Wortgottesdienste. Und das Thema Duft und Religion wird in wissenschaftlichen Essays reflektiert: sei es betriebswirtschaftlich, bibeltheologisch, liturgiewissenschaftlich oder kirchengeschichtlich.[22]

---

21 Vgl. als Einstieg die Homepage des Projektes www.zap-aerothek.de. Dort alles zur Bestellung der Komponenten der aerothek, zu Downloads, zur medialen Resonanz und zu diversen Erfahrungsberichten aus der pastoralen Praxis.

22 Vgl. Swiatkowski/Sellmann/Pilz 2022.

Drittens liegen bereits zahlreiche Resonanzen vor. Viele pastorale Zeitschriften haben eigene Beiträge angefragt; Presseorgane wollten Interviews; vor allem aber erproben bereits allerorten motivierte Teams, wie das geht: Düfte im Kirchenraum einsetzen.[23]

– – –

Wenn man so will: Hier verduftet die Kurzformel. Sie wird unsichtbar. Aber sie geht in die Personen über, die sich von ihr antreiben lassen wollen. Die mit ihr ihre Lebensleistung bringen wollen. Und dafür – nur dafür – will sie gut sein.

23 Vgl. nur Hirsch 2022a-f.

Literatur

Literatur zum Vorwort

Balz, Horst/Schneider, Gerhard (2011): Exegetisches Wörterbuch des Neuen Testaments, Stuttgart.

Flügge, Erik (2016): Der Jargon der Betroffenheit – Wie die Kirche an ihrer Sprache verreckt, München.

Fuchs, Gotthard (2020): Was die Christen der Welt geben, in: Christ in der Gegenwart 52/2020, 576.

Großbölting, Thomas (2022): Die schuldigen Hirten. Geschichte des sexuellen Missbrauchs in der katholischen Kirche, Freiburg i. Br. u. a.

Haverkamp, Susanne (2021a): Mehr als nur Worte, in: Zeitungen der Verlagsgruppe Bistumspresse, Nr. 5 vom 5.2.2021.

Haverkamp, Susanne (2021b): Von Jesus lernen, klug zu leben. Der Philipper-Hymnus ist nicht nur große Theologie, sondern auch eine Anleitung zum glücklichen Leben, in: Zeitungen der Verlagsgruppe Bistumspresse, Nr. 12 vom 28.3.2021, 7–9.

Haverkamp, Susanne (2021c): Jesu Lebensklugheit, in: Zeitungen der Verlagsgruppe Bistumspresse, Nr. 12 vom 28.3.2021, 7.

Kittel, Gerhard/Friedrich, Gerhard (2019): Theologisches Wörterbuch zum Neuen Testament (11 Bände), Darmstadt.

Jung, Matthias (2009): Der bewusste Ausdruck. Anthropologie der Artikulation, Berlin/New York.

Jüngel, Eberhard (1992): Gott als Geheimnis der Welt. Zur Begründung der Theologie des Gekreuzigten im Streit zwischen Theismus und Atheismus, Tübingen[6].

Mieves, Jonas (2021): Die drei Kräfte des Christlichen, in: Christ in der Gegenwart 20/2021, 3.

Rahner, Karl (1977): Erfahrung des Geistes, Freiburg i. Br., 37–45.

Sellmann, Matthias (2015): Humpeln war gestern. Ambitionierte Veränderungsprozesse im deutschen Katholizismus, in: Herder Korrespondenz 11/2015, 573–576.

Sellmann, Matthias (2021): Was fehlt, wenn die Christen fehlen? Eine ›Kurzformel ihres Glaubens‹, Freiburg i. Br. u. a.[3]

Willemsen, Roger (2002): Deutschlandreise, Frankfurt a. M.

Literatur zu Kapitel 1

Baumert, Norbert (2009): Der Weg des Trauens. Übersetzung und Auslegung des Briefes an die Galater und des Briefes an die Philipper, Würzburg.

Becker, Eva-Marie (2015): Der Begriff der Demut bei Paulus, Tübingen.

Bubmann, Peter (2022): Musik. Spiritualität. Lebenskunst. Studien zu Ästhetik und Musik aus theologischer Perspektive, Leipzig.

Deutsche Bischofskonferenz (2021): Wirklichkeit wahrnehmen – Chancen finden – Berufung wählen. Leitlinien zur Jugendpastoral (= Die deutschen Bischöfe Nr. 109), Bonn.

Drobinski, Matthias (2019): Kirchen verlieren bis 2060 fast die Hälfte ihrer Mitglieder, in SZ vom 2.5.2019 (https://www.sueddeutsche.de/politik/kirche-christen-austritt-evangelisch-katholisch-1.4429447, Zugriff Juni 2022).

Ebner, Martin (2020): Die synoptische Frage, in: ders. / Schreiber, Stefan (Hg.), Einleitung in das Neue Testament, Stuttgart[3], 73–91.

Frevel, Christian (2015): Vom Pathos zur Patina. Das Neue im Alten Testament und die Innovation der Tradition, in: Damberg, Wilhelm / Sellmann, Matthias (Hg.), Die Theologie und ›das Neue‹. Perspektiven zum kreativen Zusammenhang von Innovation und Tradition, Freiburg i. Br. u. a., 29–54.

Frey, Jörg (2015): Der Philipperbrief in Rahmen der Paulusforschung, in: ders. / Schliesser, Benjamin (Hg.), Der Philipperbrief des Paulus in der hellenistisch-römischen Welt, Tübingen, 1–31.

Fuchs, Gotthard (2017): Vom Göttlichen berührt. Mystik des Alltags, Freiburg i. Br. u. a.

Gemeinsame Synode der Bistümer in der Bundesrepublik Deutschland (Hg.) (1976): Beschlüsse der Vollversammlung. Offizielle Gesamtausgabe I: Beschluss ›Ziele und Aufgaben kirchlicher Jugendarbeit‹, Freiburg i. Br.[3] u. a., 288–311.

Gnilka, Joachim (1976): Der Philipperbrief, Freiburg i. Br.[2] u. a.

Gutmann, David / Peters, Fabian (2021): #projektion2060. Die Freiburger Studie zu Kirchenmitgliedschaft und Kirchensteuer: Analysen – Chancen – Visionen, Neukirchen-Vluyn.

Hengel, Martin (2006): Das Christuslied im frühesten Gottesdienst, in: ders. (Hg.), Studien zur Christologie. Kleine Schriften IV, Tübingen, 205–258.

Holotik, Gerhard (1985): Ansätze zu einer zeitgemäßen Spiritualität nach dem II. Vatikanum, Frankfurt a. M.

Karle, Isolde (Hg.) (2011): Lebensberatung – Weisheit – Lebenskunst, Leipzig.

Kreutzer, Ansgar (2010): Kenopraxis. Eine handlungstheoretische Erschließung der Kenosis-Christologie, Freiburg i. Br. u. a.

Lohmeyer, Ernst (1928): Kyrios Jesus. Eine Untersuchung zu Phil 2,5–11, Heidelberg.

Müllner, Ilse (2006): Das hörende Herz. Weisheit in der hebräischen Bibel, Stuttgart u. a.

Pröpper, Thomas u. a. (Hg.) (2008): Mystik – Herausforderung und Inspiration: Gotthard Fuchs zum 70. Geburtstag, Mainz.

Rahner, Karl (1984): Grundkurs des Glaubens. Einführung in den Begriff des Christentums, Freiburg i. Br. u. a.

Sander, Hans-Joachim (1996): Glaube im Zeichen der Zeit. Die Semiotik von Peirce und die pastorale Konstituierung der Theologie (unveröfftl. Habil), Würzburg.

Sander, Hans-Joachim (2006): Einführung in die Gotteslehre, Darmstadt.

Sander, Hans-Joachim (2016): Topologische Dogmatik 1. Glaubensräume, Mainz.

Saur, Heiko (2012): Einführung in die alttestamentliche Weisheitsliteratur, Darmstadt.

Schmid, Wilhelm (1998): Philosophie der Lebenskunst. Eine Grundlegung, Frankfurt a. M.

Seckler, Max (1987): Die ekklesiologische Bedeutung des Systems der >loci theologici<. Erkenntnistheoretische Katholizität und strukturale Weisheit, in: Baier, Walter (Hg.): Weisheit Gottes, Weisheit der Welt. Band 1 (FS Joseph Kardinal Ratzinger zum 60. Geburtstag), St. Ottilien, 37–66.

Sellmann, Matthias (2019): Als Kirche digital zur Sprache finden. Zum pragmatistischen Zusammenhang von Pluralität, Weltanschauung, Religiosität und digitalen Medien, in: Zeitschrift für Pastoraltheologie 2/2019, 73–93.

Sellmann, Matthias (2021): Was fehlt, wenn die Christen fehlen? Eine ›Kurzformel‹ ihres Glaubens, Freiburg i. Br. u. a.[3]

Sellmann, Matthias (2022): Rezension zu Gutmann/Peters: #projektion2060, in: Theologische Revue, April 2022 (DOI: https://doi.org/10.17879/thrv-2022-3848).

Steinebach, Dorothea (2012): Inspirationen aus dem Christhymnus für eine Berufungs- und Ermöglichungspastoral, in: PThI 2/2012, 81–89.

Theißen, Gerd (2000): Die Religion der ersten Christen. Eine Theorie des Urchristentums, Gütersloh.

Theobald, Christoph (2018): Christentum als Stil. Für ein zeitgemäßes Glaubensverständnis in Europa, Freiburg i. Br. u. a.

Wick, Peter (1994): Der Philipperbrief. Der formale Aufbau des Briefs als Schlüssel zum Verständnis seines Inhalts, Stuttgart u. a.

Wojtkowiak, Heiko (2012): Christologie und Ethik im Philipperbrief. Studien zur Handlungsorientierung einer frühchristlichen Gemeinde in paganer Umwelt, Göttingen.

Zenger, Erich (1992): Das erste Testament. Die jüdische Bibel und die Christen, Düsseldorf[2].

Literatur zu Kapitel 2

Arnold, Franz-Xaver (1948): Dienst am Glauben, Freiburg i. Br.

Bauer, Christian (2017): Konstellative Pastoraltheologie. Erkundungen zwischen Diskursarchiven und Praxisfeldern, Stuttgart.

Beinert, Wolfgang (1987): Hierarchie der Wahrheiten, in: ders. (Hg), Lexikon der katholischen Dogmatik, Freiburg i. Br. u. a., 257–259.

Haslinger, Herbert u. a. (Hg) (1999): Handbuch Praktische Theologie Bd. 1. Grundlegungen, Mainz.

Hemmerle, Klaus (1978): Glauben – wie geht das? Wege zur Mitte des Evangeliums, Freiburg i. Br. u. a.

Joas, Hans (2004): Braucht der Mensch Religion? Über Erfahrungen der Selbsttranszendenz, Freiburg i. Br. u. a.

Joas, Hans (2013): Glaube als Option. Zukunftsmöglichkeiten des Christentums, Freiburg i. Br. u. a.[2].

Joas, Hans (2017): Die Macht des Heiligen. Eine Alternative zur Geschichte von der Entzauberung, Frankfurt a. M.

Jung, Matthias (2014): Gewöhnliche Erfahrung, Tübingen.

Kasper, Walter (1974): Der Gott Jesu Christi, Mainz.

Küng, Hans (1993): Credo. Das Apostolische Glaubensbekenntnis – Zeitgenossen erklärt, Zürich[3] (als Publik-Forum-Dossier zusammengefasst 1999).

Lehmann, Karl (1970): Kurzformeln des christlichen Glaubens, in: Dreher, Bruno u. a. (Hg), Handbuch der Verkündigung, Bd. 1, Freiburg i. Br. u. a., 274–295 (mit Lit).

Nagel, Thomas (2013): Säkulare Philosophie und religiöse Einstellung, in: Deutsche Zeitschrift für Philosophie, Jg. 61, 339–352.

Oster, Stefan (2019): Das Credo. Eine Gebrauchsanweisung für das Leben, Stuttgart.

Rahner, Karl (1967): Die Forderung nach einer ›Kurzformel‹ des christlichen Glaubens, in: ders. (Hg.), Schriften zur Theologie, Bd. VIII, Einsiedeln u. a., 153–164.

Rahner, Karl (1984): Grundkurs des Glaubens, Freiburg i. Br. u. a., 430–440.

Ratzinger, Joseph (1968): Einführung in das Christentum. Vorlesungen über das Apostolische Glaubensbekenntnis, München[2].

Sailer, Johann Michael (1820): Vorlesungen aus der Pastoraltheologie, München[4], Bd. II.

Sander, Hans-Joachim (2006): Einführung in die Gotteslehre, Darmstadt.

Schüssler, Michael (2018): #Kurzformel des Glaubens, in: Magazin feinschwarz vom 6.4.2018 (www.feinschwarz.net/kurzformel-des-glaubens/, Zugriff Juli 2022).

Sellmann, Matthias (2012): zuhören – austauschen – vorschlagen. Entdeckungen pastoraltheologischer Milieuforschung, Würzburg.

Sellmann, Matthias (2019): Katholisch sein. Eine Option für bedeutsames Leben, in: Letzter Aufruf. Pastoral unter neuen Bedingungen (= Herder Korrespondenz spezial Oktober 2019), 16–18.

Semmelroth, Otto (1971): Kurzformeln des Glaubens und ihr Sitz im Leben, in: Geist und Leben 44/6, 440–452 (mit Lit).

Skeb, Matthias (1992): Karl Rahners Kurzformeln des Glaubens. Ihr dogmatisches Genus und ihre theologischen Implikationen, Frankfurt a. M u. a.

Zottl, Anton / Schneider, Werner (Hg.) (1987): Wege der Pastoraltheologie. Texte einer Bewusstwerdung. 18. Jahrhundert, Eichstätt.

Literatur zu Kapitel 3

Balz, Horst / Schneider, Gerhard (1983): Exegetisches Wörterbuch zum Neuen Testament, Bd. III, Stuttgart u. a.

Baumann, Klaus u. a. (Hg.) (2017): Zwischen Spirit und Stress. Die Seelsorgenden in den deutschen Diözesen, Würzburg.

Baumert, Norbert (2009): Der Weg des Trauens. Übersetzung und Auslegung des Briefes an die Galater und des Briefes an die Philipper, Würzburg.

Becker, Eva-Marie (2015): Der Begriff der Demut bei Paulus, Tübingen.

Bertram, o. V. (1973): Art. Phronesis, in: Friedrich, Gerhard (Hg.), Theologisches Wörterbuch zum Neuen Testament, Bd. IX, Stuttgart u. a., 216–231.

Böhnke, Michael (2013): Kirche in der Glaubenskrise. Eine pneumatologische Ekklesiologie, Freiburg i. Br. u. a.

Ebertz, Michael N. (2004): Die Zivilisierung Gottes: Der Wandel von Jenseitsvorstellungen in Theologie und Verkündigung, Ostfildern.

Eckey, Wilfried (2006): Die Briefe des Paulus an die Philipper und an Philemon. Ein Kommentar, Neukirchen-Vluyn.

Faupel, Theresa (2019): Erfolgskritische Faktoren einer charismenorientierten Pastoral. Lernen aus einem gescheiterten Experiment, in: Lebendige Seelsorge 2/2019, 131–136.

Flügge, Erik (2016a): Kommunizieren in der Glaubwürdigkeitskrise, in: Lebendige Seelsorge H. 5/2016, 302–306.

Flügge, Erik (2016b): Muss es immer kompliziert sein? Die Replik auf Ute Leimgruber, in: Lebendige Seelsorge H. 5/2016, 312f.

Frevel, Christian / Wischmeyer, Oda (2003): Menschsein. Perspektiven des Alten und Neuen Testaments, Würzburg.

Gnilka, Joachim (1976): Der Philipperbrief (= Herders Theologischer Kommentar zum NT X/3), Freiburg i. Br. u. a.²

Gräb-Schmidt, Elisabeth (2004): Art. Spiritualität IV: Fundamentaltheologisch, in: RGG^4, Bd. 7, Tübingen, 1594.

Halfar, Bernd / Borger, Andrea (2007): Kirchenmanagement, Baden-Baden.

Hegge, Christoph (Hg.) (2005): Kirche bricht auf. Die Dynamik der Geistlichen Gemeinschaften, Münster.

Hennecke, Christian (2006): Kirche, die über den Jordan geht. Expeditionen ins Land der Verheißung, Münster.

Hennecke, Christian / Viecens, Gabriele (2019): Von Missverständnissen und Fallstricken. Kirchenentwicklungen – Eine neue Sichtweise, Würzburg.

Hermelink, Jan (2019): Kirchenleitung mit theologischem Selbstbewusstsein. Kirchentheoretische Lernprozesse mit Blick auf die deutschsprachige römisch-katholische Kirche, in: Praktische Theologie 3/2019, 167–175.

Hilberath, Bernd Jochen (1994): Pneumatologie, Düsseldorf.

Hilberath, Bernd Jochen (2017): Pneumatologie, in: Schneider, Theodor (Hg.): Handbuch der Dogmatik, Bd. 1, Mainz^6 , 445–552.

Hilberath, Bernd Jochen / Nitsche, Bernhard (Hg.) (2002): Ist Kirche planbar? Organisationsentwicklung und Theologie in Interaktion, Mainz.

Jacobs, Christoph (2000): Salutogenese. Eine pastoralpsychologische Studie zu seelischer Gesundheit, Ressourcen und Umgang mit Belastung bei Seelsorgern, Würzburg.

Jung, Matthias (1996): Wilhelm Dilthey zur Einführung, Stuttgart.

Käsemann, Ernst (1950): Kritische Analyse von Phil 2,5–11, in: Zeitschrift für Theologie und Kirche, Jg. 47, 313–360.

Kenneth-Nagel, Alexander (2011): Marktförmige Religion – Ein Lernmodell für die deutschen Kirchen?, in: Lebendige Seelsorge 3/2011, 154–159.

Kierkegaard, Sören (1985): Die Krankheit zum Tode, Köln^3.

Kluge, Friedrich (1989): Etymologisches Wörterbuch, Berlin/New York^{22}.

Leimgruber, Ute (2016a): in: Mehr als Symptombehandlung. Was Verkündigung wirklich braucht, in: Lebendige Seelsorge H.5/2016, 307–311.

Leimgruber, Ute (2016b): in: Die Trumpisierung der Verkündigung. Die Replik auf Erik Flügge, in: Lebendige Seelsorge H.5/2016, 314f.

Mengel, Berthold (1982): Studien zum Philipperbrief. Untersuchungen zum situativen Kontext unter besonderer Berücksichtigung der Frage nach der Ganzheitlichkeit oder Einheitlichkeit eines paulinischen Briefs, Tübingen.

Müller, Ulrich B. (1993): Der Brief des Paulus an die Philipper (= Theologischer Handkommentar zum NT 11/1), Leipzig.

Nauer, Doris (2014): Seelsorge. Sorge um die Seele, Stuttgart[3].

Nouwen, Henri (1985): Gottes Clown sein. Vom Beten und Dienen, Freiburg i. Br. u. a.[2].

Polak, Regina (2014a): Fragmente einer Theologie kirchlicher Leitung, in: Lebendige Seelsorge H.3/2014, 154–159.

Polak, Regina (2014b): Warum eigentlich? Die Replik auf Florian Sobetzko, in: Lebendige Seelsorge H. 3/2014, 167f.

Pröppper, Thomas (2015): Theologische Anthropologie, Bd. II, Freiburg i. Br. u. a.

Rahner, Karl (1958): Das Dynamische in der Kirche, Freiburg i. Br.

Riede, Peter (2010): Art. Taube, in: wibilex (https://www.bibelwissenschaft.de/stichwort/32559/).

Schmid, Wilhelm (1998): Philosophie der Lebenskunst. Eine Grundlegung, Frankfurt a. M.

Schulze, Gerhard (1992): Die Erlebnisgesellschaft, Frankfurt a. M./New York[2].

Schütz, Christian (2009): Art. Geistliches Leben in: LThK[3], Bd. 4, Freiburg i. Br. u. a., 399.

Sellmann, Matthias (2011): Katholische Kirche in den USA – Was wir von ihr lernen können, Freiburg i..Br. u. a.

Sellmann, Matthias (2019a): »Große Klappe, großes Herz.« Petrus als spirituelle Leitfigur für Gründerpersönlichkeiten, in: Pastoralblatt für die Diözesen Aachen, Berlin, Hildesheim, Köln und Osnabrück 9/2019, 275–279.

Sellmann, Matthias (2019b): »denn er streunt, wie und wo er will!« (nach Joh 3,8). Kleine Pneumatologie des Kirche-Gründens, in: Pastoralblatt für die Diözesen Aachen, Berlin, Hildesheim, Köln und Osnabrück 12/2019, 355–362.

Sobetzko, Florian (2014a): Interaktive Wertschätzung – Kirche innovationsgerichtet führen, in: Lebendige Seelsorge H.3/2014, 160–166.

Sobetzko, Florian (2014b): Theologieferne der Praktiker oder Praxisferne der Theologie? Die Replik auf Regina Polak, in: Lebendige Seelsorge H.3/2014, 169f.

Sobetzko, Florian (2020): Kirche neu gründen. Kairologische Pastoralentwicklung zwischen Krise und Gelegenheit, Würzburg.

Sudbrack, Josef (1984): Frömmigkeit/Spiritualität, in: Eicher, Peter (Hg.), Neues Handbuch theologischer Grundbegriffe, Bd. 2, München 7–16.

Sudbrack, Josef (2009): Spiritualität. IV. Systematisch-theologisch; V. Typologien. VIII. Neureligiös, in: LThK[3], Bd. 9, Freiburg i. Br. u. a., 856–860.

Szymanowski, Björn (2023): Die Pfarrei als Dienstleistungsorganisation. Ein Beitrag zur praktisch-theologischen Präzisisierung der kirchlichen Sendung, Würzburg (im Erscheinen).

Treml, Hubert (2009): Art. Spiritualität VI. Praktisch-theologisch, in: $LThK^3$, Bd. 9, Freiburg i. Br. u. a., 858f.
Weismayer, Josef (2005): Spiritualität (1), in: Baer, Harald u. a. (Hg.), Lexikon neureligiöser Gruppen, Szenen und Weltanschauungen. Orientierungen im religiösen Pluralismus, Freiburg i. Br. u. a., 1231f.
Welker, Michael (1992): Gottes Geist. Theologie des Heiligen Geistes, Neukirchen-Vluyn.
White, Michael / Corcoran, Tom (2016): Rebuilt. Die Geschichte einer katholischen Pfarre, Graz.

Literatur zu Kapitel 4

Erpenbeck, John / Rosenstiel, Lutz von (2007): Einführung, in: dies. (Hg.), Handbuch Kompetenzmessung. Erkennen, Verstehen und Bewerten von Kompetenzen in der betrieblichen, pädagogischen und psychologischen Praxis, Stuttgart.
Klieme, Eckhard / Hartig, Johannes (2008): Kompetenzkonzepte in den Sozialwissenschaften und im erziehungswissenschaftlichen Diskurs, in: Prenzel, Manfred u. a. (Hg), Kompetenzdiagnostik. Zeitschrift für Erziehungswissenschaft, Wiesbaden, 11–29.
Kluge Friedrich (1989): Etymologisches Wörterbuch, Berlin/New York[22].
Pannenberg, Wolfhart (1983): Anthropologie in theologischer Perspektive, Göttingen.
Sellmann, Matthias (2012): zuhören – austauschen – vorschlagen. Entdeckungen pastoraltheologischer Milieuforschung, Würzburg.
Theobald, Christoph (2001): ›Gott ist Beziehung‹. Zu einigen neueren Annährungen an das Geheimnis der Trinität, in: Concilium, 34–45.
Theobald, Christoph (2012): Jesus – das Evangelium Gottes, in: Pastoraltheologische Informationen, 91–99.
Theobald, Christoph (2018): Christentum als Stil. Für ein zeitgemäßes Glaubensverständnis in Europa, Freiburg i. Br. u. a.
Wippermann, Carsten (2011): Milieus in Bewegung. Werte, Sinn, Religion und Ästhetik in Deutschland, Würzburg.
Zimmer, Miriam u. a. (2017): Netzwerke in pastoralen Räumen. Wissenschaftliche Analysen – Fallstudien – Praktische Relevanz (= Angewandte Pastoralforschung 04), Würzburg.

Literatur zu Kapitel 5

Baudler, Georg (1997): Das Kreuz. Geschichte und Bedeutung, Düsseldorf.
Baumert, Norbert (2009): Der Weg des Trauens. Übersetzung und Auslegung des Briefes an die Galater und des Briefes an die Philipper, Würzburg.
Becker, Eva-Marie (2015): Der Begriff der Demut bei Paulus, Tübingen.

Brucker, Ralph (1997): ›Christushymnen‹ oder ›epideiktische Passagen‹? Studien zum Stilwechsel im Neuen Testament und seiner Umwelt, Göttingen.

Frey, Jörg (2015): Der Philipperbrief im Rahmen der Paulusforschung, in: ders. / Schliesser, Benjamin unter Mitarbeit von Niederhofer, Veronika (Hg.), Der Philipperbrief des Paulus in der hellenistisch-römischen Welt, Tübingen, 1–31.

Gemünden von, Petra (2015): Der ›Affekt‹ der Freude im Philipperbrief und seiner Umwelt, in: Frey, Jörg / Schliesser, Benjamin unter Mitarbeit von Niederhofer, Veronika (Hg.), Der Philipperbrief des Paulus in der hellenistisch-römischen Welt, Tübingen, 223–253.

Gnilka, Joachim (1976): Der Philipperbrief (= Herders Theologischer Kommentar zum NT X/3), Freiburg i. Br. u. a.[2].

Hemmerle, Klaus (1994): Gastfreundschaft; abgedruckt in prisma, Sonderheft ›Klaus Hemmerle‹, 37.

Inselmann, Anke (2015): Zum Affekt der Freude im Philipperbrief. Unter Berücksichtigung pragmatischer und psychologischer Zugänge, in: Frey, Jörg / Schliesser, Benjamin unter Mitarbeit von Niederhofer, Veronika (Hg.), Der Philipperbrief des Paulus in der hellenistisch-römischen Welt, Tübingen, 255–288.

Käsemann, Ernst (1950): Kritische Analyse von Phil 2,5–11, in: Zeitschrift für Theologie und Kirche, Jg. 47, 313–360.

Kuhn, Heinz-Wolfgang (1975): Jesus als Gekreuzigter in der frühchristlichen Verkündigung bis zur Mitte des 2. Jahrhunderts, in: Zeitschrift für Theologie und Kirche, Jg. 72, 1–46.

Lohmeyer, Ernst (1928): Kyrios Jesus. Eine Untersuchung zu Phil 2,5–11, Heidelberg.

Mengel, Berthold (1982): Studien zum Philipperbrief. Untersuchungen zum situativen Kontext unter besonderer Berücksichtigung der Frage nach der Ganzheitlichkeit oder Einheitlichkeit eines paulinischen Briefs, Tübingen.

Müller, Ulrich B. (1993): Der Brief des Paulus an die Philipper (= Theologischer Handkommentar zum NT 11/1), Leipzig.

Müller, Ulrich B. (2003): Der Christushymnus Phil 2,6–11, in: ders. (Hg.), Christologie und Apokalyptik. Ausgewählte Aufsätze, Leipzig, 179–205.

Müllner, Ilse (2006): Das hörende Herz. Weisheit in der hebräischen Bibel, Stuttgart u. a.

Saur, Markus (2012): Einführung in die alttestamentliche Weisheitsliteratur, Darmstadt.

Schottroff, Luise (2004): Philipperbrief 2,5–11: Ein Auferstehungslied, in: Junge Kirche 1/2004, 41–43.

Schreiber, Stefan (2020a): Briefliteratur im Neuen Testament, in: ders. / Ebner, Martin (Hg.): Einleitung in das Neue Testament, Stuttgart³, 255–269.
Schreiber, Stefan (2020b): Chronologie: Lebensdaten des Paulus, in: ders. /Ebner, Martin (Hg.): Einleitung in das Neue Testament, Stuttgart³, 270–280.
Sellmann, Matthias (2006): Sucht und Scham. Suchtkrankenseelsorge als heilsame Begegnung mit beschämten Menschen, in: ders. / Fuchs, Reiner / Bell d'Avis, Simone (Hg.): Inmitten von Scham, Gewalt und Angst. Theologische Fundierungen der Suchtkrankenpastoral, Würzburg, 173–231.
Theobald, Michael (2020): Der Philipperbrief, in: Schreiber, Stefan / Ebner, Martin (Hg.): Einleitung in das Neue Testament, Stuttgart³, 368–386.
Vollenweider, Samuel (2002): Der ›Raub‹ der Gottgleichheit: Ein religionsgeschichtlicher Vorschlag zu Phil 2,6–11, in: ders. (Hg.), Horizonte neutestamentlicher Christologie. Studien zu Paulus und zur frühchristlichen Theologie, Tübingen, 263–284.
Vollenweider, Samuel (2015): Dienst und Verführung. Überlegungen zur Kommentierung des Briefs ›An die Philipper‹, in: Frey, Jörg / Schliesser, Benjamin unter Mitarbeit von Niederhofer, Veronika (Hg.), Der Philipperbrief des Paulus in der hellenistisch-römischen Welt, 373–393.
Vorholt, Robert (2018): Der Brief an die Philipper. Ins Herz geschlossen, in: Ballhorn, Egbert u. a. (Hg.), 73 Ouvertüren. Die Buchanfänge der Bibel und ihre Botschaft, Gütersloh, 564–569.
Wick, Peter (1994): Der Philipperbrief. Der formale Aufbau des Briefs als Schlüssel zum Verständnis seines Inhalts, Stuttgart u. a.
Wojtkowiak, Heiko (2012): Christologie und Ethik im Philipperbrief. Studien zur Handlungsorientierung einer frühchristlichen Gemeinde in paganer Umwelt, Göttingen.
Zenger, Erich (1992): Das erste Testament. Die jüdische Bibel und die Christen, Düsseldorf².
Zenger, Erich (2008): Eigenart und Bedeutung der Weisheit Israels, in: ders. u.a. (Hg), Einleitung in das Alte Testament, Stuttgart⁷, 329–334.

Literatur zu Kapitel 6

Aretz, Bernd (2017): Dietrich Bonhoeffer. Wunderbar sind wir geborgen, München.
Bauer, Christian (2017): Konstellative Pastoraltheologie. Erkundungen zwischen Diskursarchiven und Praxisfeldern, Stuttgart.
Bauer, Christian (2019): Man müsste mal wieder Camus lesen, in: eco. zukunft (https://www.uibk.ac.at/praktheol/mitarbeiter/bauer/2019-interview-econova.pdf, Zugriff Juli 2022).

Beck, Ulrich / Erdmann-Ziegler, Ulf u. a. (1997): Eigenes Leben. Ausflüge in die unbekannte Gesellschaft, in der wir leben, München.

Bethge, Eberhard (1976): Dietrich Bonhoeffer. Theologe – Christ – Zeitgenosse. Eine Biographie, München.

Bethge, Eberhard (2006): Dietrich Bonhoeffer, Hamburg.

Bethge, Eberhard und Renate / Gremmels, Christian (1998a): Vorwort der Herausgeber, in: Bonhoeffer 1998, 1–13.

Bethge, Eberhard und Renate / Gremmels, Christian (1998b): Nachwort der Herausgeber, in: Bonhoeffer 1998, 623–662.

Bonhoeffer, Dietrich (1998): Widerstand und Ergebung. Briefe und Aufzeichnungen aus der Haft, in: Bethge, Eberhard und Renate / Gremmels, Christian (Hg.) (= Dietrich Bonhoeffer Werke Bd. 8), Gütersloh.

Bonhoeffer, Dietrich / Wedemayer von, Maria (2006): Brautbriefe Zelle 92, hrsg. von Ruth-Alice von Bismarck und Ulrich Kabitz, München.

Camus, Albert (1990): Der Mythos von Sisyphos. Ein Versuch über das Absurde, Hamburg (ursprünglich 1959).

Feldmann, Christian (1998): Wir hätten schreien müssen. Das Leben des Dietrich Bonhoeffer, Freiburg i. Br. u. a.

Frettlöh, L. Magdalene (2002): Theologie des Segens. Biblische und dogmatische Wahrnehmungen, Gütersloh[4].

Frevel, Christian (2015): Vom Pathos zur Patina. Das Neue im Alten Testament und die Innovation der Tradition, in: Damberg, Wilhelm / Sellmann, Matthias (Hg.), Die Theologie und ›das Neue‹. Perspektiven zum kreativen Zusammenhang von Innovation und Tradition, Freiburg i. Br., 29–54.

Harvey, Barry (2009): Life in Exile, Life in the Middle of the Village. A contribution of Dietrich Bonhoeffer to a Post-Christendom Ecclesiology, in: De Gruchy, John / Plant, Stephen u. a. (Hg.), Dietrich Bonhoeffers Theologie heute. Ein Weg zwischen Fundamentalismus und Säkularismus? (dt./engl.), Gütersloh, 229–243.

Henkys, Jürgen (1986): Dietrich Bonhoeffers Gefängnisgedichte. Beiträge zu ihrer Interpretation, München.

Hennecke, Christian (1997): Die Wirklichkeit der Welt erhellen. Ein ökumenisches Gespräch mit Dietrich Bonhoeffer über die ekklesiologischen Perspektiven der Moralverkündigung, Paderborn.

Höhn, Hans-Joachim (1996): »Vor und mit Gott leben wir ohne Gott«. Negative Theologie als theologische Hermeneutik der Moderne, in: Riße, Günter u. a. (Hg.), Wege der Theologie: an der Schwelle zum dritten Jahrtausend (FS Waldenfeld), Paderborn, 97–109.

Höhn, Hans-Joachim (2001): zustimmen. Der zwiespältige Grund des Daseins, Würzburg.

Knapp, Markus (2020): Weltbeziehung und Gottesbeziehung: Das Christentum in der säkularen Moderne – eine anerkennungstheroretische Erschließung, Freiburg i. Br. 2020.

Köster, H. (1973): Art. *physis,* in: Friedrich, Gerhard: Theologisches Wörterbuch zum Neuen Testament, Bd. 9, Stuttgart u. a., 246–271.

Moltmann, Jürgen (2009): Theologie mit Dietrich Bonhoeffer. Die Gefängnisbriefe, in: De Gruchy, John / Plant, Stephen u. a. (Hg.), Dietrich Bonhoeffers Theologie heute. Ein Weg zwischen Fundamentalismus und Säkularismus? (dt./engl.), Gütersloh, 17–31.

Paulsen, H. (1981): Art. *physis,* in: Balz, Horst u. a. (Hg.): Exegetisches Wörterbuch zum Neuen Testament, Bd. III, Stuttgart u. a., 1063–1065.

Schlingensiepen, Ferdinand (2013): Dietrich Bonhoeffer 1906–1945. Eine Biografie, München[3].

Schmid, Wilhelm (2018): Selbstfreundschaft: Wie das Leben leichter wird, München.

Stetter, Moritz (2010): Bonhoeffer (graphic novel), Gütersloh.

Theobald, Christoph (2018): Christentum als Stil. Für ein zeitgemäßes Christentum in Europa, Freiburg i. Br. u. a.

Tietz, Christiane (2005): Freiheit zu sich selbst: Entfaltung eines christlichen Begriffs von Selbstannahme, Göttingen.

Tietz, Christiane (2013): Dietrich Bonhoeffer. Theologe im Widerstand, München.

Verweyen, Hansjürgen (1993): Daslaus / Hennigfeld, Jochen (Hg), Kategorien der Existenz, Würzburg, 365–381.

Literatur zu Kapitel 7

Aretz, Bernd (Hg.) (2019): Chiara Lubich. Ein Leben für die Einheit, München u. a.

Benke, Christoph (2019): Neue Geistliche Gemeinschaften und Bewegungen, katholisch, in: Klöcker, Michael / Tworuschka, Udo (Hg.): Handbuch der Religionen. Kirchen und andere Glaubensgemeinschaften in Deutschland und im deutschsprachigen Raum. Loseblattwerk (60. Ergänzungslieferung), Hohenwarsleben.

Böhnke, Michael (2000): Einheit in Mehrursprünglichkeit: eine kritische Analyse des trinitarischen Ansatzes im Werk von Klaus Hemmerle, Würzburg.

Dirscherl, Erwin (2006): Grundriss theologischer Anthropologie. Die Entschiedenheit des Menschen angesichts des Anderen, Regensburg.

Ebertz, Michael N. / Hunstig, Hans-Georg (Hg.) (2008): Hinaus ins Weite – Gehversuche einer milieusensiblen Kirche, Würzburg.

Feiter, Reinhard / Müller, Hadwig (Hg.) (2012): Frei geben. Pastoraltheologische Impulse aus Frankreich, Mainz.

Fokolarbewegung e. V. (1983): Harmonie und Umwelt. Leitlinien für den fünften Aspekt, o. O.

Fokolarbewegung e. V. (2000): Werk Mariens. Richtlinien für den Zweig der Freiwilligen, March-Buchheim.

Fresacher, Bernhard (2006): Kommunikation. Verheißungen und Grenzen eines theologischen Leitbegriffs, Freiburg i. Br.

Frick, Andreas (1998): Der dreieine Gott und das Handeln in der Welt. Christlicher Glaube und ethische Öffentlichkeit im Denken Klaus Hemmerles, Würzburg.

Gnilka, Joachim (1976): Der Philipperbrief, Freiburg i. Br.[2] u. a.

Greshake, Gisbert (1997): Der dreieine Gott. Eine trinitarische Theologie, Freiburg i. Br. u. a.

Hegge, Christoph (Hg.) (2005): Kirche bricht auf. Die Dynamik der Geistlichen Gemeinschaften, Münster.

Hemmerle, Klaus (1966): Das Heilige und das Denken. Zur philosophischen Phänomenologie des Heiligen, in: Casper, Bernhard / Hemmerle, Klaus u. a.: Besinnung auf das Heilige, Freiburg i. Br. u. a., 9–79.

Hemmerle, Klaus (1977): Der Himmel ist zwischen uns, München u. a. (zugleich Hemmerle 1995a:127–198).

Hemmerle, Klaus (1978): Glauben – wie geht das? Wege zur Mitte des Evangeliums, Freiburg i. Br. u. a.

Hemmerle, Klaus (1982): Wegmarken der Einheit. Theologische Reflexionen zur Spiritualität der Fokolarbewegung, München.

Hemmerle, Klaus (1995a): Sieben Aspekte des Christseins, in: ders. (Hg.), Wie Glauben im Leben geht. Schriften zur Spiritualität, München u. a., 81–125 (zuerst 1972).

Hemmerle, Klaus (1995b): Leben aus der Einheit. Eine theologische Herausforderung, Freiburg i. Br. u. a.

Hempelmann, Heinzpeter u. a. (Hg.) (2015): Auf dem Weg zu einer milieusensiblen Kirche. Die SINUS-Studie »Evangelisch in Baden und Württemberg« und ihre Konsequenzen für kirchliche Handlungsfelder, Göttingen.

Jacobs, Christoph (2000): Salutogenese. Eine pastoralpsychologische Studie zu seelischer Gesundheit, Ressourcen und Umgang mit Belastung bei Seelsorgern, Würzburg.

Jung, Matthias (2009): Der bewusste Ausdruck. Anthropologie der Artikulation, Berlin/New York.

Karle, Isolde (Hg.) (2011): Lebensberatung – Weisheit – Lebenskunst, Leipzig.

Klann, Thomas u. a. (Hg) (2009): Einfach Chiara, München u. a.

Kluge, Friedrich (1989): Etymologisches Wörterbuch, Berlin/New York[22].

Knapp, Markus (2020): Weltbeziehung und Gottesbeziehung. Das Christentum in der säkularen Moderne – eine anerkennungstheoretische Erschließung, Freiburg i. Br. u. a.

Körner, Bernhard (2019): Die große Sehnsucht unserer Zeit, in: Aretz 2019, 70–77.

Kreutzer, Ansgar (2010): Kenopraxis. Eine handlungstheoretische Erschließung der Kenosis-Christologie, Freiburg i. Br. u. a.

Kühneweg, Uwe (1987): Der Trinitätsaufweis Richards von St. Victor, in: ThPh, Jg. 62, 401–422.

Lattke, M. (1981): Art. kenoo, in: Horst Balz / Gerhard Schneider (Hg.), Exegetisches Wörterbuch zum Neuen Testament, Bd. II, Stuttgart u. a., 696–698.

Liedhegener, Antonius (2018): Pluralisierung, in: Pollack, Detlef u. a. (Hg.), Handbuch Religionssoziologie, Teil 1, Wiesbaden, 347–382.

Lubich, Chiara (1977): In Brot und Wein, München u. a.

Lubich, Chiara (1979): Liebe als Ideal. Wenn zeitgemäß, dann ganz, München[4].

Lubich, Chiara (1986): Bis wir alle sein werden. Meditationen, München[13].

Lubich, Chiara (1990): Für eine geeinte Welt. Gespräche mit Jugendlichen, München u. a.

Lubich, Chiara (1991): Die Welt wird eins. Franca Zambonini im Gespräch mit der Gründerin der Fokolarbewegung, München.

Lubich, Chiara (2001): Der Schrei der Gottesverlassenheit. Der gekreuzigte und verlassene Jesus in Geschichte und Erfahrung der Fokolar-Bewegung, München.

Lubich, Chiara (2003): Ein Weg in Gemeinschaft. Vorträge über die Fokolar-Spiritualität, hrsg. von der Fokolar-Bewegung, Friedberg.

Lubich, Chiara (2021): Leben aus dem Licht ... Texte aus dem »Paradies 49«, München.

Mette, Norbert / Sellmann, Matthias (Hg.) (2012): Religionsunterricht als Ort der Theologie, Freiburg i. Br. u. a.

Müller, Ulrich B. (1993): Der Brief des Paulus an die Philipper (= Theologischer Handkommentar zum NT 11/1), Leipzig.

Oepke, A. (1957): Art. kenos, kenoo, kenodokos, kenodokia, in: ThWNT III, 659–662.

Pannenberg, Wolfhart (1983): Anthropologie in theologischer Perspektive, Göttingen.

Pröpper, Thomas (2015): Theologische Anthropologie, Freiburg i. Br. u. a.

Rosa, Hartmut (2019): Resonanz: Eine Soziologie der Weltbeziehung, Frankfurt a. M.

Sattler, Dorothea / Schneider, Theodor (2017): Schöpfungslehre, in: Schneider, Theodor (Hg.), Handbuch der Dogmatik, Bd. 1, Mainz[6], 120–238.

Schmid, Wilhelm (1998): Philosophie der Lebenskunst. Eine Grundlegung, Frankfurt a. M.

Schmid, Wilhelm (2018): Selbstfreundschaft. Wie das Leben leichter wird, Berlin.

Sellmann, Matthias (2006a): Just do it!, oder: Die Rituale des Fokolars in ihrer postmodernen Umgebung, in: das prisma. Beiträge zu Pastoral, Katechese und Theologie 2/2006, 18–27.

Sellmann, Matthias (2006b): Sucht und Scham. Suchtkrankenseelsorge als heilsame Begegnung mit beschämten Menschen, in: ders. / Fuchs, Reiner / Bell d'Avis, Simone: Inmitten von Scham, Gewalt und Angst. Theologische Fundierungen der Suchtkrankenpastoral, Würzburg, 173–231.

Sellmann, Matthias (2007): Religion und soziale Ordnung. Gesellschaftstheoretische Analysen, Frankfurt a. M./New York.

Sellmann, Matthias (2011): Vom großen Wunsch, aus seinem Leben eine Kunst zu machen. Eine pastoraltheologische Phänomenanalyse, in: Karle 2011, 185–199.

Sellmann, Matthias (2012): Zuhören – Austauschen – Vorschlagen. Entdeckungen pastoraltheologischer Milieuforschung, Würzburg.

Sellmann, Matthias (2017): »Für eine Kirche, die Platz macht!« Notizen zum Programm einer raumgebenden Pastoral, in: Diakonia 2/2017, 74–82.

Sellmann, Matthias (2019a): Die Welt ist Gottes so ... leer. Die Mystik der Gottesabwesenheit bei Chiara Lubich, in: Aretz 2019, 124–133.

Sellmann, Matthias (2019b): Katholisch sein. Eine Option für bedeutsames Leben, in: Letzter Aufruf. Pastoral unter neuen Bedingungen (= Herder Korrespondenz spezial Oktober 2019), 16–18.

Sellmann, Matthias (2020a): Was fehlt, wenn die Christen fehlen? Eine »Kurzformel« ihres Glaubens, Würzburg.

Sellmann, Matthias (2020b): Der Reichtum der Großzügigkeit, in: Pastoralblatt für die Diözesen Aachen, Berlin, Hildesheim, Köln und Osnabrück 2/2020, 46–53.

Simmel, Georg (2001): Brücke und Tür, in: ders. (Hg.), Aufsätze und Abhandlungen 1909–1918, Bd. I, Frankfurt a. M., 55–61.

Taylor, Charles (2002): Die Formen des Religiösen in der Gegenwart, Frankfurt a. M.

Theißen, Gerd (2000): Die Religion der ersten Christen. Eine Theorie des Urchristentums, Gütersloh.

Theobald, Christoph (2018): Christentum als Stil. Für ein zeitgemäßes Glaubensverständnis in Europa, Freiburg i. Br. u. a.

Thomas Pröpper (2015): Theologische Anthropologie, Freiburg i. Br. u. a.

Tobler, Stefan (2002): Jesu Gottverlassenheit als Heilsereignis in der Spiritualität Chiara Lubichs. Ein Beitrag zur Überwindung der Sprachnot in der Soteriologie, Berlin/New York.

Tobler, Stefan (2020): Die Nacht Gottes im Licht Gottes – und umgekehrt, in: Lebendige Seelsorge 4/2020, 280–283.

Tobler, Stefan (2022): Gottesferne als Gottesgegenwart. Wegbereiterinnen des Glaubens im 20. Jahrhundert: Madeleine Delbrêl, Teresa von Kalkutta, Chiara Lubich, in: Sellmann, Matthias u. a. (Hg.), Ich glaube an einen Gott, der fehlt. Ermutigungen zu einem geistlichen Leben auf der Höhe der Zeit, Dresden, 136–151.

Tobler, Stefan / Povilus, Judith (Hg.) (2021): Dreifaltige Einheit. Über die mystische Erfahrung von Chiara Lubich, München u. a.

Ulz, Stefan (2019): Dreifaltigkeit leben. Trinitarische Anthropologie bei Chiara Lubich, Würzburg.

Veronesi, Silvana (1979): Was in Trümmern begann. Entstehung einer christlichen Gemeinschaft, München u. a.

Voce, Maria (2020): Im Licht der Liebe. Über die Spiritualität von Chiara Lubich, München u. a.

Werbick, Jürgen (2017): Trinitätslehre, in: Schneider, Theodor (Hg.), Handbuch der Dogmatik, Bd. 2, Mainz[6], 481–589.

Literatur zu Kapitel 8

Balthasar, Hans Urs von (1975): Vorwort des Übersetzers, in: Delbrêl NK/1975:7f.

Balthasar, Hans Urs von (1991): Vorwort, in: Delbrêl FG/1991:7–11.

Balthasar, Hans Urs von (2013): Vorwort, in: Delbrêl GwL/2013:7–13.

Bauer, Christian (2010): Priester im Blaumann. Impulse aus der französischen Bewegung der Arbeiterpriester, in: Bucher, Rainer / Pock, Johann (Hg.), Klerus und Pastoral, Münster, 115–148.

Bauer, Christian (2015): »Missionare ohne Schiff«. Madeleine Delbrêl, eine Konzilsmutter des Zweiten Vatikanums?, in: Böhme/Herkert 2015, 77–108.

Böhme, Katja (1992): Vorwort zur deutschen Ausgabe, in: Delbrêl LS/1992:5–10.

Böhme, Katja (1995): »Nichts soll uns profan sein«. Das geistliche Profil Madeleine Delbrêls, in: Fuchs 1995:40–62.

Böhme, Katja (1997): Gott aussäen. Zur Theologie der weltoffenen Spiritualität bei Madeleine Delbrêl, Würzburg.

Böhme, Katja (2004): Madeleine Delbrêl. Die andere Heilige, Freiburg i. Br. u. a.

Böhme, Katja (2004): Madeleine Delbrêl. Die andere Heilige, Freiburg i. Br.

Böhme, Katja (2009): »Alles ist nur Rinde einer herrlichen Realität.« Zur Mystik Madeleine Delbrêls (1904–1964), in: Middelbeck-Varwick, Anja / Thurau, Markus (Hg.), Mystikerinnen der Neuzeit und Gegenwart, Frankfurt a. M. u. a., 175–191.

Böhme, Katja (2020a): Vorwort zur deutschen Ausgabe, in: Delbrêl LU/2020:9–13.

Böhme, Katja (2020b): Biografische Angaben, in: Delbrêl LU/2020:15–18.

Böhme, Katja / Herkert, Thomas (Hg) (2015): ... lauter Sprungbretter in die Ekstase. Alltagsspiritualität nach Madeleine Delbrêl, Würzburg.

Böhnke, Michael (2000): Einheit in Mehrursprünglichkeit. Eine kritische Analyse des trinitarischen Ansatzes im Werk von Klaus Hemmerle, Würzburg.

Böhnke, Michael (2017): Gottes Geist im Handeln der Menschen. Praktische Pneumatologie, Freiburg i. Br. u. a.

Boismarin, Christine de (1986): Madeleine Delbrêl. Ein Leben unter Menschen, die Christus nicht kennen, München u. a.

Brecht, Bertolt (1981): Furcht und Elend des Dritten Reiches, in: ders. (Hg.), Die Stücke von Bertolt Brecht in einem Band, Frankfurt a. M.[3], 427–473.

Bucher, Rainer (1993): Nietzsches Mensch und Nietzsches Gott. Das Spätwerk als philosophisch-theologisches Programm, Frankfurt a. M.[2] u. a.

Chladek, Peter (2002): Abstieg, Hamburg.

Corsi, Giancarlo (1999): Sinndimensionen, in: ders. / Baraldi, Claudio u. a. (Hg.), GLU. Glossar zu Niklas Luhmanns Theorie sozialer Systeme, Frankfurt a. M.[3], 173–176.

Delbrêl, Madeleine (AdC/2006): Auftrag des Christen in einer Welt ohne Gott, Einsiedeln (dt. zuerst 1974 als ›Christ in einer marxistischen Stadt‹).

Delbrêl, Madeleine (FG/1991): Frei für Gott. Über Laien-Gemeinschaften in der Welt, Einsiedeln[2] (dt. zuerst 1976).

Delbrêl, Madeleine (GO/2015): Gott einen Ort sichern. Texte – Gedichte – Gebete, hrsg. von Annette Schleinzer, Kevelaer[4].

Delbrêl, Madeleine (GwL/2013): Gebet in einem weltlichen Leben, Einsiedeln[7] (dt. zuerst 1974).

Delbrêl, Madeleine (KM/1984): Der kleine Mönch. Ein geistliches Notizbüchlein, Freiburg i. Br.[6] (dt. zuerst 1981).

Delbrêl, Madeleine (LS/1992): Leben gegen den Strom. Denkanstöße einer konsequenten Christin, Freiburg i. Br.

Delbrêl, Madeleine (LU/2020): Die Liebe ist unteilbar, Einsiedeln[4] (dt. zuerst 2000).

Delbrêl, Madeleine (NK/1975): Wir Nachbarn der Kommunisten. Diagnosen, Einsiedeln.

Ebner, Martin (2016): Jesus von Nazareth. Was wir von ihm wissen können, Stuttgart.

Friedrich, Gerhard (1980): Art. Dynamis, dynameos, dynamae, in: Balz, Horst / Schneider, Gerhard (Hg.), Exegetisches Wörterbuch zum Neuen Testament, Bd. I, Stuttgart u. a., 860–867.

Fuchs, Gotthard (2019): In der Armut eines banalen Lebens. Eine hinreißende Beziehungsgeschichte mit Gott (https://www.ojc.de/brenn-

punkt-seelsorge/2019/hingabe-freiwillig-willen/zeugnis-madeleinedelbrel-hingabe/, Zugriff Juli 2022).
Fuchs, Gotthard (Hg.) (1995): »... in ihren Armen das Gewicht der Welt«. Mystik und Verantwortung: Madeleine Delbrêl, Frankfurt a. M.
Georgens, Otto (2004): Die Einsamkeit im Leben und in der Spiritualität von Madeleine Delbrêl. Madeleine Delbrêl zum 100. Geburtstag am 24. Oktober 2004, in: Geist und Leben 77/5, 361–368.
Georgens, Otto (2014): ›Leben im Element der Liebe‹. Zum 50. Todestag von Madeleine Delbrêl am 13. Oktober 2014, in: Geist und Leben 87/4, 1–6.
Grundmann, Walter (1932): Der Begriff der Kraft in der neutestamentlichen Gedankenwelt, Stuttgart.
Grundmann, Walter (1935): Art. Dynamei/dynamis, in: Kittel, Gerhard u. a. (Hg.), Theologisches Wörterbuch zum Neuen Testament, Bd. II, Stuttgart, 286–318.
Haep, Christopher (2007): Zeit und Bildung. Elemente einer christlichen Bildungskultur, Stuttgart.
Heimbach-Steins, Marianne (1994): Unterscheidung der Geister – Strukturmoment christlicher Ethik. Dargestellt am Werk Madeleine Delbrêls, Münster.
Heimbach-Steins, Marianne (1995): ›Ein normaler Gewaltzustand‹. Politische Konflikte als Herausforderung christlichen Handelns. Das Beispiel Madeleine Delbrêls, in: Fuchs 1995, 91–107.
Hornby, Nick (1999): Fever Pitch. Ballfieber. Die Geschichte eines Fans, Köln^{12}.
Jantzen, Jörg (2009): Art. Energie. I. Philosophisch, LThK^{3}, 641.
Joas, Hans (1992): Die Kreativität des Handelns, Frankfurt a. M.
Joas, Hans (1997): Die Entstehung der Werte, Frankfurt a. M.
Joas, Hans (2004): Braucht der Mensch Religion?, in: ders. (Hg.), Braucht der Mensch Religion? Über Erfahrungen der Selbsttranszendenz, Freiburg i. Br. u. a., 12–31.
Joas, Hans (2011): Die Sakralität der Person. Eine neue Genealogie der Menschenrechte, Frankfurt a. M.
Joas, Hans (2017): Die Macht des Heiligen. Eine Alternative zur Geschichte von der Entzauberung, Frankfurt a. M.
Kaluza, Gerd (2018): Gelassen und sicher im Stress. Das Stresskompetenz-Buch: Stress erkennen, verstehen, bewältigen, Wiesbaden^{7}.
Karle, Isolde (Hg.) (2011): Lebensberatung – Weisheit – Lebenskunst, Leipzig.
Kessler, Hans (2017): Christologie, in: Schneider, Theodor (Hg.), Handbuch der Dogmatik, Ostfildern^{6}, 241–442.
Kläden, Tobias / Schüssler, Michael (Hg) (2017): Zu schnell für Gott? Theologische Kontroversen zu Beschleunigung und Resonanz, Freiburg i. Br. u. a.

Knapp, Markus (2020): Weltbeziehung und Gottesbeziehung. Das Christentum in der säkularen Moderne – eine anerkennungstheoretische Erschließung, Freiburg i. Br. u. a.

Koolen, Albert (2015): »Der Schrei« Option für die Armen – Impuls eines Arbeiterpriesters aus Krefeld, in Böhme/Herkert 2015, 115–120.

Krebs, Andreas (2021): Gottes Verheißung, Gottes Scheitern. Eine Theologie im Horizont der offenen Gottesfrage ausgehend von der Namensoffenbarung JHWHs in Exodus 3,14, Freiburg i. Br. u. a.

Laux, Bernhard (**Hg.**) (2013): Heiligkeit und Menschenwürde: Hans Joas' neue Genealogie der Menschenrechte im theologischen Gespräch (Veröffentlichungen der Papst-Benedikt XVI.-Gastprofessur), Regensburg.

Loffeld, Jan (2020): Der nicht notwendige Gott: Die Erlösungsdimension als Krise und Kairos inmitten seines säkularen Relevanzverlustes, Würzburg.

Löw, Jacques (1975): Einführung, in: Delbrêl NK/1975:9–41.

Löw, Jacques (1986): Vorwort, in: Boismarin 1986:5–8.

Lubich, Chiara (2005): Vom Geschenk des gegenwärtigen Augenblicks. Betrachtungen über das Leben im Jetzt, München u. a.

Luhmann, Niklas (1996): Soziale Systeme. Grundriss einer allgemeinen Theorie, Frankfurt a. M.[6].

Luther, Susanne (2010): Art. Dynamis, WiBiLex (www.bibelwissenschaft.de/stichwort/56098, Zugriff Juni 2022).

Mandela, Nelson: Der lange Weg zur Freiheit. Autobiographie, Frankfurt a. M.[13], 2013.

Matheis, Bernhard (1984): Vorwort zur deutschen Ausgabe, in: Delbrêl KM/1984:3–5.

Nürnberg, Rosemarie (2010): Ergriffen von Gott. Exerzitien mit Madeleine Delbrêl, München u. a.

Nürnberg, Rosemarie (2015): Anders beten. Impulse von Madeleine Delbrêl, München u. a.

Quisinsky, Michael (2015): »Die Welt ist sinnlos ohne Gott«? (II). Säkulare Glaubenswelten zwischen Inkarnation und Inkulturation. Rückfragen an Madeleine Delbrêl, in: Böhme/Herkert 2015, 55–67.

Recki, Birgit (2001): Art. Kategorischer Imperativ, in RGG[4], 874f.

Rese, Friederike (2005): Art. Vermögen, in: RGG[4], 1034.

Rosa, Hartmut (2005): Beschleunigung. Die Veränderung der Zeitstrukturen in der Moderne, Frankfurt a. M.

Rosa, Hartmut (2016): Resonanz. Eine Soziologie der Weltbeziehung, Berlin.

Rosa, Hartmut (2019a): »Spirituelle Abhängigkeitserklärung«. Die Idee des Mediopassiv als Ausgangspunkt einer radikalen Transformation, in: Dörner, Karl u. a. (Hg.), Große Transformation? Zur Zukunft moderner Gesellschaften, Wiesbaden, 35–55.

Rosa, Hartmut (2019b): Ohnmacht. Was muss sich ändern?, in: zeit-online vom 15.7.2019 (https://www.zeit.de/2019/29/weltbeziehung-moderne-rastlosigkeit-hartmut-rosa?utm_referrer=https%3A%2F%2Fwww.google.com%2F, Zugriff Juni 2022).

Saint-Exupéry, Antoine de (1973): Wind, Sand und Sterne, Düsseldorf.

Sefrin, Dieter: Art. mana, in: Cancik, Hubert u. a. (Hg.), Handbuch religionswissenschaftlicher Grundbegriffe (HrwG), Bd. IV, Stuttgart 1988, 98–103.

Schleinzer, Annette (2015a): Die Liebe ist unsere einzige Aufgabe. Das Lebenszeugnis von Madeleine Delbrêl, Ostfildern[2].

Schleinzer, Annette (2015b): Madeleine Delbrêl – Biografische Einführung, in: Delbrêl GO/2015:11–23.

Schleinzer, Annette (2015c): Vorwort, in: Delbrêl GO/2015:7–10.

Schlier, Heinrich (1958): Mächte und Gewalten im neuen Testament (= QD 3), Freiburg i. Br.[3].

Schmid, Wilhelm (1998): Philosophie der Lebenskunst. Eine Grundlegung, Frankfurt a. M.

Schmid, Wilhelm (2018): Selbstfreundschaft. Wie das Leben leichter wird, Berlin.

Segfrin, Dieter (1998): Art. Mana, in: Cancik, Hubert u. a. (Hg.), Handbuch religionswissenschaftlicher Grundbegriffe, Bd. IV, Stuttgart u. a., 98–103.

Sellmann, Matthias (2007): Religion und soziale Ordnung. Gesellschaftstheoretische Analysen, Frankfurt a. M./New York.

Sellmann, Matthias (2013): Die Groß-Städte und das geistliche Leben. Georg Simmel als Begleiter bei einer religiösen Entzifferung der City, in: ThPQ 2/2013, 144–150.

Sellmann, Matthias (2020): Der Reichtum der Großzügigkeit, in: Pastoralblatt für die Diözesen Aachen, Berlin, Hildesheim, Köln und Osnabrück 2/2020, 46–53.

Sellmann, Matthias (2022): Sakramente als biografische Freiheitsräume absichern. Zur kirchlichen, theologischen und geistlichen Unverzichtbarkeit des Priesterlichen, in: Internationale Katholische Zeitschrift Communio, Jg. 50, 34–42.

Sojer, Thomas (2020): Weltbeziehung resonant loslassen, in: Magazin feinschwarz vom 23.4.2020 (https://www.feinschwarz.net/weltbeziehung-resonant-loslassen/, Zugriff Juni 2022).

Steiof, Dorothee (2013): Verherrlichung Gottes: Madeleine Delbrêl und alttestamentliche Texte, Stuttgart u. a.

Vogel, Kristina (2021): Immer noch ich. Nur anders, München.

Zeder, Eveline (2007): »... wie eine Ahnung Gottes« – Christliches Zeugnis nach Madeleine Delbrêl, in: Peng-Keller, Simon / Schmucki, Albert (Hg.), Aufbruchsfreude und Geistesgegenwart. Gestalten einer erneuerten christlichen Spiritualität, Zürich, 35–63.

Theobald, Christoph (2018): Christentum als Stil. Für ein zeitgemäßes Glaubensverständnis in Europa, Freiburg i. Br. u. a.

Steiof, Dorothee (2013): Verherrlichung Gottes: Madeleine Delbrêl und alttestamentliche Texte, Stuttgart u. a.

Literatur zu Kapitel 9

Acht, Wolfgang / Altenähr, Albert / Jansen, Wilhelm (2004): Gottsuche. Meditationen zu Bildern von Janet Brooks Gerloff in der Klosterkirche von Kornelimünster und in der Kirche St. Laurentius zu Aachen-Laurensberg, Aachen.

Albertz, Rainer (2015): Elia. Ein feuriger Kämpfer für Gott, Leipzig^4.

Arens, Edmund (1989): Bezeugen und bekennen. Elementare Handlungen des Glaubens, Düsseldorf.

Arens, Edmund (2008): Gottesverständigung. Eine kommunikative Religionstheologie, Freiburg i. Br.

Hemmerle, Klaus (1993): Lebenslinien, in: Pastoralblatt für die Diözesen Aachen, Berlin, Essen, Hildesheim, Köln, Osnabrück 45, 353f.

Hirsch, Björn (2022a): Kirche kann echt Dufte sein – Zum Einsatz von Düften im Kirchenraum mit der zap:aerothek, in: Pastoralblatt Oktober 10/2022.

Hirsch, Björn (2022b): Warum Pfingsten nach Zitrus duftet (Interview mit Dr. Björn Hirsch), in: Kirche + Leben Nr. 31 (7. August 2022), 8, auch online unter: https://www.kirche-und-leben.de/artikel/beduften-statt-verduften-aerothek-bringt-neue-gerueche-in-kirchen

Hirsch, Björn (2022c): Wie riecht eigentlich das Kirchenjahr? Ein Projekt bringt Duftmarketing in Kirchenräume – Interview mit Björn Hirsch (Sinn und Gesellschaft), https://sinnundgesellschaft.de/wir-riecht-eigentlich-das-kirchenjahr-zap-aerothek/

Hirsch, Björn (2022d): Mit der Nase durch das Kirchenjahr. Zum Einsatz von Düften im kirchlichen Raum mit der zap:aerothek, in: Anzeiger für die Seelsorge. Zeitschrift für Pastoral und Gemeindepraxis 6/2022, 33–39.

Hirsch, Björn (2022e): Hallo Augenmensch. Ästhetik und Schönheit in der Verkündigung, in: Pastoralblatt für die Diözesen Aachen, Berlin, Hildesheim, Köln und Osnabrück 4/2022, 99–104.

Hirsch, Björn (2022f): Verströmt Wohlgeruch wie Weihrauch (Sir 39,14). Der liturgische Einsatz von Düften am Beispiel der zap:aerothek, in: Gottesdienst. Zeitschrift der Liturgischen Institute Deutschlands, Österreichs und der Schweiz 10 / 2022, 109–111.

King, Martin Luther (1971): Kraft zum Lieben. Betrachtungen und Reden des Friedensnobelpreisträgers, Konstanz.

Knauf, Ernst Axel (2019): 1 Könige 15–22. Freiburg i. Br. u. a.

Kreutzer, Ansgar (2010): Kenopraxis. Eine handlungstheoretische Erschließung der Kenosis-Christologie, Freiburg i. Br. u. a.

Neumaier, Anna (2022): Von Kosmologien und kalten Kapellen. Einige Anmerkungen zu Duft und Religion aus religionswissenschaftlicher Perspektive, in: Swiatkowski, Michael / Sellmann, Matthias / Pilz, Christopher (Hg.) (2022): Weil mehr als Weihrauch möglich ist. Der Einsatz von Düften im Kirchenraum, Würzburg, 162–172.

Sekretariat der Deutschen Bischofskonferenz (Hg.) (2021): »Wirklichkeit wahrnehmen – Chancen finden – Berufung wählen. Leitlinien zur Jugendpastoral« (= Die deutschen Bischöfe Nr. 109, Bonn).

Sellmann, Matthias (2021): Was fehlt, wenn die Christen fehlen? Eine Kurzformel ihres Glaubens, Würzburg³.

Swiatkowski, Michael / Sellmann, Matthias / Pilz, Christopher (Hg.) (2022): Weil mehr als Weihrauch möglich ist. Der Einsatz von Düften im Kirchenraum, Würzburg.

Thiel, Winfried (2019): Könige. 2. Teilband. 1. Könige 17,1–22,54, Göttingen.